Ruhrbeben

Ursula Sternberg, geboren 1958 in Duisburg, arbeitet hauptberuflich als Anwendungsentwicklerin und lebt mit ihrem Mann und ihren beiden Katzen in Essen. In Frankfurt aufgewachsen, lebt sie seit über dreißig Jahren wieder im Ruhrgebiet und ist tief mit dieser Region verwurzelt. Ab 2007 erschienen die ersten beiden Bände ihrer Ruhrgebiets-Krimiserie, bei Emons veröffentlicht wurden der dritte Band »Nachtexpress« und der vierte Band »Innenhafen«.

URSULA STERNBERG

Ruhrbeben

KRIMINALROMAN

emons:

Bibliografische Information der Deutschen Nationalbliothek
Die Deutsche Nationalbibliothek verzeichnet diese Publikation in der Deutschen Nationalbibliografie; detaillierte bibliografische Daten sind im Internet über http://dnb.d-nb.de abrufbar.

FSC
www.fsc.org
MIX
Papier aus verantwortungsvollen Quellen
FSC® C083411

Umschlagmotiv: photocase.com/kallejipp
Umschlaggestaltung: Tobias Doetsch
Gestaltung Innenteil: César Satz & Grafik GmbH, Köln
Druck und Bindung: CPI – Clausen & Bosse, Leck
Printed in Germany 2014
ISBN 978-3-95451-304-8
Originalausgabe

Für Johann, Judith und Anna,
die Kinder in meinem Leben

KAPITEL 1

Münster, 3. März

Der Schmerz schnitt durch die Eingeweide, und Hannes Schindler krümmte sich. Mit zusammengebissenen Zähnen tastete er nach der Pumpe an seinem Bett und wartete auf die nächste Attacke. Aber die schien nicht mehr so stark wie die letzte, und auch die, die dann folgte, war weniger intensiv. Erleichtert ließ er die Pumpe los, ohne sie betätigt zu haben.

Eine Weile später hatte es ganz aufgehört. An ein Wunder glaubte Hannes Schindler jedoch nicht. Instinktiv begriff er diese Phase, in der die Schmerzen plötzlich von ihm abließen, als das, was sie war: ein paar Stunden Gnade. Ein Aufschub. Eine Chance, innezuhalten und sich zu sammeln. Den Verstand zu mobilisieren, ihn nicht wieder mit der Droge aus der Pumpe zu umnebeln, die den Schmerz halbwegs erträglich machte, und zu regeln, was noch geregelt werden sollte. Und das tat er nun, so gut er es eben konnte. Er griff nach dem Telefon und tätigte einen Anruf. Dann klingelte er nach der Schwester, um sich Stift und Papier bringen zu lassen.

Eine Stunde später faltete Hannes Schindler den Brief zusammen, den er soeben geschrieben hatte. Zittrig zwar, mit krakeligen Buchstaben, aber er hoffte, dass er dennoch lesbar sein würde. Hannes war froh, dass er das geschafft hatte, denn diese Zeilen hatten ihm auf der Seele gebrannt.

Nun wartete er ungeduldig auf seinen Besuch. Viel Zeit hatte er nicht mehr, das wusste er. Die Minuten liefen davon wie der Sand in einem Stundenglas, der immer schneller durch die kleine Öffnung zu rieseln schien, je mehr er zur Neige ging.

Wie gern würde er auch noch Abschied von seinem Sohn nehmen. Es gab doch noch so viel zu sagen. Dass er stolz auf ihn war, zum Beispiel, und dass er ihn immer geliebt hatte, trotz aller Kritik, die manchmal so schonungslos aus ihm herausgebrochen war. Aber er hatte Jan nicht erreicht. Doch für einen weiteren Brief fehlte ihm die Kraft. Er musste sich ausruhen. Für einen kurzen Moment die Augen schließen. Dann würde es schon wieder gehen.

Hannes dämmerte in einen unruhigen Schlaf hinüber. Verschwommene Gesichter zogen an ihm vorbei. Menschen, die ihm etwas bedeutet hatten, unscharf zwar, nicht klar umrissen, aber dennoch wusste er, dass sie es waren. Geliebte Gesichter. Marlene, Jan, Idgie. Seine Mutter … Sie lächelten ihn an und formten Worte, die er nicht verstehen konnte. Bleibt doch ein wenig, ich habe euch so lange nicht gesehen!

Ein leises Klopfen riss ihn aus dem Halbschlaf. Hannes spürte, wie jemand in sein Zimmer trat, und öffnete die Augen. Als er in das erschrockene Gesicht seines alten Freundes Rüdiger Gehrling sah, war er froh, dass er Jan nicht hatte erreichen können. Mit einem Schlag wurde ihm bewusst, dass er schlimm aussehen musste, denn selbst auf dem Handrücken waren ihm die Haare ausgegangen, und obwohl die Haut seltsam aufgedunsen war, bleich und verquollen wie aufgehender Hefeteig, wusste er, dass er abgemagert war wie eine alte Katze. Kein schöner Anblick, schon gar nicht für das eigene Kind.

»Mein Gott, Hannes«, sagte Gehrling erschüttert. »Du weinst ja! Hast du Schmerzen? Soll ich die Schwester rufen?«

»Keine Schmerzen.« Selbst das Sprechen fiel ihm schwer. »Ich habe bloß geträumt. Es war schön.«

Eigentlich war Gehrling ein Freund seiner Frau Marlene gewesen. Sie hatte ihn gewissermaßen mit in die Ehe gebracht. Rüdiger, den stillen, steten Verehrer, der ihn, Hannes, von Anfang an mit einer gewissen Skepsis betrachtet hatte. Mit dem sezierenden Röntgenblick des Abgewiesenen, der sich in sein Schicksal fügt, um die Frau, die er liebt, nicht vollends zu verlieren. *Was willst du bloß von diesem Freibeuter? Er wird dich unglücklich machen …*

Gehrling hatte gute Miene zum bösen Spiel gemacht und sich in eine Anwalts- und Notariatskanzlei in Münster eingekauft. Dennoch war er häufig bei ihnen in Hamburg zu Gast gewesen und hatte sich schließlich auch gegenüber Hannes als guter Freund erwiesen.

Dick war er geworden, der Rüdiger, fiel Hannes erneut auf. Da halfen auch keine feinen Nadelsteifen. Die Tränensäcke unter den Augen verrieten, dass er zu viel trank.

»Schön, dass du kommen konntest.«

»Was kann ich für dich tun?«

»Ich sterbe.« Hannes versuchte ein Lächeln. Es geriet seltsam kläglich.

»Jeder von uns stirbt irgendwann.«

Hannes sah, dass sein Freund schluckte. Er spürte die Hand, die seine eigene umfasste. Warm. Lebendig. Und dennoch vorsichtig, um die Kanüle nicht zu berühren, die dort in seinem Handrücken steckte.

»Nicht irgendwann, Rüdiger. Jetzt. Ich weiß es. Hast du alles vorbereitet?«

Gehrling nickte.

»Jan bekommt natürlich alles. Bis auf eine Kleinigkeit.«

»Die da wäre?«

»Meine Scheune in Nottuln. Die möchte ich jemand anderem vererben.«

»Jemandem aus der engeren Familie?«

»Nein. Überhaupt keine Verwandtschaft.«

»Dann muss derjenige Erbschaftssteuer zahlen, und das nicht zu knapp.«

»Wenn ich es verschenken will? Aber es gehört doch mir. Was macht denn das für einen Sinn?«

»Väterchen Staat verdient daran«, sagte Gehrling trocken.

»Logisch.« Etwas von seinem alten Sarkasmus blitzte in Hannes' Augen auf. »Das hätte ich mir glatt selbst denken können.« Dann wurde seine Stimme hart. »Aber das will ich nicht.«

»Aha.«

»Sie hat nur wenig Geld.«

»Dann muss sie eben verkaufen. Dafür lässt sich bestimmt ein Liebhaber finden.«

»Ich will aber, dass sie dort wohnt«, sagte Hannes störrisch. »Ich bin ihr was schuldig.«

»Eine neue Liebe?«

Hannes schüttelte kaum merklich den Kopf. »Eine alte.«

»Kenne ich sie?«, fragte Gehrling. *Und war das, bevor du Marlene geheiratet hast*, hing der Satz unausgesprochen in der Luft.

»Nein«, sagte Hannes schroff und beantwortete damit beide Fragen gleichzeitig. Sein Tonfall verriet, dass er hierüber keine näheren Auskünfte geben würde. »Aber sie hat noch was gut bei mir. Lass dir also was einfallen.« Er lehnte sich im Kissen zurück und drehte den Kopf zum Fenster, ein klares Signal, dass er hierüber nicht mehr debattieren würde.

Schweigen breitete sich im Raum aus. Die rasselnden Atemzüge von Hannes klangen nach Kampf, nach Krankheit und Tod.

»Wie wäre es mit lebenslangem Wohnrecht?«, schlug Gehrling schließlich vor. »Das Haus gehört deinem Sohn, und sie darf darin wohnen, solange sie will.«

Hannes schloss die Augen, während er sich die Sache durch den Kopf gehen ließ. Nach einer Weile öffnete er sie wieder. »Niemand kann sie dort rausklagen?«

»Glaubst du, Jan würde das versuchen?«

»Nicht er, aber diese fürchterlichen Restbestände von Marlenes Familie. Die von Kaldenstetts, du erinnerst dich?«

Gehrling schmunzelte. »Ingeborg? Lebt die denn immer noch?«

»Ich habe nichts Gegenteiliges gehört.«

»Lebenslanges Wohnrecht ist unantastbar. Niemand kann das anfechten, es sei denn, du wärest nicht zurechnungsfähig.«

»Das würde Ingeborg dir ohne rot zu werden unterschreiben.« Hannes' Lachen wurde von einem brodelnden Geräusch in seiner Lunge begleitet. »Also, dass ich nicht zurechnungsfähig bin, meine ich. Aber im Ernst. Ich bin voll da. Ganz klar im Kopf. Zurzeit stehe ich nicht mal unter Drogen.«

»Was fehlt dir eigentlich?«

»Allgemeine Immunschwäche?« Hannes machte eine vage Geste mit der Hand. Er bemerkte, wie Gehrling unwillkürlich ein Stück zurückwich, und verzog die Lippen zu einem spöttischen Lächeln. »Keine Angst, Aids ist es nicht. Die Ärzte tappen im Dunkeln. Also – bei lebenslangem Wohnrecht könnte sie bleiben und müsste nichts dafür zahlen?«, kam er auf das Thema zurück.

»Wenn du das so festlegst.«

»Dann machen wir es so.«

Gehrling öffnete seinen Metallkoffer und entnahm ihm ein Notebook. Er begann zu tippen. »Wie heißt sie?«

»Idgie. Idgie Callahan.« Hannes buchstabierte den Namen. »Früher wohnte sie in so einem entsetzlichen möblierten Apartment in Emden. Wo sie im Augenblick steckt, weiß ich nicht. Die alte Herumtreiberin«, sagte Hannes zärtlich. »Aber die beim Institut müssten wissen, wo man sie finden kann.« Sein Blick wanderte zum Fenster. »Sie stand mir einmal sehr nahe.«

»Ich werde es herausbekommen«, versprach Gehrling und hackte weiter auf die Tastatur ein. Dann ratterte der portable Drucker los und spuckte das Dokument aus. Gehrling stand auf. »Lies es dir in Ruhe durch. Ich hole jemanden von der Station als Zeugen.«

Kurze Zeit später verstaute der Anwalt das Equipment in seinem Koffer und schob die unterschriebenen Dokumente in eine Mappe.

»Da ist noch was.« Hannes griff nach dem Handgelenk seines Freundes. Schon diese kleine Bewegung ließ ihm den Schweiß auf die Stirn treten. »Ich habe hier einen Brief. Und im Seitenfach der Reisetasche dort im Schrank ist eine externe Festplatte. Ich will, dass sie beides bekommt. Und nimm die Schlüssel zur Scheune mit.«

»Bist du wirklich sicher, dass du sie nicht mehr brauchst?«

Hannes hob den Mundwinkel zu einem abschätzigen Lächeln. »So sicher wie das Amen in der Kirche.«

»Ich werde mich um alles kümmern.« Gehrling drückte seine Hand.

»Leb wohl, Rüdiger. Ich weiß, dass du Marlene geliebt hast. Du warst ihr ein wirklich guter Freund, sie hat sehr an dir gehangen. Danke für alles. Und jetzt lass mich bitte allein.«

Hannes blickte seinem Freund hinterher. Er würde ihn nicht mehr wiedersehen.

Am Abend kehrten die Schmerzen zurück. Krampfartig krallten sie sich in seinem Unterleib fest und schienen seine Gedärme zu zerfetzen. Das war das Ende. Er brauchte keine Mediziner, um das zu wissen. Der Geschmack in seinem Mund verriet ihm, dass er wieder zu bluten begonnen hatte. Noch bevor er den Klingelknopf an seinem Bett fand, kollabierte er. Als die Schwester ihn fand, lag er bereits im Delirium.

***

Hamburg, 9. März

Jan Schindler kam sich merkwürdig fremd vor, und das lag nicht nur an dem schwarzen Anzug, der ihm zu eng geworden war, sodass er den Knopf seiner Hose offen lassen musste. Den hatte er zum Tod seiner Mutter bekommen. Neun Jahre war das nun her. Damals war er noch ein Teenager gewesen. Und jetzt war er schon wieder auf diesem Friedhof. Falscher Film irgendwie. Ein merkwürdiges Déjà-vu.

Die ganze letzte Woche war seltsam gewesen. Nach dem Schock über den plötzlichen Tod seines Vaters kam der Schock wegen der Obduktion. Warum denn eine Obduktion?, hatte Jan fassungslos gefragt. Weil die Todesursache nicht klar ist, lautete die Begründung. Rausgekommen war nichts dabei. Seine Organe hatten plötzlich versagt, hieß es.

Dann hatte er sich um die Bestattung kümmern müssen. Wie er das anstellen sollte, war ihm schleierhaft gewesen. Null Plan. Nur dass sein Vater vermutlich zu seiner Mutter ins Grab gehörte, das war ihm klar gewesen. Nach Ohlsdorf auf den Parkfriedhof in die Grabstätte der Familie Kaldenstett, oh, sorry, von Kaldenstett. Aber wie musste er da vorgehen? Dazu musste sein Vater doch zurück nach Hamburg … Überführung … nannte sich das so?

Mit einigem Widerstreben hatte er schließlich bei seiner Großtante Ingeborg angerufen, einer Cousine seiner Mutter, irgendwie so was.

Ab da war ihm die Sache weitestgehend aus der Hand genommen worden. Er hatte genickt, als sie den Sarg aussuchte, obwohl er ihm viel zu protzig erschien, und der flüchtigen Frage, warum ein Toter überhaupt ein Kopfkissen brauchte oder ein weißes Gewand mit einem gestickten Kreuz darauf, war er nicht nachgegangen. Gehorsam hatte er sich Ingeborgs Anweisungen gefügt, ohne sie zu hinterfragen.

Was für Blumen? Keine Ahnung, welche Blumen sein Vater gemocht hatte. Algen und Meeresfrüchte, war ihm spontan durch den Kopf geschossen. *Dann suche ich was Passendes aus, mein Junge. Wer soll denn benachrichtigt werden? Eine Todesanzeige bekommen?* Woher sollte er das wissen? Hilflos blätterte Jan im Adressbuch seines Vaters und starrte auf die Kolonne der Namen, die ihm nichts sagten. Bei einigen klingelte es vage im Hinterkopf, ohne dass er genau hätte sagen können, in welchem Zusammenhang sein Vater sie erwähnt hatte. Schließlich hatte Großtante Ingeborg im Institut angerufen und sich von der Sekretärin beraten lassen. Und nun saß er hier und fühlte sich seltsam fremd. Leer irgendwie und merkwürdig deplatziert.

Nora … ein heftiges Glücksgefühl füllte plötzlich die Leere an. Vielleicht hätte er sie bitten sollen, ihn hierherzubegleiten? Nein. Das wäre nicht gut gewesen. Er kannte sie doch erst seit Kurzem. Hier musste er allein durch.

Die Trauerhalle war besetzt bis auf den letzten Platz. Ein paar Nachzügler standen sogar hinter den Reihen der Stühle. Jan hatte nicht erwartet, dass so viele Menschen erscheinen würden, um Abschied von Hannes Schindler zu nehmen. Sein Vater war ihm zunehmend wie ein Einsiedler vorgekommen, zu dem zumindest er, Jan, keinen Zugang hatte. Darum hast du dich ja auch nicht gerade bemüht, schoss es ihm selbstkritisch durch den Kopf.

Dieser Priester da vorne. Was redete der denn da für ein dummes Zeug? Was hatte das mit seinem Vater zu tun? Das ist nicht er, dachte Jan. Das ist jemand ganz anderes. Und in einem Anflug von Intuition begriff er, dass dieses gesamte Brimborium, das Großtante Ingeborg da organisiert hatte, absolut nicht in Hannes Schindlers Sinn gewesen wäre. Der wäre bestimmt viel lieber auf dem kleinen Friedhof in Nottuln beigesetzt worden, als hier in dieser Familiengruft zu verrotten, und über Algen und Muscheln hätte er sich gefreut wie ein Schneekönig.

Diese Erkenntnis traf ihn hart. Plötzlich verstand er, was seinen Vater manches Mal so gegen ihn aufgebracht hatte. Es war diese ewige Unentschlossenheit, die Unfähigkeit zu einer schnellen

Entscheidung, die so häufig dazu führte, dass er wider besseres Wissen einfach nur abwartete, bis andere entschieden, für ihn – oder über seinen Kopf hinweg. Das war's, was seinen sonst so geduldigen Vater zum Tillen gebracht hatte. Und was ihn, Jan, immer weiter in sein Schneckenhaus zurückgetrieben hatte. Hörnchen rein, Kopf einziehen und warten. Einfach so tun, als wäre da nichts. Denn schnell war er nun mal nicht. Er war nicht fix, und er war nicht schlagfertig. Aber immer stur genug, die Sache auszusitzen.

Vater hat recht gehabt, dachte Jan. Man musste sich einmischen, und man musste sich entscheiden. Komischerweise war ihm das leichter gefallen, seit er von zu Hause weg war. Doch hier, zurück in Hamburg, hatte ihn diese seltsame Lethargie wieder im Griff.

Warum habe ich bloß Ingeborg das Feld überlassen, anstatt mich eigenständig um die Bestattung zu kümmern?, dachte er wütend. Und warum war da diese Funkstille zwischen ihm und seinem Vater gewesen? Warum war der eigentlich nach Nottuln gezogen, anstatt in dem schönen Kapitänshaus in Blankenese wohnen zu bleiben? Und warum hatte er selbst ihn so selten besucht, obwohl Nottuln doch nicht gerade weit von seinem Studienort Dortmund entfernt war? Weil er sich nicht seiner unbequemen Kritik aussetzen wollte? Dabei hast du doch recht damit gehabt, Vater. Zu spät, dachte Jan traurig. Zu spät.

Das gestelzte Gerede da vorne schien nun endlich vorbei zu sein. Aufstehen, signalisierte Großtante Ingeborg, indem sie ihn am Ärmel zupfte. Sie trug einen schwarzen Hut mit einem lächerlich kleinen Schleier vor ihrem rot geschminkten Mund. Der war immer seltsam gespitzt. Wie bei einem Vögelchen, das pickt. Mit dem Taschentuch tupfte sie vorsichtig unter dem Schleier herum. Warum heulte sie denn, die blöde Kuh? Sie hatte Vater doch nie ausstehen können. Und jetzt hakte sie sich auch noch bei ihm unter.

Orgeldröhnen. Weihrauchfässchen. Der protzige Sarg. Kränze, opulente Schleifen und Bänder. So viele! *Für meinen geliebten Vater*, stand fett auf dem einen. Den hatte er nicht in Auftrag gegeben, so viel war sicher. Blumengestecke mit großen weißen

Kelchen, die intensiv dufteten. Süßlich. Unangenehm süßlich. So süß, dass es klebte. Oder war es das Parfüm von Großtante Ingeborg?

Er mühte sich, den Rhythmus der kleinen trippelnden Schritte neben sich nicht aus dem Tritt zu bringen.

»Mein Junge«, flüsterte sie und tätschelte seinen Arm. »Mein armer, armer Junge. Jetzt haben wir nur noch uns.«

Da hatte sie recht, und dieser Gedanke war wirklich erschreckend. Viel schrecklicher als der, nun Vollwaise zu sein. Ich werde den Kontakt zu ihr nicht halten, zuckte es Jan durch den Kopf. Und auch sie würde nicht an regelmäßigen Familienbesuchen interessiert sein, hoffte er. Und wenn doch? Dann würde er ebenso höflich ablehnen, wie sein Vater das getan hatte. Mit höflicher Unnachgiebigkeit.

Vor ihnen die Gruft. Schon als Kind war sie ein Ort der Angst gewesen. Damals, als Großvater Justus dort begraben wurde, da hatte er sich geweigert, hineinzugehen. Das Portal über den Stufen zu durchschreiten, auf dem ein bombastischer Engel seine Flügel ausbreitete. Nichts, aber rein gar nichts Tröstliches hatte dieser Engel an sich, fand Jan, und er erinnerte sich daran, dass er darüber bereits nachgedacht hatte, als seine Mutter beigesetzt worden war. Dieser Engel hier spendete keinen Schutz. Er flößte Furcht ein. Es war ein Racheengel.

Auch jetzt mochte Jan nicht die Stufen hinuntersteigen, trotz Drängen von Ingeborg. »Nein«, sagte er stur und blieb draußen. Beobachtete, wie die Reihe von Menschen an ihm vorbeiprozessierte, hinein in die Gruft und wieder heraus. Auf dem Rückweg blieben sie vor ihm stehen. Händeschütteln, Beileidsbekundungen, undeutliches Gemurmel.

Wie viele denn noch? War es nicht langsam vorbei? Doch, die Sache schien dem Ende zuzugehen. Jan wandte den Kopf. Nur noch ein paar Nachzügler. Die meisten wanderten bereits gemächlich zurück zum Haupteingang. Zum Leichenschmaus. Der steht mir auch noch bevor. Dieser Gedanke löste ein unbehagliches Gefühl in Jans Magengrube aus.

Eine weitere Hand, die er schütteln musste. Die letzte, wie es schien. Jan sah sich noch mal um. Da war niemand mehr. Oder?

Sein Blick blieb an einer Gestalt hängen. Sie stand abseits, zwei Quergänge weiter unter einer Kastanie, und schien das Geschehen zu beobachten. Schlank war sie und sehr groß. Es war eine Frau. Helle Haare über einer schwarzen, dick gepolsterten Jacke mit rotem Emblem auf den Schultern. Dazu passende Hosen und schwere Stiefel. Motorradklamotten, dachte Jan.

Großtante Ingeborg zupfte ihn energisch am Ärmel, hängte sich bei ihm ein und dirigierte ihn den Hauptweg hinunter, weg von der Frau und hin zu der schwarzen Limousine, die vor dem Haupteingang auf sie wartete. Dort endlich gab sie ihn frei und überließ sich der Obhut des Chauffeurs, der ihr in den Wagen half.

»Ich hab was vergessen«, murmelte Jan und hastete den Weg zurück.

Die Frau mit der Motorradkluft stieg gerade die Stufen zur Gruft hinunter. Nach ein paar Minuten kam sie wieder heraus und verschwand in Richtung der Kastanie, unter der Jan sie entdeckt hatte. An ihrem Gang erkannte er, dass sie älter sein musste, als er sie im ersten Moment geschätzt hatte. Wer war sie, und was hatte sie mit seinem Vater zu tun gehabt?

Neugierig näherte Jan sich der Gruft. Er warf dem Engel einen trotzigen Blick zu und ging hinein.

Die Grabstätte seines Vaters war nicht zu übersehen. Ein Meer von Kränzen, Blumen und roten Grablichtern. Am Fußende, seltsam fremd in all der floralen Üppigkeit, schimmerte etwas. Eine Kugel.

Jan nahm sie behutsam in die Hände. Helle Kristalle wirbelten in die Höhe und tanzten um die Figur in der Mitte. Es war ein weißer Hund, nein, ein Wolf, der den Kopf schräg in die Höhe gereckt hatte, dem Schnee entgegen. Er schien zu heulen.

Ein seltsames Abschiedsgeschenk, dachte Jan. Sehr persönlich. Und irgendwie rührend. Er war sich sicher, dass diese Frau in den Motorradklamotten es hier zurückgelassen hatte.

KAPITEL 2

Münsterland, Nottuln, 16. März

Idgie Callahan saß in einem Strandkorb unter den noch kahlen Ästen einer alten Weide und dachte nach. Eine Windbö fegte in den Korb und zupfte Strähnen aus ihrem lockigen Haar, das sie im Nacken locker zusammengefasst hatte. Von Weitem würde man es für hellblond halten. Aber sobald man näher kam, sah man, dass es fast weiß war, silbrig weiß, als würde sich Mondlicht darin fangen. Idgie war das egal. Eitel war sie noch nie gewesen. Nicht ernsthaft jedenfalls. Die leisen Anflüge der ewig gleichen und verdammt müßigen Frage, wie schön man war im Vergleich zu anderen, hatte sie endgültig abgelegt, als sie sich für ihren Beruf entschied. Da war sie noch jung gewesen.

Verdammt lang her, verdammt lang, summte sie die bekannte Melodie von BAP und musste kichern. Die Jugend hatte sie wirklich weit hinter sich gelassen. Aber auch das war ihr egal. Sie hatte ein interessantes Leben gehabt, und wenn es noch ein paar Jährchen so weitergehen würde, sollte es ihr recht sein.

Viele Stationen, viel unterwegs gewesen, davon lange Zeiten auf schwankendem Boden. Unterschiedliche Menschen. Begegnungen, wichtige und unwichtige. Ein paar sehr wichtige. So wichtig, dass sie geschmerzt hatten.

Und nun war sie hier im Münsterland gestrandet, einer Gegend, so unspektakulär und bodenständig wie eine Stulle mit Leberwurst. Kein Schwanken mehr unter den Füßen und auch nichts mehr von dem Geruch, den sie so liebte: nach Salzwasser. Nach Meer. Nach Algen. Nach Weite. Klar und frisch war er, dieser Geruch auf dem Meer, und unverbraucht. Hier roch es anders. Nach Erde und Staub. Nach Land und Dingen, die sie noch nicht einordnen konnte. Ein ehrlicher Geruch war das. Nicht flüchtig und verheißungsvoll, sondern erdverhaftet.

Nie hätte sie geglaubt, dass sie ausgerechnet im Inland sesshaft werden würde, ganz ohne das blaue Element, das große Teile ihres Lebens begleitet hatte. Zuerst war es der Norden gewesen. Die langen, zerfransten Fjorde Norwegens. Die schwarzen Sandstrände Islands. Die eisige Weite des Polarmeeres. Im Frühling, da prickelten die Eiskristalle in der Luft wie Champagner. Ein Rausch ganz ohne Alkohol.

Später dann hatte sie die tropischen Meere entdeckt. Von einem Häuschen am Indischen Ozean geträumt, auf Bali beispielsweise oder auf Koh Samui. All das hätte sie sich vorstellen können. Allesamt gute Orte, um sesshaft zu werden – und alt. Auf das Münsterland wäre sie von selbst nie gekommen. Doch je länger sie hier saß, desto weniger abwegig erschien ihr dieser Gedanke.

Komm her und sieh es dir an. Es wird dir gefallen. Ich bin hier aufgewachsen. Ich weiß, wovon ich spreche.

Hannes, der alte Bastard! Er war einer von den Wichtigen gewesen. Den wirklich Wichtigen. Denen, die geschmerzt hatten wie der Stachel eines Seeigels, lang und giftig. Ein Stachel, den man nicht ziehen kann, mit keiner Pinzette. Denn er bricht ab beim Entfernen, widersetzt sich mit seinen feinen Widerhaken einer reibungslosen Sektion, bleibt einfach tief unter der Haut stecken. Man muss ihn hinauseitern lassen, langsam und qualvoll. Es dauert lange, bis es heilt.

Hannes hatte nicht nur einen, sondern eine ganze Ladung Stacheln in ihr zurückgelassen, viel mehr als jeder andere. Dabei hatte sie genau gewusst, worauf sie sich einließ. Hannes Schindler, verheiratet, ein Sohn. Die Frau ruhig und zurückhaltend, vornehm irgendwie. Eine von Kaldenstett. Noblesse oblige, Blankeneser Inzucht, war es Idgie spöttisch durch den Kopf geschossen, als sie das Foto auf Hannes' Schreibtisch entdeckt hatte.

Er hatte seine Frau nie verlassen. Zuerst deshalb nicht, weil das Kind noch zu klein war. Das musste sie doch verstehen. Der Junge brauchte seinen Vater. Ja. Natürlich brauchte der Junge den. Idgie hatte das sehr gut verstanden. Zwölf Jahre lang.

Solange sie mit Hannes zusammen auf der *Mirabella* unterwegs gewesen war, hatte es ohnehin keine Rolle gespielt. So weit weg. Wichtig war nur die gemeinsame Arbeit, die sie verband, ebenso wichtig wie die Leidenschaft füreinander. Nichts anderes zählte. Und wenn es dann hinausging mit der *Mirabella*, dem Forschungsschiff des Instituts für Meeresbiologie in Hamburg, dann hätte sie jubeln mögen vor Glück. Manchmal tat sie es auch.

Hielt die Nase in den Wind und heulte ein wildes Lied. Ein Glückslied. *Du bist eine Wölfin*, hatte Hannes spöttisch gesagt, als er sie beim ersten Mal dabei beobachtete. *Eine Polarwölfin.* Wegen der seltsamen Augen, die von einem intensiven hellen Graublau waren wie bei einigen Wölfen. Und wegen ihrer Haare, fast so hell wie die einer Greisin. Sie hatte gelacht und erneut ihr Lied hinausgeheult. Idgie, die Wölfin.

Das waren die guten Zeiten. Doch denen folgten unweigerlich die Monate an Land. Zeit für Idgie, nach Emden zurückzukehren, wo sie dieses billige möblierte Apartment bewohnte, wenn sie nicht auf Reisen war. Kein Grund mehr, in Hamburg zu bleiben und zuzusehen, wie das Schiff friedlich im Hafen vor sich hin dümpelte, genau so friedlich wie Hannes im Hafen der Ehe.

All das hatte sie ausgehalten. Die Zeiten mit und die Zeiten ohne Hannes. Das Alles und das Nichts. Zwölf Jahre lang. Zwölf Jahre und sieben Monate, genau genommen. Bis Hannes ihr mitteilte, dass er kein neues Projekt mehr annehmen würde, jedenfalls keins, das mit Reisen verbunden war, weil seine Frau schwer erkrankt sei. Amyotrope Lateralsklerose, kurz ALS. Eine Erkrankung, die aufgrund einer Schädigung des Nervensystems zu Muskelspasmen, Muskelschwäche, im Endstadium zu Lähmungen und schließlich zum Tod führte. Unheilbar. Eine solche Krankheit, da musste man doch Rücksicht nehmen. *Du bist so stark, Idgie, das verstehst du doch …*

Idgie hatte verstanden und sich kurzerhand bei einem Forschungsprojekt in Indonesien beworben. Vom Nordmeer zum Indischen Ozean, vom Nordkap ans Kap Ca Mau. So viel Abstand wie möglich.

***

Duisburg, 16. März

»Hat alles geklappt?«

»Klaro.« Manuel Hoelscher schob die flache Aktentasche aus robustem schwarzem Kalbsleder über das glatt polierte Mahagoni des Schreibtisches.

Er sah so etwas wie Spott in den Augen seines Gegenübers aufblitzen, und räusperte sich verlegen. »Selbstverständlich«, korrigierte er sich.

»Dann ist ja gut.« Die schwarze Aktentasche verschwand hinter dem Schreibtisch.

»Und Ihre Reise?«, versuchte Hoelscher sich in Höflichkeiten.

»Danke, gut. Also keine Spuren mehr?«

»Ich bin Profi«, sagte Hoelscher beleidigt. Das »ey«, mit dem er die Sätze gerne beendete, konnte er sich gerade noch verkneifen.

Wieder dieser abschätzige Blick. Der hielt sich wohl für was Besseres. »Nun passen Se mal auf, Boss«, brauste Hoelscher auf. »Wenn ich sage, es ist alles in Ordnung, dann ist auch alles in Ordnung. Und wenn Se mir nicht trauen, können Se …«

Abrupt brach er ab. Er dachte an den Flachbildfernseher, der fast die gesamte Wand über dem Sideboard einnahm, an den Gamer-PC XTreme Reaper V2 mit den vier Surroundboxen, den er sich zum Schnäppchenpreis von knapp fünf Tausendern geleistet hatte, und an die audiophile Hi-Fi-Anlage, die in der vergangenen Woche geliefert worden war. Die nächste Rate bei Easycredit war fällig. Überfällig. Lang würden die nicht mehr warten. Und das Schlimme war: Der Boss wusste das ganz genau. Beiß nie in die Hand, die dich füttert … Hoelscher biss sich stattdessen auf die Lippen.

Trotzig hielt er dem prüfenden Blick stand, bis das Schweigen anfing, unangenehm zu werden. Er rutschte unruhig auf seinem Stuhl hin und her. Scheiß Machtspielchen! Als er schließlich den Blick senkte, hörte er, wie eine Schublade aufgezogen wurde.

»Gute Arbeit, Hoelscher. Danke.«

Hoelscher sah hoch. Der Boss nickte fast unmerklich, während er einen prall gefüllten Umschlag quer über den Schreibtisch schob.

»Jederzeit gerne wieder.« Betont langsam zog Hoelscher den Umschlag zu sich heran, schob ihn in die Innentasche seiner Jacke und stand auf.

»Hoelscher!« Die Stimme seines Chefs erreichte ihn, noch bevor er die Tür öffnete. »Wo ist das Equipment?«

Das Equipment? Hoelscher erstarrte. Das Equipment! So ein Dreck. Das hatte er echt total vergessen …

Er biss sich erneut auf die Lippen. »Kriegen Sie, Boss, kriegen Sie …«

***

Münsterland, Nottuln, 16. März

Idgie dachte an das kleine Haus, das sie vor einigen Stunden zum ersten Mal betreten hatte. Es war eine Art Scheune oder ein Stallgebäude, in das nachträglich ein paar Fenster und Türen eingelassen worden waren. Münsterländer Fachwerk aus rotem Backstein. Zwei Ebenen, wobei sich die obere Ebene nur bis in die Mitte des Raumes hineinzog. War mal ein Heuboden, vermutete Idgie. Eine steile Wendeltreppe führte hinauf. Holzdielen auf dem Boden, die bei jedem Schritt knarrten. Eine Holzterrasse mit weitem Blick über das Tal. Wiesen und Felder, noch stoppelig karg. Im Sommer würde es grün hier sein. Dazwischen einzelne Baumgruppen, zur Rechten ein Wäldchen.

In Sichtweite, ein Stück die Hügelkuppe entlang, lag ein Hof. Ebenfalls Fachwerk mit rotem Backstein. Dort lebten Freunde von Hannes, hatte der Anwalt geschrieben. In der Ferne konnte man die Dächer von Nottuln sehen. Schapdetten, genau genommen. Und bestimmt eingemeindet. Zu Fuß schien es nicht weit dorthin, immer den Pfad durch das kleine Wäldchen entlang und dann über den Feldweg hinunter.

Das Haus hatte sie schnell wieder verlassen. Lieber setzte sie sich in den Strandkorb unter der krüppeligen, in sich verdrehten Weide an dem mäandernden Bach und ließ ihre Gedanken wandern.

Inzwischen war es dunkel. Ich sollte aufstehen und ins Haus zurückgehen, dachte Idgie. Aber sie blieb sitzen. Sie war noch nicht bereit für eine Näherung dieser Art. Zu viel Hannes. Zu intim.

Stattdessen lauschte sie den ungewohnten Geräuschen. Ganz still war es hier und doch voller unbekannter Laute. Sie beobachtete, wie das kühle Licht des Mondes sich vorsichtig über den Hügel an sie herantastete, und sah zu, wie der große Bär am Himmel sich der Spitze einer Birke näherte, bis er sie schließlich anzustupsen schien. Sie lauschte dem Ruf eines Käuzchens im kleinen Wald hinter dem Haus und überlegte, was für ein Tier dieses merkwürdig schabende, raschelnde Geräusch von sich gab, das sie plötzlich hörte. Ein Igel, vermutete sie, oder eine Maus.

Schließlich überlagerte das beruhigende Murmeln des Baches die übrigen Geräusche, und sie fiel in einen leichten, unruhigen Schlaf.

***

Duisburg, 16. März

Der Ärger gärte in ihm wie ein Geschwür. Er, Manuel Hoelscher, stand da wie ein Depp. Wie vorgeführt. Wenn der Boss wenigstens laut geworden wäre. Aber nein. Stattdessen immer nur dieses abschätzige Grinsen im Gesicht.

»Regeln Sie das, Hoelscher. Schnell.«

Reinschlagen hätte er da mögen. Mann!

Schnell, schnell. Ja klar, Boss, Sie können sich auf mich verlassen, Boss, und noch 'nen Diener hinterher, Boss. Sollte der doch seine Drecksarbeit selbst erledigen. Aber dafür war der sich zu fein. Der machte sich seine manikürten Pfoten nicht dreckig, der nicht! Schnell, schnell ... denkste. Heute auf jeden Fall nicht mehr. Er war doch kein dressierter Köter.

Außerdem musste er wieder runterkommen. Nie losmachen, wenn man sauer ist, da baut man nur Scheiße. Eine goldene Regel – und eine einfache. Jetzt erst mal 'ne Runde ins Studio an die Geräte und dann ab ins Casino.

Hoelscher tastete nach dem prallen Umschlag in seiner Jackentasche. Maximal zwei Fuffis würde er setzen, mehr nicht. Dann konnte er die fällige Rate immer noch bezahlen. Und mit 'nem bisschen Glück gelang es ihm vielleicht, den Einsatz zu verzehnfachen, dann könnte er die nächste Rate gleich mit löhnen. Da würde den Kredithaien das Blut im Rachen stecken bleiben.

Hoelscher klopfte eine Zigarette aus der zerdrückten Schachtel und inhalierte zwei Züge direkt nacheinander. Das Nikotin breitete sich beruhigend in seinen Adern aus.

Klar, der Boss konnte eigentlich nichts dafür. Oder doch? Er hätte vorher ja klarere Ansagen machen können. Hatte er aber nicht. Da brauchte er sich auch nicht zu wundern. Aber er würde die Sache schon richten.

Hoelscher sog den Rauch tief in seine Lungen, warf die Kippe auf den Boden und trat den glimmenden Stummel beiläufig aus. Dann stieg er in seinen Ford Ranger und warf den Motor an. Als er das sonore Brummen des Wagens hörte, begann er, ruhiger zu atmen. Geiles Geschoss. Den hätte er sich nie leisten können. War eigentlich verdammt großzügig vom Boss, ihm so einen Wagen zu spendieren. Klar, so ein Firmenwagen kostete das Unternehmen nicht die Welt. Aber er hatte freie Hand gehabt, was die Ausstattung betraf. Nur bei der Automarke, da hatte der Boss nicht mit sich feilschen lassen. Eigentlich hätte er lieber einen echten Land Rover gehabt. Trotzdem. Der Geländewagen war echt stark, und das Grinsen seiner Kollegen interessierte ihn einen Scheiß. *Was für 'ne Angeberkarre*, hatte der Abdul doch tatsächlich gesagt. Der hatte keine Ahnung, echt nicht. War doch bloß neidisch, dass er 'nen Firmenwagen hatte, und dann noch so eine Granate.

Hoelscher trat das Gaspedal durch und ließ den Motor aufheulen, bis die Räder durchdrehten. Dann schoss er vom Hof und spritzte davon. Echt geil, Mann!

***

Münsterland, Nottuln, 17. März

Idgie wachte erst auf, als sich die Morgendämmerung mit zarten orangerosigen Farben über der Hügelkette zeigte, Ton in Ton wie bei einem Aquarell. Mist, dachte sie und drehte vorsichtig den Kopf. Sie presste die Hand in den schmerzenden Nacken und seufzte. Die schwere, unverwüstliche Motorradkluft war klamm, was sie überraschte. Obwohl es am Vortag erstaunlich mild gewesen war, viel zu mild für die Jahreszeit, hatte es in der Nacht offenbar mächtig abgekühlt. Die kühle Brise war tief in ihre Knochen gekrochen, und Tau bedeckte den Boden. Wie blöd musste man sein, um im März die Nacht draußen zu verbringen? Eigentlich hatte sie doch nur noch ein wenig am Bach sitzen wollen.

Falsch, gestand sie sich ein. Es war dieses beklemmende Gefühl gewesen, das sie im Haus augenblicklich beschlichen hatte, als würde sie unbefugt in die private Sphäre ihres Exgeliebten eindringen. Ganz schön bescheuert. Idgie seufzte erneut.

Den Brief hätte sie nicht aus dem Rucksack holen müssen, denn sie kannte ihn fast auswendig. Trotzdem las sie ihn noch mal, als müsste sie sich bestätigen, dass er nicht nur in ihrer Phantasie vorhanden war. Sie faltete ihn wieder sorgfältig zusammen, bedrückt und getröstet zugleich. Dann stand sie auf, stakste mit steifen Gelenken zum Haus zurück und durchwanderte seinen offenen Raum mit der eingezogenen Galerie, den sie am Abend zuvor schon einmal betreten hatte. Dieses Mal ließ sie sich Zeit.

Eine Theke trennte den Küchenbereich vom Wohnbereich. Alles Massivholz, ganz schlicht gehalten. Männlich nüchtern. Nichts Verspieltes. Offene Regale an Stelle von Ober- und Unterschränken. An einer langen Leiste hingen ein paar Pfannen. Aber der Herd war vom Feinsten, ebenso die anderen Kochutensilien. Hatte Hannes etwa ein Faible für die Kunst des Kochens entwickelt?

Zwei schmale Türen. Hinter der einen ein kleines Bad, hinter der anderen eine Abstellkammer.

Die Küche ging in einen offenen Wohnbereich über. Eine Couch zum Ausklappen, ein Sessel mit passendem Fußhocker, ein gusseiserner Pelletofen. Alles in warmen Erdtönen, passend zum Holz des Bodens. Idgie war überrascht über die Behaglichkeit, die dieser Raum ausstrahlte. Hannes' Wohnhöhle hatte sie sich anders vorgestellt. Weniger gemütlich.

Die Menge an Büchern in den deckenhohen Regalen überraschte sie dagegen nicht. Er hatte schon immer viel gelesen. Idgie entdeckte eine Mini-Stereoanlage, einen DVD-Player und einen kleinen Röhrenfernseher im Regal in der Ecke. Unter einem der Fenster stand ein hölzerner Schreibtisch, neben dem ein Kabel aus der Wand hing. Internet. Ein PC war allerdings nicht zu sehen.

Sie stieg die Holztreppe in die zweite Ebene hinauf. Mitten auf der Empore stand ein breites Bett. Ein Schrank war in den hinteren Spitzgiebel eingelassen. Sie warf einen Blick hinein. Nur Männerkleidung. Wenn sie hierbleiben wollte, musste sie ihre Sachen aus Emden holen. Viel war es allerdings nicht, was sich dort angesammelt hatte.

Aber wollte sie das wirklich? Hierbleiben? Zumindest sollte sie sich etwas anderes anziehen. Das Leder der Motorradhose war immer noch klamm und – sie schnüffelte an ihrer Achsel und rümpfte die Nase – sie selbst ziemlich überfällig. Außerdem saß ihr die Kälte nach wie vor in den Knochen.

Sie streifte die Kleidung ab und griff sich wahllos ein paar Klamotten aus dem Schrank. Die grau verwaschene Baumwollhose war ihr mit Sicherheit viel zu weit. Egal. Irgendwie würde es schon gehen. Idgie tappte zum Bad hinunter und ließ das heiße Wasser lange auf sich niederprasseln.

Dann machte sie sich auf den Weg zum Nachbargrundstück.

***

Essen, 17. März

Der Sammler war einer der älteren der Stadt, was man daran erkannte, dass er gemauert war und aus rötlichen Ziegeln. Das war nicht weiter ungewöhnlich. Ungefähr sechzig Prozent der Essener Kanalisation waren aus Steinzeug. Und obwohl davon mehr als die Hälfte älter als fünfundzwanzig Jahre war, befand sich das Essener Kanalnetz in einem ganz guten Allgemeinzustand, immer im Vergleich gesehen natürlich. *Ganz gut* war eben relativ. Dieser Sammler hier hatte immerhin ein knappes Jahrhundert auf dem Buckel.

Manni Neumann ließ den Strahl seiner Lampe über die Mauern gleiten. An vielen Stellen wiesen sie Verkalkungen auf, die die rötlichen Ziegel mit weißlichen Verfärbungen durchsetzten. Nicht ungewöhnlich und auch nicht weiter schlimm. Aber dort, ungefähr zwei Meter weiter vorne, dort schien ein Riss in der Decke zu sein. Den musste er sich genauer ansehen.

Er stapfte weiter durch den finsteren Kanal, bemüht, mit den schweren Arbeitsstiefeln nicht ganz so hart aufzutreten. Trotzdem wurden seine Schritte von den Wänden reflektiert und dröhnten in seinen Ohren wie eine Hundertschaft.

Wenigstens musste man nicht mehr so aufpassen wie früher, dachte Manni. Früher, ja, verdammt … Die Sicherheitsvorschriften waren wirklich deutlich besser als noch vor zwanzig Jahren. Wenn er an die Zeit kurz nach seiner Ausbildung zurückdachte … da war er noch knöchelhoch durch die trübe Brühe gewatet, die die Kanäle gemeinhin gefüllt hatte. Damals musste man tierisch aufpassen, dass man nicht ausrutschte in dem ganzen Schmier.

Heute wurde ein Kanal vor einer Begehung gespült und trockengelegt. Man baute eine Sperrblase vor dem Einstiegsloch, pumpte das Wasser hoch und leitete es oberirdisch über Schläuche bis zu einem Einstieg jenseits der Begehungsstrecke. Ein großer Fortschritt, keine Frage.

Das Krächzen des Funkgeräts schallte lautstark die Wände entlang. »Manni, bitte kommen …«

Manni zog das Gerät aus der Halterung an seinem Gürtel. Dass er von einem der Sicherheitsposten angefunkt wurde, die oben zur Wetterbeobachtung in den angrenzenden Stadtteilen positioniert waren, konnte alles oder nichts bedeuten. »Was gibt's? Muss ich rauf?«

»Keine Panik, kein Regen im Anmarsch. Ich wollte nur wissen, wie's so läuft da unten.«

»Normal«, knurrte Manni.

Ein Windzug blies durch den Tunnel und trieb eine stinkende Wolke vor sich her. Es waren noch üblere Dünste als die, die hier ohnehin schon die ganze Zeit in der Luft hingen. »Inklusive Nasenfaktor«, scherzte er. »Mir weht hier gerade ein frisch verdauter Hauch von Edelfisch an Trüffelmousse um die Nase. Irgendein Empfang oben im Rathaus, oder was ist da los?«

Gelächter kratzte durch den Äther.

»Bah, es stinkt echt schlimmer wie'n Plumpsklo im Hochsommer.«

»Aber sonst alles clean da unten?«, erkundigte sich sein Kollege.

»Alles im grünen Bereich. Hier wurde vorher hübsch sauber gemacht. Keinerlei – äh – Ansammlungen mehr.«

Erneut krächzte das Lachen seines Kollegen die Wände entlang. »Ansammlungen und Eintrübungen, so heißt das doch immer so schön vornehm. Von wegen …«

Auch Manni musste grinsen. »Genau. Bloß nicht das böse Wörtchen mit dem SCH in den Mund nehmen.«

Man sollte die Dinge beim Namen nennen, anstatt drum herumzureden, fand Manni. Scheiße war das, schlicht und ergreifend einfach nur Scheiße. Menschlicher Auswurf, vermengt mit Wasser und allerhand anderen Dingen, die die Krönung der Schöpfung tagtäglich mal eben unbedarft in den Abfluss donnerte. Da war es völlig egal, woher das Zeug kam, ob es mit Champagner und Kaviar oder mit Doppelkorn und billigem Gyros aus der Essener Bronx durchsetzt war.

»Hör mal, ich mach jetzt mal weiter. Hier ist so ein Riss, den muss ich näher unter die Lupe nehmen. Ich denke, in 'ner halben Stunde komm ich wieder hoch. Und hübsch die Augen aufhalten, ja?«

So aus der Nähe betrachtet sah der Riss gar nicht gut aus. Schien in der rechten Außenmauer zu beginnen und zog sich bis fast über die gesamte Wölbung der Decke. Manni fotografierte den Spalt aus mehreren Blickwinkeln. Hier würde man zügig nachbessern müssen, so viel stand fest. Wenn er noch mehr solcher Risse entdecken würde, müsste man glatt über ein Reliningverfahren nachdenken. Einfach ein neues, kleineres Rohr rein und die Hohlräume verfüllen. Obwohl – da musste man erst mal gucken, ob das überhaupt möglich war, wegen der Kapazitäten …

»Schmutzfrachtberechnung« – das war ein weiterer Begriff, der Manni ein heiseres Lachen entlocken konnte. Immer dann fällig, wenn eine neue Legolandsiedlung auf irgendeinen Acker gepflanzt werden sollte. Oder ein Gewerbegebiet, das kein Schwein brauchte. Im Zweifelsfall musste dann eine eigene Rückstauanlage mit eingeplant werden, um das Abwasser kontrolliert in einen eigentlich unterdimensionierten Kanalabschnitt abzuleiten. Passte natürlich niemandem ins Konzept, weil es die Sache teurer machte. Aber immerhin konnte heutzutage niemand mehr die Stadt verklagen, weil die Anschlusskanalisation den ganzen Schmodder nicht mehr bewältigen konnte. Hatte er alles schon erlebt in seiner

Laufbahn vom Azubi bis zum Einsatzleiter. Hirnlose Planung. Und hinterher war das Geschrei dann immer groß gewesen.

Mehr als dreißig Dienstjahre, Mannomann! Schon bei den Erstbegehungen des rund eintausendsechshundert Kilometer langen Abwassernetzes war er dabei gewesen. Mit denen hatte die Stadt Essen sehr frühzeitig angefangen, viel früher als die übrigen Kommunen, die eher widerwillig den gesetzlichen Auflagen gefolgt waren. Mit anderen Worten: Essen war in seinem Begehungszyklus den meisten deutschen Städten um mindestens eine Nasenlänge voraus gewesen, wie Manni auch heute noch mit einer gewissen Befriedigung in der Stimme zu sagen pflegte. Seitdem wurden die einzelnen Streckenabschnitte turnusmäßig überwacht, sei es zu Fuß oder mit der Kamera. Aus den Ergebnissen dieser Begehungen wurde ein Abwasserbeseitigungskonzept entwickelt, wie die entsprechenden Landesgesetzgebungen es aus der europäischen Wasserrahmenrichtlinie abgeleitet hatten. Gut im Rennen also, was die Einhaltung der gesetzlichen Vorgaben betraf.

Mit geschultem Blick begutachtete Manni die Wände, während er sich langsam weiter voranarbeitete. Noch knapp dreihundert Meter bis zum geplanten Ausstieg, schätzte er. Aber dann war's auch erst mal gut mit dem Außendienst … nur weil der Mischke schon wieder 'nen Gelben reingereicht hatte, den fünften in diesem Jahr … und weil es tagsüber halbwegs trocken bleiben sollte – laut Wetterprognose. Wäre blöd gewesen, die geplante Tour zu verschieben. Aber was soll's?, dachte Manni. Einmal Kanalratte, immer Kanalratte. Das blieb an einem kleben wie der Geruch, der hier unten hing. Gut, dass er mittlerweile selbst entscheiden konnte, wann er runterging und wann nicht.

***

Münsterland, Nottuln, 17. März

Eine Linde reckte ihre kahlen Äste über ein paar Tische auf buckeligem Pflaster, zwischen dem sich Moos und erste Grashalme breitmachten. Efeu rankte an dem roten Backstein der Gebäude hinauf, und ein dunkelgrünes, auf alt getrimmtes Blechschild hing über einer Tür. *Hofcafé zum Schimmelreiter* war unter dem weißen Schattenriss eines galoppierenden Reiters eingeprägt.

Idgie setzte sich an einen der Tische und wartete. Es dauerte nicht lang, bis eine Frau aus dem Haus auf sie zueilte.

»Möchten Sie wirklich draußen sitzen?«, fragte sie freundlich.

Idgie nickte.

»Wie Sie wollen. Was darf's sein?« Sie war deutlich jünger als Idgie, ungefähr Mitte dreißig, und strahlte die Natürlichkeit einer Frau aus, die sich viel im Freien aufhält. »Wir haben heute frisch gebackenen Käsekuchen. Und Apfelstreusel.«

Ein richtiges Landei, dachte Idgie und meinte das keineswegs abwertend.

»Der ist aber von gestern«, fügte die Frau mit überraschender Ehrlichkeit hinzu.

»Macht nichts, ich nehme beide. Kann ich auch einen Tee bekommen?«

»Friesen, Darjeeling, Earl Grey oder Assam. Grünen Tee haben wir auch.«

»Gibt es den Friesen denn auch richtig friesisch?«

Die Frau lächelte. »Mit Milch und Kluntjes, wenn Sie wollen.«

»Dann bitte den Friesen«, entschied Idgie. »Ich würde dann auch gerne mit Ihnen reden.«

Ein neugieriger Blick streifte sie.

Hübsch war sie, fand Idgie. Klare Augen, leicht gewelltes dunkelblondes Haar, weiblich rund.

Kurz darauf standen zwei opulente Kuchenstücke und eine dampfende Kanne Tee vor Idgie auf dem Tisch.

»Die sind aber groß. Wenn ich das gewusst hätte.«

»Dann bringe ich eines zurück.«

»Nein, lassen Sie nur. Ich esse es morgen früh. Ich bin …«, Idgie wusste nicht so recht, wie sie weitermachen sollte, »… gekommen, um den Hund zu holen«, fiel sie dann mit der Tür ins Haus. »Hannes hat mich gebeten, gut für ihn zu sorgen. Ich wohne in seiner Scheune. Wir sind jetzt also Nachbarn. Callahan heiße ich.«

»Idgie? Sie sind Idgie?«

»Ja. Und du musst Stella sein.«

Es war eine von Idgies irritierenden Angewohnheiten, dass

sie sehr schnell ins Du verfiel. Manch einer interpretierte das als Überheblichkeit. Aber das war eine Fehleinschätzung. Idgie duzte die Menschen, wenn sie sie mochte. Es war gewissermaßen eine Auszeichnung.

»Herzlich willkommen. Hannes hat uns einiges von dir erzählt. Björn«, rief die Frau quer über den Hof. »Rate mal, wer da ist!«

Als Idgie zurück zu Hannes' Scheune ging, führte sie den Hund an der Leine, einen mittelgroßen Mischling mit hell gelocktem Fell wie ein Terrier. Aber er war breiter als ein Fox, und der gebogene Schwanz erinnerte an den eines Huskies. Richtig jung war er nicht mehr. Aufmerksam hatte er ihre Hosenbeine und dann ihre Hand beschnüffelt, ging jedoch nur widerstrebend mit ihr mit, als sie ihn dazu aufforderte.

Am Abend zog er seine Runden durch die ausgebaute Scheune, reckte die Nase in die Höhe und bellte in das Mondlicht hinein, das durch das Fenster in den Raum floss. Unruhige Kreise zog der Hund, und Idgie spürte, dass er nach Hannes suchte. Sie war froh, als er sich dazu überreden ließ, etwas von dem Hundefutter zu fressen, das Idgie in der Abstellkammer gefunden hatte. Sie selbst begnügte sich mit Knäckebrot, einer Dose Ölsardinen und einem Glas Rotwein und setzte sich mit ihrem Netbook an den kleinen Schreibtisch.

Es war an der Zeit, sich die externe Festplatte von Hannes Schindler anzusehen.

***

Die Dateistruktur auf der Festplatte war passwortgeschützt. *Du wirst schon wissen, welchen Zugang du benutzen musst*, hatte in dem Brief gestanden. Idgie zögerte. Sie spürte ihr Herz lautstark gegen ihren Brustkorb hämmern.

Wollte sie das hier? Wollte sie das wirklich? Noch konnte sie ihren Rucksack packen und einfach still und leise wieder abhauen. Die Vergangenheit ruhen lassen. Es nicht erlauben, dass die Erinnerung wieder hochkroch und neue Stacheln in ihr Fleisch bohrte.

Dann sah sie auf den Hund hinunter, der endlich von seiner

ziellosen Wanderung durch das Haus abgelassen und sich neben ihr auf den Holzdielen niedergelassen hatte, nicht richtig entspannt, aber immerhin auch nicht mehr völlig rastlos.

»Na, Filou«, sagte sie leise. »Bist traurig, was?«

Der Hund sah zu ihr hoch und winselte leise. Erst jetzt fiel ihr auf, dass er die gleichen hellen Augen hatte wie sie selbst. Wolfsaugen. Sie musste schlucken.

»Vielleicht können wir uns ja gegenseitig ein bisschen trösten. Meinst du denn, wir kommen miteinander klar?« Sie streckte ihm die Hand entgegen.

Zaghaft wedelte Filou mit dem Schwanz.

»Ist doch unbequem so auf dem Boden. Warte.« Idgie stand auf und schob den gepolsterten Fußschemel, der vor dem Ohrensessel in der Ecke stand, neben ihren Stuhl.

Filou beobachtete aufmerksam jeden ihrer Schritte.

Sie holte ein paar Hundekekse aus der angebrochenen Packung in der Kammer und setzte sich zurück an den Schreibtisch. Dann schlug sie auffordernd auf den Pouf. »Komm«, lockte sie, hielt ihm ein Leckerli auf der Handfläche hin und klopfte erneut einladend auf das Polster. Es klappte. Der Hund nahm mit spitzen Zähnen vorsichtig den Leckerbissen entgegen und sprang auf das Polster, wo er sich umständlich zusammenrollte.

Idgie legte ihre Hand auf das gelockte helle Fell. Es war erstaunlich weich. Behutsam begann sie, das Tier zu streicheln. Der Hund schien zu seufzen und entspannte sich sichtlich.

»Ja, ich denke schon, dass das klappen könnte mit uns beiden«, sagte Idgie. »Und? Was rätst du mir? Soll ich mir jetzt diese Festplatte ansehen, Filou?«

Filou blaffte kurz, als er seinen Namen hörte.

»Okay. Wenn du meinst.« Erneut klickte Idgie das Laufwerk der externen Festplatte an, und ein Dialogfenster forderte ein Benutzer-Login.

User: HanIdg, tippte Idgie ein. Und wie war das Passwort gewesen? Irgendwas mit Polarwölfin, kombiniert mit einigen Sonderzeichen. Beim dritten Anlauf hatte sie es geschafft und atmete auf. ?Polar@Woelfin! – das war das Sesam-öffne-dich ihrer gemeinsamen Arbeitszeit gewesen.

Ein Haufen Dateien waren auf der Festplatte gespeichert. Typisch Hannes. Das blanke Chaos. Die Dateien waren willkürlich benannt, ohne irgendein erkennbares Schema. Wie früher, wo es ein ewiger Streitpunkt zwischen ihnen gewesen war, wie Dateien abzulegen waren. Mit einem Mal fühlte sich Idgie ganz melancholisch, und sie blickte schwermütig aus dem Fenster.

Sie seufzte, wandte sich wieder dem Netbook zu und öffnete das erste Dokument.

Es ging um Erdgas im Münsterland. Idgie war überrascht. Das war ihr neu, dass hier Erdgas gewonnen wurde. Sie öffnete die nächste Datei. Eine Karte des Münsterlandes, in unterschiedlich geformte Stücke unterteilt. Jedes Stück hatte eine Nummer. Und hinter jeder Nummer stand ein Name. Bekannte Namen wie GIGA, Saxxon Company, European Oil and Gas. Die Karte bot einen Überblick über Auffindungs- und Nutzungsrechte für die Gewinnung von Erdgas. Das ganze Land war bereits aufgeteilt worden. Schürfrechte? Wie die abgesteckten Claims der Goldgräber?

Idgie schob die Lesebrille in die Haare, verschränkte die Hände im Nacken und lehnte sich im Stuhl zurück.

Und die Bauern? Hatten die da nicht ein Wörtchen mitzureden? Wie konnte deren Grund und Boden aufgeteilt werden, wenn er einem nicht gehörte? Oder verdienten die Bauern sich eine goldene Nase daran, viel mehr, als wenn sie weiter Weizen oder Mais anbauen würden?

Diese Fragen sollte sie gleich notieren, um sie nicht aus den Augen zu verlieren. Sie suchte nach Papier und nahm schließlich ein Blatt aus dem Papierfach des Druckers, den sie unten im Regal entdeckte.

Wo ist eigentlich Hannes' PC abgeblieben, wunderte sie sich und ließ den Blick erneut durch den Raum schweifen. Denn wo es einen Drucker gab, musste auch ein PC sein. Darauf wies auch die externe Festplatte hin, ebenso wie das Netzwerkkabel, das dort in der Ecke am Regal aus der Buchse kam. Eindeutig Internet. Von einem PC oder Notebook war jedoch nichts zu sehen.

1. Hannes' PC
2. Vergabe der Bohrkonzessionen
3. Zuständigkeit für die Vergabe
4. Land privat oder gepachtet

Sie las weiter.

Es hatte Probebohrungen gegeben, und ein paar Bohrfelder waren bereits in Betrieb genommen worden. Dazu brauchte es spezielle Betriebspläne, die von irgendwelchen Behörden abgesegnet worden waren. Und Umweltverträglichkeitsstudien, ebenfalls abgesegnet.

5. Warendorf, Nordwalde, Drensteinfurt, notierte sie. Im großen Stil hatten die aber noch nicht losgelegt mit der Förderung. Denn es ging nach wie vor um den Einsatz einer gewissen Technik, dem sogenannten Hydraulic Fracturing, über das heftig gestritten wurde. Bei dieser Methode, in den USA bereits seit über zwanzig Jahren praktiziert, wurden Millionen Liter von Wasser und Chemikalien unter Hochdruck in tiefe Gesteinsschichten gejagt, um das dort eingeschlossene Erdgas freizusetzen. Eine Art unterirdische Sprengung, erzeugt durch hohen Druck, Wasser und Chemie.

Der Hund gab ein leises Fiepen von sich und zuckte unruhig mit den Pfoten, als würde er schlecht träumen.

»Chemikalien im Boden, das klingt wirklich ziemlich übel, da hast du recht, Kleiner«, murmelte sie leise. »Aber warum ausgerechnet im Münsterland?«

Filou hob den Kopf, sah sie an und bellte kurz.

»Das interessiert dich also auch. Dann muss ich wohl weiterlesen. Aber ich brauche noch was zu trinken. Bin gleich zurück.«

Idgie holte die Weinflasche von der Küchenzeile und steckte ein paar Hundekekse in die Hosentasche.

»Warum also im Münsterland?«, nahm sie den Faden wieder auf und bot Filou ein weiteres Leckerli an.

Er wedelte und klaubte den Keks von ihrer Handfläche.

»Du magst es wohl, wenn ich mit dir rede«, stellte sie fest. Sie nahm einen Schluck Rotwein und las weiter.

»Weil es im Münsterland Kohlenflöze gibt«, teilte sie Filou schließlich mit. »Wusstest du, dass Kohle Erdgas enthält? Ich nicht.

Ich dachte immer, Erdgas würde in Blasen lagern, die man einfach nur anpieksen muss, und schon sprudelt es raus. Im Großen und Ganzen stimmt das ja auch. Blasen, die in unterschiedlichen Tiefen lagern, mal dicht unter der Erdoberfläche, mal richtig tief unten. Aber es gibt offensichtlich auch gashaltiges Gestein. Kohle zum Beispiel.«

Filou sah sie aufmerksam an. Über den Augen erhoben sich spitzwinklig zwei dunkle Linien wie sorgsam in Form gezupfte Augenbrauen, die seinem Gesicht einen fragenden Ausdruck verliehen.

Idgie griff erneut in ihre Hosentasche.

Augenblicklich fing der Hund an zu wedeln.

»Falsch gedacht, Kleiner.« Sie lachte, schüttelte das Taschentuch auseinander und schnäuzte sich. Dann fischte sie einen weiteren Hundekeks aus der anderen Tasche. »Aber ich will mal nicht so sein, wo du doch so gelehrig bist. Außerdem muss ich mich bei dir einschmeicheln. Wo waren wir stehen geblieben? Ach ja. Die Gasblasen. Man kann sie also relativ leicht abbauen mit konventionellen Verfahren. Rohr rein, Gas raus. In Niedersachsen hat man schon viele solcher Felder abgebaut. Nur – gut zugängliche Gasfelder gehen in Deutschland offensichtlich zur Neige. Pech, nicht wahr, Filou?«

Filou blaffte wieder und wedelte mit dem Schwanz.

»Genau. Deswegen sind jetzt gashaltige Gesteinsschichten ins Visier gerückt, Kohleflöze wie hier im Münsterland. Das Gestein wird regelrecht zertrümmert, um die unzähligen kleinen Gasbläschen freizusetzen, die dort eingeschlossen sind. Unkonventionelle Gasförderung nennt sich das. Und dabei wird dieses Chemiezeug eingesetzt. Es verhindert, dass die Risse sich schnell wieder schließen. Sie werden künstlich offen gehalten, damit das Gas aus dem Stein kommt. Fracking eben.«

Ein paar weitere Stichworte kamen auf ihren Zettel.

6. Unkonventionelle und konventionelle Gasförderung

7. Fracking

***

Essen, 17. März

»Sauwetter«, fluchte Ruth van Haag. Sie kniff die Augen gegen die spiegelnden Lichter auf der Straße zusammen. Feiner Nieselregen besprühte kontinuierlich die Scheiben des Wagens, als würde jemand mit einer Blumenspritze draufhalten. Der Scheibenwischer machte ein hässlich schrappendes Geräusch, während er über die Scheibe kratzte.

Regen. Seit sie in dieser verflixten Stadt ansässig geworden war, schien es nur zu regnen!

Na komm, das ist nicht ganz richtig, meldete sich eine innere Stimme zu Wort. Der erste Monat war überraschend schön gewesen. So schön, dass die Bäume wieder zu treiben begonnen hatten, mitten im Dezember. Ab Januar war es dann allerdings ein Fiasko geworden. Erst jede Menge Schnee, dann kalt, grau und verregnet und jetzt, seit zwei Wochen plötzlich, atypisch warm, grau und ebenso nass. Eine Waschküche, die einem schon im März den Schweiß aus den Poren trieb. Natürlich nichts, was man dieser Stadt hier zum Vorwurf machen konnte. In weiten Teilen Deutschlands sah es genauso aus, wusste der Wetteronkel zu berichten. Nur dass das Schmuddelwetter der ohnehin nicht gerade für ihre Schönheit bekannten Stadt Essen das letzte bisschen Farbe aus dem eher tristen Stadtbild sog.

Aber dieser irrsinnige Verkehr, der lag eindeutig an der Stadt. Oder vielmehr an der Region. Am Ruhrgebiet, einer der am dichtesten besiedelten Regionen Deutschlands. Ein echter Moloch.

Ungeduldig trommelte Ruth auf das Lenkrad. Und dann noch diese Baustellen, die hier über Nacht überall aus dem Boden sprossen. Auf der Frankenstraße war schon wieder so ein Ding gewachsen. War das nicht exakt die gleiche Stelle, die gerade einen Monat zuvor geöffnet und wieder geschlossen worden war? Sie sollte in der nächsten Zeit besser über die Ruhrallee zurückfahren. Stadtauswärts staute es sich dort abends zwar auch oft, aber das hier war schlimmer.

Ruth seufzte, während sie sich einen halben Meter voranschob. Vor vier Monaten hatte sie geglaubt, die Veränderung würde ihr guttun. Heute war sie sich nicht mehr ganz so sicher.

War es ein Fehler gewesen, hierherzuziehen? Die nächstbeste Stelle anzunehmen und dafür in Augsburg alles stehen und liegen zu lassen? Nein. Die Ausschreibung war gerade zum richtigen Zeitpunkt gekommen. Zwei Monate später hatte sie ihren Dienst angetreten. Gesundheitsamt Essen. Nicht gerade eine Herausforderung, aber immerhin ein Job, der ihr Zeit ließ, mehr auf jeden Fall, als wenn sie eine eigene Praxis aufgemacht hätte. Sie hatte den ImmobilienScout durchforstet und sich einige Angebote über Street View angesehen.

Das kleine Zechenhaus in Alt-Rellinghausen war ihr direkt ins Auge gesprungen. Es hatte einen verhutzelten Charme und erinnerte sie an ihre Kindheit, wo sie so manche Woche bei Tante Ilse und Onkel Paul in deren Zechenhaus in Oberhausen verbracht hatte. Drei Hühner hatte Tante Ilse gehabt, und hinten im Garten waren Erbsen und Kohl gewachsen. Und Salat. In der Ferne hatte man Schlote gesehen, aus denen es ab und zu mächtig gequalmt hatte.

Hier qualmte nichts. Das Haus lag sogar in unmittelbarer Nähe zum Waldrand und trotzdem eingebettet in eine Siedlung. Außerdem gefiel ihr der Name der Straße: *Hexentaufe.* Passend zum neuen Leben. Das hatte doch was.

Es war nicht schwer gewesen, den Zuschlag dafür zu bekommen. Ärztin beim Gesundheitsamt, feste Bezüge, sturzsolide, kein junger Spund mehr, der die Nachbarschaft mit lautstarken Feten behelligen würde … Diese Gedanken waren dem Makler förmlich auf die Stirn gebrannt gewesen. Sie hatte eine solide Vier vor der Null und damit keine Flausen mehr im Kopf.

Und nun war sie bereits vier Monate hier.

Erich, dieser … Hör auf, befahl sie sich und lenkte den Wagen einen weiteren Meter auf die Baustellenampel zu. Gleich bist du zu Hause. Aber die Aussicht auf den langen Abend, der vor ihr lag, fühlte sich seltsam leer an.

Früher hast du dich immer darüber beklagt, so wenig Zeit zu haben, dachte sie bedrückt. Die langen Wochenenddienste, die vielen Überstunden, und immer müde. Dabei hast du während des Studiums so viele Ideen gehabt. Sogar ein Buch wolltest du schreiben.

Das Buch. Komisch. Daran hatte sie schon ewig nicht mehr gedacht. Bestimmt siebzehn Jahre war das nun her, auf jeden Fall noch während des Studiums. Irgendwo musste der Ausdruck sein, überlegte Ruth. Zumindest konnte sie sich nicht daran erinnern, die Mappe weggeworfen zu haben. Sie war sich sogar ziemlich sicher, dass sie sie beim Einzug zwischen die Finger bekommen hatte. Schwarz war die Mappe gewesen, mit blauen Männchen drauf. Strichmännchen. Nein, weggeworfen hatte sie die bestimmt nicht. Sie würde gleich mal danach suchen.

***

Manni klickte das Druckersymbol auf seinem PC an, stieß sich von der Schreibtischkante ab und rollte mit dem Stuhl zurück. Er gähnte herzhaft und kratzte sich im Nacken. Während der Drucker lautstark die abgerufenen Seiten ausspuckte, trat er ans Fenster und sah hinunter.

Wie so häufig, wenn Manni aus seinem Bürofenster guckte, freute er sich über seinen Sprung in die Verwaltung. Der beste Standort, den er je hatte, dachte Manni zufrieden. Denn unter ihm lag die Rüttenscheider Straße. Wenn man von der Essener City mal absah, war das hier die angesagte Meile der Stadt. Mit ihren vielen kleinen Boutiquen zog sie tagsüber das betuchtere Publikum an, und eine Reihe von Bistros, Restaurants und Cafés luden zu einer Pause ein.

»Fertig?«, fragte seine Kollegin Edda Martinez.

»Irgendwie schon.« Manni gähnte erneut. »Aber wie ich's auch mache, ist es falsch. Da kann ich genauso gut würfeln. Oder mit verbundenen Augen irgendwo auf den Plan tippen. Nicht genug Leute, zu wenig Ausrüstung, zu wenig Kohle. Und dann noch dieses Virus, das da im Augenblick die Runde macht. Novo oder Noro oder wie das Dingsda heißt. Die Hälfte der Leute macht blau! Na egal, der Einsatzplan für die nächste Woche steht. Mehr kann ich nicht tun. Vermutlich kann ich das meiste eh wieder streichen, weil's mal wieder pisst!«

»Mehr erwartet doch auch keiner von dir.« Edda bereute es

schon, dass sie das leidige Thema überhaupt losgetreten hatte. Aber es war zu spät.

»Ach, das wäre ja ganz was Neues«, konterte Manni spitz. »Die Checker von oben, die sehen das aber anders. Die erwarten 'ne glatte Wunderheilung. Und dann setzen sie einem noch so 'nen Studierten vor die Nase«

»Stimmt. Das war nicht fair, so an dir vorbei. Bei deiner Erfahrung!«

»Mensch, darum geht's doch gar nicht«, wiegelte Manni ab. »Ich mein ja bloß, also, den Meininger möcht ich mal sehen, wie der in der Kanalisation rumkraucht. Der ist doch gar nicht vom Fach, so von der Pike auf, mein ich, den würde es da unten glatt aus den Socken hebeln, so etepetete, wie der immer rumläuft.«

»Komm, komm, der ist schon in Ordnung. Und seinen Job wollte ich wirklich nicht geschenkt haben. Der kriegt den Druck voll von oben ab und versucht, uns das vom Hals zu halten. Also, eigentlich solltest du froh sein, dass er den Prellbock machen muss und nicht du.«

»Hast ja recht«, gab Manni zu. »Und jetzt mach ich Feierabend.«

»Wie lässt sich das eigentlich mit deinem Nachwuchs an?«, fragte Edda neugierig. »Immer noch alles im grünen Bereich?«

»Ach, hör bloß auf!« Manni machte eine ausladende Geste mit den Händen, die alles bedeuten konnte oder auch nichts. »Ist wirklich komisch. Plötzlich 'ne fast erwachsene Tochter im Haus, und ihr brandneuer Lover hat sich gleich mit eingenistet. Der geht doch nur noch nach Hause, wenn er Klamotten zum Wechseln braucht. Der Kühlschrank ist auch ewig leer, der Alte wird's schon richten, und ab und zu machen sie Party. Aber ansonsten ist alles Tacco.«

»Solange sie dir nicht an deine Biervorräte gehen …« Edda grinste anzüglich. Dann wurde sie wieder ernst. »Sie bleibt jetzt also wirklich erst mal bei dir?«

Manni zuckte mit den Schultern. »Sieht so aus. Sie studiert nun mal hier, da ist das die günstigste Lösung. Aber wer weiß? Vielleicht schmeißt sie ihr Studium ja auch bald wieder … obwohl, der würde ich schön was husten …«

»Und in den Semesterferien?«

»Was weiß denn ich? Vielleicht ab nach Rheine, um 'ne sturmfreie Bude zu haben? Jetzt, wo Marion, also, meine Ex, in Sachen Sabbatjahr unterwegs ist, Indien und Selbstfindungstrip und das ganze Zeug ... wer weiß das schon? Obwohl, dann müssten die ja glatt selbst einkaufen gehen. Ist natürlich unbequem.«

»Sie geht dir doch auf die Nerven.« Edda grinste. »Jaja. Vater werden ist nicht schwer ...«

»Stimmt. Aber ist schon in Ordnung so. Die sind oben, ich bin unten. Nur die Küche ... da musste ständig hinterher sein. Das sieht da manchmal aus, kannste dir echt nicht vorstellen ... von wegen erwachsen! Wenn die sich in ein Thema verbeißt, da kann die aber auch so was von diskutieren, da fallen einem die Ohren ab. Für voll soll man sie nehmen, in Ruhe lassen auch, und bloß keine Vorschriften. Voll uncool, so was. Aber Hotel Papa, das ist überhaupt nicht uncool. Das ist voll der Bringer.« Manni grinste jetzt auch. »Ich glaube, ich war früher genauso drauf. Wird sich schon noch auswachsen. Hätte echt schlimmer kommen können, Drogen oder so 'ne Nazikacke oder Grufti oder kein Bock zu gar nichts. So sind die beiden nicht drauf. Von daher ...«

***

Münsterland, Nottuln, 17. März

Der Mond hing nun prall über der Hügelkette und tauchte die Landschaft in milchiges Licht. Es sah friedlich aus. Eine Erdgasförderung? Hier? Das war kaum zu glauben.

Idgie rieb sich die Augen. Was sie bisher gelesen hatte, verwirrte sie. Artikel über Politikerbeschlüsse, Petitionen von Bürgerinitiativen, Gutachten zum Thema Fracking ...

Lauter widersprüchliche Aussagen. In Niedersachsen war bereits gefrackt worden, das Verfahren galt dort als unbedenklich. In Nordrhein-Westfalen gab es trotz mehrfacher Vorstöße von Wirtschaft und Politik immer noch eine große Opposition gegen das Vorhaben, die sich mittlerweile bis zum Landtag vorgekämpft hatte. Die Genehmigung zum Abbau von Erdgas war Landessache, eine einheitliche Regelung auf Bundesebene gab es nicht.

Sie öffnete ein Register mit dem Namen *Industrie*, in dem offenbar allerhand Informationen zu diversen Firmen zusammengetragen waren. Erneut begann sie zu lesen.

Eine Flasche Rotwein später schob Idgie das Netbook von sich weg und reckte sich. Ihr Nacken war steif, und der Schädel brummte. Ob vom Rotwein, von diesem Lesemarathon oder von der Fülle neuer Informationen, die sich in ihrem Hirn zu einem großen, undurchschaubaren Gebilde türmten, konnte sie nicht sagen. Warum bloß hatte Hannes sich so intensiv mit der Materie beschäftigt, warum so minutiös Artikel, Reportagen und wissenschaftliche Arbeiten zu diesem Thema gesammelt? Und was erwartete er von ihr?

Filou, der die ganze Zeit zusammengerollt neben ihr geschlafen hatte, sprang vom Hocker, steuerte auf die Eingangstür zu und fiepte.

»Pipi?«, fragte sie, klappte das Netbook zu und stand auf. »Ich kenne mich mit euch Hunden nicht so aus. Wie oft müsst ihr denn raus? Läufst du jetzt weg, wenn ich dich allein laufen lasse? Ich glaube, ich komme besser mal mit.« Sie zog sich eine Fleecejacke von Hannes über, nahm den Hund an die Leine und ging vor die Tür.

Nach einem kurzen Gang die schmale Straße entlang, bei dem Filou Geschäfte diverser Art verrichtete, kehrten sie um. Vor der Haustür blieb Idgie unschlüssig stehen. Wo sollte sie hin? Noch eine Nacht in den Strandkorb? Sie dachte an die klamme Kälte, die ihr am Morgen in den Knochen gesessen hatte, und wusste, dass ihr Nacken ihr eine weitere Nacht dieser Art ernsthaft übel nehmen würde.

»Sei nicht albern«, murmelte sie schließlich. »Er wollte, dass du hier bist. Was soll's, alter Bastard. So lande ich nun doch wieder in deinem Bett. Komm, Filou. Lass uns schlafen gehen.«

Sie kletterte die steile Stiege hinauf, hob den Hund aufs Bett und kroch unter die Decke. Es roch seltsam vertraut.

GESCHICHTE DER ZIVILEN ATOMUNFÄLLE

Goiânia, Brasilien, September 1987

Ein solches Blau hatte er noch nie gesehen. Oder doch? Es schien von innen heraus zu leuchten, intensiv, ja, fluoreszierend fast. Wie bei der großen Rosette in der Kuppel der Santa Maria della Cruz hoch über dem Altar, wenn das Sonnenlicht sich während der Frühmesse den Weg hinein in die Kirche bahnte.

Eigentlich war José Santes kein besonders gläubiger Mensch. Das heißt, er glaubte schon, dass es da jemanden gab, der die Geschicke der Menschen lenkte. Eine Art übernatürliches Wesen, von dem das Gefüge, in dem er, José, lebte, zusammengehalten wurde, in guten wie in schlechten Zeiten. Doch für diesen Glauben brauchte er keine Kirche, und wenn es nach ihm ginge, würde er am Sonntag in der Frühe sicher nicht ausgerechnet in der Messe hocken. Die wunderbar kurvigen Hüften seiner Frau schoben sich vor sein inneres Auge, das schwarze Fließ zwischen den Schenkeln, schwärzer noch als ihre Augen …

Doch in diesem Punkt ging es nun mal nicht nach ihm. Für Theresa war der Gang zur Kirche etwas so Selbstverständliches, dass selbst die eitrigen Mandeln der kleinen Rosanna kein Hinderungsgrund gewesen waren, zumindest ihn, José, um sechs Uhr morgens zum Gebet zu schicken, wenn schon Theresa selbst nicht gehen konnte. Einfach undenkbar, dass man die Messe am Sonntag nicht besuchte. So war es immer schon gewesen und damit basta.

Also wartete er Sonntag für Sonntag auf den Moment, in dem der erste Sonnenstrahl durch die Rosette brach. Manchmal passierte das gerade in dem Augenblick, in dem die Orgel einsetzte, dröhnend und überwältigend. Wuchtig drangen die Töne in ihn ein und wühlten sich tief in die Eingeweide, ganz anders als die blechernen Klänge, die bei ihnen zu Hause aus dem Radio drangen, das Theresa den ganzen Tag laufen ließ, um die zurzeit aktuellen Schlager mit ihrer selbst etwas metallisch klingenden Altstimme mehr schlecht als recht zu begleiten.

Wenn die Orgel einsetzte und die Sonne durch die Rosette schillerte und das Rot und das Blau der bleigefassten Scheiben in einer Intensität erstrahlen ließ, die diese Farben sonst nicht entfalten konnten, dann war das überwältigend schön, fand José. Überirdisch. Ein eindeutiges Indiz für die Existenz dieses höheren Wesens. Es war ein Fingerzeig Gottes.

Und nun leuchtete er direkt vor ihm, dieser Fingerzeig Gottes. Magisches Blau von einer Kraft, die von innen her zu kommen schien, ganz ohne Rosette, ohne Kirche, Sonne und Orgel. Ehrfürchtig blickte José in das metallene Gefäß vor sich auf dem Werktisch. Es war eine Art Sand, ein leuchtend blauer, grobkörniger Sand. José nahm eine Handvoll und ließ sie zurück in den Behälter rieseln. Nein, dachte er. Kein Sand. Die Partikel klebten, hafteten an seiner Haut wie feucht gewordene Salzkristalle. Er klopfte seine Hände an der Hose ab.

Kristall. Der Gedanke gefiel ihm. Ich werde Fernandez fragen, ob er Theresa ein Herz daraus machen kann, beschloss José. Ein feines Herz aus Glas, gefüllt mit diesen wunderbar leuchtenden Kristallpartikeln. Ein gutes Geschenk für einen Hochzeitstag.

Er selbst könnte versuchen, ein leuchtendes Kreuz zu schmieden. Wenn er beim Schmelzvorgang einen Teil der Partikel in das flüssige Gemisch gab, würde sich die Leuchtkraft vielleicht auf das Metall übertragen. Er würde beides tun, beschloss er. Fernandez würde er mit dem Herz beauftragen, er selbst würde sich an dem Kreuz versuchen.

Er füllte zwei leere Einmachgläser mit dem Kristall und stellte sie in der Werkstatt ins Regal. Eines für Fernandez und eines für sich selbst. Dann verschloss er den Behälter mit dem restlichen Pulver, so gut es eben ging. Vielleicht hatte ja einer der Jungs heute Abend noch eine Idee, was man sonst noch damit anfangen könnte. Den Zylinder, den würde er auf jeden Fall einschmelzen. Der war bares Geld wert.

»Ich will es gern ausprobieren«, sagte Fernandez. Prüfend hob er das Einmachglas mit den blauen Partikeln gegen das Licht der untergehenden Sonne. »Ich weiß zwar nicht, was das für ein Pulver ist, aber es sieht schön aus. Woher hast du es?«

»Das war in einem Zylinder, den mir zwei fahrende Schrotthändler angeboten haben. Ich wollte ihn schon einschmelzen. Aber dann habe ich gemerkt, dass da was drin war.« José zupfte Tabak aus der Packung, verteilte ihn auf einem Filterpapier und drehte sich mit flinken Fingern eine Zigarette. »Also haben wir ihn aufgebrochen, Pépe und ich.« Er befeuchtete die gummierte Seite des Papiers mit der Zunge, verklebte

das Tabakröllchen und zündete es an. »War ein ganz schönes Stück Arbeit. Aber es hat sich ja gelohnt. Schön, nicht wahr?« Er nahm noch einen tiefen Zug.

»Ja. Wirklich schön«, bestätigte Fernandez. »Ich werde mich gleich an die Arbeit machen.«

José nickte zufrieden. Das würde er auch tun. Bald jedenfalls. Morgen. Pfeifend verließ er die Werkstatt und ging die Gasse hinunter zu seiner Frau, die sicher bereits mit dem Essen auf ihn wartete.

Vor der Tür des kleinen Hauses, das er mit seiner Familie bewohnte, sah er an sich hinunter. Auf dem verwaschenen Grau seiner weiten Baumwollhose leuchteten bläulich die Farbpartikel. Er versuchte, sie abzuklopfen, gab es dann aber auf. Das Zeug war erstaunlich hartnäckig.

»Kommst du?«, rief Theresa, die ihn bereits gehört hatte, aus der Küche. »Essen ist fertig.«

»Schneller Muli, hopp, hopp, hopp«, sang José und ließ seine Tochter auf seinen Knien hüpfen. »Denn wir reiten jetzt Galopp. Übern Bach mit einem Satz, doch mein Muli bockt und platsch. Hui …« Er ließ seine Tochter von seinen Knien rutschen, die Hände fest um die kleine, runde Taille gelegt, ließ sie hinab, den Kopf nach unten, sodass die langen schwarzbraunen Haare über den Boden fegten, und hob sie im nächsten Moment wieder schwungvoll zurück auf seine Knie.

Rosanna quiekte vor Freude und patschte ihre Händchen zusammen. Pummelige Kleinmädchenhände, wie bei einer Putte. »Nomma«, krähte sie vergnügt, und José gehorchte.

»Schneller Muli, hopp, hopp, hopp«, sang er bereitwillig. »Denn wir reiten jetzt Galopp … doch mein Muli bockt und platsch.« Erneut ließ er das Kind von seinen Knien gleiten.

»Sie sollte jetzt wirklich schlafen. Du machst sie ja wieder ganz wach.« In Theresas Stimme schwang leichter Tadel mit, aber sie lächelte, während sie sich die Hände an ihrer Schürze trocken rieb.

»Nomma«, gluckste Rosanna.

»Na gut, Prinzesschen. Noch ein letztes Mal.« José zwinkerte Theresa zu. »Und dann machst du Bubu, ja? Schneller Muli, hopp, hopp, hopp …«

Drei Köpfe waren über das Glas gebeugt, in dem es so verheißungsvoll leuchtete.

»Man könnte Schmuck für die Touristen daraus herstellen«, schlug Josés Nachbar Roger vor. »Das lässt sich bestimmt gut verkaufen. Vielleicht wirst du ja sogar reich damit?«

José verstand den Wink. »Eine Runde für alle auf meinen Deckel«, rief er zum Tresen hinüber. »Und eine Runde Tabak für alle.« Mit auffordernder Geste schob er sein Tabakpäckchen in die Mitte des Tisches und warf das Filterpapier daneben.

Sein Schwager tunkte einen Finger in das Pulver und malte ein Kreuz auf sein weißes T-Shirt. Blau leuchtete es auf seinem Bauch, der sich unter dem Stoff abzeichnete, prall wie ein Fußball. »Oder so T-Shirts für die ganzen Mädels in der Disco«, schlug er vor. »Das sähe bestimmt toll aus.« Bei dem Gedanken leckte er sich über die Lippen. »Wir könnten sie auf dem Markt verkaufen.« Dann griff er nach dem Tabak und drehte sich eine Zigarette.

»Was heißt denn hier wir?« José wedelte ablehnend mit den Händen. »Das Zeug hab schließlich ich gekauft. Wo ist eigentlich Pépe?« Suchend sah er sich in der Bar um. Doch von seinem Gehilfen war weit und breit nichts zu sehen. »Komisch, der ist doch sonst immer der Erste am Tresen.«

»Hat sich vielleicht mit deinem kostbaren Staub aus dem Staub gemacht«, witzelte sein Schwager.

Dröhnendes Gelächter.

»Der war gut.« José hob anerkennend sein Glas in die Höhe. »Salute.« Kurz darauf bestellte er die nächste Runde.

Als er zwei Stunden später nach Hause schwankte, fühlte er sich elend. Ihm war übel. Verdammt übel. Und schwindelig war ihm auch. Die Knie schienen plötzlich nachzugeben. Beinahe wäre er lang hingeschlagen, konnte sich im letzten Moment aber gerade noch fangen. »Komisch. Das letzte Glas muss wohl schlecht gewesen sein«, murmelte er. Dass er das Einmachglas mit der kostbaren Leuchtmaterie in der Bar hatte stehen lassen, fiel ihm nicht auf.

In den frühen Morgenstunden trieb ihn ein Durchfall aufs Plumpsklo.

***

Theresa Santes wunderte sich. Erst war der Hund mit blutigem Schaum vor dem Maul verendet. Dann erkrankte das Vieh ihres Bruders und starb. José mochte seit Tagen nicht mehr richtig essen und hatte starke Durchfälle, ebenso Rosanna, und ihr selbst war auch nicht gerade wohl. Von ihrem Bruder hörte sie, er sei ebenfalls krank.

Und nun hatte man Josés Gehilfen Pépe tot in seiner Hütte aufgefunden. Anscheinend hatte er aus Mund und Nase geblutet, bevor er starb. Hinzu kamen seltsame Verbrennungen an den Händen.

Theresa dachte an die letzten Tage zurück. Hatten sie etwas gegessen, das diese Beschwerden hätte hervorrufen können? Pépe aß schließlich öfter bei ihnen, und der Hund bekam die Reste des Essens unter das Futter gemischt. Aber was hatte das mit dem Vieh ihres Bruders zu tun? Eine Epidemie vielleicht? Ein unbekanntes Virus? Eine Strafe Gottes? Sie bekreuzigte sich. Aber, heilige Muttergottes, was hatten sie getan, dass sie so bestraft wurden? Sie betete doch jeden Morgen ihren Rosenkranz, und ihrer alten Nachbarin half sie auch immer. Hatte José etwas ausgefressen?

Plötzlich musste sie an das blaue Pulver denken. Hatte das Ganze nicht an dem Tag begonnen, an dem José überall dieses leuchtende Salzkristall verteilt hatte?

Sie ging hinüber in seine Werkstatt. Dort im Regal, da fand sie es schließlich. Sie zögerte. José hatte große Hoffnungen darauf gesetzt, das wusste sie von Fernandez. Er wird bestimmt sauer, wenn ich es wegbringe. Aber Fernandez ging es ebenfalls schlecht.

Heilige Muttergottes, dachte Theresa erneut. Das muss ein Ende haben. Wenn dieses Pulver des Teufels ist, dann muss es fort. Und wenn nicht, dann bringe ich es einfach wieder zurück. José wird es gar nicht bemerken.

Sie nahm eine Plastiktüte, umwickelte den Zylinder mit alten Lappen und ließ ihn vorsichtig in die Tüte hinab, damit er nur ja nichts von der blauen Substanz verlieren konnte. Dann ging sie zur Hauptstraße und wartete auf den Bus, der sie in die Innenstadt brachte.

Eine Dreiviertelstunde später saß sie in der Aufnahme des Hospital Säo Francisco de Assis und wartete darauf, dass sie endlich aufgerufen wurde. Der leicht metallische Geschmack im Mund verriet ihr, dass sie blutete.

Dr. Paolo Alcatar betrachtete nachdenklich den seltsamen Behälter vor sich auf dem Tisch, in dem es immer noch bläulich leuchtete. Er wusste nicht, was es war. Dennoch war ihm unbehaglich zumute.

»Ich werde das hier«, er wies auf den Zylinder, »erst mal zur Analyse bringen lassen. Bis es abgeholt wird, stelle ich es nach draußen.« Dabei machte er ein Gesicht, als wäre dieses Es eine giftige Schlange.

Theresa Santes beobachtete, wie er sich erst dünne Gummihandschuhe überstreifte, bevor er das Gefäß mit spitzen Fingern wieder zurück in die Plastiktüte stellte und es vor der Verandatür auf eine Bank setzte.

Dr. Alcantar streifte die Handschuhe ab und warf sie in einen geschlossenen Abfallbehälter. Dann wandte er sich wieder Theresa zu. »Es war vollkommen richtig, dass Sie damit zu mir gekommen sind«, sagte er freundlich. »Und nun erzählen Sie mir bitte alles der Reihe nach.«

***

»Und dann hat sie den Behälter mit dem Bus quer durch die Stadt gebracht?«

»Ja, das hat sie«, bestätigte Dr. Alcantar.

»Und vorher hat ihr Mann das Material in der ganzen Nachbarschaft herumgereicht?«, fragte der Experte von der nationalen Atomenergiebehörde, der NUCLEBRAS, ungläubig.

Dr. Alcantar räusperte sich. »Es klang so«, sagte er schließlich steif.

»Dann Gnade uns Gott!« Der Experte griff zum Telefon.

Da kann Gott auch nicht mehr helfen, dachte Dr. Alcantar bitter.

***

José Santes fühlte sich immer noch krank. In seinem Darm rumorte es mächtig, und er hatte wieder angefangen, aus der Nase zu bluten. Neben ihm dämmerte Rosanna in ihrem Kinderbettchen vor sich hin. José stemmte sich vorsichtig von seinem Lager und schleppte sich mühsam hinüber. Er blinzelte, als er an Rosannas Bett trat. Arme Kleine. Das hatte sie nicht verdient. Zärtlich streichelte er ihr über das Haar. Sie wimmerte, und er blinzelte erneut. Eine Träne löste sich aus seinem Augenwinkel. Das kommt von dem hellen Licht, das ihn im Auge *quälte, sagte er sich. Er versuchte, seine Tochter aus dem Bett zu heben. Es gelang ihm nicht. Zu schwach fühlte er sich. Und keiner konnte helfen. Wenn man nicht mit dem Kopf unter dem Arm irgendwo aufkreuzte, dachte José erbost, nahm einen einfach keiner ernst. In der Apotheke hatten sie bloß groß geguckt und ihm Kohletabletten gegeben. Wenn es in ein paar Tagen nicht besser sei, solle er zum Arzt gehen. Wo er schließlich auch gewesen war. Dr. Lopez, dieser alte Quacksalber. Natürlich hatte er ihm nicht geholfen. Aber was noch viel schlimmer war: Rosanna hatte er auch nicht helfen können. Na ja. Würde schon vorbeigehen. Besser, er legte sich wieder hin und wartete auf Theresa. Wo steckte die überhaupt?*

Mühsam tastete er sich zum Bett zurück und kroch unter die Decke. Dann dämmerte er weg, bis ihn ein Geräusch hochschrecken ließ.

Ich glaub, ich spinne, fuhr es ihm durch den Kopf. Er blinzelte gegen das helle Licht. Aber die Gestalten vor ihm lösten sich nicht in Luft auf. Weiße Anzüge, wie Raumfahrer. Komische Masken vor dem Gesicht. Stimmen, die unwirklich und fern klangen. Krieg der Sterne, so was in der Art. Jetzt holten sie auch noch ihre Knarren aus den weißen Anzügen hervor. Mussten neumodische Waffen sein. Was da jetzt auf ihn gerichtet wurde, war eher eine Art langer, metallener Stab. Es klackte hektisch, und er schloss die Augen, gottergeben und voller Furcht. Denn dass ihn da jetzt jemand holen kam, das war unmissverständlich. Gott hatte seine Aliens zu ihm geschickt.

»Wir wollen Ihnen helfen, Herr Santes«, schnarrte es, blechern, wie die Stimmen aus Theresas Radio. »Ihnen und Ihrer Tochter. Keine Angst. Haben Sie keine Angst! Wir müssen Sie und Ihre Tochter mitnehmen.«

»Nicht Rosanna«, wollte er rufen. Aber es kam nur ein krächzender Laut aus ihm heraus.

»Sie sind stark kontaminiert. Alles hier ist stark kontaminiert«, schnarrte die Stimme weiter. »Wir nehmen Sie jetzt mit. Haben Sie bitte keine Angst …«

»Haha. Wirklich sehr komisch!« Das war das Letzte, das José dachte. Dann verlor er das Bewusstsein.

***

Theresa Santes starb knapp drei Stunden nach dem Tod ihrer Tochter Rosanna, anderthalb Wochen, nachdem sie den Behälter mit dem Cäsium-137 ins Krankenhaus gebracht hatte. Ihr Freund und Nachbar, der Glasbläser Fernandez, überlebte Theresa Santes um zwanzig Stunden. Ebenso wie die Leiche von Rosanna war er so stark verstrahlt, dass er in einem Bleisarg mit Zementmantel begraben wurde. Theresas Bruder und dessen Frau sowie ein paar Gäste und der Wirt der Bar, in der sich José am Tage des Fundes aufgehalten hatte, erkrankten schwer, kamen aber mit dem Leben davon. José Santes erkrankte ebenfalls schwer, überlebte seine Familie jedoch um knappe fünf Jahre.

KAPITEL 3

Essen, 18. März

Es war noch früh. Fahles Dämmerlicht kroch in den Raum, und die ersten Vögel begannen zu zwitschern. Mit einem Schlag war er putzmunter, als hätte jemand einen Schalter angeknipst. Draufdrücken, Licht an, volle Pulle, hundert Watt.

Neben ihm regte es sich leise. Kein Wunder, dass er so aufgedreht war wie ein Kater bei Vollmond. Jan rollte sich auf die Seite, stützte den Kopf in die Handfläche und betrachtete lächelnd die zierliche Gestalt neben sich. Nora. Nora mit ihren kurzen dunklen Haaren und einem Meer von Sommersprossen im Gesicht. Nora, deren Augen von einem erdigen Grün waren wie eine frische Olive, mit kleinen goldgelben Sprenkeln darin. Nora, die leidenschaftlich und hartnäckig diskutieren konnte und dabei trotzdem so herrlich leicht, so albern und verspielt war. Eine unglaublich tolle Mischung.

Er schmiegte sich an ihren Rücken und atmete den Duft ein, den ihre Haut verströmte. Ein wunderbarer Geruch, ganz unverfälscht und ohne den Hauch eines künstlichen Aromas. Er weckte Assoziationen an Sommer, an frisch gemähtes Gras und Erde nach einem Gewitter. Nora eben. Sein Mädchen.

Durfte er das jetzt wirklich sagen? Sein Mädchen? Sein Herz schlug einen holprigen Takt. Keep cool, boy.

Nora murmelte etwas Unverständliches. Aber sie schlief weiter, und kurz darauf begann sie, mit einem leisen *Pfff* die Luft auszublasen, so regelmäßig wie ein kleiner Blasebalg. Kein Schnarchen, sondern eine Art Pusten, wie es kleine Kinder von sich geben. Wie fast immer in den frühen Morgenstunden, als würde ihr Schlaf in eine andere Phase hinübergleiten. In die Traumphase.

Noras Pusten war es jedoch nicht gewesen, das ihn geweckt hatte. Er hatte schon wieder von seinem Vater geträumt. Jede Nacht suchte der ihn nun heim. Und immer sah er aus, wie Jan ihn aus seiner Kindheit in Erinnerung hatte: groß, schlaksig und mit zerzaustem blondem Haar. Manchmal tauchte auch seine Mutter in diesen Träumen auf. Heute aber war Hannes Schindler allein gewesen. Er hatte sich zu ihm heruntergebeugt und ihn in die Arme genommen. *Pass auf Mama auf*, hatte er gesagt und ihn fest an sich gedrückt. Dann hatte er sich den schweren Rucksack auf den Rücken gehievt, die große Tasche aus Wachstuch genommen und ihn allein zurückgelassen. Wie immer.

Jan mochte diese Träume nicht. Noch weniger mochte er es, wenn seine Mutter darin auftauchte. Denn sie wischte sich jedes Mal heimlich eine Träne aus dem Augenwinkel, und obwohl sie es vor ihm zu verbergen versuchte, wusste Jan, dass sie ebenso traurig war wie er.

Er wälzte sich auf den Rücken, verschränkte die Arme im Nacken und dachte an den Brief vom Notar, der offenbar schon seit ein paar Tagen im Studentenwohnheim herumgelegen hatte. Es ging um die Testamentseröffnung. Keine Ahnung, was ihn da erwarten würde – na ja, das Haus in Blankenese, das sein Vater nach dem Tod seiner Mutter vermietet hatte, ein Plus-Minus-Null-Geschäft, wie er sagte. *Kannst ja später selbst entscheiden, was du damit machen willst …*

Das diffuse Licht der Morgendämmerung war mittlerweile in eine milchige Helligkeit übergegangen, die auf viele Wolken und wenig Sonne schließen ließ. Grau und trüb wie so oft in letzter Zeit. Kein gutes Licht für einen Dreh. Jan dachte an den bevorstehenden Tag. Heute würde er selbst die Kamera führen. Hoffentlich würde er das nicht vermasseln. Quatsch! Würde er nicht. Warum sollte er? Er hatte doch schon oft hinter der Kamera gestanden. Nur – das heute war was anderes. Echte Profiarbeit. Irgendein Interview. Wenig Zeit und nicht wiederholbar, wenn er es verbockte.

Er reckte sich und gähnte. Würde schon klappen. Schließlich würde Richy ihn anleiten.

***

Münsterland, Nottuln, 18. März

Idgie spürte eine bleierne Schwere auf ihren Beinen und merkte, dass sie die Füße nicht bewegen konnte. Für einen kurzen Moment ergriff sie Panik, vertraut wie ein dicker Schädel nach zu wenig Schlaf und zu viel Alkohol.

Sie fühlte ihr Herz schmerzhaft schlagen und begann, hastig und flach zu atmen. Gleich würde es passieren. Gleich. Sie konnte es nicht aufhalten, nichts dagegen tun. Und wenn sie die Augen öffnen würde, wäre da nichts als Schwärze. Dunkel. Gefangen. Machtlos. Tot.

Augen auf, befahl sie sich. Sieh nach, wo du bist und warum du dich nicht bewegen kannst. Augen auf. Jetzt.

Es war nicht dunkel, sondern dämmrig. Ein Strahl hellen Lichtes drang durch das Fenster und warf einen Spot auf die Dielen des Fußbodens. Erstaunt ließ sie den Blick durch den dämmrigen Dachstuhl wandern. Sie kannte diesen Raum nicht. Wo zum Teufel war sie? Dann fiel es ihr wieder ein. Hannes. Sie war bei Hannes.

Trotzdem konnte sie die Beine nicht bewegen. Nicht richtig jedenfalls. Etwas Schweres lag darauf. Sie strampelte sich frei, hörte einen Aufprall auf dem Holz des Bodens und sah den Hund erschreckt davonschießen. Erleichtert lachte sie auf.

»Filou«, rief sie entschuldigend. »Hey Kleiner.« Sie klopfte einladend aufs Bett. »Komm her. Ich wollte dich nicht treten, na komm schon.«

Zögernd kam der Hund näher. Idgie streichelte vorsichtig über seine Kräusellöckchen und klopfte erneut auf die Decke neben sich. »Noch ein bisschen kuscheln«, sagte sie und freute sich, als das Tier ihrer Aufforderung folgte und sich neben sie legte. Eine Weile blieb sie liegen, die Hand in dem weichen Fell vergraben, spürte den Hund atmen und lauschte den Geräuschen des Hauses.

Still war es. Sehr still, obwohl doch eine ganze Menge zu hören war. Draußen zwitscherten Vögel. Irgendwas raschelte im Dachstuhl. Eine Maus? Eine Taube, die über das Dach trippelte? Entfernt wehten Stimmen zu ihr her. Zwei Menschen, die sich unterhielten. Stella und Björn? Auf jeden Fall nichts, was sie betraf. Irgendwo dort draußen wieherte ein Pferd.

Gute Geräusche, fand sie. Friedliche Geräusche, Geräusche, die einen ruhig werden lassen. Die zum Bleiben einladen. Hast du an diese Geräusche gedacht, Hannes Schindler? Weil es wohltuende Geräusche sind? Hast du deshalb geglaubt, ich bin hier richtig? Ach Hannes … Idgie seufzte und kuschelte sich tief in die Daunendecke hinein. Kurz darauf fiel sie in einen tiefen, traumlosen Schlaf.

Als sie wieder aufwachte, lag Filou immer noch neben ihr, was sie sehr rührte. »Sollen wir nicht langsam mal aufstehen?«, fragte sie. »Frühstück? Was meinst du?«

Kurz darauf saß sie mit einem Becher Kaffee am kleinen Schreibtisch unter dem Fenster. Sie beobachtete einen Vogelschwarm, der seine Kreise zog und sich schließlich auf dem Acker neben dem Haus niederließ, und fühlte sich zufrieden. Dann dachte sie an die Artikel, die sie bis tief in die Nacht gelesen hatte, und zog den Zettel mit den Notizen unter ihrem Netbook hervor.

Erdgasförderung im Münsterland, Erdölförderung an der Küste. European Oil and Gas GmbH, kurz E.O.A.G. Die bohrte in der Nordsee nach Öl und hatte in Niedersachsen die Finger bei der Erdgasförderung mit im Spiel. Nun streckte sie die Hand nach dem Münsterland aus. European Oil and Gas war eine Tochtergesellschaft der NEdZ – Neue Energie der Zukunft. Großer Energiekonzern, Hauptsitz in Essen. Und noch eine Firma hatte Hannes unter die Lupe genommen. Eine, die Förderrohre der Erdöl- und Erdgasindustrie säuberte.

Auf jeden Fall war die Sache mit dem Fracking eine weitere von vielen tausend Arten der Umweltverschmutzung. Hannes und sie hatten reichlich davon gesehen, damals in ihrer gemeinsamen Zeit als Meeresbiologen. Viel zu viele.

Was also war am Fracking so schlimm, dass Hannes sich speziell in dieses Thema verbissen hatte? Die Nähe zu seinem Alterswohnsitz? Und was erwartete er von ihr? Das war ihr noch immer nicht klar. Hatte sie etwas Entscheidendes übersehen?

***

Essen, 18. März

»Na, mein Hübscher? Schon aufgeregt?« Richy gab ihm Küsschen auf die Wange, eins links, eins rechts.

Jan lächelte. Er hatte sich daran gewöhnt, dass Richy ihn wechselweise *mein Kleiner* oder *mein Hübscher* nannte und manchmal sogar *Schätzelein*. Er hatte sich überhaupt sehr an Richy gewöhnt in den letzten Monaten. An seine etwas exaltierte Art, sich zu bewegen, an den leichten Singsang in seiner Stimme. Richy war schwul, na und? Jan fand es lustig, dass Richy das in so leuchtenden Farben vor sich hertrug. Und ganz schnell hatte er gemerkt, dass Richy ordentlich was auf dem Kasten hatte, nicht nur mit der Kamera, sondern auch menschlich.

»Hi Richy.« Jan gab das Küsschen zurück. »Doch, ein bisschen aufgeregt bin ich schon.«

»Du machst das schon.« Richy tätschelte ihm väterlich den Arm. »Bist doch kein Anfänger mehr. Also pass auf: Wir beginnen mit einem langen Schwenk über den Hof. Da drüben ist Sten, der macht das Interview. Er wird gleich vom Geschäftsführer in Empfang genommen, diese Szene zoomst du langsam heran. Klar?«

Jan nickte und winkte dem Reporter zu, der vor der Eingangstür eines kleinen, kastenförmigen Klotzes wartete. Zu ihm gesellte sich ein Herr im grauen Anzug, den Sten als Hermann Potelske, Geschäftsführer der Abfallverwertung und Recycling GmbH, vorstellte. Dann wies er schwungvoll in ihre Richtung. »Jan Schindler, für heute unser Kameramann. Richy Wagner kennen Sie ja bereits vom letzten Mal.«

Jan fühlte Stolz in sich aufsteigen. *Unser Kameramann*. Das klang richtig gut, und Jan freute sich darauf, es später Nora zu erzählen, ganz beiläufig. Schließlich wollte er nicht wie ein Angeber erscheinen.

»Ja dann. Meine Herren.« Herr Potelske sah demonstrativ auf die protzige Fliegeruhr an seinem Handgelenk, die teuer aussah. Er wirkte genervt. »Die Zeit läuft. Eine halbe Stunde, mehr nicht. Ich verstehe ohnehin nicht, warum Sie um diese Sache immer noch so viel Aufhebens machen.«

Sie begannen mit den Dreharbeiten. Zügig musste es gehen, in einem Rutsch ohne Wiederholungen, das hatte Richy ihm bereits am Vortag eingebläut. Und das war es, was die Sache heute so schwer machte. Er durfte nicht patzen.

Die halbe Stunde ging rasend schnell vorbei. Ein langer Schwenk über das Gelände. Dann Zoom voll auf Sten, der an der Eingangstür von Potelske in Empfang genommen wurde. Jan folgte den beiden mit laufender Kamera ins Gebäude. Nicht leicht, die Kiste dabei ruhig zu halten.

Gut gemacht, signalisierte Richy mit erhobenem Daumen.

Vom Interview mit Potelske bekam Jan so gut wie nichts mit. Die Worte, die gewechselt wurden, flossen an ihm vorbei, ohne ihn zu erreichen. Nur, dass Potelske sein Lächeln anknipsen konnte wie eine Glühbirne und dabei eine Reihe perfekt ausgerichteter Zähne zeigte, übertrieben hell für sein Alter, und dass die Krawatte, die Potelske trug, sehr breit und mit kleinen weißen Golfbällen und braunen Golfschlägern versehen war, auf sattgrünem Grund, das sprang ihm ins Auge.

Jan konzentrierte sich wechselweise auf den Bildausschnitt und auf Richy. Folgte den Handzeichen, die sie vorher einstudiert hatten. Waagerechter Halbkreis bedeutete einen langsamen Schwenk mit der Kamera auf die jeweils andere Person, Winken zum Körper hin in die Nahaufnahme gehen, vom Körper weg wieder langsam wegzoomen. Noch ein Schwenk durch den Raum. Dann geriet schon alles in Bewegung. Stühlescharren, Aufstehen.

Weiter, weiter, weiter, wedelte Richy energisch. Also hinterher. Bloß nicht verwackeln.

Sie gingen über den Hof auf eine kleine Halle zu. Blau. Sah nach leichtem Metall aus. Schwenk über das Gebäude. Dann rein. Neonlicht flackerte auf. In der Halle waren Fässer gestapelt. Wie Bierfässer, nur gelb. Eine hohe gelbe Wand aus Fässern.

Worum ging es hier eigentlich? Hätte er vor der gestrigen Besprechung gewusst, dass er hier heute die Kamera führen sollte, hätte er besser zugehört. So aber war er gedanklich ausgestiegen – wie so häufig in den letzten Wochen. Hatte an Nora gedacht und daran, dass bald Feierabend sein würde.

Ranzoomen, signalisierte Richy.

Jan hielt auf die Tonnen drauf, ließ die Front langsam auf sich zukommen, bis er drei der Fässer im Großformat vor sich hatte. Mittig und bloß nicht angeschnitten. Den Aufkleber nahm er nicht wahr, so sehr konzentrierte er sich auf diese Schlusssequenz.

***

Münsterland, Nottuln, 18. März

»Angenehmer Wind hier«, sagte Idgie zu ihrer neuen Nachbarin. Sie schloss die Augen und witterte, den Kopf leicht erhoben. Die Brise, die jetzt sanft über die Hügelkuppen blies, war frisch und trug den Duft eines nahenden Frühlings in sich. »Der Wind verrät dir viel über das, was dich umgibt, Gutes wie Schlechtes. Er räumt auf und klärt die Gedanken im Kopf. Hier bringt er Gutes.«

»Warte mal ab, bis die Winterstürme kommen. Dann kann er einem ganz schön zu schaffen machen. Man kann heftige Kopfschmerzen davon bekommen.«

»Ich bestimmt nicht.« Idgie lachte und öffnete die Augen. »Auf dem Meer, da hat es ganz anders geweht. Könnte ich vielleicht ein Frühstück bei dir bekommen? Ich falle gleich um vor Hunger. Aber noch eine Dose von Hannes' öligen Sardinen so ganz ohne Brot ertrage ich nicht mehr.«

»Rührei mit Speck vielleicht?«

»Klingt toll.« Idgie merkte, wie ihr bei dem Gedanken daran das Wasser im Munde zusammenlief.

Wenig später setzte sich Stella zu Idgie an den Tisch und trank einen Milchkaffee, während Idgie gierig das Rührei in sich hineinschaufelte.

»Du meine Güte, war das lecker«, seufzte Idgie schließlich. »Und das Brot ist vielleicht klasse. Wo habt ihr das her?«

»Selbst gebacken. Aber wir lassen auch anliefern, je nachdem, wie viel hier los ist. Es gibt einen guten Biobäcker in Nottuln.«

»Das habe ich immer vermisst, wenn ich auf Reisen war. Gutes deutsches Brot. Ich kenne kein Land, wo es so viele leckere und abwechslungsreiche Sorten gibt wie hier. Brot ist fast überall die blanke Katastrophe.«

Stella betrachtete sie neugierig. »Du warst viel mit Hannes unterwegs?« Das klang mehr nach Feststellung als nach Frage.

»Über zwölf Jahre. War eine schöne Zeit.« Idgie sah Stella direkt in die Augen. Dann senkte sie schnell den Blick. Meistens vermied sie diesen direkten Kontakt, weil sie wusste, dass es Menschen gab, denen ihr Blick unheimlich war.

»Polarwölfin«, sagte Stella leise. »Jetzt verstehe ich.«

»Er hat von mir erzählt?«

»Ja, hat er. Du warst ihm wichtig. Er hatte so einen Ausdruck im Gesicht, wenn er von dir gesprochen hat, so …«

»Hm.« Das Thema war Idgie unangenehm.

Stella räusperte sich betreten. Dann drang Geklapper von Hufen zu ihnen herein.

Idgie sah aus dem Fenster. »Wie viele Pferde habt ihr?«, fragte sie, um die angespannte Stimmung zu durchbrechen.

»Fünf eigene, drei zur Pflege und zwei Esel.« Stella schien dankbar für den Themenwechsel, denn sie plauderte weiter. »Ich biete Reitkurse für Kinder an. Wir vermieten auch Ferienwohnungen.«

»Und dann noch das Hofcafé. Das ist eine Menge Arbeit.«

»Wochenend- und Saisonarbeit. Im Winter ist hier tote Hose. Da kann einem schon mal die Decke auf den Kopf fallen. Gerade in der dunklen Jahreszeit haben wir oft mit Hannes zusammengesessen.« Stella lächelte traurig. »Er fehlt uns.«

Abwesend kraulte Idgie Filou, der plötzlich neben ihrem Stuhl aufgetaucht war. »Woran genau ist er eigentlich gestorben?«

»Tja, das ist die Frage. Ich glaube auf jeden Fall nicht, dass es der Krebs war.«

»Hannes hatte Krebs?«

Stella nickte. »Vor knapp drei Jahren haben sie ihm einen Hoden abgenommen. Dann die Chemo. Aber seitdem war Ruhe. Hodenkrebs ist gut therapierbar, wenn man ihn rechtzeitig entdeckt. So heißt es zumindest.«

»Woran ist er dann gestorben?«

»Er hat sich die Seele aus dem Leib gekotzt, ganz plötzlich. Das hörte überhaupt nicht mehr auf. Und Darmkrämpfe hatte er. Wirklich schlimme Krämpfe, die sehr schmerzhaft gewesen sein müssen, mit massivem Durchfall. Björn hat ihn schließlich in die Uniklinik Münster gebracht.«

»Und?«

»Die wussten auch nicht, was los ist«, sagte Stella kläglich. »Sie haben auf eine Vergiftung getippt. Ich habe sofort an die Sache mit Filou gedacht.«

Fragend hob Idgie eine Augenbraue.

»Der ist doch auch vergiftet worden, ein paar Wochen bevor Hannes ... Eine Stunde später, und er wäre tot gewesen. Hannes hat ihn gerade noch rechtzeitig gefunden. Da lag der arme Kerl schon da mit Schaum vor dem Maul. Rattengift war das.«

»Das kann er doch zufällig gefressen haben«, wandte Idgie ein.

»Bei uns gewiss nicht. Wir haben doch selbst einen Hund und drei Katzen. Wir würden hier nie mit Rattengift hantieren. Lebendfallen ja, aber gewiss kein Gift! Außerdem hat die Tierärztin Rindergehacktes in Filous Magen gefunden, als sie ihn ausgepumpt hat. Das muss ihm jemand absichtlich gegeben haben. Hannes war außer sich, als ihm das klar wurde.«

»Vielleicht war er bei irgendeinem Nachbarn unerwünscht. Oder Förster haben Köder im Wald ausgelegt.«

»Kein Förster tut so was. Und Nachbarn haben wir hier keine. Filou bleibt auch immer auf dem Gelände. Klar ist der frei hier rumgestreunt, aber wenn man ihn gerufen hat, war er immer ganz schnell da.«

»Hm«, sagte Idgie skeptisch. »Hannes hat also geglaubt, dass jemand den Hund absichtlich vergiftet hat?«

»Ja.« Um Stellas Mund legte sich ein störrischer Zug. »Die Kripo wollte mir das auch nicht glauben.«

»Die Kripo war hier?«

»Ein Lothar Kamforski. Der hat mit uns geredet und sich dann kurz in Hannes' Haus umgesehen.«

Idgie dachte an das herrenlose Netzkabel, das am Schreibtisch aus der Wand ragte. »Hat er was mitgenommen?«

»Der Kommissar? Ich glaube nicht. Wieso?«

»Hannes hatte doch einen PC.«

»Einen Laptop, noch einen von diesen alten, riesigen Modellen. Ist der nicht da?«

Idgie schüttelte verneinend den Kopf.

»Komisch. Gesehen habe ich jedenfalls nicht, dass dieser Kamforski … aber müssen die das nicht abzeichnen lassen, wenn sie was mitnehmen?«

»Ich weiß nicht. Ihr seid ja keine Angehörigen.«

»Auf jeden Fall ist er nicht lange geblieben. Er hat gesagt, dass sie nach der Obduktion bestimmt noch ein paar Fragen an uns hätten. Danach ist aber niemand mehr gekommen.«

»Also haben sie nichts Auffälliges gefunden. Sonst wären sie blitzschnell wieder da gewesen und hätten Hannes' Bude auseinandergenommen.«

»Du glaubst mir auch nicht«, stellte Stella fest. »Da ist aber noch was.«

»Was denn?«

»Bevor es Hannes so sterbenselend wurde, hatte er so einen seltsamen Besuch. Es waren zwei, und sie kamen zu Fuß auf den Hof gestiefelt. Das ist erst mal nicht weiter ungewöhnlich, wir haben hier viele Wanderer, auch Radwanderer und Biker. Aber danach sahen die nun wirklich nicht aus. Eher nach Sonntagsspaziergang auf dem Altmarkt. Wer geht schon mit polierten schwarzen Lederschuhen durch den Wald? Ich fand die beiden ziemlich eigenartig.«

Weil sie polierte Lederschuhe getragen haben, dachte Idgie belustigt. Was der Bauer nicht kennt … »Vielleicht alte Freunde von Hannes?«

»Bestimmt nicht. Die hatten sich mächtig in der Wolle. Das war echt nicht zu überhören.«

»Hast du mitbekommen, worum es ging?«

»Ich nicht. Aber Björn. Er würde sich nicht kaufen lassen, hat Hannes gebrüllt. Und irgendwas von ›beschissene Ölmafia‹.«

Ölmafia? Jetzt wird es interessant, dachte Idgie. »Hat Hannes noch was zu diesem Besuch gesagt?«

»Nein. Aber er war tierisch sauer. Das hat man ihm doch immer so gut angemerkt, also, wenn er sauer war, meine ich.« Stella lächelte. »Aber dir muss ich das ja vermutlich nicht erzählen.«

»Stimmt. Wie ein aufziehendes Gewitter.« Idgie grinste breit. »Ein Donnerwetter, das die Luft so lange unter Strom setzt, bis es sich endlich entlädt. Man hat sich unweigerlich geduckt, wenn er in dieser Stimmung war. Du weißt also nicht, wer diese Kerle waren, die Hannes so in Rage gebracht haben?«

»Leider nein. Björn ist kurz darauf nach Nottuln gefahren. Als er aus der Bank wieder rauskam, hat er die beiden noch mal gesehen. Sie kamen aus der Altstadt und sind in ein parkendes Auto gestiegen. So eine Bonzenkarre mit getönten Scheiben, hat Björn gesagt. Mercedes E-Klasse mit Essener Kennzeichen.«

Na und? Vielleicht Geschäftsleute, denen er was geschuldet hat? Nachdenklich schob Idgie ein paar Krümel auf dem Tisch zusammen.

»Einen Tag später ist Hannes krank geworden.« Stella sah Idgie eindringlich an. »Ich meine, das ist doch merkwürdig, findest du nicht?«

»Du glaubst, sie haben ihn vergiftet? Das wäre doch bei der Obduktion rausgekommen, oder?«

Stella zuckte mit den Schultern. »Weiß ich nicht. Wenn du meinst.« Es klang enttäuscht.

Idgie schwieg. Sie dachte an die Dateien auf Hannes' Festplatte. Erdgas im Münsterland. Energie. Der Run auf die Ausbeutung der kostbaren Ressourcen. Diese *beschissene Ölmafia* ... Nichts war unmöglich, wenn es ums Geldscheffeln ging. Und trotzdem ...

»Auf jeden Fall hat Hannes gewusst, dass er nicht mehr zurückkommen würde«, sagte Stella schließlich leise. »Er hat einiges mehr in seine Reisetasche gepackt, als man normalerweise in ein Krankenhaus mitnimmt. Irgendwelche Papiere und Unterlagen. Und dann hat er uns gebeten, dass wir uns gut um seinen Filou kümmern sollten. Ich meine, das haben wir doch immer gemacht, wenn Hannes mal weg war. Das war doch selbstverständlich. Verstehst du?« Stellas Augen füllten sich mit Tränen. Aber sie sah nicht weg, sondern hielt Idgies Blick fest, bittend und eindringlich zugleich.

»Ja. Ich glaube schon.«

»Als Hannes sich von mir verabschiedet hat, da hat er sich so komisch bedankt.« Stella zog vernehmlich die Nase hoch und wischte sich die Tränen von der Wange. »Wir wären ihm liebe und gute Freunde gewesen. ›Leb wohl‹, hat er zum Abschied gesagt, nicht ›Bis bald‹ wie sonst immer. Ich hab das gleich so merkwürdig gefunden. Als hätte er gewusst …«

Idgie schüttelte abwehrend den Kopf. Das klang ihr etwas zu sehr nach Verschwörungstheorie. Aber sie sagte nichts. Denn Stella schien immer noch nicht fertig zu sein. Das war noch nicht alles, das konnte sie spüren. Also schwieg sie.

»Zum Schluss hat er noch so was Seltsames gesagt«, sagte Stella schließlich. Der Nachdruck in ihrer Stimme zeigte, dass sie Idgies Skepsis sehr wohl registriert hatte. »Jetzt hätten sie ihr Ziel ja erreicht, ihn zum Schweigen zu bringen. Genau das hat er gesagt. Du kannst ja glauben, was du willst. Aber ich denke, dass da was dran ist.«

Wirklich nur eine Verschwörungstheorie?, fragte sich Idgie. Oder doch ein Fünkchen Wahrheit?

***

Essen, 18. März

»Gut gemacht, Kleiner.« Richy nickte zufrieden. »Das eben war was für Fortgeschrittene.«

»Warum hast du mir gestern nicht früher gesagt, dass ich heute an die Kamera soll?«, fragte Jan. »Ich hätte mich gerne besser vorbereitet.«

»Eine spontane Entscheidung. Ich wollte deine Aufmerksamkeit zurückgewinnen. Und genau die habe ich bei der Besprechung gestern sehr vermisst – wie so oft in den letzten Tagen.« Richy zwinkerte ihm zu. »Ich habe es nun mal nicht gerne, wenn man mich links liegen lässt. Wie heißt sie denn?«

»Also …« Jan wurde rot.

»Na, sag schon«, schmeichelte Richy. »Wenn du bei einem so heißen Thema wie diesem hier nur still vor dich hin träumst und keine einzige Frage hast, dann bist du weit, weit weg, aber so was von weit weg … Erzähl mir also nicht, dass da nichts ist. Wie heißt sie?« Die letzten drei Worte betonte er einzeln.

»Nora«, sagte Jan leise und spürte, dass er schon wieder rot wurde.

»Nora, Nora, Nora. Blutjung und natürlich schön wie die Sünde …« Die Melodie in Richys Stimme endete mit einem Fragezeichen.

»Neunzehn. Ich hab sie bei einer Demo gegen den Castor-Transport kennengelernt. Plötzlich war sie direkt neben mir.« Jan schaute verträumt in die Ferne. »Jemand brüllte, dass der Castor bald anrollen würde. Da hat sie mich an der Hand gefasst, und wir haben uns auf die Gleise gesetzt.«

»Klingt ja wirklich wahnsinnig romantisch.«

»Unbequem war das schon.« Jan ignorierte den Spott. »Anderthalb Stunden haben wir da gesessen, ganz eng beieinander. Sie hat so goldene Sprenkel in den Augen und einen Haufen Sommersprossen im Gesicht. Und sie hat richtig was im Kopf. Sie will was ändern, nicht immer nur Ja und Amen zu allem sagen. Als die Polizei uns dann weggetragen hat, wurden wir getrennt. Zu Hause ist sie mir einfach nicht mehr aus dem Kopf gegangen.«

»Und wie hast du sie wiedergefunden?«

»Schon vergessen? Ich werde Journalist.« Jan lächelte verschmitzt. »Ich hatte ihren Vornamen, sie hat mir erzählt, dass sie an der Uni Duisburg-Essen studiert, sie hat was gegen die Atomenergie, und ich wusste, dass sie bei Facebook ist.« Flüchtig dachte er an seinen Vater. So viel Eigeninitiative hätte der ihm nicht zugetraut. »Es hat echt sofort gefunkt.« Jan sah verträumt auf seine Hände hinunter.

»Komische Zeiten. Heute lernt man sich tatsächlich wieder kennen, weil man die Welt retten will? Das wirft sämtliche Urteile von mir über den Haufen, die ich über die jungen Leuten von heute habe.«

»Will nur noch kurz die Welt – ret-ten …«, imitierte Jan den Hit von Tim Bendzko.

»Na, worauf wartest du dann noch? Mach Schluss für heute. Den Krempel nehme ich mit zurück ins Studio. Meine letzte aktive Tat vor dem Urlaub.« Richy lud die Kamera ins Auto. »Ich schick's dir per Mail, vielleicht magst du ja mal einen Blick drauf werfen. Schneiden tun wir dann, wenn ich zurück bin. Soll sowieso erst im April gesendet werden anlässlich der Themenwoche Energie. Ist auf jeden Fall gut geworden, ich hab's ja auf dem Monitor verfolgt. Und jetzt zisch ab, mein Hübscher. Viel Spaß.« Richy warf Jan eine Kusshand zu und stieg ins Auto.

***

Münster, 18. März

Idgie stellte ihre 750er auf einem der Außenparkplätze ab und schlenderte durch das Zentrum von Münster. Wann immer sie Gespür für einen neuen Ort, eine unbekannte Stadt bekommen wollte, näherte sie sich der Sache auf die gleiche Art und Weise. Sie streifte zu Fuß durch die belebten Straßen und sondierte die Schwingungen. Sie nahm Witterung auf und stellte sich vor, wie es wäre, an einem solchen Ort zu leben. Hübsch, lautete ihr erstes spontanes Urteil. Nicht dörflich verschlafen wie Nottuln, sondern durchaus städtisch. Ein großer Altstadtkern mit viel Fachwerk, buckeligem Kopfsteinpflaster und engen Gässchen. Ein wenig schien hier die Zeit stehen geblieben zu sein. Aber dieser einnehmende optische Eindruck reichte ihr nicht.

Eine Stadt musste man sich auch riechend erschließen, fand Idgie. Die Dünste einatmen, die Aromen sondieren. Gutes oder mieses Karma. Also setzte sie sich auf eine Bank, schloss die Augen und schnupperte mit halb geöffnetem Mund. Flehmen würde man bei einer Katze dazu sagen. Wie es bei den Wölfen hieß, wusste Idgie nicht. Sie flehmte gerne. Eine adäquate Art der Annäherung. Hannes hatte sich immer lustig darüber gemacht, nicht bösartig, sondern auf nette Art. Er hatte eine wunderbare Gabe gehabt. Er konnte Menschen dazu bringen, über sich selbst zu lachen. *Idgie, du flehmst wieder*, hätte er jetzt gesagt, mit leisem Spott und dennoch ganz viel Liebe in der Stimme. Nie: *Idgie, die Leute gucken schon*. Denn dass sie hier ein ungewöhnliches Bild abgab, wie sie auf dieser Bank saß und mit leicht geöffnetem Mund die Gerüche der Stadt erschnüffelte, das war ihr durchaus bewusst. Aber es war ihr egal. Und Hannes war es auch egal gewesen, was andere über ihn dachten.

Ach Hannes. Du rückst mir plötzlich wieder so verteufelt

dicht auf die Pelle. Näher, als ich es zugelassen hätte, wenn du noch leben würdest.

Lange saß Idgie so in der milden Frühlingssonne, die durch die ausnahmsweise mal aufgerissene Wolkendecke strahlte. Hier in Münster, befand sie schließlich, könnte sie sich wohlfühlen.

Plötzlich freute sie sich, dass sie in der gemütlichen Scheune in der Nähe dieser schönen Stadt bleiben konnte. Mensch, Hannes, danke! Das war eine wirklich gute Idee von dir.

Nachdem sie nun richtig angekommen war, besorgte sie sich in einem Buchladen einen Stadtplan und eine detaillierte Straßenkarte des südlichen und des nördlichen Münsterlandes und machte sich schließlich mit ihrer Ural zum Uniklinikum Münster auf.

Der Arzt erwies sich als wenig auskunftsfreudig. Mit schräg geneigtem Kopf hörte er sich ihr Anliegen an und hob dann bedauernd die Hände. Sie sei keine Angehörige. Also könne er ihr keine Auskunft geben. Beim besten Willen nicht.

Du kleiner Korinthenkacker, dachte Idgie grimmig. Andererseits beruhigte sie diese höfliche, aber bestimmte Abfertigung. Er hatte ja recht. Natürlich durfte er nicht irgendwelchen dahergelaufenen Leuten Details aus den Krankenakten seiner Patienten ausplaudern. Trotzdem wollte sie nicht unverrichteter Dinge wieder abziehen.

Sie setzte sich in die Besucherecke und wartete. Witterte. Sondierte. Lauschte. Beobachtete. Schwestern, die in Eile hin und her huschten. Pfleger, die kurz miteinander plauderten, um dann wieder in geschäftigen Bahnen auszuschwärmen.

Der da, entschied sie sich schließlich für einen jungen, rundlichen Pfleger. Neugierig mit einem leichten Hang zur Geschwätzigkeit. Mal sehen, ob sie den richtigen Riecher hatte.

Sie folgte dem Pfleger in die Kantine und setzte sich ihm schräg gegenüber direkt an den Nachbartisch. Natürlich bemerkte er sie, das war ihr klar. Sie war nun mal eine auffällige Erscheinung in ihren Motorradklamotten, eben kein Typ von der Stange.

»BMW?«, fragte er auch prompt.

»Falsch.« Idgie lächelte. »Ein Ural-Gespann.«

»Och. Ural, sagen Sie?« Seine Stimme verriet, dass er davon noch nie gehört hatte.

»Das ist eine russische Maschine. Eine alte Lady, so wie ich.« Er kicherte über ihren Scherz.

»Sie gehörte aber einem Mann«, improvisierte Idgie. »Einem Patienten von Ihnen, Hannes Schindler. Er hat sie mir vererbt.« Das entsprach zwar nicht annähernd den Tatsachen, aber das war nebensächlich. Idgie war gut in Improvisationen dieser Art. Zwar steuerte sie meistens so gnadenlos direkt auf ihr Ziel zu, dass sie damit brüskierte, aber sie konnte auch anders, wenn sie es für nötig befand.

Eine halbe Stunde später kannte sie Details, die kein Arzt ihr je gegeben hätte. Sie wusste, welche Symptome Hannes gezeigt hatte, auf welche Medikamente er reagiert und auf welche er nicht reagiert hatte. Sie hatte bedrückende Einblicke in die letzten Stunden vor seinem Tod gewonnen und erfahren, dass Hannes einen Anwalt gerufen hatte, kurz bevor er ins Delirium gefallen war. Und dass der Todeskampf wahrhaft scheußlich gewesen sein musste, allerdings mehr für die Pflegenden als für Hannes. Zumindest hoffte Idgie das.

Der Pfleger jedenfalls hatte vom Zusammenbruch sämtlicher Körperfunktionen gesprochen und davon, dass Hannes ins Koma gefallen war, kurz nachdem das Fieberdelirium eingesetzt hatte. Das klang tröstlich, gnädiger als ein Tod bei vollem Bewusstsein, und Idgie beschloss, an diese Aussage glauben zu wollen.

Alles andere wäre zu furchtbar gewesen.

***

Essen, 18. März

Aus seiner kleinen Pförtnerloge im Hauptgebäude des Firmengeländes der AV&R GmbH beobachtete Peter Mooren, wie die Leute vom Filmteam auf dem Parkplatz ihre Ausrüstung auseinandernahmen und in dem Van verstauten, auf dem das Logo des WDR prangte. Die schienen fertig zu sein. Einer saß bereits im Kleinbus, während die beiden anderen noch draußen herumpalaverten. Einer vom anderen Ufer, dachte Peter Mooren. Nicht der Junge, der die Kamera geführt hatte, sondern der andere, der jetzt vor ihm hin und her tänzelte wie ein kapriziöses Zirkuspferd. Dann wurde ein Kusshändchen geworfen, der Junge stieg in seine Rostlaube, und der Van rollte mit den beiden anderen davon.

Kurz darauf betrat Potelske mit dem Produktionsleiter den Haupteingang.

Potelske wirkte zufrieden. Wie ein Kater, der gerade Sahne genascht hat, dachte Peter Mooren. Aber die pelzigen Vierbeiner waren ihm bedeutend lieber als sein Chef.

»Das haben wir ja dieses Mal gut über die Bühne gebracht, was, Zeisig?«, tönte Potelske jovial.

Der Produktionsleiter brummte etwas Unverständliches.

»Ich hoffe, wir sind mit dem Thema jetzt durch, ein für alle Mal. Was meinen Sie, Zeisig? Oder kommt da noch was nach?«

Wieder unverständliches Gebrummel. Dafür röhrte Potelskes Tenor umso deutlicher durch die Eingangshalle. Wie so oft. Der konnte einfach nicht leise reden. Eine Gestalt wie ein Bär mit einem Brustumfang, der Dolly Buster alle Ehre gemacht hätte. Wahrscheinlich wusste er gar nicht, wie gut man ihn verstehen konnte. Im Sommer, wenn die Fenster seines Büros offen standen, konnte man unten in der Pförtnerloge jedes Wort hören. Wenn er telefonierte. Wenn er seine Sekretärin anmeckerte. Wenn er mal wieder jemanden zu sich zitierte, um ihn zur Schnecke zu machen. Manchmal zog Potelske sich zu einer geheimen Besprechung mit irgendjemandem in den kleinen Besprechungsraum neben der Pförtnerloge zurück. Vermutlich, wenn seine Sekretärin nichts mitbekommen sollte, dachte Mooren verächtlich. Dann drang seine Stimme durch die dünne Wand direkt zu ihm ins Kabäuschen.

Peter Mooren hatte schon mehrfach überlegt, ob er seinem Chef das mal stecken sollte. Die Wände sind dünner, als Sie so denken … so was in der Art. Dann hatte er sich jedoch dagegen entschieden. Schließlich war er so immer bestens informiert. Er wusste Bescheid, wenn Potelske vorhatte, jemanden rauszuschmeißen, oder wenn es Ärger mit Lieferanten oder Kunden gab. Er war im Bilde, wenn die teure Drehrohr-Destillationsanlage mal wieder zickte und wenn

Potelske seine Kontakte spielen ließ und sich über einem Freund von der Partei seine Pfründe sicherte, ganz nach dem Motto, dass kleine Geschenke die Freundschaft erhalten.

Peter Mooren war auch informiert darüber, dass Potelske mächtig Bammel vor diesem neuerlichen Termin mit dem WDR-Team gehabt hatte. Kein Wunder, hatte die AV&R GmbH vor zwei Jahren doch kräftig eins auf den Deckel gekriegt, nachdem der WDR den Finger auf eine unsachgemäße Lagerung der Produktionsrückstände gelegt hatte. Natürlich waren damals weitere Rundfunk- und Fernsehanstalten mit auf den Zug aufgesprungen. »Eine Meute Haie, die Blut gerochen hat«, war Potelskes unüberhörbare, weil mitten in der Eingangshalle herausgeplärrte Einschätzung gewesen. Damals waren Köpfe gerollt. Zuerst der des Pressesprechers, den Potelske eingestellt hatte. »Wie blöd muss man denn sein, um dieser Horde von sensationslüsternen Geiern so etwas freiwillig unter die Nase zu reiben?«, hatte Potelske damals in seinem geheimen Besprechungszimmer geröhrt, um dann Nägel mit Köpfen zu machen.

Ja, Peter Mooren bekam schon eine Menge Dinge mit, mehr, als ihm manchmal lieb war. Was sich davon als wirklich wichtig erweisen würde, wusste er nicht. Dass Potelske seine Frau häufig *Dummerchen* nannte, wenn sie ihn anrief, gehörte sicher zu den weniger wichtigen Dingen, auch wenn ihm der herablassende Ton in der Stimme seines Chefs dabei absolut nicht gefiel. Seine Irene hätte ihm was erzählt, wenn er so mit ihr umgesprungen wäre. Dass Potelske seit mehr als zwei Jahren eine Geliebte hatte, die er mit kostspieligen Geschenken bedachte und der er *meine süße Raubkatze* ins Ohr schallerte, war hingegen nicht uninteressant. Eine Trumpfkarte im Ärmel, sollte er selbst mal Potelskes Zorn auf sich ziehen.

All das gab Peter Mooren ein gewisses Gefühl heimlicher Überlegenheit. Und trotzdem wurmte es ihn mächtig, wenn sein Chef seine Anwesenheit ignorierte, als wäre er nicht existent.

Aber vielleicht war es Potelske egal, wenn er das alles mitbekam. Er war ja nur der Pförtner, der sich neben seiner zu mageren Rente etwas dazuverdiente. Vielleicht nahm Potelske ja auch einfach nur an, dass Menschen in seinem Alter zwangsläufig schwerhörig sein mussten. Schwerhörig war Peter Mooren jedoch keineswegs. Im Gegenteil. Für seine neunundsechzig Jahre hörte er noch erstaunlich gut. Besser als viele junge Leute, dachte er stolz.

»Schönen Tag noch, Chef.« Peter Mooren führte die Hand andeutungsweise an die Schläfe, als Potelske an der Pförtnerloge vorbei auf den Ausgang zustrebte.

Potelske nickte kurz, immerhin ein Zeichen, dass er den guten Wunsch zur Kenntnis genommen hatte, und steuerte auf den Parkplatz zu.

***

»Nora«, rief Jan in fast flehendem Tonfall. »Wenn ich gewusst hätte, dass du heute noch zu Fuß bis nach Düsseldorf willst, hätte ich das Auto genommen!«

»Oh, sorry.« Nora verlangsamte ihre Schritte. »Du bist nicht der Erste, der sich darüber beschwert.« Sie versuchte, ein zerknirschtes Gesicht zu machen, das sich jedoch augenblicklich in ein verschmitztes Grinsen verwandelte. Dann lachte sie unbefangen.

Jan lachte mit. »Spazierengehen ist auf jeden Fall was anderes. Gehen, weißt du. Dabei setzt man in gemächlichem Tempo einen Fuß vor den anderen. Man lässt sich Zeit und guckt sich die Natur an. Schon mal gehört?«

Nora kicherte und blieb stehen. »Ja doch. Kommt mir irgendwie bekannt vor. Aber klappt nicht gut. Ich gehe immer so schnell.« Sie schlang die Arme um seinen Hals. »Du schwitzt ja richtig«, murmelte sie amüsiert. »Wohl nicht gut in Form, was? Oder nagt der Zahn der Zeit schon an dir?«

»Von wegen! Aber Zeit ist hier durchaus das richtige Stichwort. Alles zu seiner Zeit eben. Jetzt gehen wir spazieren.«

Arm in Arm schlenderten sie weiter, bis der Weg zum Baldeneysee hinunter sich verengte und steiler wurde. Nora löste sich aus Jans Arm und hüpfte erneut vor ihm her. Dass sie dabei wieder schneller wurde, schien sie nicht zu bemerken.

Jan blieb dicht hinter ihr. Er sah die feinen Härchen in ihrem Nacken. Sie schien gerade frisch beim Friseur gewesen zu sein, denn unterhalb der Haare, die im Nacken ganz kurz geschnitten waren, zeigte sich ein Streifen hellerer Haut.

Kurze Zeit später saßen sie unten am See auf den Stufen eines Bootsanlegers und sahen ein paar Enten zu, die friedlich auf dem Wasser dümpelten.

»Und? Wie ist es heute gelaufen?«, fragte Nora neugierig. »Film im Sack oder Auftrag verpatzt?«

»Im Sack. Und auch nicht schlecht, glaube ich. Wenn du magst, können wir gleich noch gucken, Richy wollte mir die Rohfassung schon mal per Mail schicken. Wäre auch ganz gut, denn ehrlich gesagt habe ich mich so auf das Filmen konzentriert, dass ich nicht richtig mitbekommen habe, um was es genau ging. Irgendwas mit Recycling von Industrieschlämmen.«

»Wie jetzt? Die lassen einen Praktikanten an die Kamera, und der weiß noch nicht mal, worum es geht?«, fragte Nora ungläubig.

»Na ja, nein, nicht ganz.« Jan spürte, wie ihm die Hitze ins Gesicht stieg. Das war wirklich zum Kotzen mit diesem ewigen Rotwerden. »Es gab gestern eine Vorbesprechung«, räumte er schließlich ein. »Da war ich aber nicht so ganz bei der Sache, wegen Vater und so …« Wen er mit *und so* meinte, wollte er ihr nicht unbedingt auf die Nase binden.

Nora warf ihm einen schrägen Blick zu, aufmerksam und erschreckend wissend, fand Jan. Noch mehr Hitze im Gesicht. Verlegen griff er nach einem Kiesel und versuchte, ihn über das Wasser hüpfen zu lassen. Der Versuch misslang.

»Das war echt alles ein bisschen viel in letzter Zeit«, rechtfertigte er sich. »Das mit Vater, das hat mich doch ziemlich umgehauen, das geht mir einfach im Kopf herum. Außerdem hab ich bei der Vorbesprechung noch nicht gewusst, dass ich an die Kamera soll. Sonst hätte ich bestimmt besser zugehört, das kannst du mir glauben.«

»Okay, dann gucken wir uns das Desaster mal an.« Nora sprang auf und streckte ihm ihre Hand entgegen. »Komm. Ich hab Hunger, mein Po ist schon ganz nass, und es sieht so aus, als würde es gleich wieder losgehen.« Sie wies auf das regenschwangere grüngraue Wolkenmassiv, das sich vom Westen her bedrohlich über das Ruhrtal wälzte. »Lass uns heimgehen.«

»Da fehlt ja der Ton«, monierte Nora und klickte hektisch auf dem Lautstärkeregler herum.

»Der ist nicht dabei. Die Tonspur wird separat aufgenommen und erst später beigemischt.«

»Ist ja langweilig. So weiß man ja immer noch nicht, worum es geht. Kannst du Richy nicht anrufen und nach der Tonspur fragen?«, drängelte Nora.

Jan seufzte. »Der hat jetzt erst mal Urlaub.« Das hätte er sich denken können, dass sie allein durch seine tolle Kameraführung nicht zu beeindrucken war. Er hätte doch besser warten sollen, bis der Film sendefertig aufbereitet war. »Morgen muss ich mit Karin in den Gugapark«, lenkte er ab. »Da hat es gerade Nachwuchs bei den Schleiereulen gegeben.«

»Schleiereulen?« Nora kicherte. »Ist ja süß. Du, meine kleine Schleiereule … rrruuuh, rrruuuh …« Sie robbte näher an ihn heran.

»So macht doch keine Schleiereule. So macht eine Taube.«

Nora packte ein Kissen und drosch spielerisch auf Jan ein.

»Noooraaa, lass das«, wehrte er lachend ab. »Ich würde das wirklich gerne noch zu Ende gucken. Ist gar nicht so einfach, so an einem Stück zu drehen.«

Kurze Zeit später lief die Schlusssequenz an. Ruhig zoomte die Kamera die hohe Front der gelben Fässer ins Bild.

»Fertig?«, fragte Nora und rollte sich halb auf ihn drauf.

Jan schielte aus den Augenwinkeln auf den Bildschirm und nickte erleichtert. Er hatte seine Sache wirklich gut gemacht. Dann schob sich Noras Gesicht zwischen ihn und den Monitor.

»Täubchen ruft Schleiereule, Täubchen ruft Schleiereule, rrruuuh, rrruuuh …«

***

Münsterland, Nottuln, 19. März

Der Morgen war schön. Fast konnte man von einem konstanten kleinen Hoch sprechen, denn auch in der Nacht war es trocken geblieben und erstaunlich mild. Die Sonne hatte sich ein Stück des

Himmels erobert, und augenblicklich wurde es heiß, viel heißer als in den Frühlingstagen ihrer Kindheit, die Idgie als sanft und mild in Erinnerung hatte, nicht gleich von solch drastischer Intensität.

Dennoch war die Sonne eine Wohltat nach all den verregneten Wochen. Ideales Wetter, um gemütlich durch die Gegend zu touren und den Kopf freizukriegen, so frei, wie sie ihn nur auf dem Motorrad bekommen konnte.

Idgie studierte die Straßenkarten, die sie in der Buchhandlung in Münster erstanden hatte. Kleine Sträßchen, danach suchte sie. Straßen, deren grüne Markierung auf landschaftlich schöne Etappen verwies und auf denen nicht mit so viel Verkehr zu rechnen war. Gute Straßen zum Touren eben.

Sie suchte sich eine Route aus, die sie in einem großen Bogen über Drensteinfurt zurück nach Schapdetten bringen würde, und prägte sich die Eckpunkte ein.

Für einen kurzen Moment bedauerte sie, dass sie die BMW verkauft hatte. Die BMW war ihr letztes Motorrad gewesen – eine elegante, leichte Maschine, an der sie wirklich gehangen hatte. Doch im Nachhinein war sie Jorgo dankbar, dass er diese Ural mit dem Beiwagen für sie aufgetrieben hatte.

Jorgo, die treue Seele. Sie hatte ihn in Italien kennengelernt, einer von der Crew. Ein Körper wie ein kleines Äffchen, ganz drahtig und gelenkig.

»Gutes Maschin. Russisch Maschin. Aber gut. Serr gut mit Inners wie von die BMW«, hatte er geradebrecht. »Damit du kannst fahren, Idgie. Mit dieses Ding da an die Seit is stabil. Damit du bist gut in die Gewicht. Das ist doch keine gut Lebben für dir. Immer nur an die Land und dann ohne Maschin. Da wirst du sein ohne Gluck.«

Jorgo hatte recht gehabt. Der Beiwagen der Ural stabilisierte die Straßenlage, und ohne einen solchen Beiwagen wäre sie vermutlich nie wieder gefahren nach diesem schrecklichen Unfall.

Idgie startete die Ural und lauschte dem satten Blubbern, das die Maschine von sich gab. Plötzlich tauchte Filou neben ihr auf und sah sie mit schräg gelegtem Kopf an. Er winselte und legte ihr eine Pfote ans Bein.

»Du willst nicht, dass ich weggehe?«, interpretierte Idgie. »Aber ich möchte jetzt ein bisschen fahren. Den Kopf freikriegen, du verstehst? Da purzelt gerade alles mächtig durcheinander. Motorradfahren hilft beim Aufräumen, glaub mir.«

Das stimmte. Seit sie am Vorabend aus Münster zurückgekehrt war, rotierten die Gedanken in ihrem Kopf. Sie hatte die Einkäufe in den Kühlschrank gepackt und sich mit Baguette, Käse und einer Flasche Rotwein in den Strandkorb am Bach zurückgezogen, wo sie über Hannes' unschönen Tod, Rattengift, Fracking, diese beschissene Ölmafia und Bonzenkarren aus Essen nachgedacht hatte – wenig friedliche Gedanken an einem so friedlichen Ort wie diesem.

Der Hund hatte die Stille des Abends mit ihr geteilt. Er schien froh, dass sie da war, und diese Freude hatte etwas so Tröstliches an sich gehabt, dass sie gerührt ihr Gesicht in seinem lockigen Fell vergraben hatte. Sie war ohnehin nah am Wasser gebaut seit der drastischen Schilderung von Hannes' letzten Stunden durch Pfleger Boris.

Gestern Abend waren sie also Gefährten gewesen, sie und Filou, und als sie ins Bett gegangen war, hatte er sich ganz selbstverständlich neben sie gelegt und sich an sie geschmiegt. Und nun wollte er nicht, dass sie ging. Und sie wollte nicht wieder in diesem wenig fruchtbaren Gedankenkarussell gefangen sein. Also wollte sie auf die Maschine.

Sie betrachtete abwechselnd den Hund und den Beiwagen und überlegte. Der Beiwagen hatte eine Tür aus Kunstleder. Das entsprach zwar nicht dem Original, war ihr jedoch von Anfang an praktisch erschienen. Und jetzt …

Sie knüpfte die Haube vom Beiwagen, faltete sie zusammen und verstaute sie in dem dafür vorgesehenen Fach unter dem Sitz. Dann klopfte sie auf das flache Polster. »Willst du mit? Sollen wir das mal ausprobieren? Mit der Tür kann dir eigentlich nichts passieren.«

Kurze Zeit später rollte sie langsam in Richtung Havixbeck. Neben ihr reckte Filou die Nase in den Wind. Er sah so aus, als hätte er mächtig Spaß dabei.

***

Münsterland, Nordwalde, 19. März

Anderthalb Stunden lang kutschierte Idgie über schmale, baumbestandene Straßen durch das liebliche Hügelland. Sie dachte flüchtig daran, dass hier nach Erdgas gebohrt werden sollte. Aber der Gedanke wurde ihr ebenso schnell aus dem Kopf geblasen, wie er hineingeraten war, bis bei Nordwalde ein merkwürdiger Turm vor ihr auftauchte, ein Mittelding aus Strommast und Maschine. Nicht besonders hoch, aber dennoch auffällig hier in dieser Landschaft, in der sonst nur Baumgruppen, Kirchtürme und Windräder weithin sichtbare Zeichen setzten.

Neugierig fuhr Idgie näher an das turmartige Gebilde heran und bog schließlich in einen Feldweg ein. Auf der Kuppe einer der sanften Hügel, die das Landschaftsbild prägten, hielt sie an und betrachtete die Sache aus der Vogelperspektive.

Anmutig, fast filigran erhob sich das nach oben hin spitz zulaufende Gebilde gen Himmel. Es stand auf einem Quadrat aus Beton inmitten einer Wiese, die im frischen Grün des aufkeimenden Frühjahrs strotzte, und Idgie hätte sich nicht gewundert, wenn weidende Kühe das ländliche Idyll vervollständigt hätten. Drei Lkws standen am Rande der betonierten Fläche, und ein paar Männer waren damit beschäftigt, Kanister von den Lastern zu laden.

Das Ding war ein Bohrturm.

Es sah nicht so aus, wie sie sich das vorgestellt hatte. Erdgas, das verband sie mit Großindustrie, mit Dreck, kilometerweiten Wüsteneien, Verschandelung von Landschaft und grauen staubgetränkten Städten. Mit Massen von Arbeitern, die, Ameisen gleich, in uniformen Bewegungen Tätigkeiten nachgingen, die einem Außenstehenden das Gefühl gaben, auf einem anderen Planeten gelandet zu sein.

Das hier war anders. Es wirkte nicht gewaltig und schon gar nicht gefährlich. Diese Bohrstelle hier wirkte einfach nur harmlos. Wie ein Goldschürfer, der mit Schaufel und Sieb am Fluss auf der Jagd nach dem Schatz ist. Das war alles. Viel Lärm um nichts?

Dann spürte sie die Vibrationen. Sie schienen direkt aus der

Erde zu kommen, tief unter ihr. Ein leises Rumoren, ein dumpfes Grollen. Hatte das mit der Bohrstelle zu tun?

Sie wendete das Gespann und fuhr näher an den Bohrturm heran. In etwa hundert Meter Entfernung stellte sie die Ural am Straßenrand ab.

Von unten betrachtet sah der Turm gar nicht mehr klein aus. Der Gestank von Diesel wehte zu ihr herüber, und sie hörte das Dröhnen eines mächtigen Antriebs. Zu dem Vibrieren, das hier noch viel deutlicher zu spüren war als oben auf dem Hügel, gesellte sich ein Laut. Nicht so klar umrissen wie das sonore Brummen der Dieselmotoren, sondern unterschwellig. Ein Rumoren, das nach Widerstand und gewaltsamem Eindringen klang, nach unglaublich viel Kraft und einem zähen Kampf um jeden Zentimeter. Es drang tief in die Eingeweide, dieses Geräusch, und weckte unangenehme Assoziationen an Qualen, Tortur, Folter. Und es löste Fluchtinstinkte in ihr aus. Schnell startete Idgie die Maschine und rollte auf den Asphalt zurück.

Vor ihr bog ein Laster auf die Straße. Er kam aus dem Weg, der zum Bohrfeld führte. Idgie wollte schon überholen, da blieb ihr Blick an dem Logo hängen. Es war nicht groß, hob sich aber markant von dem Blau der Plane ab, die den Lkw umspannte. Die roten Buchstaben auf weißem Grund waren zu einer Art Kreuz formiert. Flott, schwungvoll, dynamisch. E.O.A.G. Das Kennzeichen des Fahrzeugs leuchtete nicht so markant, Schmutzspritzer tauchten es in bräunliches Grau. Dennoch konnte man die Buchstaben erkennen. E-OA, passend zum Unternehmen.

Beschissene Ölmafia, zuckte es durch Idgies Kopf. Öl- und Gasmafia! Sie hielt den Gedanken fest und beschloss, dem Laster zu folgen. Er schien es nicht eilig zu haben, und Idgie ließ sich zurückfallen.

In gemächlichem Tempo zockelte der Lkw nach Altenberge. Das Gelände, auf das er zuhielt, war eindeutig keine Bohrstelle, denn es fehlte der charakteristische Turm. Ein paar große Metalltanks dominierten das Gelände. Sie schienen mit Rohren untereinander verbunden zu sein. Der Zweck war unklar. Als der Wagen in die Zufahrt einbog, löste sich an der Seite die Plane und flatterte im Wind, und aus dem Innern blitzte etwas Gelbes auf.

Idgie wendete das Motorrad und machte sich auf den Rückweg. Als sie die B 54 querte, bog ein weiterer Laster auf die kleine Landstraße ab und verschwand in die Richtung, aus der sie gerade gekommen war. Auf dem Blau seiner Plane leuchtete es rot und weiß, und Idgie hätte wetten mögen, dass es sich auch hierbei um ein Fahrzeug der European Oil and Gas handelte.

Sie machte erneut kehrt und jagte dem Fahrzeug hinterher, bis sie das Logo genau erkennen konnte. Rote Schrift, die Buchstaben zu einem Kreuz angeordnet. Sie schloss dicht auf und las das Kennzeichen. E-OA. Bingo.

Idgie stoppte die Maschine oben auf einem Hügel. Weiter unten befand sich die Einfahrt zum Betriebsgelände. Von dort, wo sie stand, konnte sie es gut einsehen. Die Tanks standen am Rande einer betonierten Fläche, in deren Mitte sich eine Art überdimensioniertes Ventil befand. Zwei Männer waren gerade damit beschäftigt, mit einem Schlauch einen der Tanks und das Ventil zu verbinden. Der Laster war an einer Leichtbauhalle vorgefahren, und zwei weitere Männer schienen ihn zu entladen. Leider verdeckte der Lkw die Sicht auf diese Aktivität. Mehr gab es nicht zu sehen.

»Lass uns heimfahren«, sagte sie zu Filou und registrierte, dass ihr ganz selbstverständlich die Silbe *heim* über die Lippen gekommen war. »Ja. Fahren wir nach Hause«, wiederholte sie. Dabei betonte sie die Worte »nach Hause«, behutsam, als beschreibe sie einen kostbaren Schatz.

Sie warf den Kopf in den Nacken und stieß ein kurzes, verhaltenes Wolfsgeheul aus. Filou blaffte kurz auf und tat es ihr nach.

***

Münsterland, Nottuln, 19. März

Idgie stutzte, als sie die Scheune betrat. Irgendwas stimmte hier nicht. Sie schloss die Augen und witterte. Ein fremder Geruch hing in der Luft, den sie nicht einordnen konnte. Er war unangenehm. Sie witterte weiter. Da war etwas, das sie bislang nicht wahrgenommen hatte. Eigenartig.

Noch einmal nahm sie Witterung auf. Der Geruch beunruhigte sie. Sie spähte in Bad und Kammer und stieg die steile Treppe zur Galerie hinauf. Nichts. Hier oben, da roch sie es nicht mehr. Alles gut.

Trotzdem rief sie Filou ins Haus und schloss die Tür von innen ab. Langsam wirst du wunderlich, Idgie Callahan, dachte sie spöttisch.

Sie fütterte den Hund, machte sich eine Kanne Tee und stöpselte das Netzwerkkabel ans Netbook. Da waren die ganzen Links auf der Festplatte gespeichert, die sie noch nicht gesichtet hatte. Systematisch rief sie sie auf. Zunächst fand sie nichts Neues. Die Informationen waren ähnlich wie das, was sie bereits in Form der PDF-Dateien auf der Festplatte gefunden hatte.

Dann jedoch stieß sie auf einen Link, der sie zu einer Bürgerbewegung in Martha, Kentucky, führte. Und was die Menschen dort zu berichten hatten, warf ein völlig neues Licht auf das ganze Material, das Hannes gesammelt hatte.

In Martha, Kentucky, erfuhr Idgie, war seit 1930 Erdöl gefördert worden. Die Quellen waren mittlerweile versiegt, die Natur hatte die Landschaft teilweise zurückerobert. Wenig erinnerte heute noch daran, dass hier mal gebohrt worden war. Nur ein paar rostige Tanks, die einfach stehen gelassen worden waren.

Dennoch konnte man hier nicht mehr gut leben, seit die Industrie sich aus diesem Landstrich zurückgezogen hatte. Denn zurückgeblieben war jede Menge Strahlung, wie auch in vielen anderen Gebieten der USA, in denen Erdöl gefördert worden war.

Idgie runzelte die Stirn. Strahlung, die beim Abbau von Erdöl entstand? Davon hatte sie noch nie gehört.

Die nächsten zwei Stunden arbeitete Idgie sich durch das Material. Sie folgte den gespeicherten Links zu Filmen, die bei YouTube eingestellt waren, sah einen Beitrag einer Bürgerinitiative aus Martha und las einige Reportagen zu dem Thema. Das Fazit war erschreckend.

Es handelte sich hierbei um eine natürliche Radioaktivität. Eine Radioaktivität, die in vielen Gesteinsschichten vorhanden ist, weil diese Schichten Uran oder Thorium enthalten. Kein Problem, solange das Gestein unangetastet in tiefen Erdschichten lagert. Aber diese Gesteinsschichten wurden bei der Bohrung nach Öl aufgebrochen. Um die Förderleistungen zu erhöhen, wurden große Wassermassen in die Lagerstätten des Öls gepumpt. Während des Förderprozesses entstanden Unmengen von Schlämmen, die dann wiederum wie Gülle auf dem umliegenden Land ausgebracht worden waren, auf Brachland ebenso wie auf landwirtschaftlich genutzten Flächen. Diese Schlämme waren radioaktiv verseucht.

Noch heute klagten Menschen in Kentucky gegen den Konzern und versuchten, eine Entschädigung zu erhalten. Sie hatten alles verloren. Ihr Haus, ihre Gesundheit, Menschen, die ihnen lieb und teuer waren, und die Landwirte auch noch ihre Existenzgrundlage. Denn auf dem Land, das dort nach Abzug der Industrie zurückgelassen worden war, konnten sie nichts mehr anbauen.

Ashland Oil, so hieß das Unternehmen, das dort gefördert hatte. Ein ganzes Lied war diesem Konzern gewidmet. Es ging um ein Leben neben Ashland Oil, um Strahlung in der Luft und Strahlung im Boden.

Der Refrain des Songs endete mit »Wir sterben alle mit Ashland Oil«.

Idgie starrte auf den Abspann des Streams. Radioaktiv verseuchte Schlämme bei der Förderung von Öl … Ashland Oil. Warum zum Teufel wusste davon niemand etwas? Das Ganze hatte sich in den neunziger Jahren abgespielt. Und warum waren daraus nie ernsthafte Konsequenzen gezogen worden?

Lizenz zum Bohren. Lizenz zum Töten, 007, assoziierte Idgie. Aber ihr war nicht zum Lachen zumute.

Darum also war es Hannes gegangen. Denn was für die USA galt, war hier mit Sicherheit nicht anders. Und Gas wurde letztendlich mit dem gleichen Verfahren aus der Erde geholt wie Öl. Oder gab es doch gravierende Unterschiede zwischen dem, was in den USA passiert war, und den Vorhaben hier im Münsterland?

»Nichts ist unmöglich«, summte Idgie und hatte plötzlich die singenden Affen vor Augen, die die Existenz einer japanischen Automarke bejubelten. Womit sie schon wieder beim Öl angelangt war und damit auch beim Gas.

KAPITEL 4

Ruhrgebiet, Witten, 20. März

Nicht nur im Münsterland war die Jagd nach dem begehrten Rohstoff in vollem Gang. Auch an der Ruhr fanden bereits Aufsuchungsbohrungen nach Erdgas statt. Schon lange war festgesteckt worden, welcher Konzern an welcher Stelle die Berechtigung dazu hatte. Ganz Nordrhein-Westfalen war in bergrechtliche Claims aufgeteilt, und den Claims waren Namen zugeordnet. Namen wie European Oil and Gas, Netherland Gas Company, Rapid Erdgas und Erdöl, wohinter eigentlich Sussex Holding steckte.

An der Ruhr hatte die Sussex Holding GmbH den Zuschlag, nach Erdgas zu suchen. Das Nutzungsrecht an Grund und Boden, vielmehr an dem, was sich darin befand. Sie durfte noch nicht fördern, aber aufsuchen durfte sie, was bedeutete, dass sie Probebohrungen machen durfte. Und so wanderte sie mit den Aufsuchungsbohrungen langsam, aber sicher von Osten aus in Richtung Ruhrgebiet.

Es war vier Uhr fünfundvierzig in der Frühe, als die Sussex Holding begann, einen weiteren Quertrieb in dreitausend Metern Tiefe durch die Kohlenschichten im Muttental bei Witten zu treiben, ganz ohne den Einsatz von Chemikalien. Und während der Bohrer sich kontinuierlich durch die Schichten von Barrieregestein bis hin zum gashaltigen Muttergestein fräste, wurde unter Hochdruck Wasser in die Schichten gejagt.

Der Wasserdruck erzeugte Bruchzonen im Gestein, Risse, die sich durch die permanente Druckzufuhr fortsetzten. Durch den Prozess entstanden Schwingungen, die zu kleinen Beben führten. Der Bohrer trieb nach, ebenso wie das Wasser nachdrängte, und die Schwingungen dieses gewaltsamen Prozesses erzeugten weitere Gesteinsbrüche, die sich in Form von neuen Schwingungen fortpflanzten.

***

Essen, 20. März

Ruth van Haag wurde unsanft durch einen Tritt in die Magengrube geweckt.

»Schimanski, was zum Teufel …«, schimpfte sie los. Gleichzeitig wunderte sie sich. Denn der Kater war sonst ein stiller, friedlicher Bettgenosse, und seine leisen Schnorchellaute gaben ihr ein Gefühl der Geborgenheit, wenn sie nicht schlafen konnte, was leider öfter vorkam, als ihr lieb war. Schimanskis Nähe beruhigte sie, das gleichförmige Schnurren ebenso wie die Schwere auf ihrer Brust, wenn er mal wieder auf ihr eingeschlafen war, so wie heute. Nun aber dieser rüde Tritt, mit beiden Hinterhaxen gleichzeitig ausgeführt. Sie hörte, wie er davonraste, und fragte sich, was plötzlich in ihn gefahren war. Dann spürte sie es selbst.

Um sie herum vibrierte es. Ein Zittern kroch die Mauern hinauf, rollte über die alten Holzdielen und versetzte ihr Bett in Schwingungen. Das Haus wurde von einem leisen Grollen erfasst. Sie hörte die Gläser im Wohnzimmerschrank klirren, und irgendetwas polterte heftig.

Die Stille, die nun folgte, wirkte ebenso unwirklich wie das Poltern zuvor. Nur Ruths Herz pumpte laut in einem fast schmerzhaft schnellen Rhythmus, wie so oft, seit sie allein lebte. Sie hatte sich noch nicht daran gewöhnt, und während sie auf dem Nachttisch nach ihrer Brille tastete und angestrengt in die Dunkelheit lauschte, fragte sie sich erneut, ob es wirklich eine so gute Idee gewesen war, dieses kleine Zechenhäuschen zu mieten.

Ruth suchte nach dem Kippschalter der Lampe und knipste das Licht an. Sie schwang die Beine über die Bettkante, angelte nach ihren Filzpantoffeln und schlappte hinunter ins kleine Wohnzimmer. Etliche Bücher waren aus dem Regal gestürzt und lagen auf den Holzdielen durcheinander. Daher also das Gepolter.

Schimmi, dachte sie. Er wird sich dort oben hinter die Bücher geflüchtet haben. Aber der Kater war nicht da.

Sie stellte die Bücher zurück und machte sich auf die Suche nach dem Tier. »Schimmi«, flötete sie. »Wo steckst du denn?«

In diesem Moment grummelte es wieder. Stärker als das Mal davor. Näher. Bedrohlicher.

Ein Erdbeben? Hier? Ruth stand reglos und presste die Hand vor den Mund. Dann hörte sie ein irrsinniges Krachen. Etwas ging mit brachialer Gewalt zu Boden, Glas zerschellte. Ruth fing an zu zittern. Eine ganze Weile stand sie erstarrt, lauschte und wartete. Aber es kam nichts mehr.

Schließlich gab sie sich einen Ruck und spähte vorsichtig in die Küche, wo sie die Quelle des infernalischen Lärms vermutete. »Das ist jetzt nicht wahr!«, murmelte sie bestürzt.

Erdbeben? Explosion? Hastig warf sie sich einen Mantel über und lief vor die Tür, wo sie unentschlossen stehen blieb.

Auf der Straße war es still. Ein paar Autos säumten wie üblich den Straßenrand und spiegelten sich im gelblichen Licht der Laternen. In den umliegenden Häusern waren vereinzelt Lichter zu sehen. Keiner in Panik, alles war ruhig.

Ruth ging ins Haus zurück und inspizierte jeden Raum. Auch hier war alles in Ordnung. Nur die Küche ... Auf den Fliesen des Bodens herrschte Chaos. Zerborstenes Geschirr, Lebensmittel, Kochbücher, zerbrochenes Porzellan, zersplittertes Glas. Viel Glas. Darauf Holzkästen und Bretter. Die Wand über der Küchenzeile nackt. Alle Oberschränke waren runtergekommen, bis auf einen, der merkwürdig schief an der Wand hing, als wäre er nur noch an einer Seite fixiert. Am seidenen Faden, dachte Ruth, öffnete vorsichtig die Tür und begann, die Teller und Becher herauszuheben, die in die Ecke gerutscht waren. Schließlich war der Schrank leer, und sie hob ihn langsam an, bis sie ihn von der Schraube abgehebelt hatte und auf die Arbeitsplatte sinken ließ.

Geschafft. Sie atmete tief durch. Mit zitternden Knien ließ sie sich auf einen Küchenstuhl sinken und starrte auf das Chaos zu ihren Füßen. Ich hätt gern einen Kaffee, dachte sie. Aber sie blieb einfach sitzen.

***

Wie üblich war Peter Mooren der Erste, der das Firmengelände betrat, denn er kam mit dem Bus und war zwanzig Minuten vor Dienstbeginn da. Er öffnete das Tor und betrat den Hof. Er wollte sich nach rechts wenden, um die gläserne Tür des Hauptgebäudes aufzuschließen. Aber irgendwas war anders. Irritiert sah er sich um.

Mit der Werkshalle dahinten auf dem Gelände, da stimmte was nicht. Ein wirrer Haufen lag dort, wo gestern noch Paletten gestapelt gewesen waren. Und Fässer.

Er ging über den Hof auf die Halle zu und entdeckte einen Krater im Boden unmittelbar neben der Seitenmauer, die selbst einen diagonal verlaufenden Riss aufwies.

Es war ein Loch mit länglichem Durchmesser, eher ein klaffender Spalt von ungefähr einem Meter Breite und einer Länge von bestimmt fünf Metern.

Tagebruch, dachte Peter Mooren. Er kannte sich aus. Schließlich kam er selbst vom Bergbau. Solche Erdrutsche waren durchaus typisch im Ruhrgebiet, wo der Boden unter den Städten zerlöchert war wie eine Wiese voller Maulwurfsgänge.

Und hier – das wusste er genau – war die Zeche Katharina gewesen, auf der er früher gearbeitet hatte. Der Förderturm hatte in etwa da gestanden, wo sich heute das kleine Bürogebäude seines Arbeitgebers befand. Der Tagebruch musste durch einen eingestürzten Seitenstollen verursacht worden sein.

Peter Mooren spähte in den Spalt hinunter. Nach hinten hin wurde er breiter. Schutt und Erde lagen darin, dazwischen Brocken von dem Asphalt, mit dem der Hof zubetoniert war. Und noch etwas. Er kniff die Augen zusammen, um besser sehen zu können. Alarmiert hastete er zurück zur Pförtnerloge und rief seinen Chef an.

***

Ein Klopfen an der Küchentür zum Garten ließ Ruth erneut zusammenfahren.

»Hallo«, hörte sie es rufen.

Ihr war jetzt kalt, und trübes Morgenlicht bahnte sich den Weg durch das Küchenfenster. Sie musste eine ganze Weile hier gesessen haben.

»Alles in Ordnung bei Ihnen?«

Ruth stand auf, schlang den Mantel um ihren Körper und öffnete die Tür.

Der Mann vor der Tür war groß und kräftig. Die dunkle Wollmütze hatte er so tief in die Stirn gezogen, wie es Jugendliche gerne tun. Sein Lächeln war freundlich, und die braunen Augen strahlten sanftmütig. Sie hatte ihn schon ein paarmal auf der Straße gesehen.

»Manni Neumann.« Er reichte ihr die Hand. »Ich bin Ihr Nachbar – also, vom Garten aus betrachtet ...«

»Ruth van Haag. Ich bin noch ganz durcheinander ... das war doch ein Erdbeben vorhin, oder?«

»Ja. Das kam eben schon durch die Nachrichten.« Er ließ seinen Blick durch die Küche wandern. »Hier hat's aber ordentlich gescheppert!«

»Kann man so sagen. Bei Ihnen etwa nicht?«

»Nö. Ein paar Bücher sind aus dem Regal gepurzelt, mehr nicht.«

»Sie Glückspilz«, sagte Ruth etwas spitz. Sie starrte auf den Trümmerhaufen, der sich auf dem Boden türmte. Keiner da, der ihr die Küchenschränke wieder anbringen würde. Erich, dieser Mistkerl ... Mit resigniertem Seufzer ließ Ruth sich auf den Küchenstuhl fallen.

»Brauchen Sie Hilfe?«

Ruth schüttelte abwehrend den Kopf. »Geht schon«, sagte sie schroff.

»Ihr Kater ist bei mir in der Garage. Der ist eben an mir vorbei wie 'ne Rakete und hat sich da verkrochen. Ich möchte ihn jetzt nicht einsperren, müsste allerdings langsam mal los.«

Das brachte sie wieder auf die Beine. »Schimmi? Gott sei Dank. Warten Sie, ich zieh mir nur fix Schuhe an.«

Kurz darauf quetschte sie sich hinter ihrem Nachbarn durch eine Lücke in der Hecke, die die Grundstücke trennte. Sie folgte ihm durch einen weiteren lang gestreckten Garten bis zur Garage.

»Dahinten unter den Regalen muss er irgendwo stecken.« Ihr Nachbar machte eine vage Bewegung mit der Hand. »Falls er sich nicht schon wieder davongemacht hat.«

»Mulle, Mulle, Mulle«, flötete Ruth.

Leises Rascheln und Schaben.

Sie ging in die Hocke. »Schimmi. Katerle …«

Es raschelte erneut.

»He, Schimanski, bist doch ein großer Junge. Nun komm schon.«

Der Kater antwortete mit einem leisen Maunzen, kroch aus seinem Versteck und schubberte seinen Kopf an ihrer Hand.

»Na also.« Ruth hob das Tier auf ihren Arm und drehte sich zu ihrem Nachbarn um. »Danke.« Sie lächelte ihn an und vergrub ihr Gesicht im weichen Fell.

»Hören Sie. Schaffen Sie das mit der Küche denn so allein? Sie sind doch –«

»Irgendwie kriege ich das schon hin«, unterbrach sie ihn und fragte sich gleichzeitig, warum sie so abweisend war. Aber das schien ihn nicht weiter abzuschrecken.

»Klar, hab ich ja auch gar nicht bezweifelt.« Er grinste sie an und sah dabei wie ein kleiner Junge aus. »Aber zu zweit geht's nun mal besser, oder?«

Misstrauisch musterte sie ihn. Er war ihr entschieden zu gut aussehend. Obwohl »gut aussehend« der falsche Begriff war, vor allem jetzt, wo er die Mütze abgenommen hatte. Sein Schädel war kahl, und unter seinem Hemd wölbten sich deutlich mehr als nur Muskeln. Dennoch hatte er etwas ungemein Gewinnendes. Vielleicht lag es an den braunen Augen, die dreinschauten, als könnten sie kein Wässerchen trüben. Warum setzte man braune Augen bloß so gern mit Hundeaugen gleich? Und mit Treue?

»Ich bin gut beim Werkeln, wirklich. Ich helfe Ihnen gern.« Hartnäckig war er auch noch.

Ruth kapitulierte und senkte verlegen den Blick. »Klingt gut. Ich hab's nämlich nicht so mit dem Handwerklichen.«

»Ja dann, abgemacht. Heute gegen siebzehn Uhr?«

»Einverstanden«, sagte Ruth leise. »Das ist wirklich sehr nett von Ihnen.«

»Ich bin übrigens der Manni … ich meine, wir sind doch schließlich Nachbarn …«

»Ruth«, sagte sie. Der Kater auf ihrem Arm begann zu zappeln.

Sie presste ihn an sich. »Ich geh jetzt lieber, also, bevor Schimmi sich wieder losstrampelt, adele.«

»Schwäbisch oder bayrisch?«, fragte er neugierig.

»Oh. Ist das so deutlich zu hören? Ich nix Deutsch, ich Schwab, ellaweil, wenn i mi eschoffier.« Sie lachte, als sie Mannis verständnisloses Gesicht sah. »Keine Bange. Schwäbisch red ich eigentlich nur, wenn ich bei meinen Eltern im Dorf bin. Bis heut Abend dann.«

***

Münsterland, Nottuln, 20. März

Idgie schlief einen unruhigen Schlaf. Er war von Träumen durchzogen, in denen Affen eine zentrale Rolle spielten. Es waren Zeichentrickaffen à la Disney, die, einen Rock aus klappernden Kokosnüssen um die Taille geschlungen, mit wilden Gesängen um ein metallenes Gebilde tanzten, aus dem eine Fontäne öligschwarzer, stinkender Brühe schoss. Idgie wusste sofort, dass es ein Bohrturm war.

Ab und zu reckten die Affen ihre Köpfe in die Höhe und spitzten die Lippen zu einer runden Öffnung, was ihnen das Aussehen von Loriots sprechendem Hund gab. Nichts ist unmöööööglich …

Der Affe, der das Schlusslicht dieses absurden Reigens bildete, hatte beide Hände vor die Augen gelegt und linste schnatternd durch die langgliedrigen Finger. Dann raste er plötzlich los und schwang sich auf einen Laster, auf dem Rohre mit dem Durchmesser von mindestens einem Meter zu einer Pyramide gestapelt waren. Die anderen Affen folgten ihm und setzten sich rittlings hintereinander auf das oberste Rohr, und Idgie wunderte sich, dass das ging. Die Affen mussten wahre Riesen sein.

Alles ist möööööglich, sangen sie und fingen an zu kläffen.

Dieses Kläffen zog Idgie endgültig aus ihrem Traum in die Realität zurück. Filou hatte die Pfoten auf die Bettkante gestemmt und bellte sie an. Sie warf einen Blick auf die Uhr. Schon zehn. Der arme Kerl musste wahrscheinlich dringend raus.

»Ich komm ja schon«, brummte sie, schüttelte die Bilder von sich ab und schwang die Beine aus dem Bett.

Filou raste vor ihr die Treppen hinunter und auf die Eingangstür zu.

Als Idgie die Tür öffnete, schoss er nach draußen. Sie blieb in der offenen Tür stehen und sah ihm zu, wie er ans Ende des Gartens flitzte und sich an einem Busch erleichterte. Dann fiel ihr Blick auf die Holzbank rechts neben der Haustür, auf der eine Tupperdose stand. Sie lächelte. Das war bereits die dritte in dieser Woche. Darauf ein Zettel. *Lass es dir schmecken. Gruß, Stella.*

Kurze Zeit später saß Idgie mit einem Becher Kaffee und dem opulenten Stück Kuchen aus der Tupperdose am Netbook und rekapitulierte ihre Recherchen vom Vortag.

Erdöl- und Ergasförderung in Deutschland, dachte sie. Höchste Zeit, sich mit den Riesen selbst zu beschäftigen. Sie knöpfte sich einen Artikel aus der neutralen Internet-Informationsplattform Infomedia vor, den sie bislang nur überflogen hatte, und las ihn nun gründlich durch.

European Oil and Gas GmbH ist ein europäischer Mineralölkonzern, der im Jahr 2002 ins Leben gerufen wurde. Aufgegangen in dieser GmbH sind die Unternehmen Norwegean Oil sowie die DÖG, die Deutsche Öl- und Gas-Gesellschaft.
European Oil and Gas erzielt seit Jahren gute Gewinne, wobei der Umsatz des Unternehmens in Abhängigkeit vom Ölpreis schwankt. Neben der NEdZ (Neue Energie der Zukunft), die mit einem Anteil von fünfundvierzig Prozent der größte Anteilnehmer des Unternehmens ist, sind primär Fonds und institutionelle Investoren an dem Unternehmen beteiligt. Die E.O.A.G steht in globaler Konkurrenz zu Mineralölkonzernen wie dem britischen BP, der französischen Kette Total oder dem russischen Gazprom.
Beteiligt ist die E.O.A.G an den Gesellschaften European Oil and Gas Transport, European Chemical Trust, European Pipeline Building and Management sowie diversen Recycling- und Industrie-Reinigungsfirmen.

Idgie pfiff tonlos durch die Zähne, während sie weiterlas. Die European Oil and Gas war mächtig unter Beschuss geraten, weil seit über zehn Jahren aus einigen fehlgeschlagenen Bohrungen in der Ostsee ungehindert Methan ins Meer entwich. Und die Stadt Rijeka hatte eine Klage gegen das Unternehmen laufen. Es ging um undichte Rohrleitungen und Öltanks sowie fehlenden Grundwasserschutz. Dadurch war ein ganzes Wohngebiet über Jahre hinweg mit einem giftigen Gemisch aus Kerosin, Blei und Benzol verwüstet worden, dessen giftige Dämpfe zu erheblichen Gesundheitsbeschwerden bei der Bevölkerung geführt hatten.

Dem Unternehmen wurde außerdem nachgesagt, dass es mit hohem finanziellem Einsatz Skeptiker des Klimawandels gefördert und Medien eingekauft hätte. Genannt wurde die stattliche Summe von knapp dreißig Millionen Euro, die allein für solche Zwecke eingesetzt worden sei.

Ein nettes Früchtchen, diese Oil and Gas, dachte Idgie. Nicht zimperlich im Einsatz von Geldern, wenn es um das Durchsetzen eigener Interessen ging. Aber gewiss kein schwarzes Schaf der Branche, sondern durchaus stellvertretend für andere Unternehmen dieser Größenordnung.

***

Essen, 20. März

»War ja echt ein ordentlicher Rums heute früh. Bei meiner Nachbarin hat's glatt die Küchenzeile von der Wand gehebelt!« Für einen kurzen Moment tauchte Ruth vor Mannis innerem Auge auf. War keine Schlechte, die Ruth, wirklich nicht. Eigentlich sogar 'ne richtig Hübsche mit ihren großen Augen hinter der runden Hornbrille. Aber glücklich kam die ihm nicht vor.

Sein Chef Meininger schien auf eine Antwort von ihm zu warten.

»Äh – Entschuldigung«, sagte Manni. »Was hast du gleich noch mal gefragt?«

»Ob so was öfter vorkommt in dieser Region, wollte ich wissen. Und was du vorschlägst, Manfred Neumann. Ich würde mich freuen, wenn du uns jetzt deine ungeteilte Aufmerksamkeit schenken würdest.«

Manni schabte sich verlegen am Kinn. »'tschuldigung. Bin jetzt voll angekommen. Also, Erdbebenexperte bin ich nicht gerade. War halt ein mächtiger Big Bang, der irgendwo aus Richtung Bochum kam, hab ich im Radio gehört. Es hat ganz schön gerappelt hier. Risse in einigen Häusern soll es gegeben haben, Menschen wurden glücklicherweise keine verletzt. So was ist mir bislang auf jeden Fall noch nicht untergekommen.«

Meininger seufzte. »Die Seismologen sagen, dass in Deutschland theoretisch durchaus mit noch stärkeren Erdbeben zu rechnen ist.«

»Mal bloß den Teufel nicht an die Wand«, sagte Manni. »Mir hat das heute Nacht völlig gereicht.«

»Und was bedeutet das für die Kanalisation?« An Meiningers Tonfall konnte man hören, dass er das selbst bereits genau wusste.

»Du wirst es uns gleich sagen.« Manni grinste Meininger an.

»Das Beben hatte sein Epizentrum im Muttental bei Witten. Es kam hier in Essen immerhin noch mit einer Stärke von vier Komma neun an. Nur mal so zum Vergleich: Das Beben, das die Katastrophe in Fukushima ausgelöst hat, hatte eine Stärke von über acht Magnitüden.«

»Und ab wann wird es richtig gefährlich?«, fragte Edda Martinez.

»Es gibt ein grobes Raster, die sogenannte JMA-Skala. Die wurde in Japan entwickelt. Ich will euch jetzt nicht mit einer exakten Aufzählung langweilen, aber«, Meininger sah in die Runde, »ab Stärke fünf kann schon eine ganze Menge kaputtgehen, ab Stärke sieben kann es zu dauerhaften topografischen Veränderungen kommen. Die Wasser- und Gasversorgung bricht schon bei starken Beben der Kategorie sechs zusammen.«

»Dann ist hier wohl nichts Ernsthaftes passiert«, sagte Manni. »War ja nur 'ne knappe Fünf, also nichts richtig Schlimmes.«

»Abwarten. Ich bin noch nicht fertig.« Meininger warf ihm einen bohrenden Blick zu. »In Neuseeland gab es im Jahr 2011 ein Erdbeben, das von der Stärke her mit sechs Komma drei auf der Richterskala deutlich geringer war als ein Beben im Jahr 2010 in der gleichen Region, das mit sieben Komma eins gemessen wurde. Dennoch« – Meininger ließ seinen Blick erneut über seine Mitarbeiter wandern –, »dennoch entstand bei dem zweiten, deutlich schwächeren Beben ein weitaus größerer Schaden. Etliche Gebäude wurden zerstört, Brände sind in Folge entstanden, und in den Trümmern starben viel mehr Menschen als bei dem stärkeren Beben.«

»Und wie wurde das erklärt?« Edda beugte sich gespannt nach vorne.

»Es gibt zwei weitere Faktoren, die dabei eine Rolle spielen. Die Bodenbeschleunigung, die bei einem Beben entsteht, hängt nicht allein von der Stärke des Bebens ab, sondern von der horizontalen und vertikalen Verformung des Bodens. Und die wiederum hängt von der Frequenz der Erdbebenwellen ab. Dabei nehmen die Wellen mit der Distanz zum Epizentrum ab.«

»Hm«, grunzte Manni. Bei der Bodenbeschleunigung hatte er den Faden verloren. »Und was genau heißt das nun, mal so für Nichtakademiker?«

»Die Tiefe, in der ein Erdbeben entsteht, spielt eine wesentliche Rolle. Das eigentlich schwächere Beben in Neuseeland fand in einer sehr viel geringeren Tiefe statt, nämlich nur wenige Kilometer unter der Erdoberfläche. Außerdem – und das ist bislang eine nicht bestätigte Annahme – gehen Experten davon aus, dass bei einer Häufung von Erdbeben in einer Region ein Kluft- und Bruchsystem unter der Erde entsteht, das späteren Beben eine weitreichende Fortpflanzung und Zerstörungskraft ermöglicht, auch wenn die Beben schwächer sind.«

Spalten und Risse unter der Erde, wie Straßen, übersetzte Manni stumm für sich. Auf diesen Straßen können schwächere Beben sich schneller und stärker fortbewegen. Das Bild gefiel ihm.

Meiningers Blick blieb an Manni hängen, während er weitersprach. »Wisst ihr, wie viele Beben es in den letzten zehn Jahren allein in Nordrhein-Westfalen gegeben hat?«

Stumm schüttelte Manni den Kopf.

»Über hundert. Und, grob gesprochen, ungefähr alle zehn Jahre eines mit über fünf Magnitüden. Das sind nicht wenige. Experten warnen davor, dieses Thema hier in Deutschland zu unterschätzen. Das, was Mitte 2012 in Norditalien bei Modena passiert ist, kann hier jederzeit auch passieren. Welche Auswirkungen also kann ein Beben dieser Stärke auf das Ruhrgebiet haben, speziell auf die Kanalisation?«

»Bergbau«, warf Manni in den Raum. Er hatte jetzt ein ungefähres Gefühl dafür, worauf Meininger hinauswollte. Im Ruhrgebiet gab es unter der Erde jede Menge solcher Straßen, über die sich Beben fortpflanzen konnten. »Das Ruhrgebiet ist zerlöchert wie ein Schweizer Käse, und die alten Stollen sind größtenteils nicht zugeschüttet worden. Wenn also ein Beben relativ dicht unter der Erdoberfläche stattfindet, schwingt es stärker, und die Hohlräume machen die Sache völlig unberechenbar, richtig?«

»So in etwa«, sagte Meininger. »Wir können uns also nicht auf der messbaren Magnitüdenstärke ausruhen. Leider. Aus Essen-Katernberg wurde vor einer Stunde zum Beispiel ein Tagebruch gemeldet. Er ist erst etliche Stunden nach dem Erdbeben entstanden. Welche Möglichkeiten haben wir, die Kanalisation zu überprüfen? Gibt es Streckenabschnitte, die besonders gefährdet sein könnten? Darum geht es mir.«

»Dann sollten wir die Protokolle von den Videoüberwachungen und Kanalbegehungen durchgehen und gucken, wo es Schwachstellen gegeben hat, die in die Mängelliste mit aufgenommen wurden«, sagte Manni. »Eventuell müssen ein paar Sanierungsarbeiten vorangetrieben werden, oder?«

Meininger nickte. »Und wir müssen vielleicht ein paar Begehungen vorziehen. Wenn es nötig ist, müssen wir auch am Wochenende ran. Ich gebe grünes Licht wegen der Überstunden. Von euch erwarte ich, dass ihr Gas gebt, alle. Um fünf will ich die Ergebnisse auf dem Tisch haben.«

***

Duisburg, 20. März

»Wissen Sie was, Hoelscher?«

Diese Frage verlangte nicht nach einer Antwort, das war Hoelscher klar. Also schüttelte er stumm den Kopf und wartete.

»Sie bringen das Ding schön wieder da an, wo Sie es hergeholt haben.«

Hoelscher starrte ihn an. »Ich soll da noch mal rein? Aber …«

»Die Sache ist mir zu heiß, um sie schleifen zu lassen.«

»Aber das ist doch nur 'ne harmlose Tussi«, protestierte Hoelscher schwach.

»Harmlos?« Da war es wieder, dieses Lächeln. Aber dieses Mal zog sich eine Augenbraue zusätzlich in die Höhe, was dem Lächeln etwas Gemeines gab. »Unterschätzen Sie die Frauen mal nicht, mein lieber Hoelscher.«

Oha. Wenn der Boss mit »mein lieber« anfing, dann war Gefahr im Verzug. Hoelscher blickte auf seine Hände herunter, während er überlegte.

»Und was soll ich den Kollegen sagen? Die wundern sich doch eh schon, warum ich dauernd nur unterwegs bin.« Das war noch untertrieben. Er wurde schon »Big Boss' Darling« genannt. Peinlich war das. Das würde er dem Chef aber besser nicht unter die Nase reiben.

Der Boss überlegte einen Moment.

»Sie melden sich krank«, sagte er schließlich. »So lange, bis ich die Sache abblase. Ich regele das mit dem Junior. Und zweitausend extra.«

Hoelscher schluckte und räusperte den Frosch weg, der plötzlich in seiner Kehle saß. »Okay«, sagte er heiser. »Und eine Scheinwerferleiste für den Ranger.«

***

Essen, 20. März

Akademische Viertelstunde, dachte Ruth zunächst und musste lachen, weil Manni ebenso wenig Akademisches an sich hatte wie das Sauerland alpinen Charakter. Aber eigentlich, und das überraschte sie selbst, gefiel ihr genau das gut: dieses Nicht-Akademische, das sie bei Manni intuitiv mit Menschlichkeit in Verbindung brachte, auch wenn sie wusste, dass diese Assoziation Quatsch war.

Als die akademische Viertelstunde mit dreißig Minuten deutlich überschritten war, wurde Ruth unruhig, und nach einem weiteren akademischen Viertel gestand sie sich enttäuscht ein, dass ihr Nachbar sie wohl versetzt hatte. Mit zusammengebissenen Zähnen begann sie, die Scherben auf ihrem Küchenfußboden zusammenzukehren und herauszuklauben, was noch zu retten war. Die Guten ins Töpfchen, die Schlechten ins Kröpfchen, dachte sie bitter. Oder war es umgekehrt gewesen?

Irgendwann aber klingelte es doch noch. Anderthalb Stunden später.

»Tut mir leid«, entschuldigte Manni sich. »Wir hatten heute wegen dem Erdbeben im Job eine ganze Menge zu tun, und ich hatte keine Telefonnummer, um Bescheid sagen zu können.«

»Macht nichts«, sagte Ruth hastig. »Ich habe schon mit dem Aufräumen angefangen. Was machen Sie denn beruflich?«, fragte sie, um die Freude zu überspielen.

»Ich bin bei den kleinen orangefarbenen Helferlein, die im Untergrund dafür sorgen, dass hier oben alles hübsch sauber bleibt.« Manni grinste. »Stadtwerke«, schob er nach, als er Ruths verständnislosen Blick bemerkte. »Bereich Wasser, Gas und Abwasser. Ich bin bei den Kanalratten, mittlerweile aber als Einsatzleiter, also nicht mehr dauernd bis zu den Knien im Dreck. Aber wir waren doch heute früh schon beim Du, oder?« Er zwinkerte sie freundlich an.

»Ach – stimmt ja.« Ruth lächelte schüchtern zurück. »Komm doch rein.«

Manni folgte ihr durch den engen Hausflur ins kleine Wohnzimmer. Es war von fröhlichen Farben dominiert, viel Gelb und Orange in unterschiedlichen Tönen.

Der Kater sprang vom Sessel und stolzierte mit hoch erhobenem Schwanz auf den Besucher zu. Dort, wo er gelegen hatte, hinterließ er einen Kreis von dunklen Haaren.

»Schimanski«, stellte Ruth vor. »Ihr hattet ja schon das Vergnügen.«

»Ganz schön gut im Futter, der Kerl.«

»Quatsch. Das ist …«

»… alles nur Fell«, fiel er ihr ins Wort und grinste sie an. »Schon klar, ist es immer.«

Auch Ruth schmunzelte.

Er sah dem Kater hinterher, der durch die Katzenklappe in den Garten hinaus verschwand.

»Du solltest mal ab und zu den Rasen mähen«, stellte Manni fest, ganz ohne Tadel in der Stimme. »Und Bäume und Büsche könnten jetzt auch gut einen Rückschnitt vertragen.«

»Bei dem ewigen Regen?«, redete Ruth sich raus. Aber insgeheim wusste sie, dass das nicht der Grund für den Zustand ihres Gartens war. Sie hatte einfach nicht die Energie gehabt, am Wochenende den alten Rasenmäher durch die Gegend zu schieben, Sträucher zurückzuschneiden oder Unkraut zu jäten. Ebenso, wie sie die kleinen Zimmer in dem Zechenhäuschen eher schlecht als recht renoviert hatte. Die Textiltapeten hatte sie einfach überstrichen, und wenn man genau hinsah, schimmerten noch Blumenstrukturen, Streifen und oben in dem kleinen Kinderzimmer sogar Teddybären unter dem Anstrich hindurch. Plötzlich war es ihr peinlich, und am liebsten hätte sie ihn wieder zur Haustür hinausgeschoben.

Manni schien von ihrem Stimmungswandel nichts mitbekommen zu haben. »Dann wollen wir uns das Desaster mal ansehen«, sagte er und verschwand in der Küche.

Ruth folgte ihm und beobachtete schweigend, wie er die Wand abklopfte und kritisch die ausgebrochenen Haken inspizierte.

»Glück gehabt«, kommentierte Manni schließlich. »Die Wand selbst ist nicht der Grund dafür, warum das Zeug runtergekommen ist. Mit einer entsprechenden Unterkonstruktion halten hier auch wieder Oberschränke. Ich würde einfach Holzleisten anbringen, mit vielen ordentlichen Dübeln, und dann den Schank an den Leisten festmachen. Das verteilt die Last besser. Ich krieg das schon hin.«

***

Als er Feierabend machte, hatte Peter Mooren kein gutes Gefühl. Mit diesen Fässern stimmte etwas nicht. Sonst hätte Potelske wohl kaum angeordnet, dass sie aus der Lagerhalle verschwinden mussten und auf das kleine Gelände nach Horst gebracht werden sollten. Und zwar pronto, wie Potelske so gerne zu sagen pflegte.

Gewerbegebiet Steele-Horst. Mooren erinnerte sich gut daran. Das war ganz am Anfang gewesen, kurz nachdem er bei der AV&R GmbH angefangen hatte. Potelske hatte geglaubt, er könnte ein Schnäppchen damit machen. Aber er wurde es einfach nicht quitt. Lag zu sehr am Hang, das Gelände. Das wollte keiner haben, Gewerbegebiet hin oder her. Seitdem Potelske sich mit diesem Grundstück verspekuliert hatte, ließ er die Finger von vorschnellen Käufen dieser Art, immerhin. Nun hatte er die Fässer aus der Lagerhalle dorthin karren lassen. Die würden da jetzt bestimmt ewig und drei Tage rumstehen, und kein Mensch würde daran denken, sie abholen zu lassen. Na ja, ihm sollte es egal sein.

Peter Mooren seufzte. Dass Potelske den Tagebruch nicht bei den Behörden meldete, das war schon gar nicht in Ordnung. Dabei hatte er versucht, ihm klarzumachen, dass er sich hier auf einem ehemaligen Zechengelände befand, wo ein Tagebruch absolut nichts Ungewöhnliches war. Und wenn es einen gab, musste er fachgerecht aufgefüllt werden – so viel wusste Peter Mooren genau. Nicht ungewöhnlich hieß ja noch lange nicht ungefährlich, oder? Und genau das hatte später auch Völler zu Potelske gesagt.

Aber hatte der auf seinen Vorarbeiter gehört? Weit gefehlt. »Damit ich den TÜV wieder am Hals habe«, hatte Potelske gebrüllt. »Das wäre ja noch schöner. Die sperren uns doch glatt die Produktion. Nix da. Das Loch muss schnellstmöglich zugeschüttet werden.«

Und so wurde die Idee ausgeheckt, einen kleinen Bagger zu leihen und Erde vom Brachland hinter der Produktionshalle in den Spalt zu schaufeln. Damit war einer der Arbeiter den ganzen Tag lang beschäftigt gewesen. Noch in dieser Woche sollte eine Firma Beton über das Erdreich kippen – irgendein Schwager von Völler. Sah ziemlich nach Gemauschel aus.

Der Schaden des Vorarbeiters war es bestimmt nicht. Der ließ sich vermutlich gut für die diskrete Erledigung dieser Geschäfte bezahlen. Nee, nee, nee, irgendwas war da nicht koscher bei der Sache.

Aber was soll ich schon großartig machen, Irene?, ging er in den inneren Monolog mit seiner Frau, den er immer suchte, sobald ihn etwas in Aufruhr brachte. Eine Art Absolution, die er einholte, denn sie konnte ihm schließlich nicht mehr widersprechen. Was kann ich da schon machen?, erteilte er sich schließlich in bester Stammtischmanier selbst die gewünschte Bestätigung. Nichts. Gar nichts. Ich hab mir ohnehin schon viel zu oft die Schnauze verbrannt. Die da oben machen doch sowieso alle, was sie wollen!

***

Münsterland, Nottuln, 20. März

Es war bereits später Nachmittag, als Idgie von ihrer Einkaufstour zurückkehrte. Sie lud die Lebensmittel in Kammer und Kühlschrank und brühte sich einen Kaffee auf. Mit einem dampfenden Becher in der Hand streifte sie am Bücherregal entlang und studierte die Titel, die dort standen. Hannes hatte immer schon viel gelesen, mehr als sie selbst. Etliche Krimis und Thriller, viele Bestseller darunter. Eine Reihe von Romanen, darunter ein paar, die sie selbst gekauft hatte. *Der Gott der kleinen Dinge* von Arundhati Roy beispielsweise. Idgie nahm das Buch in die Hand und las den Klappentext. Sie erinnerte sich, wie sie die Rezension im Radio gehört und sofort an Hannes gedacht hatte. Sie wollte es ihm schenken, bevor er von selbst über den Titel stolperte. Deshalb hatte sie nicht lange gefackelt und viel Geld für die gebundene Ausgabe auf den Tisch gelegt.

Du und deine dicken Wälzer. Dafür lässt du glatt jede Frau stehen, hörte sie sich spöttisch sagen. *Nicht jede*, hatte Hannes mit diesem gewissen Timbre in der Stimme geantwortet und sie auf seinen Schoß gezogen.

Ihr Blick blieb an dem gerahmten Foto hängen, das im Regal stand. Idgie musste schlucken, denn ein junger Hannes blickte ihr entgegen. Rotblonde Haarsträhnen kippten ihm verwegen in die Stirn, und nicht nur diese leicht zerzauste Frisur erinnerte an Robert Redford, wie sie ihn aus dem Film *Jenseits von Afrika* kannte. Aber der Junge auf dem Foto sah in sich gekehrt aus, nicht verwegen, und die Augenfarbe stimmte auch nicht. Hannes' Sohn. Der, den sie auf der Beerdigung gesehen hatte.

Idgie seufzte und ließ sich in den Ohrensessel fallen. Irgendwas Hartes bohrte sich in ihren Rücken, und sie fand eine Fernbedienung, die unter das Polster des Rückenkissens gerutscht war. Sie war zu klein für die des Fernsehers. Vielleicht die Stereoanlage? Idgie richtete den Sensor auf die Anlage und drückte auf »Play«.

Weiche, schwermütige Akkordeonklänge füllten den Raum. Dann eine Stimme, die nach dreißig Zigaretten am Tag klang, nach jeder Menge Alkohol und dem Charme einer durchliebten Nacht. Sie drang direkt in ihr Herz. *N'oubliez jamais* … Scheiße, verdammte … Idgie schoss das Wasser in die Augen. Vergessen? Nicht die kleine Minianlage mit den winzigen Boxen in seiner Kajüte. Nicht den Blues, den sie getanzt hatten, nicht Hannes' Versuch, zu *You Can Leave Your Hat On* einen Strip hinzulegen, die dicke Fleecemütze auf dem Kopf, die ihm immer wieder ins Gesicht rutschte, und nicht die Liebe, die sie in der Kajüte miteinander geteilt hatten, mal ungestüm und wild, mal zärtlich und behutsam, als wären sie zerbrechlich, und erst recht nicht die Abende, wo sie zu müde für Sex waren, weil ihnen ein harter Arbeitstag in den Knochen steckte. Nur eng beieinanderliegen und ausruhen. Nur Nähe tanken, Haut an Haut. *Night calls, naked* …

»Jetzt reicht es aber mit der Heulerei«, schniefte sie, als die letzten Töne verklungen waren. Sie schnäuzte sich umständlich die Nase. »Ich bin doch sonst nicht so ein sentimentaler Hund.« Aber musste es denn auch ausgerechnet Cocker sein, den Hannes zuletzt gehört hatte?

Und jetzt? Vielleicht noch irgendwas anderes hören? Lieber nicht. Genug Hannes für heute. Besser was Neutrales machen. Am besten da weitermachen, wo sie am Morgen aufgehört hatte.

***

Essen, 20. März

»Magst noch ein Glas Wein?«, fragte Ruth, nachdem die Schränke wieder an ihrem Platz hingen.

»Ein Bier wäre mir lieber«, rutschte es Manni heraus, noch bevor er die leichte Unsicherheit in Ruths Stimme bemerkt hatte.

»Oh, tut mir leid, aber …« Ruth biss sich verlegen auf die Unterlippe und machte eine vage Geste mit den Händen.

Flüchtig überlegte Manni, ob er anbieten sollte, schnell eine Flasche aus seinem eigenen Kühlschrank holen zu gehen. Aber sein Gefühl sagte ihm, dass er dann vermutlich gleich drüben bleiben könnte. Und er wollte noch nicht gehen. »Dann eben Wein«, entschied er schnell, ehe sie es sich anders überlegen konnte.

»Und wie steht's mit Hunger? Also, ich könnt jetzt gut was vertragen. Ich hab noch Flammkuchen eingefroren.«

Manni nickte und beobachtete sie, wie sie in der Küche hantierte. Wenig später standen zwei Holzbrettchen mit Flammkuchen und eine Flasche Wein vor ihnen auf dem Küchentisch. Schweigend begannen sie zu essen.

»Du bist also bei den Stadtwerken«, eröffnete Ruth so unvermittelt das Gespräch, dass es auf Manni wirkte, als wollte sie einfach nur etwas sagen, um dem Schweigen zu entkommen. »Dann werden wir vermutlich manchmal miteinander zu tun bekommen. Wobei ich hoffe, dass das nicht zu häufig der Fall sein wird.«

»Wieso?«, fragte Manni verwirrt.

»Ich denke, unsere Fachgebiete berühren sich.« Ruth lächelte ihn an und schenkte Wein nach. Sie schien seine Irritation bemerkt zu haben. »Ich bin beim Gesundheitsamt. Umweltmedizinerin. Ich werde also ab und an zum Kontrollieren kommen müssen. Hoffentlich finde ich nichts zum Meckern.«

Tolle Stimme, schoss es Manni durch den Kopf. Ein wenig rauchig wie guter Malt-Whisky. »Ich Abwasser, nix Trinkwasser«, witzelte er. »Du bist also die Neue, von der schon so viel erzählt wurde. Na sieh mal einer an.«

»Über mich wird geredet?«, fragte Ruth in verwundertem Ton.

»Ja, schon. Es wird erzählt, dass da 'ne hübsche Neue im Amt ist, die echt viel auf dem Kasten hat. Die neue Nachbarin. Ich fass es nicht!« Manni schüttelte den Kopf, hob sein Glas und prostete ihr zu. »Dann auf gute Zusammenarbeit. Und auf gute Nachbarschaft natürlich auch.«

Ruth prostete zurück, setzte das Glas ab und starrte auf das leere Brettchen vor sich.

Du musst was sagen, dachte Manni. Bist doch sonst nicht so auf den Mund gefallen. »Und was machst du so in deiner Freizeit?« Dämliche Frage! Schnell versuchte er, mit einem Witz nachzulegen. »Ich meine, dass du nicht gerade viel mit Gartenarbeit am Hut hast, das hatten wir ja schon. Was machst du denn sonst so?«

Ruth suchte verlegen nach einer Antwort, die nicht so langweilig klang. Tja, was machte sie sonst? Lange Abende vor der Glotze oder mit Buch und Kater auf dem Schoß. »Nichts«, sagte sie dröge.

»Wie ›nichts‹? Nichts kann man nicht tun.« Manni grinste und legte den Kopf schräg, während er sie mit treuherzigem Blick fixierte.

»Schreiben«, sagte sie schließlich. Ein bisschen schroff, aber nicht unfreundlich.

»Du schreibst? Echt? Ein Fachbuch oder was?«

»Eher eine Art Roman. Aber einer, wo es um wahre Begebenheiten geht.«

***

Münsterland, Nottuln, 20. März

Idgie holte Netbook, Stift und Block vom Schreibtisch und öffnete eine weitere Datei auf der Festplatte. Dieses Mal ging es um die NEdZ, den Konzern, der sich so hochtrabend »Neue Energie der Zukunft« nannte.

Ursprünglich war die Gesellschaft ein Elektrizitätswerk gewesen, das seit dem neunzehnten Jahrhundert einige Ruhrgebietsstädte mit Energie versorgte, wobei einer der Stahlkonzerne der Region seine Finger dick mit drinhatte. Wen wundert's, dachte Idgie spöttisch. Eine gute Möglichkeit, die Strompreise zu beeinflussen, die für die Stahlbranche nicht unerheblich waren.

Durch Zusammenschlüsse – oder waren es Übernahmen? – mit anderen regionalen Energielieferanten wuchs in Essen schließlich ein Riese heran. Im Zuge des Wirtschaftswachstums beteiligte der Konzern sich an Verkehrsgesellschaften, Maschinen- und sonstigen Bauunternehmen und errichtete weltweit etliche Energie- und Wasserversorgungsgesellschaften.

Anfang des neuen Jahrtausends trennte er sich wieder von der Wasser- und Bauwirtschaft und richtete unter dem neuen Firmennamen NEdZ den Fokus erneut rein auf sein Kerngeschäft: die Energiegewinnung.

Nicht, dass er die je aus den Augen verloren hätte. Hier tummelte er sich ohnehin schon seit Langem in verschiedenen Bereichen, einer Palette, die von den traditionellen Kohlekraftwerken über Wind- und Wasserkraft bis hin zur Kernenergie reichte. Außerdem jedoch wurde er zu einem der größten Netzwerkbetreiber in ganz Europa.

Idgie überflog den letzten Artikel, der auf der Festplatte gespeichert war. Hier ging es um ein Missbrauchsverfahren gegen die NEdZ, eingeleitet durch die Europäische Union. Verdacht auf Monopolbildung.

Sie kaute auf dem Bleistift herum, während sie weiterlas. Durch eine ihrer Tochtergesellschaften, die European Oil and Gas, hatte die Neue Energie allen Konkurrenzunternehmen den Zugang zum Erdgasmarkt erschwert und so ein Monopol auf die Gasleitungen aufgebaut. Wenn schon, denn schon, dachte Idgie. Das Verfahren wurde erst eingestellt, als die NEdZ sich bereit erklärte, das Gasleitungsnetz an einen Dritten zu verkaufen.

Filou tauchte neben ihr auf und schmiegte sich an ihr Bein. Abwesend tätschelte Idgie den Kopf des Hundes.

Zwei Riesen, auf die Hannes sich da eingeschossen hatte, und auch noch verwandt miteinander. Trat man denen auf die Füße, waren das auf jeden Fall verdammt mächtige Gegner.

Bist du denen auf die Füße getreten, Hannes? Und wenn ja, womit?

***

Essen, 20. März

»Und das ist wirklich passiert?«

»Ist es«, sagte Ruth sachlich, fast unterkühlt. »1987 in Brasilien. Ein sogenannter ziviler Atomunfall.«

»Ich hab nie was davon gehört. Wie ist es ausgegangen?«

»Ein kleines Kind starb, weil es sich mit den radioaktiven Partikeln eingerieben und danach mit ungewaschenen Händen etwas gegessen hat. Drei Erwachsene starben kurz nach dem Kind.«

»Schlimm!«

»Wirklich schlimm. Insgesamt waren ungefähr zweihundertfünfzig Personen schwer kontaminiert.« Ruth benutzte jetzt die Hände, um einzelne Worte zu untermalen.

»Zweihundertfünfzig Menschen?«, fragte Manni entsetzt.

»Ja, knapp fünfzig von ihnen wurden in einer Art Quarantäne interniert. Die Behandlung dieser Menschen war ausgesprochen schwierig, da sie selbst starke Strahlenquellen waren.«

»Puh!« Manni schüttelte erneut den Kopf. »Echt beeindruckend.« Ob er damit Ruth oder die Geschichte meinte, die sie ihm da gerade präsentierte, war ihm selbst nicht so ganz klar. Vermutlich beides.

Mit Ruth war eine Wandlung vor sich gegangen. Sie war in ihrem Element, das war zu spüren. Ihre Augen blitzten, der angespannte Zug um ihren Mund hatte sich gänzlich davongestohlen, und die Wangen waren zart gerötet.

Mit ausladender Bewegung führte Ruth ihr Weinglas zum Mund. Etwas zu schwungvoll, denn ein kleines Bächlein rann aus dem Mundwinkel.

»Mist!« Ruth lachte gelöst und wischte das Rinnsal mit dem Handrücken weg. »Das passiert mir manchmal, wenn ich im Erzählen bin.«

Er schmunzelte. »Und wie ging es weiter?«, fragte er dann.

Augenblicklich wurde Ruth wieder ernst. »Mehr als hunderttausend Menschen wurden untersucht. Sie haben ein Zeltlager für die Evakuierten in einem Stadion errichtet. Wie viele Leute da zwischenzeitlich untergebracht werden mussten, habe ich jetzt nicht mehr im Kopf, das muss ich noch mal nachlesen. Aber das Stadion war gut gefüllt.«

»Evakuiert?«

»Ja. Evakuiert. Als die Frau des Schrotthändlers den Behälter ins Krankenhaus gebracht hat, waren bereits knapp neunzig Prozent der Radioaktivität entwichen. Ganze Straßenzüge und Plätze waren so verseucht, dass die oberen Erdschichten abgetragen werden mussten.«

»Komm, jetzt übertreibst du aber, das kann ja wohl nicht sein.« Manni hob in gespielt abwehrender Geste die Hände. »Ich hab dich durchschaut. Gib's zu, du willst mich verarschen.« In seine Stimme schlich sich ein flirtender Unterton.

»Nein.« Ruths Ton blieb ernst. »Um die achtzig Häuser waren unbewohnbar, einige waren so bös verunreinigt, dass sie abgerissen werden mussten. Neben den schwer erkrankten Menschen gab es also auch noch einen erheblichen Sachschaden zu verzeichnen. Die Gebäude mussten gereinigt und ganze Erdschichten abgetragen werden. Das verstrahlte Material wurde auf einem Gelände außerhalb der Stadt vergraben und einbetoniert. Es ist jetzt eine Gedenkstätte. Eine Art Mahnmal.«

Manni starrte sie ungläubig an.

»Das Unglück ist gut belegt, glaub mir. Du kannst es gerne überprüfen, wenn du willst.« Leichte Enttäuschung schwang plötzlich in Ruths Stimme und legte sich um ihre Mundwinkel.

»Nee, lass mal.« Manni legte seine Hand auf ihre, um sie ganz schnell wieder wegzuziehen. »Du bist hier die Fachfrau. Was war das gleich noch für ein Zeug?«

»Cäsium-137. Cäsium selbst ist eigentlich nicht so gefährlich für den Menschen. Es ist ein weiches Metall mit einem recht niedrigen Schmelzpunkt.«

»Das versteh ich nicht. Die ganze Zeit über war doch die Rede davon, wie schlimm das ist. Wieso ist es dann nun plötzlich nicht gefährlich?«

»Cäsium ist nicht gefährlich, Cäsium-137 schon. Und das Cäsiumchlorid in dem Röntgengerät war hochgradig damit verseucht.«

Manni spielte an seinem Weinglas herum. Irgendwie fing die

Geschichte an, in ihn hineinzukriechen. Es fühlte sich unbehaglich an.

»Cäsium-137 ist ein Isotop«, fuhr Ruth fort, »und zwar ein künstliches, das – vereinfacht ausgedrückt – durch einen Kernspaltungsprozess entsteht.«

»Sorry, ich komm jetzt nicht mehr mit. Tut mir leid. Ist wirklich nicht ganz mein Fach. Auf jeden Fall gefährlich«, fasste Manni zusammen, ein Fragezeichen in der Stimme.

»Sehr gefährlich«, bestätigte Ruth nachdrücklich.

Sie stand auf und räumte Brettchen und Besteck in die Spülmaschine. Manni hörte sie hinter sich hantieren. Es hatte etwas Heimeliges, dieses Klappern, und setzte tief verschüttete Erinnerungen an die Zeiten in ihm frei, als er und Marion noch gemeinsam in seinem Zechenhäuschen gewohnt hatten. Ich kann sie gut um mich haben, gestand er sich ein. Sogar wenn sie so gruselige Storys erzählt. Plötzlich musste Manni an seine Tochter denken. In seinem Kopf formte sich eine Idee.

»Magst du nicht Samstag zum Essen zu uns kommen? Meine Nora studiert Medizinische Biologie, und ich könnte mir vorstellen … also, ich meine, sie ist noch ein bisschen unsortiert irgendwie, was ihr Studium betrifft. Scheint das auch noch nicht so richtig ernst zu nehmen, außerdem geht's in ihrem Kopf manchmal drunter und drüber … schrecklich sprunghaft. Findet es plötzlich wichtiger, gegen irgendeinen Castor-Transport zu demonstrieren, als zur Uni zu gehen …«

»Wie kommt sie gerade auf die Castor-Transporte?«, fragte Ruth neugierig.

»Ahaus … also, Rheine ist da nicht weit von weg … sie wohnt dort in der Nähe – äh – Marion, ihre Mutter – also Nora … jetzt wohnt sie ja bei mir, zum Studium …« Manni hatte sich nun vollständig verheddert und brach ab.

»Ist doch gut, wenn sich junge Menschen Gedanken machen über das, was um sie herum vorgeht. Ich hab das Gefühl, dass das leider viel zu wenige tun heutzutage.«

»Ja, stimmt natürlich. Dennoch sollte sie sich mehr um ihr Studium kümmern. Also … vielleicht …« Manni ließ den Satz in der Schwebe.

»Soll ich was mitbringen? Salat vielleicht?«

»Lass mal. Ich koche sehr gerne. Neunzehn Uhr?«

»Neunzehn Uhr passt gut. Und noch mal vielen Dank. Das war total nett von dir, mir so unter die Arme zu greifen.«

Als Manni durch den Garten auf die Lücke in den Büschen zusteuerte, spürte er ihren Blick in seinem Nacken. Samstagabend … Er schob die Hände in die Hosentaschen und begann, vor sich hin zu pfeifen.

***

Münsterland, 21. März

Mit großem Respekt vor der Mächtigkeit ihres Gegenübers machte Idgie sich am nächsten Tag daran, im Umkreis von Münster Lkws der European Oil and Gas aufzuspüren, die sie im Laufe des Tages die »blaue Flotte« nannte. Sie legte sich buchstäblich auf die Lauer und wurde belohnt. Neben den normalen, mit Plane verhüllten Lastfahrzeugen gab es auch Tanklastzüge, die den markanten Schriftzug der E.O.A.G trugen.

Sie alle fuhren relativ regelmäßig unterschiedliche Ziele an. Einige Fuhren gingen südwärts, und Idgie verfolgte eine Lieferung über die B 224 und die A 52 bis tief ins Ruhrgebiet hinein, drehte dann jedoch ab, als sie die Ausdünstungen der Industriegebiete bei Gelsenkirchen-Scholven erreichte.

Chemische Industrie? Ölraffinerien? Was auch immer sich hier befand: Es stank bestialisch nach einem Gemisch von faulen Eiern und weiß der Teufel was! Sie hatte keine Lust, sich mit Gerüchen dieser Art näher zu beschäftigen.

Zwei andere Trucks der blauen Flotte kehrten aus dem Ruhrgebiet zurück. Einer fuhr auf dieses kleine, merkwürdige Betriebsgelände ohne Bohrturm, das sie kürzlich entdeckt hatte. Dort lud er seine gelbe Fracht ab. Der andere steuerte ein ähnliches Gelände im Kreis Warendorf an.

Ein weiterer Laster, den sie aufspürte, fuhr zu einer Müllkippe, und bei Altenberge konnte Idgie von einem Hügel aus den Weg des Lkws über die Wüstenei der Deponie verfolgen, bis er schließlich aus ihrem Blickfeld verschwunden war. Die Schadensklasse auf dem Schild an der Auffahrt wies sie als normale Hausmülldeponie aus.

Auf dem Weg zurück von der Müllkippe kam sie an dem Bohrturm vorbei. Sie hielt auf dem gleichen Hügel an, auf dem sie bereits am Vortag gestanden hatte. Am Rande des Geländes befanden sich mehrere große Tanks. Ein Tanklastzug schien einen der Tanks zu befüllen. Oder zu entladen, so genau konnte man das nicht erkennen.

Zwei Arbeiter in grünen Overalls mit neongelben Schutzwesten und hellen Baustellenhelmen beaufsichtigten den Vorgang. Nach einiger Zeit wurde der Schlauch, der den Tank mit dem Tanklastzug verbunden hatte, gelöst. Einer der Arbeiter kletterte ins Führerhaus, und kurz darauf schloss sich das Ventil in dem mächtigen Zylinder des Lkws, und der Koloss setzte sich langsam in Bewegung.

War der Tanker be- oder entladen worden?, fragte Idgie sich, während sie ihm folgte. Sie brauchte nicht lange hinterherzufahren. Das schwere Vehikel rumpelte keine zehn Kilometer weiter auf ein weiteres Gelände mit mehreren riesigen Tanks, wo derselbe Mann, den sie bereits am Bohrturm gesehen hatte, einen dunklen Schlauch an einem der Tanks andockte.

Idgie konnte nicht erkennen, was genau da vor sich ging. Zeit, der Sache nachzugehen.

GESCHICHTE DER ZIVILEN ATOMUNFÄLLE

Juaréz, Mexiko, und USA, Dezember 1983

Die beiden Männer stöhnten unter ihrer Last.

»Verdammt noch mal, ich hätte nicht gedacht, dass das Biest so schwer ist«, keuchte Buddy. »Absetzen. Sofort!« Damit ließ er das Gerät unsanft zu Boden rumsen.

»Hehehe. Immer hübsch vorsichtig, wenn ich bitten darf.«

»Ist doch egal. Wird sowieso alles eingeschmolzen.« Der Dicke zog sich das T-Shirt aus der Hose und enthüllte seinen schwabbeligen Bauch. Dann wischte er sich mit dem Zipfel seines T-Shirts den Schweiß aus dem Gesicht.

Wie eine fette weiße Made, dachte sein Kollege Spence gehässig und starrte ungeniert auf die entblößte Wampe, die im hellen Mondlicht noch blasser wirkte, als sie vermutlich war. »Jammern hilft nicht. Ich hab keine Lust, hier noch die halbe Nacht rumzustehen und womöglich irgendeinem Werkschutz in die Fänge zu geraten. Ich hab gehört, die haben verdammt scharfe Köter hier«, sagte er beiläufig und verkniff sich das Grinsen.

»Hunde? Ogottogottogott«, jammerte der Dicke und sah sich hektisch um.

»Los jetzt, wir versuchen es noch mal. Mit 'nem bisschen Schwung wird das schon gehen. Ich zähle bis drei, und dann rauf mit dem Ding …«

Dieses Mal klappte es, und das Gerät knallte höchst unsanft auf die Ladefläche des Dodge-W200-Pick-up. Dass dabei die Bleiabschirmung des Gerätekopfes riss und eine Vielzahl kleiner Kügelchen freiließ, bemerkten sie nicht.

Kurze Zeit später holperten sie mit dem Dodge quer durch die Stadt der mexikanischen Grenze entgegen. Sie waren zufrieden mit sich und ihrem Fang. Massives Metall, dem Gewicht nach zu urteilen. Der Schrotthändler würde sich freuen und gut bezahlen, denn er würde selbst einen ordentlichen Batzen daran verdienen.

Die Kügelchen sprangen auf der Ladefläche hin und her, bahnten sich nach und nach einen Weg durch die Ritzen der Ladeklappe und rollten über die Straße.

»Zeig her«, verlangte Annie und hielt fordernd ihre Hand auf. Der kleine Junge sah sie störrisch an, die Hand hinter seinem Rücken zu einer Faust geballt.

»Ich weiß, dass du da gerade was aufgehoben hast. Was ist es dieses Mal? Los, gib es her. Du weißt doch genau, dass du nichts von der Straße auflesen sollst«, schimpfte Annie weiter, während sie mit geübtem Griff das Handgelenk des Jungen schnappte und die Hand nach vorne zog. Mit Schaudern dachte sie daran, wie der Kleine vor ein paar Tagen ein gut durchgekautes Kaugummi von der Straße aufgeklaubt und es sich in den Mund gestopft hatte.

Der Kleine umklammerte krampfhaft seinen Schatz. »Neeein«, schrie er wütend. »Meins, meins, meins.« Mit seinen Füßen stieß er wild um sich und versuchte, sich aus Annies Griff zu entwinden. Schweißperlen traten ihm auf die Stirn. Dann schossen ihm die Tränen in die Augen.

»Bitte, Jonny, zeig es mir.«

Jonny gab den Widerstand auf und öffnete seine Finger.

Sie klaubte das Kügelchen aus seiner Handfläche und schob es in ihre Jackentasche. Dass sich ein weiteres Kügelchen in dem Profil ihrer Gummisohle festgeklemmt hatte, bemerkte sie nicht.

Auch die Autofahrer, die an diesem Tag auf der Straße geparkt hatten, merkten nichts von den seltsamen Kügelchen, die sich in ihren Schuhen und im Profil ihrer Reifen festsetzten. Und die, die es bemerkten, dachten sich nichts dabei. Nichts Schlimmes jedenfalls. Der starke Regen an diesem Abend spülte die Kügelchen in die Gullis und verteilte sie im ganzen Stadtgebiet.

»Hey Buddy, kommst du noch mit auf ein Bier?«

»Nee, lass mal, lieber nicht. Irgendwie ist mir komisch. Ich glaub, da bahnt sich 'ne Scheißerei an.«

Dem Dicken standen die Schweißperlen auf der Stirn. Aber das taten sie öfter. War ja auch ein heißer Tag gewesen. Und in der Nacht so wenig Schlaf.

»Kein Wunder bei den Bergen, die du in dich reinstopfst«, grinste Spence. »Trink Schnaps, das desinfiziert. Aber versauf nicht gleich alles auf einmal.«

Er zog das Bündel Geld aus der Tasche und zählte die Scheine auf die Ablage, immer wechselweise einen rechts, einen links. Dann legte er einen Packen in Buddys Hand, die der ihm auffordernd entgegenstreckte.

»Was hast du denn mit deinen Händen angestellt?«, fragte er Buddy.

»Weiß nicht. Aber deine seh'n auch nicht besser aus. Du, ich muss jetzt wirklich.«

Buddy hievte sich aus dem Pick-up.

Spence starrte in seine Handflächen. Buddy hatte recht. Auch seine Handflächen waren ziemlich rot. Leicht geschwollen. Wie verbrannt. Seltsam. Und wenn er's recht überlegte, brannten sie tatsächlich ganz schön. Wie das Pfefferspray, das er mal in die Augen bekommen hatte, als Carmen, diese blöde Kuh, sich nicht entscheiden konnte, ob sie ihn an die Wäsche lassen wollte oder nicht. Erst ja, dann nein. Dabei hatte sie sich doch an ihn rangeschmissen. Weiber!

Na egal. Er war zufrieden. Cash bar auf die Kralle, so sollte es sein. Gerechter Lohn bei all der Plackerei. War noch ziemlich anstrengend gewesen, das Gerät von der Ladefläche zu hieven. Noch viel schwerer würde es sein, es in seine Bestandteile zu zerlegen.

Spence grinste. Er wusste, wovon er sprach. Schließlich hatten sie es selbst erst versucht dort in der Lagerhalle, weil dieser Trumm so verdammt schwer gewesen war. Der Scheffe vom Schrottplatz würde noch Augen machen, das stand fest. Zumal es schnell gehen sollte, denn der hatte das Metall sofort an zwei Stahlwerke weiterverscherbelt. Morgen sollte es ausgeliefert werden, zum Einschmelzen.

Spence war das recht. Je eher das Zeug weiterverarbeitet wurde, desto besser. Spätestens Ende der Woche. Dann würde auch keiner mehr Fragen stellen können.

Obwohl – gebraucht hatte das Gerät, was auch immer das gewesen sein mochte, definitiv schon lange niemand mehr, sonst hätten sich kaum die meterdicken Staubschichten darauf gesammelt. Er hätte beinahe übersehen, wie viel Metall da dran war. Das musste man dem Dicken lassen, dafür hatte der wirklich einen Blick, trotz des ganzen Drecks. Würde also nicht auffallen, dass es weg war. Aber wer wusste das schon so genau? Ein Bruch war nun mal ein Bruch, auch wenn das Tor der Lagerhalle quasi nicht verschlossen gewesen war.

Wird schon schiefgehen, murmelte Spence. Morgen ist das Zeug endgültig hier weg, und dann nach mir die Sintflut. Wenn nur die Handflächen nicht so beschissen brennen würden. Wirklich unangenehm, er konnte sich gar nicht vorstellen, woher das kam. Als wäre das Ding da mit Chili eingerieben gewesen oder so. Egal. Jetzt erst mal 'ne Runde zocken, und ein paar Bierchen mehr als sonst waren heute auch drin.

Er fühlte geradezu, dass das Glück ihm heute hold sein würde. Heute würde er richtig absahnen. Nur blöde, dass es in seinem Bauch angefangen hatte zu rumoren …

Mitten in der Nacht schreckte Annie hoch. Sie hörte den Jungen jammern. Was war denn nun schon wieder? Seufzend tastete sie nach dem Schalter der Nachttischlampe. Jonny saß aufrecht in seinem Kinderbettchen und wimmerte leise vor sich hin. »Aua«, jammerte er und hielt ihr die kleine Patschhand entgegen.

Annie untersuchte die Handfläche des Jungen. Eine leichte Rötung, die Haut etwas aufgedunsen. Es sah aus wie verbrannt. Im Geiste ließ sie den Tag noch einmal an sich vorbeiziehen. Aufstehen, Frühstück machen, einkaufen, Mittagessen kochen, nachmittags einen Tee. Hatte sie etwa vergessen, den Kessel wieder auf die Herdplatte zurückzustellen?

Der Kleine weinte jetzt lautlos vor sich hin.

»Bist du an den Herd gekommen, Schatz?«, fragte Annie.

Jonny sah sie nur an, die Augen weit aufgerissen. Dann fing er an zu schreien.

Kopfschüttelnd hob sie den Jungen aus dem Bettchen. »Komm, ich mache das Aua wieder weg«, tröstete sie. »Du bekommst einen schicken weißen Verband, ja?« Kalter Tee und etwas Brandsalbe würden die Sache schon in Ordnung bringen …

KAPITEL 5

Münsterland, Altenberge, 21. März

Das Gelände war von einem zwei Meter hohen Maschendrahtzaun eingegrenzt. *Versenkbohrstelle der E.O.A.G. Das Betreten des Betriebsgeländes ist für Unbefugte strengstens verboten!*, prangte auf einem Schild neben dem Eingang. Aber das Tor stand offen, und niemand hinderte Idgie daran, es zu passieren.

Der Mann in dem grünen Overall mit der neongelben Warnweste und dem obligatorischen hellen Baustellenhelm stand mit dem Rücken zu ihr, während er den Vorgang am Lkw zu beaufsichtigen schien. So aus der Nähe betrachtet waren die Tanks um einiges mächtiger, als Idgie gedacht hatte. Es stank beträchtlich nach Diesel. Aber noch etwas anderes lag in der Luft. Idgie witterte. Unangenehm. Öl oder Kerosin oder …? Auf jeden Fall nichts, was sie gerne lange Zeit einatmen wollte.

»Hallo«, schrie Idgie gegen das laute Dröhnen einer Pumpe an, während sie sich dem Mann von hinten näherte.

Er reagierte nicht.

Kurzerhand tippte sie ihm auf die Schulter.

Der Mann zuckte zusammen. »Was machen Sie denn hier?«, fragte er unwirsch und trat auf sie zu. »Können Sie nicht lesen? Betreten für Unbefugte verboten …!«

»Sorry, ich bin mit dem Moped liegen geblieben.« Idgie wies in Richtung der Ural, aus deren Beiwagen Filou jede ihrer Bewegungen angespannt verfolgte. Er mochte es nicht, wenn er angebunden wurde.

»Ich bin so froh, dass hier jemand ist … also … mein Handy … der Akku ist mal wieder leer. Ich weiß auch nicht, warum mir das immer passieren muss.« Sie lächelte entschuldigend. »Könnte ich vielleicht bei Ihnen telefonieren? Ich würde gerne Hilfe holen. Mein Mann …«

Der Mann nahm den Helm ab und kratzte sich am Hinterkopf, während er sie musterte. Dann fasste er einen Entschluss. »Dort im Container ist ein Telefon. Das können Sie benutzen.« Er wies mit einer Hand zu den beiden Baucontainern, die übereinandergestapelt waren wie die Behälter eines Containerschiffs.

»Da drüben?«

»Ja. Oben die Treppe rauf ist das Büro. Die Tür ist offen. Gehen Sie ruhig rein.«

»Danke, das ist sehr nett.« Idgie ging zu den gelben Containern am Rande der betonierten Fläche hinüber, stieg die stählerne Treppenkonstruktion zum oberen Stockwerk hinauf und öffnete die Tür.

Auf grauem Linoleumboden stand ein ebenso grauer Schreibtisch, auf dem sich PC und Telefon befanden. Idgie nahm den Hörer aus der Ladeschale, presste ihn ans Ohr und trat ans Fenster.

Von hier oben hatte man einen guten Blick über das Gelände, stellte sie zufrieden fest und zückte ihr eigenes Telefon, um ein paar Bilder mit der Handykamera zu schießen. Vier Kombinationen standen auf einer betonierten Fläche, je drei Tanks waren zu einer Einheit gebündelt. Ein Wust von Rohren, merkwürdig stufenförmig gebogen, schien sie untereinander zu verbinden. Der Tanker hatte an einen der Tanks angedockt. In der Mitte der betonierten Fläche entdeckte sie etwas, das wie eine Art Riesenventil aussah. Aus einem fensterlosen Stahlcontainer dröhnte lautstark ein Trafo. Ein paar gelbe Fässer waren neben einem der Tanks zu einer kleinen Mauer gestapelt. Mehr war nicht zu sehen.

Als sie das Containerbüro wieder verließ, stand der Arbeiter vor der Toreinfahrt und rauchte.

»Hab ich ein Glück, dass Sie auch samstags arbeiten. Sonst wäre ich ziemlich aufgeschmissen gewesen. Müssen Sie immer am Wochenende ran?«

»Wir wechseln uns ab«, brummelte der Arbeiter und sog an der Zigarette. »Aber wir arbeiten rund um die Uhr.«

»Was ist das hier eigentlich?«, fragte Idgie und beschrieb mit der Hand einen Halbkreis, der das triste Gelände umfasste.

»Ein Bohrloch.«

»Ein Bohrloch? Wo?«

»Na da, wo das Ventil im Boden ist.« Der Mann wies auf die Mitte der betonierten Fläche.«

»Aber da ist ja gar kein Turm«, wunderte sich Idgie.

»Den braucht man auch nicht. Hier wird ja nicht gefördert.«

»Das versteh ich jetzt nicht. Wozu wird denn dann gebohrt, wenn hier nicht gefördert wird?«

»Disposalbohrung.« Er zog an seiner Zigarette und sah Idgie an. »Entsorgungsbohrung«, erklärte er dann. »Manchmal benutzen sie auch stillgelegte Bohrstätten dazu – also, zum Entsorgen.«

»Und was genau wird da entsorgt? Ich dachte immer, Erdgas wäre so eine saubere Sache.«

»Ist es ja auch. Das hier ist bloß Lagerstättenwasser.«

»Wasser? So viel? Wo kommt das her?«

»Aus den Gesteinsschichten, in denen das Erdgas lagert. Deshalb ja auch Lagerstättenwasser.« Der Mann wurde langsam gesprächiger. »Hinzu kommt das Wasser, das beim Bohrprozess zur Kühlung gebraucht wird. Prozesswasser also.«

»Das pumpt man alles in die Erde zurück?«

»Warum nicht? Da kommt's doch auch her.«

»Also wirklich reines Wasser?«, bohrte Idgie nach.

»Na ja … trinken würde ich das nicht. Ist ziemlich salzhaltig. Aber das wird alles gereinigt, bevor es zurückgepumpt wird.«

»Reinigen? Wie das denn?«

Der Arbeiter grinste. »Schon mal was von natürlicher Schwerkraft gehört?«, fragte er frech. »Die schwereren Stoffe sinken zu Boden.«

»Wenn das so einfach ginge, hätte die Menschheit ein ziemlich großes Problem gelöst«, sagte Idgie skeptisch.

»Es geht ja auch nicht nur um die unterschiedlichen Chloride, also die Salze. Kohlenwasserstoff ist da beispielsweise auch drin. Oder Quecksilber. Und Benzol.«

»Auch radioaktive Substanzen?«

»Warum wollen Se das denn wissen?«, fragte er lauernd.

Idgie zuckte mit den Schultern. »Ich hab mal gehört, dass da auch natürliche radioaktive Stoffe in der Erde sind. Warum wird das denn überhaupt getrennt? Darf man das nicht so in die Erde zurücktun?«, fragte Idgie und setzte ein harmloses Gesicht auf.

»Na, mit dem Kohlenwasserstoff kann man durchaus noch was anstellen. Der geht zur Weiterverarbeitung an Raffinerien. Die schweren Ablagerungen, in denen sich das Quecksilber und so befindet, gehen zu speziellen Entsorgungsunternehmen. Alles streng nach Vorschrift, das können Se mir glauben.«

»Das heißt, dass das Wasser wieder so in den Boden zurückkommt, wie es dort rausgekommen ist? Habe ich das richtig verstanden?«

»Im Großen und Ganzen ja«, knurrte der Arbeiter. »Warum interessiert Sie das denn so?«

»Och, ich bin eben neugierig. Aber Sie haben recht. Ich sollte mich mal wieder auf die Socken machen. Mein Mann hat mir einen Tipp gegeben, wie ich die Maschine wieder in Gang kriege. Vielen Dank fürs Telefon.«

Idgie winkte ihm zu, während sie zurück zur Ural ging. Filou auf seinem Beifahrersitz winselte und leckte ihr dankbar die Hand, als sie die Leine löste.

»Das Gelände da wollte ich dir wirklich nicht zumuten«, entschuldigte sie sich. »Hat ganz schön gestunken. Und du wärest mir doch bestimmt nachgelaufen, stimmt's?«

Während sie die Maschine zurück auf die Straße lenkte, fiel ihr Blick auf die Bäume, die den Weg säumten. Sie sahen aus wie abgestorben.

***

Essen, 21. März

»Himmel, war das lecker. Die Rouladen, ein Gedicht! Und diese selbst gemachten Spätzle … so gut hab ich schon lang keine mehr gehabt. Wenn ich noch einen Bissen esse, platze ich.«

»Paps kocht echt super.« Nora seufzte. »Aber mit dem Fett spart er nicht gerade. Du solltest mal sehen, wie viel Sahne der an die Soße tut. Nicht wahr, Paps? Ich habe schon fast zwei Kilo zugenommen, seit ich hier wohne. Ehrlich.« Sie strich sich über den nicht vorhandenen Bauch.

»Sieht aber aus, als kannst du das ganz gut verpacken«, sagte Ruth. »Besser als ich auf jeden Fall.«

»Komm, komm, komm. Bei mir, da steckt das Geld drin.« Manni tätschelte liebevoll die Wölbung, die sich deutlich unter seinem Hemd abzeichnete. »Wenn hier jemand zu viel auf den Rippen hat, dann ja wohl ich. Du hast doch eine super Figur.« Er warf Ruth einen anerkennenden Blick zu. »Nicht wie diese hohläugigen Magerhippen heutzutage …«

Nora grinste. Aber diese Ruth war echt nicht verkehrt. Ganz anders auf jeden Fall als die Tusnelda, mit der ihr Vater zwei Monate zuvor plötzlich hier aufgekreuzt war. Gott sei Dank hatte das nichts gegeben. Im Gegensatz zu der hatte die hier echt was.

Umweltmedizinerin. Echt spannend. Nora hatte gar nicht gewusst, dass es so was gab. Menschen, die sich speziell mit Erkrankungen durch Umwelteinflüsse beschäftigten und mit der Auswirkung solcher Einflüsse auf den Menschen und dessen Erbgut. Und mit dem Thema Prävention. Dass das so viel mit medizinischer Biologie zu tun hatte, war ihr neu. Woher hätte sie das auch wissen sollen? Sie war ja gerade mal erst im zweiten Semester. Grundkenntnisse in Botanik, Zoologie und Zellbiologie, mehr war bisher nicht vorgekommen. Genetik, ja schon. Aber sie war doch ziemlich enttäuscht gewesen über den Verlauf des Studiums. Vor allem bedrückte sie der Gedanke, in irgendwelchen Laboren für irgendwelche x-beliebigen Kosmetik- oder Pharmafirmen Tierversuche durchführen zu müssen, damit irgendeine reiche Tussi sich zentnerweise Antifaltencreme ins Gesicht klatschen konnte. So was ging ihr total gegen den Strich. Selbst wenn man in der Kosmetikindustrie mehr verdienen konnte als bei manch anderem Arbeitgeber.

Aber Ausbeutung von Tieren? Krass war das. Mit welchem Recht? Mit welchem Recht tat der Mensch so was? Tiere leiden zu lassen, bloß weil er der ewigen Jugend hinterherrannte. Als wäre er was Besseres … Nora seufzte. Ihr war nicht klar gewesen, dass das Studium der medizinischen Biologie die mögliche Eingangspforte zu einem Berufsbild war, in dem man Tiere quälte. Deshalb war sie dankbar, dass Ruth ihr mit der Umweltmedizin mögliche andere Perspektiven aufgezeigt hatte, die deutlich mehr in die Richtung gingen, die Nora vorschwebte.

Nun war das angeregte Gespräch einem wohligen, satten Schweigen gewichen. Verdauungsschweigen. Nora unterdrückte ein Kichern. Selbst Paps hielt ausnahmsweise mal die Klappe.

War auf jeden Fall ein echt cooler Abend gewesen, zu dem ihr Vater sie da halb genötigt hatte. Und jetzt war Jan gerade noch gekommen und häufte sich die Reste des Festessens auf den Teller. Das war das Tolle an ihrem Vater. Der meckerte nie. Okay, meckern tat der schon, aber mehr so gutmütig. Ihre Mutter hätte da längst schon ein Gesicht gezogen wie sieben Tage Regenwetter. Die hatte ja schon genervt, als Alex ab und zu mal bei ihnen übernachtet hatte. Wirklich nicht oft und trotzdem war voll das Gemeckere losgegangen. Sie war doch kein kleines Kind mehr. Paps behandelte sie nie so, auch wenn er ab und zu mal brummte.

»Und? Noch was raus oder eher chillen?« Jan wischte mit einem Brotstück den Teller leer und schob es sich in den Mund.

»Lieber rumchillen«, sagte Nora. »Ist doch gerade schön gemütlich hier, oder?« Erst zu spät fiel ihr ein, dass das vielleicht die Pläne ihres Vaters durchkreuzte.

»Und was machen Sie beruflich?«, fragte Ruth Jan. »Studieren Sie auch?«

»Jetzt fang bloß nicht wieder mit der Siezerei an«, mischte Manni sich ein. »Solange der die Füße unter meinem Tisch hat, kannste den ruhig duzen.«

»Ich studiere Journalistik in Dortmund«, antwortete Jan ruhig. Er schien Attacken dieser Art gewohnt zu sein, denn er lächelte Ruth zu. »Und ›Jan‹ ist völlig in Ordnung. Zurzeit bin ich beim WDR im Volontariat. Studio Essen.«

»Wie lange dauert das?«

»Ein Jahr. Das ist aber bald rum, sind nur noch knapp vier Monate.«

***

Peter Mooren richtete sich mühsam auf und stützte sich schwer auf seinen Spaten. Wie üblich tat das Kreuz höllisch weh bei dieser Bewegung, dort hinten knapp über dem Allerwertesten, wie er seinem Hausarzt Dr. Schnabel verschämt anvertraut hatte. Aber dass sein rechtes Knie sich nun aufführte, als würde ihm von innen eine Schraube in die Kniescheibe gedreht, das war neu und ziemlich unerfreulich.

Er seufzte. Er hatte mal wieder nicht aufgepasst. Zu lange Unkraut gejätet und dann auch noch das komplette Beet umgegraben, wo er die jungen Pflänzchen setzen wollte. Das musste jetzt erst mal warten.

Langsam humpelte er die Stufen zur Gartenlaube hoch. Er holte sich ein Bier aus dem Kühlschrank, ließ sich erschöpft auf das Kissen des Gartenstuhls sinken und lehnte den Kopf an das Polster der hohen Lehne. Während er das Pils genüsslich die Kehle hinunterrinnen ließ, schloss er die Augen. Himmel, tat das gut! Er nahm einen weiteren Schluck aus der Flasche. Und noch einen. Jetzt war die Pulle leer, und in seinen Knochen machte sich eine angenehme Mattigkeit breit.

Stöhnend hievte er sich hoch, um sich ein neues Bier aus der kleinen Küche der Laube zu holen. Als er sich wieder in den Gartenstuhl sacken ließ, wusste er, dass er die Kohlpflänzchen heute nicht mehr setzen würde. Leises Schuldbewusstsein regte sich. Aber morgen war ja schließlich auch noch ein Tag.

Nee, nee, das macht einfach keinen richtigen Spaß mehr in diesem Alter, dachte er, während er die nächste Halbe in Angriff nahm. Seine Irene hatte das schon richtig gemacht. War mit fünfundsechzig einfach eingeschlafen, ganz ruhig und friedlich hatte sie ausgesehen. Nur hätte sie ihn nicht allein zurücklassen dürfen. Wie lange er den Garten hier noch bewirtschaften konnte, das wusste Gott allein. Vielleicht sollte er ihn einfach verkaufen. Aber der Schrebergarten war Irenes Ein und Alles gewesen. Er brachte es einfach nicht übers Herz, ihn abzugeben. So viele gute Stunden hatten sie hier gemeinsam verbracht. Leider kostete es eine Menge Geld, den Garten in Schuss zu halten. Wenn er ihn verkaufen würde, könnte er vielleicht den Pförtnerjob schmeißen und in Frieden von seiner kleinen Rente leben. Womit er wieder bei Potelske angelangt war.

Was der da zurzeit trieb, machte ihn ganz kribbelig. Erst war da dieser lächerliche Versuch mit dem Bagger und der Erde von dem Brachland gewesen. Dann, als klar war, dass das im Leben nicht reichen würde – und er hätte seinem Chef gleich sagen können, dass das nicht klappen konnte, aber ihn fragte ja keiner –, hatte Potelske diesen windigen Erichsen angeheuert. Den ganzen lieben Tag lang hatte der gestern Bauschutt ankarren und in den Tagebruch verfüllen lassen von diesem Bauunternehmer mit seinen Polen. Allesamt Schwarzarbeiter, das roch man doch auf zehn Meilen gegen den Wind. Erde, Schutt und weiß der Teufel was hatten die da alles reingekippt, bestimmt fünfzehn Lkw-Ladungen voll. An diesem Wochenende wollten sie fertig werden – und dann noch Beton drauf.

Ein Irrwitz war das. So konnte man doch nicht mit einem Tagebruch umgehen. Da waren doch die Stollen und die Flöze drunter von der Zeche, so was musste man bei den Behörden melden! Aber der war ja so was von stur gewesen, der Potelske … Na ja, war ja schließlich sein Geld, mit dem er da ins Unglück rannte. Wenn die Halle deswegen einstürzte, dann war das ganz allein Potelskes Bier. Oder etwa nicht, Irene?

***

»Ruth schreibt ein Buch«, warf Manni unvermittelt in die Runde. Es klang, als wäre das sein Verdienst. »Sie schreibt über zivile Atomunfälle.«

»Echt?«, fragte Nora. »Was denn zum Beispiel?«

Ruth schien zu zögern. Dann grinste sie verschmitzt. »Na gut. Heute habe ich über etwas geschrieben, das im Jahr 1983 in Mexiko passiert ist. Damals haben zwei Schrottplatzarbeiter ein ausgemustertes Strahlentherapiegerät aus einer Lagerhalle geklaut.«

»Und?« Nora stützte das Kinn auf die Hände und sah sie gespannt an.

»So ein Strahlentherapiegerät hat einen rotierenden Kopf mit einer Abschirmung aus Blei. In dem Kopf befinden sich kleine Metallkügelchen. Also wirklich klein, kaum mehr als ein Millimeter Durchmesser. In diesen Kügelchen ist Kobalt-60 mit einer hohen Radioaktivität von – egal, das wird jetzt ein bisschen zu technisch. Hoch auf jeden Fall. Das, was da passiert ist, bebildert das eigentlich genügend, finde ich.«

»Und was ist passiert?«, fragte Jan.

»Die sind nicht gerade behutsam mit dem Gerät umgegangen.

Sie wussten ja auch gar nicht, was es war. Die Bleiummantelung des rotierenden Kopfes ist aufgerissen, und während der Fahrt wurde das Gerät so durchgerüttelt, dass die kleinen Kügelchen sich überall verteilt haben, im ganzen Stadtgebiet.«

»Wie viele Kügelchen waren es denn?« Nora ließ Ruth nicht aus den Augen.

»Über sechstausend. Das klingt eigentlich erst mal gar nicht so viel. Dennoch waren die Folgen verheerend, nicht nur, was diese Kügelchen betraf. Das Gerät selbst wurde in einem Stahlwerk eingeschmolzen. Aus dem Stahl wurden fünfhundert Tonnen Armierungseisen erzeugt sowie eine nicht unerhebliche Anzahl von Tischbeinen, mehr als fünfzehntausend Stück, wenn ich es richtig behalten habe. All das wurde verkauft, teilweise auch ins Ausland.«

»Und weiter?«, fragte Manni, während er Ruth Wein nachschenkte.

»Das Ganze wurde eher zufällig entdeckt. Ein Laster, beladen mit Armierungseisen aus dieser Produktion, hatte sich verfahren und ist dabei auf eine der Zufahrtsstraßen zu einem amerikanischen Kernwaffen-Forschungszentrum geraten. Ehrlich, das war so! Dort waren überall Strahlenmessgeräte. Die lösten augenblicklich Alarm aus.«

»Aber – das war doch dann stark verdünnt … Ich meine, da sind doch nicht mal Kügelchen eingeschmolzen worden, oder hab ich da was nicht richtig mitbekommen?«

»Nun lass sie doch mal erzählen, Paps.«

»Das hast du schon richtig mitbekommen. Die Innereien eines solchen Strahlentherapiegerätes sind ebenfalls hochgradig kontaminiert. Aber auch das äußere Gehäuse war durch den Kontakt mit den Kügelchen völlig verseucht. Das alles wurde zusammen mit anderem Metall eingeschmolzen. Fakt ist, dass in Folge in über fünfzig Bundesstaaten der USA sowie in Mexiko die Suche nach dem verstrahlten Stahl begann, der mittlerweile bereits verbaut worden war, unter anderem in einem Gefängnis, einem medizinischen Zentrum und einer ganzen Reihe von Privathaushalten. Etliche Gebäude wurden mühsam saniert, ein paar ganz abgerissen.«

Nora sah sie mit großen Augen an.

»Die Menschen, die in Kontakt mit den Kügelchen geraten sind, sind an akuter Strahlenkrankheit erkrankt. Einige haben sich nie wieder richtig davon erholt. Der Schrottplatz, auf dem das Gerät auseinandergenommen worden ist, wurde weiträumig gesperrt, der Pick-up sowie der noch nicht verbaute Stahl wurden einbetoniert.«

»Und das alles von einem einzigen Gerät?«, fragte Nora entsetzt.

»Von einem einzigen mickrigen Strahlentherapiegerät. Ungelogen!«

Jan räusperte sich. »Und darüber schreibst du ein ganzes Buch?«

»Darüber – und über andere Unfälle dieser Art. Zivile Atomunfälle eben. Kleine Ironie am Rand: So was wie dieses Strahlentherapiegerät galt damals als schwach radioaktiver Müll. Wie das heute ist, weiß ich nicht.«

»Voll krass, echt.« Nora schüttelte den Kopf. »Da hat der Mensch ja ganz schön was angerichtet mit diesem Atom-Mist.«

Ruth lächelte verschmitzt. »Der Mensch? Der hat das doch nicht erfunden. Radioaktivität ist erst mal etwas ganz Natürliches.«

»Wieso natürlich?«, fragte Manni.

»Strahlung ist überall. Beim Fliegen zum Beispiel, also in höheren Luftschichten, setzt man sich einer sehr viel größeren Strahlung aus als am Boden.«

»Ich weiß schon, warum ich nicht gerne fliege«, witzelte Manni.

»Im Boden gibt es sie aber auch«, sagte Ruth belustigt. »Das ist völlig normal.«

»Gleich erzählst du mir noch, dass meine Pupse auch radioaktiv sind …«, brummte Manni.

»Also Paps, echt!« Manchmal war er einfach nur peinlich.

»Kommt drauf an, was du gegessen hast.« Ruth zwinkerte ihm zu. »Radionuklide sind in fast jeder Materie. Es gibt sie in vielen Formen.«

Nora kicherte. Gut gekontert. Die war echt cool.

»Ja und? Was ist so schlimm daran, wenn die doch natürlich sind?«, fragte Jan.

»Was genau sind eigentlich Radionuklide?«, fragte Nora zeitgleich.

»Isotope, Nora«, erklärte Ruth. »Stoffe, die eine radioaktive Zerfallskette haben. Und die sind in größeren Dosen auf keinen Fall gut für den Menschen.«

»Ja aber … und so was haben wir im Körper?«

Nora prustete los. »Du solltest dich mal sehen, Paps …«, kicherte sie. Jan stimmte mit ein, und auch Ruth begann zu lachen. Nicht, weil sie das Thema so lustig fand, sondern weil Mannis Frage so entsetzt geklungen hatte. Außerdem war Noras Heiterkeit ungemein ansteckend. »Auch im Körper«, bestätigte sie grinsend. »Wie schon gesagt: Radioaktivität ist überall.«

»Ich könnte da ja vielleicht ein Referat drüber machen«, schlug Nora mit leuchtenden Augen vor. »Also, über Radionuklide und das Ganze und so.«

»Super Idee«, mischte sich Jan ein.

»Stimmt. Es ist immer gut, sich Themen zu suchen, die einen selbst interessieren.« Ruth musste plötzlich gähnen. »Entschuldigung, ganz schön müd bin ich geworden.«

»Hilfst du mir dabei?«

Ruth gähnte erneut. »Kann ich machen. Aber erst mal versuchst du es allein, ja? Dann tragen wir zusammen, was wir wissen. Und jetzt geh ich schlafen.«

»Deine Kleine ist wirklich ein gescheites Mädchen, kannst stolz auf sie sein.« Ruth drückte Manni, der sie hinaus in den Garten begleitet hatte, flüchtig den Arm. »Das war schön heut Abend, dank dir für alles.«

Manni wollte sie umarmen, aber sie hatte sich bereits umgedreht, steuerte auf die Lücke in der Hecke zu und verschwand in ihrem eigenen Garten.

»Die Kleine geht jetzt mal nach oben«, sagte Nora frech, als Manni wieder in die Küche kam. »Noch ein bisschen abhängen. Kommst du, Jan?«

Jan nickte und stand auf.

Nora tänzelte um den Tisch herum und legte ihrem Vater den Arm um die Schulter. »Gut gemacht, Paps, genehmigt. Die Kandidatin hat hundert Punkte«, flüsterte sie Manni ins Ohr. »Pass bloß auf, dass du dir die nicht vergraulst.«

Mit diesen Worten verschwand sie mit Jan ins obere Stockwerk und überließ es ihrem Vater, sich um das Chaos in der Küche zu kümmern.

***

Münsterland, Nottuln, 22. März

Disposalbohrungen / Versenkbohrungen / Entsorgungsbohrungen, notierte Idgie.

Was wusste sie nun darüber? Es waren Bohrlöcher, die zur Entsorgung von Lagerstättenwasser und Prozesswasser benutzt wurden.

Lagerstättenwasser: enthält Chloride, Quecksilber, Benzol, radioaktive Substanzen.

Allesamt hochgiftige Stoffe.

Aufbereitung / Reinigung in Tanks: Trennung in Schmodder, Kohlenwasserstoff und Wasser.

Der Schmodder auf den Boden, das Wasser darüber, der Kohlenwasserstoff obenauf? Wie auch immer. Auf jeden Fall eine Trennung in Schichten aufgrund der unterschiedlichen Dichte der Stoffe.

Verpressung des Wassers in der Bohrstelle;
Weiterverarbeitung des Kohlenwasserstoffs in Raffinerien;
Entsorgung des Schmodders durch spezielle Firmen.

Klang nach einem durchdachten System. Aber wo blieb das Benzol dabei?

Idgie ging ins Netz und suchte unter dem Stichwort »Versenkbohrstelle«. Einige Zeit später war sie schlauer.

Die Praxis mit den Versenkbohrstellen war hochgradig umstritten. Das Lagerstättenwasser wurde in eine Tiefe von nur tausend Metern unter der Oberfläche gepresst und dort mit hohem Druck wieder zurück ins Gestein gejagt. Nicht jede

Stelle war für solche Hinterlassenschaften geeignet, weshalb in Bohrstellen dieser Art auch die Prozess- und Lagerstättenwasser anderer Landstriche verpresst wurden. Denn es mussten Gesteinsschichten sein, unter denen sich eine wasserundurchlässige Tonschicht befand, weil die ganze Suppe ansonsten ins Grundwasser absinken konnte. Zwar war das Wasser nach der Reinigung »sauberer« als vorher. Aber es enthielt trotzdem noch eine hohe Konzentration an Chloriden, Benzol und – je nach Herkunft – auch radioaktiver Bestandteile.

Idgie dachte an die toten Bäume am Rande der Versenkbohrstelle. Wirklich harmlos? In landwirtschaftlich genutzten Gebieten? Ihr gesunder Menschenverstand sagte ihr da was anderes.

Um welche Mengen ging es hier eigentlich? Idgie forschte weiter und schrieb schließlich eine Zahl auf den Zettel.

Verpresstes Wasser: 120.000 Liter pro Tag;

Zu entsorgender Schmodder: ?

Einhundertzwanzigtausend Liter täglich wurden an einer einzigen Versenkbohrstelle entsorgt? Donnerwetter. Und das, wo der Abbau noch gar nicht richtig im Schwung war? Wenn man das mal hochrechnete …

***

Essen, 24. März

»Das mit den Radionukliden ist voll spannend«, legte Nora los. »Ich wusste echt nicht, dass das was mit Atomen zu tun hat.«

»Also hast du was herausgefunden?«

»Ja klar. Ich bin mir nicht sicher, ob ich alles richtig verstanden habe, aber …«

»Dann mal frisch von der Leber weg.« Amüsiert beobachtete Ruth, wie Nora tief Luft holte, bevor sie lossprudelte.

»Also: Da ist zunächst das Atom. Es ist das kleinste Teilchen der Welt, ein Elementarteilchen, das trotzdem noch aus etwas besteht, aus ganz vielen – oje, wie heißen diese Dings denn gleich noch?«

»Dings?«, fragte Ruth und zog eine Augenbraue in die Höhe.

»Keine Ahnung, na, diese Kerndings halt.«

»Protonen und Neutronen meinst du wahrscheinlich. Deren Anzahl und Zusammensetzung bestimmen das Atom.«

»Genau. Sag ich doch.«

»Das mit dem Elementarteilchen solltest du aber erklären. Was hat es damit auf sich? Wenn du dir das klarmachst, ist auch der Rest einfacher zu verstehen.«

An Noras fragendem Blick merkte Ruth, dass die nicht wusste, worauf sie hinauswollte. »Elementarteilchen, Atom. Das hängt mit den Elementen zusammen.«

»Wasser, Feuer, Erde ...?«, mischte Manni sich ein, während er eine Platte mit einem Napfkuchen auf den Tisch stellte.

Ruth lachte. »Nicht ganz. Du sprichst von der Lehre von den vier Elementen, die der alten Griechen ... Der riecht aber gut. Selbst gebacken?«

Manni nickte und schob die Kuchenteller in die Mitte des Tisches. »Bedient euch einfach.«

Nora angelte sich einen Teller und schnitt eine dicke Scheibe aus dem Kranz. »Wir waren bei den Elementen stehen geblieben«, erinnerte sie Ruth.

»Den nicht griechischen«, ergänzte Manni beifallheischend.

»Genau. Also, hier geht es um die chemischen Elemente. Die Grundstoffe: Sauerstoff, Blei, Uran, Quecksilber, so was in der Art. Und warum sind ausgerechnet diese chemischen Elemente Grundstoffe?«

»Ich weiß, ich weiß!« Nora schnickte mit den Fingern wie ein Schulmädchen, das drangenommen werden möchte. »Weil die sich nicht verändern lassen, deshalb.«

Ruth zog die Kuchenplatte zu sich hinüber und schnitt sich ebenfalls ein Stück ab. »In etwa. Etwas präziser wäre, dass sie sich auf chemischem Wege nicht in noch einfachere Substanzen verändern lassen. Jedes Element hat eine Ordnungszahl. Und die spielt bei den Ordnungszahlen der Nuklide eine Rolle.«

»Auf jeden Fall sieht ein Atom nicht immer gleich aus«, übernahm Nora wieder das Gespräch. Offensichtlich wollte sie loswerden, was sie gelernt hatte. »Es hat unterschiedliche Zusammensetzungen. Eine solche Zusammensetzung wird Nuklid genannt, und davon gibt es unendlich viele.«

»Ganz so unendlich nun auch nicht, aber egal.« Ruth freute sich über Noras Eifer. »Was hat das Ganze nun mit dem Begriff Radioaktivität zu tun?«

»Nicht das Atom als solches ist radioaktiv, sondern das Nuklid«, sagte Nora tastend.

»Aber nicht alle«, wandte Ruth ein.

Nora runzelte die Stirn. »Stimmt. Es gibt Atome, die stabil sind. Trotzdem gibt es ganz viele, die radioaktiv sind. Sie zerfallen in andere Atome. Deshalb heißt das ja auch Kernspaltung. Hast du das gewusst, Paps?«

Manni schüttelte den Kopf. »Ich dachte immer, dass jedes Atom strahlt. Will eigentlich niemand den Kuchen in seine Elemente zerlegen? Also, ich finde, der sieht richtig gut aus.«

Ruth schob sich einen Bissen in den Mund. »Mmm, lecker«, sagte sie kauend und trank einen Schluck Kaffee. »Viele Menschen denken das. Also, dass jedes Atom strahlt«, nahm sie den Faden wieder auf. »Aber das ist nicht richtig.«

»Auf jeden Fall ist das Nuklid dann ein Radionuklid, wenn es instabil ist und weiter zerfällt.« Nora konsultierte ihren Notizblock, auf dem sie sich ein paar Stichworte aufgeschrieben hatte. »Jedes Radionuklid hat eine eigene Zerfallskette. Es wandelt seine Form und teilt sich so lange weiter, bis es irgendwann in einen stabilen Zustand gelangt. Dann ist es ein Nuklid, das nicht weiter zerfällt. Dabei wird es logischerweise irgendwie immer mehr, weil es sich teilt, nicht wahr? Radioaktiv halt.«

»Hab ich nicht kapiert«, brummte Manni. Eigentlich interessierten ihn die Details nicht ernsthaft. Er wusste, dass es gefährlich war für den Menschen. Das reichte ihm.

Ruth sah Nora auffordernd an. »Dann versuch es noch mal.«

»Ja, also – keine Ahnung, es kann halt zerfallen ohne irgendeinen Impuls von außen.«

»Das kann es nicht nur, das tut es auch. Unausweichlich.«

»Ja, sag ich doch.«

»Nicht ganz. Dieser Prozess kann nicht aufgehalten werden. Durch nichts – außer durch sein natürliches Ende.«

»Du meinst, wenn es einen stabilen Zustand erreicht?«

»So ungefähr. Dann hat es seine Aktivität verloren. Radio-

Aktivität, du verstehst?« Ruth schmunzelte. »Ich glaub, ich nehm noch ein Stück.« Sie lehnte sich über den Tisch und schnitt eine weitere Scheibe aus dem Napfkuchen. »Und was ist der Witz daran?«

»Also, witzig kann ich das überhaupt nicht finden«, sagte Manni. »Saugefährlich ist das.«

»Hast ja recht. Nur warum? Was passiert denn bei diesem Zerfall?«

»Energie?«, schlug Nora vor.

»Stimmt. Es wird Energie dabei erzeugt. Darauf wollte ich aber jetzt noch nicht raus.« Erwartungsvoll sah sie Nora an. »Sag mal, dozier ich hier jetzt nicht zu sehr?«

Nora schüttelte verneinend den Kopf. »Nein, das hilft mir. Mach bitte weiter.«

»Ich wollte auf die Aktivität eines Zerfalls hinaus. Jedes Radionuklid zerfällt innerhalb einer Sekunde in eine bestimmte Anzahl an Atomkernen, und diese Anzahl ist je nach Radionuklid unterschiedlich hoch. Das nennt man Becquerel. Es beschreibt, wie viele Atomkernzerfälle pro Sekunde stattfinden, und das nennt man dann die Aktivität eines Radionuklids. Und das –«

»Wart mal kurz …«, ging Nora dazwischen. Sie kritzelte eifrig weiter auf ihren Notizblock. Schließlich sah sie hoch und nickte.

»Die Aktivität eines Radionuklids – ins Verhältnis zu einer Masse gesetzt – sagt aus, wie gefährlich das für den Menschen ist«, fuhr Ruth fort. »Denn es entsteht Strahlung dabei, Alpha-, Beta- oder Gammastrahlung, die, je nach Art der Strahlung, sehr unterschiedliche Auswirkungen auf den Menschen hat.«

»Gefährlich, sag ich doch«, brummte Manni, der jetzt gedanklich vollends ausgestiegen war. Das war ihm zu hoch.

Ruth hatte sich in Rage geredet, was man daran merkte, dass die Hände im Dauereinsatz waren, um den Worten Gewicht zu verleihen. »Gammastrahlung beispielsweise durchdringt Materie. Zunächst wurde es aus rein naturwissenschaftlichem Interesse erforscht. Aber als die wunderbare Eigenschaft der Strahlung erkannt wurde, haben sich Staaten dieses Themas angenommen und unglaublich viel Geld in die Erforschung militärischer Nutzungsmöglichkeiten gesteckt. Denn sie hatten schnell erkannt, dass sie damit gezielt Materie zerstören und Menschen vernichten können, wenn sie im richtigen Moment das richtige Quantum Energie und Strahlung freisetzen.«

»Das ist aber nicht gelungen«, sagte Nora ernst und runzelte die Stirn.

»Doch. Gelungen ist es schon«, widersprach Ruth. »Strahlung wird heute sehr gezielt eingesetzt. Denk an die Röntgenstrahlen oder die Bestrahlung von Krebszellen, denk an die Gewinnung von Strom durch dieses Wissen. Und denk an die Schlagkraft von Little Boy, der Hiroshima-Bombe. Das, was dabei nicht berücksichtigt wurde, das sind die weiteren Kettenreaktionen. Der Prozess kann nicht einfach wieder abgebrochen werden. Es strahlt weiter, es spaltet sich weiter, es zerfällt in andere Radionuklide, die andere Arten von Strahlung bilden und anders gefährlich sind, und das – je nach Art der Zerfallskette und der Radionuklide – bis zu Millionen von Jahren.«

»Also ist es nicht gelungen«, wiederholte Nora störrisch. »Weil man es letztendlich nicht zuverlässig stoppen kann.«

»Wenn du es so siehst, hast du recht.«

KAPITEL 6

Münsterland, Everswinkel, 25. März

Obwohl eine graue Wolkendecke tief über der Landschaft hing, regnete es nicht. Allerdings sah es so aus, als könnte sich das schnell ändern. Aber das war egal. Die dicke Lederkluft hielt eine Menge aus.

Idgie fuhr langsam, während sie aufmerksam die Gegend musterte. Ab und zu sah sie sich unauffällig um. Da war dieses blöde Störungsgefühl, dass sie einfach nicht loswurde. Gestern hatte es wieder so komisch in ihrem Haus gerochen. Ein Hauch von kaltem Rauch und irgendwas Fremdem, als wäre jemand in ihren Räumen gewesen. Aber die Tür war ordnungsgemäß abgesperrt, und auch an den Fenstern konnte sie keine Manipulation feststellen.

Filou hatte ihr Unbehagen eindeutig geteilt, denn er hatte geknurrt und dann die ganze Scheune abgeschnüffelt. Und nun hatte sie das unangenehme Gefühl, beobachtet zu werden. Aber immer wenn sie sich umdrehte, war da nichts. So wie jetzt auch. Wurde sie langsam wunderlich?

Sie war jetzt östlich von Münster bei Everswinkel, und wenn man genau darauf achtete, bemerkte man die Bohrfelder der European Oil and Gas durchaus. Sie fielen erst mal nicht weiter auf in dieser grünen Landschaft, und von Weitem konnte man sie glatt für Strommasten halten. Aber wusste man, wonach man suchte, war es eindeutig. Hier wurde kräftig gebohrt.

Kurze Zeit später fuhr Idgie in das Städtchen ein. Sie parkte die Ural auf dem Kundenparkplatz der Sparkasse und stieg etwas steifbeinig vom Sattel, während Filou mit einem eleganten Satz den Beiwagen verließ, als hätte er jahrelang nichts anderes gemacht.

Idgie schlenderte durch die Straßen und entdeckte schließlich den Wochenmarkt. Der Marktstand, für den sie sich entschied, verkaufte Produkte aus biologischem Anbau.

»Hier aus der Region?«, begann sie die Unterhaltung und wies auf die Äpfel vor sich in der Auslage.

»Alles aus eigenem Anbau«, antwortete der Mann. »Und garantiert bio. Wollen Sie ein Stück probieren?«

»Gerne. Bio ist prima«, sagte Idgie. »Wie lange, glauben Sie denn, können Sie noch bio produzieren? Ich meine, hier ändert sich doch gerade so einiges in der Region, oder?«

»Wir sind ein Demeter-Betrieb«, sagte der Bauer vorsichtig. »Solange wir das Siegel haben, kriegen Sie die Qualität, die Sie erwarten.«

»Na komm, Erwin«, mischte sich ein Bauer vom Nachbarstand ein. Er sah nach Münsterländer Urgestein aus, nach viel harter Arbeit auf dem Feld und ebenso viel Herrengedeck zum wohlverdienten Feierabend, was so viel wie Pils und Korn bedeutete, bei dem zu fortgeschrittener Stunde das Pils auch schon mal gerne gestrichen wurde. »Wenn die hier jetzt immer weiterbohren, kannste dein tolles Siegel mal getrost vergessen. Dann kannste schön woanders anbauen. Einpacken, das können wir bald, wir alle, einfach nur einpacken. Das hier, das ist erst der Anfang.«

»Erdgas, nicht wahr?«

»Genau. Erdgas. Das fördern die hier demnächst in großem Stil.«

»Das soll doch so eine saubere Energie sein«, schürte Idgie das Feuer an.

»Von wegen sauber«, mischte sich ein weiteres Urgestein vom gegenüberliegenden Stand ein, diesmal weiblichen Geschlechts. »Ein Dreckszeug ist das und laut, und stinken tut es auch!«

»Wieso? Das sieht doch eigentlich ganz harmlos aus.«

»Die bohren die ganze Nacht durch. In einem fort. Das hat uns vorher keiner gesagt. Mit Dieselmotoren. Was glauben Sie denn, was das für ein Krach ist!«, sagte der Biobauer. Frust schwang in seiner Stimme mit.

»Und aussehen tut's, als wäre da gerade ein Ufo gelandet. Die ganze Nacht dieses Flutlicht. Mein Hof liegt fast einen Kilometer von so 'ner Bohrstelle weg, aber den Lärm, den hört man kilometerweit. Das Vieh ist schon ganz bräsig in der Birne. Mein Theo, der hat drei Nächte lang durchgebellt, als das Theater losgegangen ist, so hat der sich aufgeregt. Ganz heiser war der schließlich. Ich muss ihn jetzt nachts mit ins Haus nehmen, sonst wäre der schon längst an 'nem Herzinfarkt gestorben«, meldete sich das männliche Urgestein wieder zu Wort. »Ein Wachhund im Haus, das hätte ich mir früher nicht träumen lassen. Und dann den ganzen Tag die Lastwagen. Das hat uns auch keiner gesagt, dass da dauernd solche Laster durch Everswinkel rauschen. Belogen haben die uns, nach Strich und Faden.«

»Und dann haben se diese Chemiebrühe in ein altes Bohrloch gekippt und einfach Beton drübergegossen«, sagte das weibliche Urgestein aufgebracht. »Hab ich gehört. Wenn die das hier auch machen – also, eine Sauerei ohne Ende, das ist es.«

»Moment mal.« Idgie erhob ihre Stimme, um den Tumult zu durchdringen. »Was für Chemiezeug meinen Sie?«

»Na, diese Flüssigkeit, die sie da in den Boden machen, um die Steine klein zu kriegen«, sagte die Frau verlegen. »Dieses Frack-Zeug.« Sie sprach die Bohrmethode aus wie den gleichnamigen Anzug.

Idgies Puls beschleunigte sich. Das war ja interessant! »Sie sagen, die haben die Abwässer mit den Chemikalien in ein stillgelegtes Bohrloch verfüllt und dann mit Beton zugegossen? Wann war denn das?«, fragte Idgie.

»Na, als die diese Probebohrung Richtung Warendorf gemacht haben. Da wurde doch ausprobiert, ob das wirklich so giftig ist mit der ganzen Chemie und so. Meinem Schwager sein Cousin, der ist da Pfarrer in der Gemeinde, in der Christuskirche. Und der hat da so was läuten hören im Gemeinderat. Die haben einfach still und leise weitergemacht mit den Bohrungen und der Chemie, obwohl das nicht genehmigt war. Und wenn die hier bei uns nun wirklich Gas finden, dann versauen die uns bald die ganzen Äcker.«

»Das soll sogar schon beschlossene Sache sein«, mischte sich der Metzger vom Stand gegenüber ein. »In der Zeitung stand, dass es da jetzt schon wieder so ein Gutachten gegeben hat, wonach das alles gar nicht so schlimm ist. Dass das beherrschbar ist, und wenn kein Unfall passiert, dass dann von der Chemie nichts in den Boden und das Wasser kommen kann. Ein Expertenteam hat da jahrelang dran gearbeitet. Wer's glaubt … Unfälle hat es schon genug gegeben. Da braucht man gar nicht weit zu gucken. In Niedersachsen, da haben sie doch so 'ne Riesenschweinerei klammheimlich vertuscht. Da ist die Suppe doch irgendwie rausgekommen und in den Boden rein, falsche Rohre oder so. Die stecken doch eh alle unter einer Decke, die da oben …«

Niedersachsen, notierte Idgie im Hinterkopf. »Wem gehört eigentlich das ganze Land? Ich meine, wieso dürfen die auf Ihrem Boden bohren, wenn Sie nicht zustimmen?«

»Sie bohren nicht auf unserem Boden, sondern darunter. Bergrecht nennt sich das«, sagte der Demeter-Bauer schroff. »Selbst wenn ich einem Nutzungsrecht auf meinem Grund nicht zustimme, kann ich nicht verhindern, dass darunter Bohrungen verlaufen. Gucken Sie sich doch mal an, welches Netz allein die European Oil and Gas hier in unserer Region vorgesehen hat. Der Antrag läuft. Zwanzig Bohrtürme im Abstand von je vier Kilometern, hübsch in einem riesigen Quadrat angeordnet. Von jedem Bohrturm aus werden bis zu zwanzig vertikale Bohrungen in den Boden gejagt, und von da aus noch mal Quertriebe. Jeder Hof hier ist davon betroffen. Wir haben überhaupt keine Chance, uns dagegen zu wehren!«

»Bergrecht?« Idgie runzelte die Stirn.

»Weil Erdgas zu den sogenannten bergfreien Rohstoffen gehört, zu den Kohlenwasserstoffen, warum auch immer. Fakt ist, dass es nicht Bestandteil des Grundeigentums ist.«

»Damit dürfen die aber noch lange nicht auf Ihrem Grund und Boden bohren, oder? Irgendwo müssen die Bohrtürme doch aufgestellt werden.«

»Ha!« Das Münsteraner Urgestein spuckte verächtlich auf den Boden. »Erst mal sind da die Grundstücke von den Gemeinden und so, da haste keinen Einfluss drauf. Und dann werden wir alle mächtig unter Druck gesetzt, damit wir denen das nur ja erlauben. Wär ja nur für zwanzig bis dreißig Jahre und so'n Zeug! Einige ham sich schon belatschern lassen, und schwupp, biste mittendrin in der Sauerei, was, Erwin? Da kannst du doch'n Lied von singen. Der olle Paule bei dir von drei Höfe weiter hat sich doch auch schon weichkloppen lassen. Bald werden die da auch bei dir drunter sein, da kannste Gift drauf lassen. Dann kannste dir deinen Ökoschein sonst wohin stecken. Bist auch nix Besseres als wir alle hier.«

»Nu mach mal halblang.« Der Metzger hob die Hände beschwichtigend in die Höhe wie ein Priester, der zur Segnung schreitet. »Das meint der doch gar nicht, der Erwin. Und außerdem ist das doch gut, wenn er nicht dauernd Chemie einsetzt beim Anbau.«

»Auf jeden Fall ist er lecker, Ihr Apfel«, mischte Idgie sich ein und kramte nach ihrer Geldbörse. »Davon hätte ich gerne ein Kilo.« Sie reichte dem Bauern einen Fünfer über den Tresen. »Und wenn Sie sich alle weigern würden?«

»Wissen Sie, was dann passiert?« Der Metzger stemmte seine Hände in die rundliche Taille. »Das kann ich Ihnen genau sagen, was dann passiern wird. In Polen haben se schon am Gesetz geschraubt. Wer sich weigert, das Nutzungsrecht für 'ne Bohrstelle auf seinem Land zu erteilen, kann enteignet werden. Das muss man sich mal vorstellen. Von wegen freier Zugang zu den Bodenschätzen und so. Stimmt doch, ne?«

Der Demeter-Bauer nickte bedrückt. »Ja, leider. Ich sag ja, wir haben keine Chance. Trotzdem müssen wir uns weiter wehren.«

»Wie machen Sie das?«

»Bürgerinitiative«, sagte der Bauer knapp. »Die gibt es mittlerweile überall. Hier, wenn Sie interessiert sind ...« Er reichte Idgie ein Infoblatt über die gestapelten Äpfel hinweg zu. »An der Ruhr wollen sie auch Erdgas fördern und am Niederrhein. Haben Sie sich mal entsprechende Karten angeguckt? Das ganze Land ist schon aufgeteilt auf die Konzerne, also wer wo das Bergbaurecht hat und so. Das kommt alles von Arnsberg.«

»Ja. Ich habe die Karte gesehen. Aber warum Arnsberg?« Idgie legte fragend den Kopf schief.

»Da sitzt die Abteilung Bergbau und Energie vom Land, und die gehört zur Bezirksregierung Arnsberg. Die sind dafür zuständig.«

»Was soll bloß aus dem Spargel werden, dem guten Münsterländer?« Das weibliche Urgestein seufzte bedrückt. »Der Ruf, der ist doch hin, wenn die hier jetzt richtig loslegen. Dann können wir alle einpacken. Was wird denn dann bloß aus uns?«

***

Münsterland, Warendorf, 25. März

Direkt gegenüber dem Bahnhof von Warendorf stand die Christuskirche. Sie war aus rotem Backstein, und eine Allee von hohen Bäumen führte auf das Eingangsportal zu. Die hölzerne Tür war schwer, und Idgie musste ihre ganze Kraft aufwenden, um sie aufzuschieben. Nichts für alte Mütterchen, dachte sie und musste kichern. Warum eigentlich nicht? Bist doch selber eins, Idgie Callahan.

Sie betrat das Kirchenschiff und sah sich neugierig um. Am imposantesten waren die Fenster der Kirche. Der Blick wurde auf das große Christusporträt am Ostende gelenkt, eine Glasmalerei, die in kräftigen Blau- und Rottönen gehalten war. Aber die schlichten bleigefassten Fenster der Seitenfronten gefielen Idgie wesentlich besser.

Sie nahm eine Bewegung nahe dem Altar wahr. Dort stand ein Mann in dunklem Talar, der sie aufmerksam zu beobachten schien. Die Motorradkluft … Idgie lächelte in sich hinein, während sie auf den Geistlichen zusteuerte.

»Keine Angst, ich will nicht zur Beichte.«

»Wir sind ein evangelisches Gotteshaus«, merkte er an und schmunzelte.

»Oh.« Idgie war klar, dass sie sich hier gerade als absolute Nichtkirchengängerin geoutet hatte. Vermutlich erkannten Gläubige auf den ersten Blick, in was für einer Kirche sie sich befanden. »Macht nichts. Ich wollte mit dem Pfarrer sprechen.«

»Da sind Sie bei mir richtig.«

Idgie betrachtete ihn. Er war jünger, als sie sich einen Geistlichen vorgestellt hatte. Anfang, maximal Mitte dreißig, schätzte sie.

»Worum geht es?«

»Um das Thema Fracking. Ich habe gehört, dass Sie etwas über die Entsorgung von Frac-Flüssigkeiten wissen. Können Sie mir davon erzählen?«

»Sind Sie von der Presse?«

»Nein. Aber ich stelle trotzdem Nachforschungen darüber an.«

Der Pfarrer suchte ihren Blick. Er hatte nachdenkliche Augen, und Idgie hatte das befremdliche Gefühl, dass er ihr in die Seele schauen würde.

»Ich bin persönlich betroffen«, gab sie zu.

»Lassen Sie uns ein Stück gehen. An der frischen Luft lässt es sich besser reden.«

Kluger Mann, dachte Idgie. Intuitiv hatte er erfasst, dass es ihr leichter fallen würde, zu erzählen, wenn sie in Bewegung war. Dabei wollte sie doch, dass er erzählte. Aber vorher wollte er ihre Geschichte hören, so viel war klar. Er war neugierig, schloss sie und lächelte in sich hinein. Ein neugieriger Pfaffe.

Sie mussten ein merkwürdiges Bild abgeben, wie sie da über den Friedhof wanderten, beide schwarz gewandet, Kutte und Leder, Mann und Frau, Jung und Alt …

»Sie vermuten also, dass er sterben musste, weil er zu viel herausbekommen hat?«, fragte der Pfarrer schließlich.

»Ich denke, dass er auf etwas so Illegales gestoßen ist, dass jemand ordentlich ins Schwitzen geraten ist«, sagte Idgie. »Und dass er deswegen umgebracht wurde. Erzählen Sie mir von der illegalen Entsorgung?«

»Die Sache liegt Jahre zurück. Und sie ist durch die Presse gegangen – mit ziemlicher Verzögerung, aber immerhin. Sie haben damals die Frac-Flüssigkeiten entgegen den gesetzlichen Vorschriften in einem der Aufsuchungsbohrlöcher versenkt, und immer zu nachtschlafenden Zeiten. Ich kann mir allerdings kaum vorstellen, dass ein Konzern wegen so einer Kleinigkeit ein Menschenleben vernichtet. Letztendlich lässt sich das doch immer gut mit einem dicken Scheck regeln.«

Idgie sah ihn von der Seite her an. Ein ironisches Lächeln zuckte um seine Mundwinkel.

»Ein dicker Scheck tut aber weh«, gab sie zu bedenken. »Und vielleicht war es ja nicht nur diese eine illegale Entsorgung. Das denken Sie doch, oder?«

»Es sind bestimmt noch einige andere Aktionen auf diesem Sektor gelaufen. Und auch viele Dinge, die legal laufen, sind alles andere als gesund. Aber davon sprechen wir hier ja gerade nicht. In Niedersachsen bei Rothenburg-Wümme wurde ein ganzer Landstrich aufwendig saniert, und zwar heimlich, weil die Leitungen im Laufe der Zeit undicht geworden waren.«

»Was waren das für Leitungen? Und warum hat das keiner bemerkt?«

»Es gab ein unterirdisches Rohrsystem für den Abfluss des Lagerstättenwassers. Das ist heutzutage gängige Praxis. Solche Rohrleitungssysteme sind auch hier im Münsterland geplant. Die Betriebspläne, die gerade zur Genehmigung beim Bergbauamt vorliegen, sehen das vor.«

»Und was war nun in Niedersachsen?«

»Das Grundwasser ist mit Benzol verseucht worden. Auf einer Strecke von einem knappen Kilometer wurden die Rohre wieder ausgebuddelt, das gesamte Erdreich ausgetauscht und das Grundwasser gereinigt.«

»Heimlich, sagen Sie?« Idgie hob eine Braue.

»Ja. Heimlich. Die European Oil and Gas hat niemanden über das Problem informiert. Nicht die Behörden und auch nicht die Anwohner. Die haben sich nur gewundert, warum am Waldrand ein paar Monate lang die Erde aufgewühlt wurde. Eine gut bewachte Baustelle war das. Aber letztendlich waren alle etwas abgestumpft nach den ganzen Baumaßnahmen, die im Laufe des letzten Jahrzehnts durch die Erdgasgewinnung über sie hereingebrochen waren. Also haben sie erst relativ spät reagiert und gefragt, was da eigentlich los ist. Die Aktion war da schon fast vollständig abgeschlossen. European Oil and Gas hat dann auf Befragung hin zugegeben, dass es zu leichten Verunreinigungen des Bodens und auch des Grundwassers gekommen ist.«

Idgie ließ sich die Sache durch den Kopf gehen. »Sie meinen, wer einmal lügt …?«

»Streng genommen war es ja noch nicht mal eine richtige Lüge. Es wurde einfach nur verschwiegen und klammheimlich in Ordnung gebracht, soweit sich das überhaupt in Ordnung bringen lässt. Schneller wäre es allemal gegangen, wenn die Behörden eingeschaltet worden wären. Das wurden sie aber nicht.«

»Woher wissen Sie das?«, fragte Idgie gespannt.

»Meine Schwester lebt dort. Wenn sie mir das nicht irgendwann beiläufig erzählt hätte … Ich hatte sie leider lange nicht besucht. Dann bin ich hellhörig geworden und habe nachgefragt. Und so ist dann schließlich auch die Presse darauf aufmerksam geworden.« Er sah zufrieden aus, als er das sagte.

Idgie schmunzelte. »Rein zufällig, versteht sich.«

»Nein. Nicht rein zufällig.« Er blieb stehen und sah sie an. »Die Bauern hier sind zu Recht aufgebracht. Die Erdgasförderung bedeutet nichts Gutes für ihr Land. Sie bedroht ihre Existenz.«

»Sie klingen so, als wären Sie selbst involviert.«

»Ich sagte doch schon: Meine Schwester … Außerdem bin ich in der Bürgerinitiative ›Gegen Gasbohren‹.«

»Also etwas, was Gott allein nicht richtet?« Idgie konnte sich den Spott nicht verkneifen.

Wieder dieses Lächeln, das einen Anflug von Ironie in sich trug. »Sagen wir, auch Gott braucht manchmal fachkundige –« Er unterbrach sich, wohl um über das passende Wort nachzudenken. »Unterstützung«, sagte er schließlich und wirkte zufrieden.

***

Schon von Weitem erkannte Jan die Frau wieder. Sie trug dieselbe Motorradkluft mit den roten Emblemen auf Schultern und Rücken, die sie auf der Beerdigung seines Vaters getragen hatte. Als sie näher kam, merkte er, dass das Haar nicht blond, sondern schlohweiß war. Eine alte Frau, dachte Jan überrascht. Was hatte sein Vater mit der zu schaffen gehabt, dass er sie so reich beschenkte? Erneut kroch eine gallige Bitterkeit in ihm hoch.

Mit etwas steifen Schritten kam sie auf ihn zu, blieb direkt vor ihm stehen und sah ihn an. Sie hatte seltsam helle Augen.

Ihm fiel die Schneekugel wieder ein, die diese Frau auf das Grab seines Vaters gelegt hatte. Die Kugel, in der ein Wolf eingeschlossen war, der mit gereckter Schnauze in den Schnee hineinheulte. Diese Anflüge von Neugier schob er schnell beiseite und konzentrierte sich wieder auf seine Wut.

Die Frau musterte ihn mit ihren merkwürdigen Augen. Dann reichte sie ihm die Hand. »Jan?«, fragte sie leise. »Du bist ihm wie aus dem Gesicht geschnitten. Ich bin Idgie Callahan.«

Jan ignorierte die ausgestreckte Hand und ärgerte sich, dass er sich von Nora hatte überreden lassen, hierherzufahren. Was zum Teufel sollte er hier? Mit der Frau reden? Was gab es da schon zu reden! Nora hatte sogar davon gefaselt, dass er dieser Frau die Hütte schenken sollte, weil er sie ja schlecht verkaufen konnte mitsamt einer unliebsamen Bewohnerin, die man nicht rausbekam und die keinen Penny zahlen musste. Schließlich, so hatte sie argumentiert, hätte sein Vater ja offensichtlich so etwas in der Art vorgehabt. Schnapsidee, und typisch Nora irgendwie.

»Ich wollte in meinem Haus mal nach dem Rechten sehen«, kam er ohne Umschweife zur Sache. Die Betonung lag auf *meinem Haus*.

Ein spöttischer Blick traf ihn. »Da ärgert sich aber jemand gewaltig über seinen Vater. Hat der Alte seinem Sohnemann doch tatsächlich einen Strich durch die Rechnung gemacht, was? Das tut mir sehr leid für dich.«

Jetzt wurde die auch noch frech! Jan drängelte an ihr vorbei in die umgebaute Scheune.

»Immer rein in die gute Stube. Fühl dich ganz wie zu Hause.«

»Ich wüsste nicht, dass ich Ihnen das Du angeboten hätte«, sagte Jan böse.

»Brauchst du ja auch nicht. Das Du bietet immer der Ältere an. Das wäre damit also erledigt.«

Was grinste die denn so in sich rein? Machte die sich etwa über ihn lustig?

»Und wer bist du?«, wandte die Frau sich an Nora.

»Jans Freundin.«

Jan ärgerte sich über Noras Lächeln. Musste sie der Ziege auch noch die Hand reichen?

»Wie kommt mein Vater dazu, Ihnen hier zu einem kostenfreien Leben zu verhelfen?«, fragte er hochmütig.

Augenblicklich wurde die Frau ernst. »Ja. Wie kommt er dazu? Das habe ich mich auch gefragt.« Sie lächelte traurig. »Liebe, denke ich.«

»Sie haben Vater geliebt?«

»*Wir* haben *uns* geliebt. Sehr.« Die seltsamen Augen bohrten sich in seine. »Das ist aber schon eine ganze Weile her.«

»Wann war das?«

Sie setzte sich an den Küchentisch. »Setzt euch. Es ist auf Dauer ein bisschen ungemütlich, so herumzustehen.«

Jan verschränkte die Arme vor der Brust und blieb demonstrativ stehen.

»Jetzt mach hier mal nicht so die Welle.« Nora schob ihn kurzerhand zu einem der Stühle. »Das ist echt albern, was du hier abziehst!«

Jan plumpste auf den Stuhl, überrumpelt von dem aufmunternden Schubs, den Nora ihm gegeben hatte, und auch Nora nahm Platz.

»Wann war das?«, wiederholte Jan störrisch.

Wieder dieses belustigte Lächeln. Er hatte das Gefühl, hier an Boden zu verlieren.

»Du warst keine zwei Jahre alt, als es anfing.«

»Und wie lange ging das so?«

»Gut zwölf Jahre.«

Jan sog scharf die Luft ein. Er starrte sie an, während die Gedanken in seinem Kopf herumwirbelten. Über zwölf Jahre? Das durfte doch nicht wahr sein. Seine ganze Kindheit lang … und was war mit seiner Mutter gewesen? Er hatte sie über zwölf Jahre lang beschissen? Jan presste die Zähne aufeinander, bis es knirschte. Verarscht hatte er sie, nach Strich und Faden verarscht. Und ihn irgendwie auch. Kein Wunder, dass sie krank geworden war. Da musste man ja krank dran werden …

»Jan.«

Noras Stimme? Er schüttelte die Hand ab, die er auf seinem Arm spürte. Die Wut brodelte in ihm hoch, unkontrolliert und raumgreifend. Das war unglaublich. Diese Schlampe! Was bildete die sich ein? Klaute ihm den Vater und seiner Mutter den Mann. Fast dreizehn verdammte Jahre lang. Nie war er da gewesen. Dauernd unterwegs. Und wenn er mal da war, wirkte er oft so abwesend, als wäre er lieber woanders. Dieses Arschloch. Hatte seinen Bums mit auf dem Schiff, während er seine Familie monatelang alleinließ. Und jetzt hockte sie sich hier feist ins gemachte Nest. Unglaublich. Eine bodenlose Frechheit. So eine Schlampe … Jan sprang heftig auf, ohne zu bemerken, dass der

Stuhl hinter ihm hart auf den Boden knallte, und stürzte zur Tür.

Plötzlich stand sie vor ihm. Wie auch immer sie so schnell dorthin gekommen war, sie stand vor ihm und versperrte ihm den Weg.

Jan sah, wie sie den Mund bewegte. Sie schien etwas zu sagen, schien vorher bereits etwas gesagt zu haben. Und es sah aus, als würde sie auf etwas warten. Auf eine Reaktion? Eine Antwort?

»… dein Vater … vielleicht ermordet …«, drang ihre Stimme jetzt zu ihm durch. Einzelne Worte ohne Sinn. Fast dreizehn Jahre … Schlampe!

Er stieß sie beiseite und knallte die Tür hinter sich zu.

»Lass ihn laufen.« Nora fühlte die Hand auf der Schulter, die sie auf den Stuhl zurückdrängte. »Lass ihn bloß laufen. Alles andere ist sinnlos. Er kommt zurück, wenn nicht jetzt gleich, dann spätestens in ein paar Stunden.«

Neugierig studierte Nora ihr Gegenüber. »Woher weißt du das?«

»Ich glaube, er schlägt nach seinem Vater. Der hatte auch solche Ausraster. Es machte überhaupt keinen Sinn, in einem solchen Moment mit ihm zu reden.«

»Aber …«

»Nix aber. Glaub mir, der lässt dich hier nicht sitzen. Der kommt zurück. Ist ja auch starker Tobak, der ihm hier untergejubelt wurde.« Sie lächelte. »So lange kennst du ihn wohl noch nicht, oder?«

Nora schüttelte den Kopf. »Knapp drei Monate.«

»Wie heißt du eigentlich? Jans Freundin ist kein guter Name. Hör mal, Jans Freundin, willst du eine Tasse Tee? Klingt doch doof.«

»Klingt wirklich blöd. Ich bin Nora.«

»Und was machst du so, Nora?«

Eine Kanne Tee später war er tatsächlich wieder da. Ganz ruhig und beherrscht und etwas blass im Gesicht, was darauf hinwies, dass er erschöpft war. Er hatte sich ausgepowert, ganz wie Idgie es vorausgesagt hatte. Wortlos setzte er sich zu ihnen an den Tisch, auf dem mittlerweile die zweite Kanne Tee auf einem Stövchen dampfte, und nahm den gefüllten Becher entgegen, den die Geliebte seines Vaters ihm reichte.

»Wieso ermordet?«, fragte er schließlich leise und sah Idgie auffordernd an.

***

Es war dunkel geworden, und sie saßen immer noch dort. Jan hatte in aller Ruhe zugehört. Er hatte Idgie einfach erzählen lassen, ohne auch nur eine einzige Zwischenfrage zu stellen. Als müsste er nicht nur diese unglaubliche Geschichte verarbeiten, sondern gleichzeitig ein Gespür für die Exgeliebte seines Vaters entwickeln. Oder für seinen Vater, dessen Bild hier gerade so rigide demontiert worden war. Als Idgie fertig geredet hatte, war es eine Weile sehr still gewesen. Bis Jan sich durchrang, nun doch Fragen zu stellen. Aber nicht als Sohn, dachte Idgie. Das hob er sich wohl für später auf, wenn überhaupt. Nein, seine Fragen waren die Fragen eines Ermittlers. Oder eines Journalisten.

Idgie zündete die Kerzen an, die auf dem Tisch standen.

»Lass uns noch mal logisch vorgehen«, schlug Jan vor. »Immer der Reihe nach, nur die einzelnen Stichpunkte.«

»Einverstanden. Aber bevor wir uns weiter mit der Frage beschäftigen, wie Hannes ermordet wurde, sollten wir uns das Warum überlegen. Daraus lässt sich vielleicht das Wie ableiten.«

»Okay.« Nora holte tief Luft. »Jans Vater hat sich hier im Münsterland seit Jahren mit dem Thema Erdgasförderung auseinandergesetzt und dabei auch speziell mit diesem Frackingverfahren.«

»Bei der Förderung von Erdgas, insbesondere aus tieferen Gesteinsschichten, fallen Schlämme an«, fuhr Idgie fort. »Bohrschlämme, die natürliche Radionuklide enthalten. Mit anderen Worten: radioaktiv verseuchte Schlämme. Tonnenweise.«

»Er hat sich intensiv mit der European Oil and Gas GmbH auseinandergesetzt, die hier in den Kreisen Coesfeld und Steinfurt die Bohrkonzession besitzt«, nannte Jan den nächsten Stichpunkt, »nicht jedoch die Genehmigung, dabei Hydraulic Fracturing einzusetzen. Um dieses Thema wird zumindest immer noch gerungen, Gutachten hin, Gutachten her.«

»Dass es jetzt voraussichtlich bald zu einer offiziellen Genehmigung kommt, spielt dabei keine Rolle?«, fragte Nora.

»Glaube ich nicht. Schließlich ging es Vater doch nicht um das Fracking, sondern um die radioaktiv verseuchten Schlämme, oder? Und die fallen doch so oder so an.«

»Das ist richtig«, bestätigte Idgie. »Sie entstehen grundsätzlich bei der Förderung. Nur dass beim Fracken durch die Zerstörung des Gesteins noch mehr Radionuklide freigesetzt werden und so in die Bohrschlämme geraten, mehr als beim konventionellen Abbau. Also ist schon auch speziell das Verfahren selbst Thema. Die Bohrschlämme sind belasteter, zumal das Bohren nach unkonventionellem Gas viel mehr in die Tiefe geht und die Querbohrungen dazukommen. Es entstehen also deutlich mehr Bohrschlämme als bei der konventionellen Methode. Und es geht um die Entsorgung dieser Schlämme. Na, Junge, wie geht's.« Idgie kraulte Filou, der neben ihrem Stuhl aufgetaucht war.

»Um die Entsorgung. Genau«, sagte Jan. »Was also passiert damit?«

»So ganz klar ist mir das nicht. Es herrscht ein reges Kommen und Gehen bei der blauen Flotte der European Oil and Gas. Die Laster fahren teilweise Richtung Ruhrgebiet, teilweise pendeln sie hier zwischen den Bohrstellen hin und her, teilweise steuern sie auch stinknormale Müllkippen an. Ich könnte schwören, dass etliche der Lkws Fässer geladen haben. Genau gesehen habe ich es allerdings nicht, nur ein einziges Mal. Die Laster transportieren aber auch große Tanks hin und her, beispielsweise von einer Bohrstelle zu einer anderen.«

»Auf Müllkippen? Du meinst, das Zeug wird da entsorgt? Ist das erlaubt?«

»Ja, ist es«, sagte Idgie. »Ich habe einen Artikel auf der Festplatte gefunden, wonach diese NORM-Schlämme nicht als Atommüll gelten. Sie sind nicht mal als schwach radioaktiver Abfall klassifiziert.«

»Obwohl sie so verseucht sind?«, fragte Nora entgeistert.

Idgie zuckte mit den Schultern. »Sieht so aus. Was jedoch eindeutig als illegal einzustufen ist, ist die Entsorgung von Frac-Flüssigkeit in Probebohrschächten. Das ist hier geschehen. Fragt sich nur, in welchem Umfang. Außerdem wurden Störfälle vertuscht, wenn auch nicht im Münsterland.«

Jan sprang auf und begann, unruhig auf und ab zu laufen. »Wusste Vater das? Wurde er deswegen umgebracht? Aber das Ganze ist doch vor einigen Jahren bereits durch die Presse gegangen, also eigentlich nicht brisant genug, um dafür zu morden.«

»Trotzdem«, beharrte Idgie. »Kurz vor seinem Tod hatte Hannes Besuch von zwei Anzugfritzen, mit denen hat er sich mächtig in der Wolle gehabt. Das Auto hatte ein Essener Kennzeichen.«

»Essen ist doch aber groß«, warf Nora ein. »Unter den zehn größten Städten Deutschlands, glaube ich. Siehst du da einen Zusammenhang?«

Idgie zuckte mit den Schultern. »Merkwürdig ist es schon, weil er sie mit Ölmafia tituliert hat. Außerdem wurde Filou vergiftet. Und Hannes starb laut diesem Krankenpfleger mit Symptomen, die ebenfalls auf eine Vergiftung hinweisen.«

»Was zu beweisen wäre.« Jans Stimme war skeptisch. »Die Polizei hat die Ermittlungen eingestellt.«

»Ich glaube trotzdem, dass es so war. Irgendein unbekanntes Gift. Rede doch morgen mal mit dem Arzt in der Klinik. Dir als nahem Angehörigem kann er die Auskunft nicht verweigern.«

»Klingt nach einem vernünftigen Vorschlag.« Nora gähnte so herzhaft, dass man ihr Zäpfchen sehen konnte. »Oh, sorry.« Sie lachte unbefangen. »Können wir hier irgendwo schlafen? Macht doch wenig Sinn, zurück nach Essen zu fahren, wenn wir morgen bei diesem Doc aufschlagen wollen.«

»So weit ist das doch nicht«, sagte Jan abwehrend. Er schien sich gerade wieder auf die Vorbehalte zu besinnen, die er gegen Idgie hatte, denn sein Gesicht verdüsterte sich, als würde eine dunkle Wolke ihre Schatten werfen.

Kommentarlos stellte Idgie eine Flasche Wein und drei Gläser auf den Tisch. »Du musst ja nicht gleich bei mir im Bett nächtigen«, sagte sie mit Betonung auf dem Wort »mir« und hob spöttisch eine Augenbraue. »Ich bin mir sicher, dass ihr nebenan bei Stella und Björn ein Zimmer bekommen könnt. Ich geh mal rüber und regele das. Und wer keinen Wein mag: Bier und Wasser sind im Kühlschrank.«

***

Idgie fühlte sich gut. Ganz leicht und unbeschwert. Schwebend. Und seltsam körperlos. Es war wunderschön, dieses Gefühl. Um sie herum klares, lichtdurchflutetes Wasser. Unzählig viele Fische. Kleine Neonfische, die in Schwärmen hin und her schossen. Wimpelfische. Zebrafische. Fische, so gelb wie Zitronen. Wunderschön gezackte Barsche, Fische mit dicken Kussmäulern und solche mit Punkten am ganzen Körper. Jeder einzelne für sich ein Gemälde. Idgie lachte vor Freude und sah den Perlen hinterher, die in senkrechter Linie von ihr weg an die Wasseroberfläche strebten. So leicht. So schwerelos. So unglaublich schön. Dort vor dem Riff entdeckte sie einen weiteren Taucher. Idgie wusste, dass es Hannes war.

Alles okay?, fragte er mit dem Handzeichen, Finger und Zeigefinger zu einem Kreis gebogen, die übrigen Finger in die Höhe gereckt.

Alles okay, antwortete Idgie mit der gleichen Geste. Dann signalisierte ihr Hannes, dass sie weiter absteigen würden. Idgie nickte.

Die Farbe des Wassers änderte sich. Es trübte sich ein, wurde bräunlicher. Das lag nicht nur an der Tiefe, in die sie sich hinabbegaben, sondern daran, dass sie sich nicht mehr in den Tropen befanden. Ein Meer voller Algen und Schlick, Wasser, nicht klar und sonnendurchflutet, sondern mit Sandpartikeln durchsetzt. Mit Schwebstoffen. Ein kaltes Meer. Nicht richtig kalt und von der eisig durchscheinenden Schönheit wie das Wasser der Arktis, sondern ein europäisches Meer. Die Nordsee?

Mit gemächlichen Flossenschlägen glitten sie auf eine Sandbank am Meeresboden zu.

Hannes löste den Geigerzähler von seinem Gürtel. Idgie tat es ihm nach. Der Geigerzähler begann heftig auszuschlagen. Sehr heftig.

Alles okay?, fragte Hannes wieder.

Idgie war dankbar dafür, dass er die Stille um sie herum nicht durch den Einsatz der Sprechanlage in seinem Helm störte, obwohl man unter Wasser von Stille eigentlich nicht sprechen konnte. Es gab viele Geräusche. Knistern. Plätschern. Das entfernte Brummen eines Motors. Manchmal auch ein seltsames Summen, nein, fast eher eine Schwingung als ein Summen. Das Wasser war voll von Geräuschen, und die Schallwellen trugen weit. Aber der Einsatz der Sprechanlage war ein Störfaktor. Ein Geräusch, das hier unten einfach nicht hingehörte. Also benutzten sie die Sprechanlage nur, wenn sie sich nicht mit Handzeichen verständigen konnten.

Alles okay, signalisierte Idgie. Sie löste das erste Röhrchen von ihrem Gürtel. Mit einem Spatel schabte sie vorsichtig etwas von dem verkrusteten Sand vom Boden, füllte es in den Glasbehälter und verschloss ihn sorgfältig. Dann löste sie ein weiteres Röhrchen und fing das Wasser dicht über der Oberfläche der Sandbank ein.

Hannes leuchtete ihr mit der Lampe. Sei vorsichtig, bedeutete er und wies auf den Geigerzähler, der immer noch heftig ausschlug. Heftiger als vorher.

Vorsichtig, ja klar. Das war sie doch immer.

Sie schwebten weiter über der Sandbank entlang, bemüht, mit den Flossen nichts vom Modder auf dem Boden aufzuwirbeln.

Idgie wimmerte und bewegte sich unruhig hin und her. Sie wollte nicht … nicht dahin … nein … Aufwachen, signalisierte irgendetwas in ihr. Wach auf. Aber es gelang ihr nicht.

Das Wasser, in dem sie tauchte, war nun wieder viel klarer als vorher. Doch mit jedem Flossenschlag, der sie nach unten trieb, wurde es dunkler. Noch dunkler. Sie befanden sich jetzt in großer Tiefe. Idgie hielt eine schwere Stablampe in Händen. Neben ihr leuchtete der Strahl einer weiteren Lampe. Idgie drehte den Kopf und sah den Schatten eines anderen Tauchers. Sie wusste, dass es nicht Hannes war. Es war Sven, ein junger Mitarbeiter aus einem späteren Leben, einem Leben nach Hannes. Mit ihm war sie noch nie getaucht.

Tauche nie mit Fremden … Hannes' Stimme. Irgendwo musste

er sein hier im Dunkel. *Tauche nur mit Leuten, auf die du dich hundertprozentig verlassen kannst …*

»Du hast gut reden, Hannes. Du hast mich doch verlassen. Du wolltest doch nicht mehr raus mit dem Schiff«, murmelte Idgie. »Du hast mir doch unsere gemeinsame Arbeit aufgekündigt. Du bist doch nicht mehr mit mir runtergegangen.«

Aber den hier, den kennst du gar nicht. Er ist viel zu jung. Kaum erwachsen, wenn überhaupt. Ein Heißsporn ohne Erfahrung. Du weißt nicht, wie er reagiert.

»Wo bist du denn überhaupt, Hannes? Ich kann dich nicht sehen. Erst lässt du mich im Stich, und dann behelligst du mich mit …«

Neben ihr tauchte eine helle Gestalt auf, ein weiterer Taucher, grünlich fluoreszierend wie ein Tiefseefisch. *Tauche nie mit jemandem, den du nicht kennst*, sagte der Tiefseefisch streng.

»Aber Olga hatte Durchfall. Tauche nie, wenn es dir nicht gut geht, das ist doch auch eine Regel. Olga durfte nicht mit runter. Und John war schwer erkältet … wir mussten doch …«

Dir ist nicht zu helfen. Die Lichtgestalt drehte ab. *Wer nicht hören kann, muss eben fühlen.*

Idgie strampelte und schrie. »Lass mich nicht allein, Hannes. Bleib hier.«

Du träumst, Idgie. Tu dir das nicht an. Wach auf …

Sie näherten sich dem Wrack auf dem Meeresgrund. Es lag da wie ein großer Wal, dunkel, mit aufgerissenem Bauch, durch den man tief in seine Eingeweide sehen konnte. Das Loch im Bauch war groß und seltsam ausgefranst. Es sah so aus, als wäre es in den Bug gesprengt worden. Dort mussten sie rein.

Idgie löste den Geigerzähler von ihrem Gürtel, während sie sich dem Loch näherten. Augenblicklich begann er auszuschlagen. Heftig. Vorsicht, signalisierte sie dem Jungen neben sich. Der sah sie an durch sein Visier. Er schien zu nicken.

Alles okay?, fragte Idgie.

Alles okay, antwortete der Junge. Aber die Augen hinter der Scheibe seines Taucherhelmes waren deutlich aufgerissen.

Sie mussten abbrechen. Sofort. Noch war es doch nicht zu spät. Warum erkannte sie diese Angst erst jetzt?

Tauche nie mit jemandem, der Angst hat. Die Lichtgestalt war wieder da.

Aufstieg. Sie gab das Handzeichen. Kontrollierter Aufstieg. Sofort. »Kontrollierter Aufstieg, Sven«, sagte sie zusätzlich in ihr Mikro. »Sofort!«

Der junge Mann achtete nicht darauf. Alles okay, signalisierte er wieder, zog an ihr vorbei und schwamm hinein in das große, zackige Loch, das im Rumpf des Frachters klaffte. Wie ein aufgerissenes Maul sah es aus, mit riesigen, scharfen Zähnen.

Scheiße. So war das nicht abgesprochen. Sie hatte die Verantwortung für diesen Einsatz. Sie gab die Kommandos. Und sie hatte den kontrollierten Aufstieg angeordnet! Zornig schwamm sie hinterher. Aber sie wollte da nicht rein. Sie hatte solche Angst!

Sie strampelte und trat wild um sich.

Wo zum Teufel war er hin? War der bescheuert? Er konnte doch nicht einfach allein da reingehen, ohne Absprache, ohne Sichtkontakt! Dort hinten war Licht in der Schwärze. Der Strahl ihrer eigenen Lampe floatete durch das Innere des Wracks, während sie auf den jungen Taucher zuhielt. Dort lagen Fässer. Viele Fässer. Idgie näherte sich vorsichtig. Rostig sahen sie aus, ganz buckelig, mit aufgeworfener, unebener Oberfläche, wie von Säure zerfressen.

Der Junge vor ihr hatte sie nun bemerkt. Er wedelte ihr mit der Hand zu, wies hektisch auf seinen Geigerzähler. Sie leuchtete dem Jungen ins Gesicht und sah die Panik in seinen Augen. Er atmete flach und viel zu schnell. Sie sah es an den Luftperlen, die seinen Helm verließen. Höchste Zeit, den Jungen hier herauszulotsen.

Ruhig, signalisierte Idgie. Ruhig. Der Junge sah erneut auf das Gerät in seiner Hand und drehte es Idgie zu. Der Geigerzähler tobte.

»Ruhig bleiben. Ruhig. Kontrollierter Aufstieg!«, schallte ihre Stimme blechern durch das Mikro. Aber es war zu spät. Der Junge begann um sich treten.

Ein Tritt mit der harten Kante der Taucherflosse, und die blasige Oberfläche eines Fasses brach auf. Der Hieb der Flosse setzte das Fass in Bewegung und ließ es gegen das nächste Fass brechen. Trübe quoll eine dunkle Masse aus der aufgerissenen

Haut. Der Junge strampelte sich durch das Schiffswrack in die Richtung, in der die Öffnung liegen musste.

»Langsam«, schrie Idgie. »Langsam, verflixt noch mal!«

»Was ist los bei euch da unten?« Die Bordstation oben, kratzig und weit wie von einem anderen Stern.

»Sven dreht durch«, informierte sie knapp. Dann schwamm sie hinter dem Jungen her.

Was machte der denn da? Er war zu hoch. Viel zu hoch. »Sven, pass auf. Die Flasche ...«

Zu spät. Um sie herum lief plötzlich alles in Zeitlupe ab. Sie sah, wie der Junge sich zur Seite drehte und in seltsamer Schieflage unter der scharfzahnigen Kante des Lochs hindurchschrappte. Es sah so aus, als bliebe er hängen. Er strampelte wild, um sich zu befreien.

Idgie hielt sich tiefer. Tauchte unter ihm durch das Loch, drehte sich um und richtete den Strahl ihrer Lampe auf den Jungen. Er hing fest. Ein Zahn dieses fürchterlich aufgerissenen Schiffsmaules hatte seinen Anzug erwischt und das ganze Bein bis zum Wadengurt des Tauchermessers aufgeschlitzt. Dort hing er fest. Der Junge zappelte wild mit Armen und Beinen, um sich zu befreien. Aber er war zu leicht. Er hätte nach unten sinken müssen, kontrolliert, um sich befreien zu können.

»Luft ablassen. Du bist zu leicht«, schrie sie in ihr Helmmikrofon. »Lass Luft ab!«

Sie schien zu ihm durchzudringen. Denn plötzlich war er frei und schwamm auf sie zu, trieb hektisch mit den Flossen an und schoss senkrecht in die Höhe. Sie spürte einen heftigen Tritt im Kreuz. Ruhig bleiben, befahl sie sich. Ruhig bleiben. Aber die Luftzufuhr ... sie bekam keine Luft mehr ... Scheiße. Er hatte ihr Ventil erwischt!

Entfernt hörte sie einen Schrei. Und ein anderes Geräusch. Eines, das nicht zu dem Schrei passte. Jemand versuchte, sie festzuhalten, beschwerte ihre Brust. Idgie schlug um sich.

»Idgie, bitte kommen. Was ist los da unten?«

»SOS. Unkontrollierter Aufstieg. Beide. SOS«, krächzte sie und trieb mit zwei Flossenschlägen senkrecht in die Höhe. Die Luft in der Weste dehnte sich aus und ließ sie nach oben schießen. Schnell. Immer schneller. Hinauf, dem Licht entgegen. Sie weinte.

Wieder der Schrei. Und das andere Geräusch, laut und abgehackt. Hundegebell? Idgie spürte etwas Feuchtes in ihrem Gesicht. War sie jetzt endlich wach? Sie atmete hektisch durch den geöffneten Mund. Luft. Köstliche Luft. Sie war wach. Dennoch tobte es weiter in ihrem Ohr. Laut. Sie riss die Augen auf.

Filou stand mit den Vorderpfoten auf ihrer Brust und kläffte wild.

Hörte das denn nie auf? Sie presste den bebenden Hund an sich und wartete, bis ihr eigenes Zittern nachließ.

»Alles gut, Filou. Alles ist gut!«

KAPITEL 7

Münster, 25. März

»Natürlich haben wir alle möglichen Tests gemacht«, sagte der Arzt. Er wirkte übermüdet, als hätte er ein paar anstrengende Dienste hinter sich. »Übelkeit, Erbrechen, starke, blutige Durchfälle. Er hatte Darmblutungen, blutete aber auch immer wieder aus Mund und Nase. Am Anfang haben wir auf eine Lebensmittelvergiftung getippt, dann auf eine andere Vergiftung. Wir haben alle möglichen toxikologischen Untersuchungen gemacht, selbst auf Rauschgift hin.«

»Mein Vater hat doch kein Rauschgift genommen!«

Die Empörung in Jans Stimme war nicht zu überhören, und Idgie warf ihm einen belustigten Blick zu. Dann konzentrierte sie sich wieder auf den Arzt.

»Das hat er uns auch gesagt. Aber«, der Arzt machte eine entschuldigende Geste mit der Hand, »Sie glauben ja gar nicht, wie viele das von sich behaupten. Wir wollten sichergehen, auch wenn wir es nicht für wahrscheinlich gehalten haben.«

»Schon gut«, sagte Jan leise und wurde rot.

»Was uns dann vollkommen überrascht hat, war dieser erneute heftige Einbruch. Er war nämlich ein paar Stunden stabil, einen knappen Tag vielleicht, bevor er dann plötzlich kollabierte. Wir hatten keine Erklärung dafür.«

»Vater hatte Krebs. Vielleicht …?«

»Das liegt ein paar Jahre zurück. Und Metastasen im Darm waren das nicht, das haben wir selbstverständlich untersucht.« Der Blick des Arztes wanderte zum Fenster, während er einen weiteren Schluck eines zweifellos sehr starken Kaffees nahm. »All seine Körperfunktionen sind plötzlich zusammengebrochen. Ich hatte keine Erklärung dafür, außer dass das vielleicht Spätfolgen des Berufstauchens sein könnten. Er war doch Berufstaucher, nicht wahr?«

Jan warf Idgie einen hilfesuchenden Blick zu, der besagte, dass er nicht wusste, wie er die Frage beantworten sollte.

»Er ist viel getaucht«, bestätigte Idgie. »Aber ehrlich gesagt, ich habe noch nie gehört, dass bei Berufstauchern Spätfolgen dieser Art aufgetreten wären.«

»Wenn man nichts findet, greift man nach jedem Strohhalm«, sagte der Arzt verlegen, ohne sie anzusehen. »Gefallen tut es mir wirklich nicht, keine belegbare Erklärung zu haben.«

»Was hat die Obduktion ergeben?«, fragte Idgie.

Der Arzt konzentrierte sich weiterhin stur auf Jan. Eine Klarstellung, dass er nicht ihr, sondern ihm diese Auskunft gab.

»Die Obduktion hat gezeigt, dass er massive Darmblutungen hatte. Das wussten wir aber auch schon vorher. Außerdem hatte er eine akute Lungenentzündung, die aus dem Nichts aufgetaucht zu sein schien. Denn selbstverständlich achten wir bei liegenden Patienten darauf und mobilisieren sie entsprechend.« Jetzt warf er Idgie einen defensiven Blick zu, als würde er hier einen Einwand ihrerseits erwarten. »Seine Abwehrkräfte waren offensichtlich völlig runter. Aber wodurch«, er machte wieder eine bedauernde Geste mit den Händen, »konnte auch die Obduktion nicht klären. Die Kripo hat jedenfalls danach die Ermittlungen eingestellt.«

»Was stand auf dem Totenschein?«, bohrte Idgie nach.

»Akutes Multiorganversagen und Lungenentzündung.«

»Haben Sie den Obduktionsbericht gesehen? Wissen Sie, was alles untersucht wurde?«

»Da müssen Sie schon die Polizei fragen, tut mir leid. Der ermittelnde Beamte hieß – irgendwas mit K. Nicht Kaminski, aber so ähnlich. Jetzt muss ich aber wirklich wieder …«

***

»Ich wusste gar nicht, dass Tauchen so gefährlich ist.«

»Kommt drauf an, wie tief man runtergeht.«

»Was heißt das?«

Aufgeweckt, diese Nora, dachte Idgie. Und wirklich wissbegierig. »Je tiefer man taucht und je länger man unter Wasser bleibt, desto mehr wird das Blut mit Gasbläschen angereichert«, erklärte sie. »Mit Stickstoff, genauer gesagt. Unter Wasser schadet das nicht. Aber an der Erdoberfläche ist das sehr schädlich. Diese Bläschen muss man also beim Aufsteigen wieder abbauen, und dazu legt man Stopps ein beim Aufstieg, deren Dauer genau berechnet sind.«

»Und was ist, wenn man zu schnell aufsteigt?«

Idgie starrte aus dem Fenster der Stadtbäckerei, an dem ein paar Regentropfen Muster auf die Scheibe malten. »Im schlimmsten Fall kostet es einen das Leben«, murmelte sie.

Nora sah sie aufmerksam an. »Hast du so was schon mal erlebt?«

»Genug schwadroniert.« Idgie stapelte die Jumbotasse ihres Milchkaffees auf den leer gegessenen Kuchenteller, ein klares Signal, dass sie auf dieses Thema nicht eingehen wollte. »Wie bei vielen anderen Dingen im Leben muss man auch hier einfach genau wissen, was man tut.«

»Hältst du das denn für möglich? Also, das mit Vaters Tod als Spätfolge vom Tauchen, meine ich.« Jan schob die Krümel auf dem Tischtuch zu einem Haufen zusammen.

»Eigentlich nicht. Und der Begriff Berufstaucher trifft bei uns auch nicht so richtig zu. Klar, wir sind manchmal viel getaucht, je nachdem, was wir gerade erforscht haben. Das gehörte zu unserem Beruf mit dazu. Aber es war eben nur Teil unseres Jobs. Wir waren Wissenschaftler, die auch getaucht sind.«

»Erzähl mir von eurer Arbeit«, bat Jan. »Was genau habt ihr gemacht?«

Idgie sah ihn prüfend an. Sie spürte, dass er mit etwas haderte.

»Ich weiß so wenig von ihm«, sagte er schließlich leise. »Und jetzt ist er tot, und ich kann ihn nicht mehr richtig kennenlernen. Erzähl mir, was ihr da draußen gemacht habt, wenn ihr unterwegs wart.«

»In Ordnung.« Idgie nickte. »Das Institut für Meeresökologie in Hamburg ist ein unabhängiges Institut, also eines, das nicht im Auftrag von Industrie oder Politik forscht. Es wird von einer Stiftung finanziert, die deine Mutter übrigens finanziell sehr tatkräftig unterstützt hat. Sie war eine der größten Sponsoren unserer Arbeit. Wusstest du das?«

Hatte er nicht gewusst, das verriet sein erstaunter Blick.

»Dein Vater und ich, wir haben uns in den letzten fünf Jahren unserer Zusammenarbeit mit der Veränderung der Meere und ihrer Bewohner durch Radioaktivität beschäftigt.«

Jan rieb sich die Kinnpartie. Schon wieder Radioaktivität. Dieses Thema verfolgte ihn neuerdings.

»Ursprünglich haben wir im Atlantik die Auswirkungen der Klimaveränderung auf Meerestiere, Flora und Fauna untersucht und Wasserproben aus unterschiedlichen Tiefen analysiert. Irgendwann haben wir auch radioaktive Messungen mit ins Programm genommen. Im Laufe der Jahre gab es einen besorgniserregenden Zuwachs an Plutonium und Strontium im Nordatlantik, darauf haben wir uns konzentriert. Andersrum gesagt: Wir haben untersucht, ob es wirklich so harmlos ist, wie die Regierungen uns weismachen wollen, wenn radioaktive Abfälle einfach im Meer entsorgt werden.«

Nora riss ungläubig die Augen auf.

»Gängige Praxis.« Idgie zuckte mit den Schultern. »Früher haben sie den radioaktiven Müll in Fässer gepackt und ins Meer gekippt. Die Meere sind voll davon und etliche Inlandgewässer auch. Eine riesige atomare Müllkippe sozusagen. Später wurde das dann verboten. Was aber nicht verboten wurde, war die Einleitung von Abwässern aus Atomkraftwerken und Wiederaufbereitungsanlagen.«

»Wie jetzt? Die leiten radioaktiv verseuchtes Wasser einfach so ins Meer?«

»So ist es«, bestätigte Idgie bitter. »Von der Anlage Sellafield führt ein Rohr drei Kilometer weit in die Irische See hinein. Dort werden die radioaktiven Abwässer eingeleitet, die bei der Wiederaufbereitung der Brennstäbe entstehen. Jeden verdammten Tag. Und bei La Hague an der Atlantikküste sieht es nicht anders aus. Beide zusammen haben damals täglich circa zehn Millionen Liter Abwasser in den Nordostatlantik gepumpt, täglich, wohlgemerkt.«

»Das war erlaubt?«, fragte Jan scharf.

»Das ist auch heute noch erlaubt, und weniger ist es bestimmt nicht geworden. Die Argumentation lautet, dass diese Abwässer im Meer so stark verdünnt würden, dass sie nicht mehr schädlich sind.«

»Und so was hat Vater untersucht?« Ein Anflug von Respekt schwang plötzlich in Jans Stimme mit.

»Wir sind bei Sellafield getaucht und haben Bodenproben entnommen«, bestätigte Idgie. »Wir hatten geahnt, dass manches im Argen lag. Aber so schlimm …« Ihre hellen Augen richteten sich in die Ferne. »Vor der Ausleitung gibt es eine Sandbank«, fuhr Idgie leise fort. »Und diese Sandbank ist eine absolute Zeitbombe. Der Boden ist vollständig verseucht mit Plutonium, Cäsium und Strontium. Unvorstellbar. Da ist nichts verdünnt. Da ist eine hochgradige Konzentration am Boden. Und jeder Sturm wirbelt den Sand auf und bringt den Dreck zurück an die Küsten.«

»Dort seid ihr getaucht?«, fragte Jan ungläubig. »Aber das war doch total gefährlich, oder?«

Idgie zuckte mit den Schultern. »Wir hatten hypermoderne Hightech-Trockenanzüge, mit Helm natürlich. Alle Stellen, durch die eventuell noch hätte Wasser eindringen können, waren von unserer Crew von außen zusätzlich mit Spezialklebern abgedichtet worden.« Sie grinste. »Eine Art Ganzkörperkondom. Ist gar nicht so leicht, in den Dingern zu tauchen, das muss man richtig lernen. Und das Hantieren in diesen Trockenhandschuhen … man kommt sich vor wie bei der Apollo-Mission.«

»Und wenn was kaputtgegangen wäre?«, fragte Nora und starrte sie an.

Idgie knurrte leise. »Wenn du dir so was ausmalst, gehst du gar nicht erst runter.«

»Diese Proben habt ihr dann analysiert?«, fragte Jan.

»Ja. Wir haben mehrere wissenschaftliche Abhandlungen dazu veröffentlicht, insbesondere, was diese kleine tickende Zeitbombe dort in der Irischen See betrifft. Es wurde als Panikmache bezeichnet, als parteiliche Hetze gegen die ach so seriöse Atomenergie. Einmal wurden wir sogar verhaftet …«

»Wie. Echt jetzt?«, hauchte Nora.

»Halb so wild.« Idgie machte eine wegwerfende Bewegung mit dem Kopf. »Man konnte uns nichts Illegales nachweisen. Das Tauchen in öffentlichen Gewässern ist nun mal nicht genehmigungspflichtig, zumindest nicht von irgendwelchen Großindustriellen.«

»Ganz schön abenteuerlich.«

»Dein Vater war nun mal unbestechlich. Und wenn man ihm etwas verbieten wollte, hat er erst recht nicht lockergelassen. Er wollte einfach wissen, was Sache ist.«

»Er war so oft weg«, sagte Jan langsam. »Manchmal, als ich noch klein war, da habe ich gebettelt, dass er dableiben soll. Und einmal hat meine Mutter ihn gebeten, sich doch eine andere sinnvolle Tätigkeit zu suchen, die es ihm ermöglichen würde, mehr zu Hause zu sein. Es ging um eine Dozentenstelle an der Uni Hamburg. Er hat gelacht und gesagt, dass ihn das nicht ausfüllen würde. Meine Mutter hat geweint, heimlich, damit er es nicht sieht. Jetzt ist mir klar, warum er nicht zu Hause bleiben wollte.« Das klang resigniert.

Idgie seufzte. Sie wurde hier gerade angeklagt, das war deutlich. »Ich will das nicht beschönigen. Kann ich auch gar nicht. Hannes hatte einen starken Freiheitsdrang. Und er hat seine Arbeit geliebt. Das war keine Arbeit für ihn, das war so was wie Besessenheit. Und genau in dieser Besessenheit sind wir uns begegnet. Das hat uns verbunden, verstehst du?«

Jan schwieg. Um seinen Mund lag ein bitterer Zug.

»Jan«, sagte Idgie leise. »Es war sicher nicht in Ordnung, was Hannes gemacht hat, dir gegenüber nicht und auch nicht deiner Mutter gegenüber.«

Jan schnaubte verächtlich durch die Nase.

»Aber als deine Mutter krank geworden ist, da hat er den größten Verzicht geleistet, den man ihm überhaupt nur abverlangen konnte. Er ist nicht mehr rausgefahren. Verstehst du das, Jan? Er ist nicht mehr rausgefahren, weil er sich um deine Mutter kümmern wollte. Und um dich, denn das konnte sie nicht mehr. Zählt das etwa nichts?«

Immer noch keine Reaktion.

»Warum, glaubst du wohl, hat sich dein Vater hier jetzt wieder einem Thema zugewendet, das mit Radioaktivität zu tun hat? Er war Wissenschaftler mit Leib und Seele. Umweltschutz war seine Welt, ebenso wie meine. Was ich nur nicht ganz verstehe, ist, warum Hannes keinen Forschungsauftrag mehr angenommen hat, nachdem deine Mutter gestorben war.«

»Er hatte mich doch noch am Bein. So einfach ist das.« Jan

biss sich auf die Lippen. »Wie so oft. Wir haben ihm halt immer im Weg gestanden.«

»Das solltest du nicht denken«, sagte Idgie leise. »Er hat euch geliebt, alle beide. Und er war sehr stolz auf dich.«

Jan schwieg, aber sein Mund war zu einem abschätzigen Lächeln verzogen, als würde er ihr kein Wort glauben.

Selbstgerecht, dachte Idgie. Verdammt selbstgerecht ist er. Sie wurde sauer. »Man kann sich die Menschen nicht zurechtstutzen, die man liebt. Man kann nicht erwarten, dass sie sich für einen verbiegen. Es muss freiwillig sein, das Geben wie das Nehmen. Einfordern kann man es nicht. Jan, verdammt noch mal, verstehst du, worauf ich rauswill? Dein Vater hat freiwillig auf das Wichtigste in seinem Leben verzichtet, und damit meine ich keineswegs mich. Das Wichtigste, das war immer seine Arbeit. Als es wirklich notwendig war, da hat er sich gegen seine Arbeit entschieden. Weil er euch geliebt hat. Du kannst von mir aus sagen, dass das zu spät für dich war, aber er hat es getan. Freiwillig. Also hör mit diesem verdammten Selbstmitleid auf.«

»Selbstmitleid? Ach ja? So siehst du das?«

»Ja, Selbstmitleid!« Idgie sprang auf, holte den Brief aus ihrem Rucksack und knallte ihn vor Jan auf den Tisch. »Lies«, forderte sie. »Er hat mir einen Brief geschrieben, kurz bevor er gestorben ist. Lies ihn. Vielleicht urteilst du dann doch ein wenig anders.«

Idgie, Du Liebe!
Wenn Du diesen Brief bekommst, werde ich nicht mehr leben. Das klingt seltsam endgültig, aber es entspricht den Tatsachen. Und jetzt, wo ich das aufschreibe, merke ich, dass mich der Gedanke an den Tod nicht mehr erschreckt.
In diesem kleinen Haus bei Nottuln habe ich die letzten sechs Jahre gelebt. Allein, wenn man von Filou absieht. Ich habe viel Zeit gehabt, über mein Leben nachzudenken. Über die Menschen, denen ich begegnet bin. Meine Frau. Meinen Sohn, der mir seltsam fremd geworden ist in den letzten Jahren, was ich unendlich bedauere, denn er liegt mir am Herzen. Es war nicht einfach mit uns nach Marlenes Tod. Dabei habe ich mich bemüht, ihm ein guter Vater zu sein. Es hat nicht gereicht. Wir sind oft aneinandergerasselt. Als er zum Studium aus dem Haus

gegangen ist, habe ich gedacht, ich muss ihn eine Weile in Ruhe lassen. Warten, bis er wieder bereit ist für eine Annäherung. Jetzt ist es zu spät, und diese Erkenntnis trifft mich schwer. Ich habe so viel falsch gemacht. Warum bloß verletzt man ausgerechnet die Menschen, die man am meisten liebt?
Auch über Dich habe ich viel nachgedacht, meine Wölfin. Über Dich. Über mich. Über uns.
Weißt Du, was ich am meisten an Dir bewundert habe? Das war Deine Unabhängigkeit. Du warst so verdammt unabhängig, dass ich Dich dafür manchmal sogar gehasst habe. Zumindest damals, als Du einfach abgehauen bist, verschwunden aus meinem Leben. Das war nicht fair. Ich brauchte Dich doch gerade da mehr denn je, Dich und Deine Stärke. Ich wusste nicht, wie ich mit der Krankheit von Marlene umgehen sollte. Das habe ich zumindest lange geglaubt. Jetzt ist es Zeit, ehrlich zu sein mit mir. Ich habe begriffen, dass Du gar nicht anders konntest. Dass es richtig war, den Kontakt zu mir abzubrechen, weil ich so lange Zeit ein verdammt bequemer Hund gewesen bin. Bequem und egoistisch. Es war doch gut so, wie es war. Eine Frau für Heim und Kind, die mir mein Leben zu Hause angenehm gestaltete. Eine, die loyal war, immer für mich da, humorvoll, sanft und hübsch. Weißt du eigentlich, dass sie mit ihrem Geld unser Institut unterstützt hat? Sie hat meine Arbeit auf ihre Weise gefördert, weil sie sie wichtig fand. Sie hat mich nie hinterfragt. Sie war mein Fels in der Brandung, ein verlässlicher Lebensmittelpunkt. Ich habe sie geachtet, respektiert und eine große, ehrliche, tiefe Zuneigung zu ihr empfunden. Ich habe Marlene geliebt, auf andere Art als Dich. Ich war nur zu feige, Dir das zu sagen. Es war eine stille Art der Liebe. Eine, die ruhig und friedlich macht. Die nicht aufwühlt, nicht fordert. Das erkenne ich heute.
Und dann Du. Die andere Frau. Eine Frau für das Abenteuer Leben. Eine, die höllisch intelligent war, die was wissen wollte, die engagiert war, couragiert und voller Leidenschaft. Die mich gefordert hat, herausgefordert, angetrieben, geärgert, gepiesackt, aufgewühlt.
Ich habe es Dir nie gesagt, Idgie. Aber manchmal hast Du mir richtig Angst gemacht, weil Du so warst, wie Du warst. Stürmisch wie das Meer und trotzdem so verlässlich wie die Gezeiten. Heute weiß ich, dass ich zu feige war, mich dieser Lebendigkeit zu stellen. Ich glaube, dass ich Dich in Deiner Intensität nicht immer hätte ertragen können.

Als Du gegangen bist, war es, als hättest Du mir den Strom ausgeschaltet. Einfach ausgeknipst. Die Energie war weg. Dafür habe ich Dich gehasst. Mir verboten, an Dich zu denken, und meine Frau auf ihrem langen, mühsamen Gang begleitet. Es ist mir schwergefallen ohne Dich. Marlene ist vor neun Jahren gestorben. Als Jan aus dem Haus war, habe ich die alte Scheune hier für kleines Geld gekauft und sie mir zurechtgemacht, größtenteils in Eigenarbeit. Alles andere als perfekt, ich weiß, aber trotzdem zum Wohlfühlen. Das hier ist ganz und gar meins. Ich habe Marlenes Geld nicht angerührt, das soll für Jan bleiben. Hier, in diesem Haus, da waren die Erinnerungen wieder da. An Dich, an unsere gemeinsame Zeit. Als hättest Du das alles hier für mich ausgesucht. Das Haus passt zu Dir. Karge Schönheit, überhaupt nicht perfekt, natürlich und gnadenlos direkt. Nichts kann sich hier verstecken. Deshalb will ich es Dir schenken. Komm her und sieh es dir an. Es wird dir gefallen. Kein Meer, ich weiß, und dennoch gut für die Seele, glaub mir. Ich bin hier aufgewachsen. Ich weiß, wovon ich spreche.
Du kannst nicht ewig so weitermachen, Idgie. Du musst endlich irgendwo ankommen, richtig ankommen.
Ich habe von Deinem Unfall gehört. Das tut mir leid. Ich weiß, dass Du immer Angst vor so was gehabt hast. Aber Du hast verdammt viel Glück gehabt, das hätte anders ausgehen können, und ich hoffe, dass es Dir wieder gut geht und Du keine Schäden davongetragen hast.
Ich hab noch was für Dich. Nein, falsch. Ich will, dass Du etwas für mich zu Ende bringst, soweit sich das überhaupt zu Ende bringen lässt. Wenn Du die Festplatte anschließt, siehst Du, woran ich in den letzten Jahren gearbeitet habe. Du wirst wissen, wie Du Dich anmelden musst. Daran hat sich nichts geändert.
Ich möchte, dass Du meine Arbeit fortsetzt. Es ist wichtig, und ich weiß, dass Du die Richtige dafür bist. Aber sei vorsichtig! Lies meine Unterlagen, dann wirst Du verstehen.
Und noch was: Geh zu Stella und Björn de Fries auf den Hof nebenan. Ihnen habe ich damals diese Scheune hier abgekauft. Sie sind mir liebe Freunde geworden. Dort ist auch mein Filou. Nimm ihn bitte zu Dir und sorge gut für ihn. Er wird dich lieben, du musst ihm nur etwas Zeit lassen.
Leb wohl, meine Wölfin, und pass auf Dich auf,
Hannes

Jan räusperte sich, als würde ihm ein Frosch in der Kehle sitzen. »Danke«, sagte er heiser, faltete den Brief zusammen und legte ihn auf den Tisch zurück. Dabei strich er noch einmal behutsam über das gefaltete Schreiben. Die Geste hatte etwas Zärtliches an sich.

Eine Weile herrschte Stille. Aber es war nicht bedrückend, sondern ein Schweigen, wie es entsteht, wenn jeder seinen Erinnerungen nachhängt.

***

»Wie kommen Sie darauf, dass Hannes Schindler keines natürlichen Todes gestorben ist?«, fragte Kriminalhauptkommissar Lothar Kamforski vorsichtig. »Ich meine, was gibt Ihnen Grund dazu, am Ergebnis der Obduktion zu zweifeln?«

Gespannt beugte er sich vor und legte die Fingerspitzen gegeneinander, eine Pose, die er gerne einnahm, wenn er sich konzentrierte.

Idgie Callahan schien eindeutig die Wortführerin dieses merkwürdigen Trios zu sein. Nur konnte er ihre Rolle in der ganzen Geschichte nicht so recht verstehen. »Eine Freundin«, hatte der Sohn des Verstorbenen gemurmelt und dabei seltsam verlegen ausgesehen. Dann dieses Mädchen, knappe zwanzig, wenn überhaupt, schätzte Kamforski. Nora Holzkamp, die Jan als »meine Freundin« vorgestellt hatte, woraus Kamforski geschlossen hatte, dass es sich bei Idgie Callahan um eine Freundin des Verstorbenen handeln musste. Passte ja auch besser vom Alter her, dachte er.

»Nichts richtig Konkretes. Eher eine Ahnung.«

»Eine Ahnung? Das ist zu wenig. Sie müssen Ihre Karten schon auf den Tisch legen, Frau Callahan.«

»Gut.« Die Frau räusperte sich. Nicht verlegen, sondern um sich zu konzentrieren, so schien es. »Hannes Schindler hat mir Material zukommen lassen. Viel Material, das er über Jahre hinweg gesammelt hat ...«, begann sie zu erzählen.

»Ist das nicht etwas weit hergeholt?«, fragte Kamforski, nachdem sie geendet hatte. Den leichten Spott in der Stimme, hinter dem er sich gerne versteckte, wenn er sich distanzieren wollte, bereute er augenblicklich. Denn insgeheim fand er ihre Ausführungen durchaus einleuchtend, und etwas am Tod von Hannes Schindler hatte ihm von Anfang an nicht geschmeckt. Eine Art Instinkt, ein Jucken in seinem immensen Zinken, auf das er sich stets verlassen hatte. Und meistens hatte er recht damit gehabt, was ihm bei seinen Kollegen den Spitznamen »Der die Wahrheit wittert« eingebracht hatte. Aber dieses Jucken hatte seinem Chef nach dem Obduktionsbefund nicht ausgereicht, weshalb der Fall Hannes Schindler schleunigst geschlossen wurde. Es gibt keinen Fall, das waren die klaren Worte gewesen. Eine Anweisung von oben. Deckel drauf, Kiste zu.

»Das bringt doch nichts. Lass uns gehen.« Jan Schindler sprang auf und riss die Tür auf, dicht gefolgt von dem Mädchen.

Die Frau blieb abwartend sitzen. »Die Ungeduld der Jugend«, sagte sie entschuldigend. Ihr heller Blick drang intensiv in ihn ein und versetzte ihm einen leichten Adrenalinstoß. Eiskristall, dachte Kamforski.

»Und die Geduld des Alters?«, fragte er und zwinkerte ihr zu. »Sie glauben also wirklich, dass Ihr Freund umgebracht wurde, weil er irgendwelchen Wirtschaftsbonzen in die Quere gekommen ist? Und warum? Die Entsorgung von NORM-Schlämmen auf Mülldeponien ist zwar unbestritten eine ziemlich miese Angelegenheit, aber Sie haben ja selbst gesagt, dass da gesetzlich alles im grünen Bereich zu sein scheint. Warum sollte dann also ein Mord notwendig sein?«

»Glauben ist zu stark gesagt. Sagen wir lieber, ich halte es nicht für vollkommen abwegig«, sagte Idgie Callahan eindringlich. »Und notwendig sind die wenigsten Morde. In den allermeisten Fällen gibt es Alternativen, sich anders zu entscheiden. Das sollten Sie eigentlich besser wissen als ich, oder?«

Da hatte sie recht. Sie sah ihm immer noch direkt in die Augen. So lange, bis er den Blick senkte. Das irritierte ihn. Sonst waren es immer die anderen, die wegsehen mussten.

Kamforski stand auf. »Die Obduktion hat absolut nichts ergeben, was in diese Richtung weisen würde. Aber wenn Sie sich unbedingt mit dem Obduktionsbericht herumschlagen wollen, bitte. Ich lasse eine Kopie anfertigen.«

Kurze Zeit später kam er mit den Kopien zurück. Er blieb im

Raum stehen, ein deutliches Signal, dass das Gespräch für ihn beendet war. Kamforski beobachtete, wie die Frau sich erhob und zur Tür ging, sehr aufrecht und seltsam konzentriert. Wie eine Betrunkene, die sich angestrengt darum bemüht, einer auf dem Boden aufgezeichneten Linie zu folgen, ohne zu taumeln. Kamforski wusste das nicht einzuordnen. Betrunken war sie auf jeden Fall nicht, da war er sich sicher. Vor der Tür blieb sie stehen.

»Sagen Sie, war da ein Laptop, als Sie bei Schindler in der Scheune waren? Haben Sie den vielleicht mitgenommen?«

»Ein Computer? Nein. Ich habe keinen gesehen.«

»Das habe ich befürchtet«, murmelte sie. Dann zuckte sie mit den Schultern. »Tja dann …«

Sie hatte die Hand schon an der Türklinke, als sie sich noch mal zu ihm umdrehte und ihn herausfordernd taxierte. »Wirklich keinerlei Zweifel? Kein leiser, klitzekleiner Zweifel?«

Kamforski presste die Fingerspitzen vor dem Bauch zusammen, während er ihren Blick erwiderte. Dann zog er die Geldbörse aus der Innentasche seiner Jacke, holte eine Visitenkarte heraus und reichte sie ihr.

»Selbst wenn ich wollte: Ich kann nicht«, sagte er ruhig. »Die Untersuchung ist abgeschlossen. Aber wenn Sie mehr haben, rufen Sie mich an. Ich lasse mich gerne eines Besseren belehren. Jederzeit. Und Zeit werde ich bald mehr als genug haben.«

»Der wohlverdiente Ruhestand?«

Er nickte. »Genau. Sehr wohlverdient.«

***

Münsterland, Nottuln, 25. März

»Bevor wir fahren, möchte ich noch einen Blick auf Vaters Festplatte werfen.«

»Okay. Ich geh dann noch 'ne Runde raus. Zu wenig Bewegung heute.« Nora sprang auf und hüpfte in Richtung Tür.

»Du und deine Bewegung.«

Idgie sah, wie Jan lächelte. Es war ein verliebtes Lächeln, das sie an Hannes erinnerte, und ihr wurde warm ums Herz.

Nora hob den Arm und wackelte mit den Fingern, ohne sich umzudrehen. Eine Art keckes Winken, das nach Leichtigkeit und Übermut aussah.

»Nimm Filou mit«, rief Idgie ihr nach. »Der freut sich bestimmt.«

Durchs Küchenfenster beobachtete sie, wie Nora den Hund rief und ausgelassen mit ihm lostollte. *She's fresh, she's so fresh*, summte es in ihrem Kopf, *fresh like a summerwind* … Noch mal so jung sein. Alles noch vor sich haben. Eine leise Wehmut griff ihr an die Kehle.

»Kann ich an deinen Rechner, Idgie?«

Jans Stimme in ihrem Rücken ließ sie zusammenzucken. Gleichzeitig registrierte sie, dass er sie mit ihrem Namen angesprochen hatte. Das machte sie froh.

»Ja klar.« Idgie drehte sich um und wies mit der Hand zu dem kleinen Schreibtisch unter dem Fenster. »Da drüben steht er. Apropos Rechner: Weißt du, wo der von Hannes abgeblieben ist?«

An Jans verwundertem Blick merkte sie, dass er nicht wusste, worauf sie hinauswollte. »Na ja, ich hänge hier an einem Kabel, das eindeutig ein Netzwerkkabel ist. Es kommt dort aus der Wand. Stella hat mir erzählt, Hannes hätte einen Laptop gehabt. Hier ist aber keiner. Die Polizei hat ihn auch nicht. Also hatte ich gehofft, dass dir der Notar das Gerät übergeben hätte.«

»Hat er nicht.«

»Irgendjemand muss ihn aber haben. Er war noch hier, als dein Vater ins Krankenhaus kam. Mir hat er nur diese externe Festplatte zukommen lassen. Die Frage ist, wo ist der Rechner jetzt?«

Jan zuckte mit den Schultern. »Keine Ahnung. Denkst du, jemand ist hier eingebrochen und hat ihn mitgenommen?«

»Ja. Genau das meine ich. Und genau das gefällt mir gar nicht. Es sah nämlich nicht nach Einbruch aus.«

»Sondern?«

»Jemand ist mit einem Schlüssel hier reingekommen. Und wer einmal reinkommt, kann es wieder tun.« Und hat es vielleicht wieder getan, dachte sie. Plötzlich hatte sie diesen undefinierbaren

Geruch in der Nase. Eine Spur von Rauch. Auch Filou hatte das gerochen. Sie fing nicht an zu spinnen, und sie hatte sich nichts eingebildet. Es war jemand im Haus gewesen. Ein Raucher. Da war sie sich jetzt sicher.

Jan warf ihr einen aufmerksamen Blick zu. »Was willst du tun?«

»Ich glaube, ich lasse die Schlösser austauschen.«

»Kann nicht schaden«, sagte Jan fast abwesend. »... Und nun lass sehen.«

»Ein paar Dateiformate dümpeln da noch im Hauptverzeichnis rum, mit denen ich nichts anfangen kann. Vielleicht kriegst du ja was raus.« Idgie schob ihm ihr Netbook hin.

Sie beobachtete Jan, dessen Finger flink über die Tastatur flogen. Er war das Arbeiten mit dem PC gewohnt. Waren sie alle heutzutage. Ein Leben ohne Computer war einfach nicht mehr vorstellbar.

»Hier, dieses Format meine ich«, sagte Idgie kurze Zeit später. »Weißt du, was das ist?«

»PST? Das ist eine Outlook-Datenbank. Da werden die Mails gesichert. Hast du Outlook im Einsatz?«

»Schon immer.«

»Dann können wir diese Datenbank öffnen. Lass mich mal machen.«

»Der Jugend eine Chance«, grinste Idgie und verschwand ins Bad.

Kurze Zeit später sah sie ihm über die Schulter. »Das ist ja ein Ding. All seine Mails, super. Darauf wäre ich nicht gekommen.«

»Und Vaters Terminplaner.«

***

Münster, 25. März

Über Idgie Callahan gab es keine Akte im Polizei-Auskunftssystem INPOL-Neu, und auch das Einwohnermeldeamt gab nichts her. Erst als Kamforski ihren Namen bei Google eingab, wurde er fündig. Es gab sogar einen Eintrag in Wikipedia über sie.

Callahan hatte ein bewegtes Leben geführt. Eigentlich überraschte ihn das nicht. Mit Hannes Schindler zusammen hatte sie mehrfach Furore gemacht. Die spektakulärste Aktion war die in der Irischen See bei Sellafield gewesen. Dort waren ihnen die Betreiber der Wiederaufbereitungsanlage mit Booten zu Leibe gerückt und hatten versucht, die Taucher daran zu hindern, wieder an Bord des Forschungsschiffes zu gelangen. Das grenzte hart an gefährliche Körperverletzung, und der Pressesprecher von United Kingdom Atomic Energy Authority dementierte, dass das auf Anweisung hin passiert sei. Die Sicherheitskräfte seien mit dieser Aktion einfach über ihr Ziel hinausgeschossen. Danach war es eine Zeit lang ruhig um sie geworden.

Zwei Jahre später schien Idgie Callahan sowohl das Genre als auch die Region gewechselt zu haben. Kamforski stieß auf den Film *Ich tauchte mit den Riesenschildkröten*, in dem Idgie Callahan, dieses Mal von einem Indonesier namens Dr. Dian begleitet, den Weg zweier Lederschildkröten durch den Indischen Ozean verfolgte.

Die letzte Berichterstattung über sie stammte aus dem Jahr 2009. Da hatte sie einen schweren Tauchunfall an der Adriaküste gehabt, bei dem ein unter ihrer Obhut stehender junger Kollege ums Leben gekommen war. Es hatte ein Gerichtsverfahren gegen sie gegeben. Von dem Verdacht auf fahrlässige Tötung wurde sie freigesprochen. Der junge Mann, das bewiesen die Aufnahmen des Bordcomputers, war eigenhändig und entgegen ihrer strikten Anweisung in das Wrack getaucht und hatte für eine Umweltkatastrophe gesorgt, weil er Fässer mit hoch radioaktiv verseuchtem Müll zerstört hatte.

Kamforski runzelte die Stirn. Fahrlässige Umweltverschmutzung? Er starrte grimmig auf seine Fingerspitzen, die er schon wieder gegeneinanderpresste. Wer hatte denn da die Umwelt versaut? Diejenigen, die ein Schiff, bis zum Kragen voll mit hoch radioaktivem Müll, vor der sizilianischen Küste versenkt haben, oder diejenigen, die versucht haben, diese Schweinerei an die Öffentlichkeit zu bringen? Der junge Taucher war eindeutig an den Folgen dieses Unfalls gestorben. Nicht nur, dass es ein Tauchunfall gewesen war, bei dem er die Dekompressionszeiten nicht eingehalten hatte. Durch die Verletzung unten am Schiffswrack war kontaminiertes Wasser in die Wunde eingedrungen, sodass er verstrahlt wurde. Völlig in Panik hatte er der Callahan das Ventil an der Luftzufuhr zertreten, und sie war hinter ihm her an die Oberfläche geschossen, knapp vierzig Meter hoch. Sie wurde mit einem Hubschrauber ins nächste Dekompressionszentrum geflogen und kam knapp mit dem Leben davon. Seitdem gab es keine Berichte mehr über sie.

Das also war Idgie Callahan. Zweiundsechzig Jahre alt. Vater Ire, Mutter Deutsche, aufgewachsen in Emden, dort auch immer noch gemeldet. Studium der Meeresbiologie. Seitdem Meeresforscherin und vor allem Aktivistin.

Kamforski lächelte in sich hinein. Aktivistin. Das Wort gefiel ihm. Es passte zu ihrer lässigen und dennoch sehr eindringlichen Art. Womit er sich wieder dem Thema zuwandte, wegen dem sie hier bei ihm gewesen war. Hannes Schindler.

Kamforski stand auf und sah aus dem Fenster. Nachdenklich rieb er sich seine große Nase. Da war was faul. Oberfaul. Und nach dem, was Idgie Callahan ihm erzählt hatte, stank es geradezu erbärmlich.

***

Essen, 25. März

Die Sache rumorte in ihm wie eine Pilzpfanne mit viel fettem Speck und noch viel mehr Sahne. Unvermittelt drängte sie wieder hoch, eine Art Sodbrennen, das er liebend gerne losgeworden wäre, das ihn aber immer wieder quälte.

Dieses Mal war es eine Unterhaltung gewesen, die Peter Mooren wie so oft zwangsläufig mitbekommen hatte, obwohl sie gewiss nicht für seine Ohren bestimmt gewesen war. Potelske hatte mal wieder rumgebrüllt. Das Opfer seines Zorns war dieser Erichson gewesen, denn kurz darauf war der die Treppe heruntergestampft und an der Pförtnerloge vorbeigestürmt. Dabei hatte er den Kopf geschüttelt und vor sich hin geschimpft. »Unglaublich«, hatte Peter Mooren aufgeschnappt, und »dieser Dreckskerl«. Es war um einen der Polen gegangen, der krank geworden war, und

Erichson hatte versucht, Potelske dazu zu überreden, die Sache als Arbeitsunfall zu melden.

»Der Mann ist krank«, hatte Erichson gesagt. »Krank, seit er bei dem Versuch verunglückt ist, diesen Tagebruch da zuzuschütten. Er liegt auf der Intensivstation. Es geht ihm richtig mies.«

»Und was hab ich damit zu tun? Hab ich etwa gesagt, dass der da runtersoll? Nein!«, hatte Potelske geröhrt. »Wer nicht hören kann, muss eben fühlen. Wenn der Idiot sich nicht an meine Anweisungen hält, ist er selbst dran schuld. Keiner hat was davon gesagt, dass da einer runtersoll. Keiner. Erde sollte dadrauf, mehr nicht.«

»Er hat das nicht richtig verstanden«, hatte Erichson zaghaft einzuwenden versucht.

»Ja und? Wie lange arbeitet der jetzt schon hier in Deutschland? Wenn er die Sprache immer noch nicht beherrscht, ist das doch nicht mein Problem. Außerdem: Wer sagt denn überhaupt, dass er dadurch krank geworden ist? Warum soll er die Scheißerei kriegen, nur weil er in das Loch gefallen ist? Von wegen Arbeitsunfall. Das lass ich mir nicht ans Bein binden, nix da! Als Arbeitsunfall kannst du das nicht deklarieren, kommt überhaupt nicht in die Tüte. Der hat bestimmt abends einfach zu viel gefressen und gesoffen, machen die doch alle, diese Polacken!«

In diesem Tenor war es weitergegangen.

Ich sollte wirklich kündigen, dachte Peter Mooren. Was meinst du, Irenchen? Wenn ich nicht mehr so viel esse und weniger trinke, kann ich den Garten vielleicht doch irgendwie bezahlen. Für so einen wie Potelske sollte man einfach nicht arbeiten müssen. Wie der einen zusammenstaucht, bloß weil man mal was sagt. Aber mit ihm konnte man es ja machen. Und natürlich hatte Potelske niemanden mehr ins Gewerbegebiet nach Horst geschickt.

Was soll's? Wenn er an all den Dreck dachte, den es früher so im Ruhrgebiet gegeben hatte, dann war das hier wahrscheinlich gar nicht so schlimm. Er dachte an die qualmenden Schlote, an die giftigen Wolken, die die Hochöfen in regelmäßigen Abständen ausgestoßen hatten, und an seine Irene, die immer geklagt hatte, dass sie die Wäsche draußen nicht aufhängen konnte, weil sie schwarz wurde. Das war wirklich schlimm gewesen. Er war nur ein alter Mann – was ging ihn das alles an?

***

Münsterland, Nottuln, 25. März

Drei Stunden später waren sie immer noch da. Nora hatte sich ausgetobt, und wie am Abend zuvor saßen sie nun gemeinsam an Idgies Küchentisch bei einer Kanne Tee und hielten fest, was ihnen bei der Sichtung von Hannes' Outlook aufgefallen war.

Fakt war, dass Hannes Schindler regelmäßig die Transporte der European Oil and Gas verfolgt hatte. Wie auch Idgie war er ihnen zu einigen Müllkippen gefolgt und hatte minutiös festgehalten, wie oft und in welchem Umfang dort Fässer entsorgt worden waren. Und er hatte sich mit den Tanks beschäftigt, die zwischen den Bohrstellen hin- und hergekarrt worden waren. »Lagerstättenwasser-Entsorgung«, so hatte er diese Fahrten tituliert.

Außerdem hatte er beobachtet, wie an einer Bohrstelle Rohre ausgetauscht worden waren. Die alten Rohre waren auf mehrere Lkws verladen und zu einem Unternehmen namens Preparing of Industriel Facilities GmbH, kurz PoIF, gebracht worden, die ihren Sitz in Duisburg hatte.

»Diese …«, Jan sah auf den Zettel mit den Notizen, die er sich gemacht hatte, »… PoIF reinigt Förderrohre, auch die der European Oil and Gas.«

Nora runzelte die Stirn. »Wieso reinigen?«

Jan wandte seinen Blick vom Bildschirm ab und drehte sich zu seiner Freundin. »Erstens sind diese Rohre immensen Belastungen ausgesetzt und damit absolute Verschleißteile. Sie werden also sehr oft ausgetauscht. Und zweitens hat sich allerhand Zeugs in ihnen abgelagert. Sie sind regelrecht verkrustet. Scales, so heißen diese Krusten. Und genau hier schließt sich der Kreis. Ebenso wie die Schlämme sind auch diese Ablagerungen in den Rohren hochgradig verseucht. Die beiden Sachen, NORM-Schlämme und diese Rohrreinigungen, haben also einiges miteinander zu tun. Vater hat in einigen Mails der Geschäftsleitung der PoIF gewaltig auf die Füße getreten und nach dem Verbleib der Rohre nach der Reinigung gefragt. Er hat keine Antwort bekommen.«

»Ich kann das immer noch nicht glauben«, sagte Nora empört. »So was wie die Schlämme kann man doch unmöglich auf normalen Hausmülldeponien entsorgen.«

»Denn also schließt er messerscharf, dass nicht sein kann, was nicht sein darf«, murmelte Idgie. »In Kentucky haben sie die Schlämme auf den Feldern verteilt und …«

»Igitt, das ist ja ekelhaft! Ich werde nie wieder was essen«, verkündete Nora im Brustton der Überzeugung, wie ihn gerade junge Menschen häufig haben.

»… pfiffige Verkaufsstrategen haben die verschlissenen Förderrohre nach einer Reinigung an Schulen und Privathaushalte verschachert«, fuhr Idgie ungerührt fort. »Sie wurden als Heizungsrohre in Privathäusern und einer Grundschule in Martha eingebaut, einige wurden zu Klettergerüsten umfunktioniert. Die Grundschule musste geschlossen werden, die Häuser sind unbewohnbar. Die Menschen sind reihenweise krank geworden, Tumore, Knochenkrebs … viele natürlich erst Jahre später. Die Zahl der Krebserkrankungen stieg signifikant. Natürlich ist es nie gelungen, den Nachweis zu führen, dass die kontaminierten Rohre wirklich für die Erkrankungen verantwortlich waren. So ist das nun mal mit Spätschäden. Die Nachweispflicht hat immer der Geschädigte.«

»Aber so was kann doch keiner ernsthaft wollen!«

Idgie sah Nora nachdenklich an. »Guck dir die Videos zu dem Thema an, vielleicht glaubst du mir dann. Die Links findest du auf der Festplatte. Und außerdem: Wollen, also aktiv für gut befinden oder als Zielsetzung anstreben, tut das wirklich keiner. Es ist ein Restrisiko, das man billigend in Kauf nimmt.«

Nora runzelte die Stirn. »Restrisiko …«, murmelte sie. »Toller Begriff.«

»Genau. Der Begriff sagt eigentlich schon alles. Man muss nur die erste Silbe wegstreichen. Es ist ein Risiko, nicht mehr und nicht weniger. Und vor allen Dingen nicht berechenbar. Ich erzähle euch jetzt noch eine Geschichte. Es war einmal …«

»Ich mag keine Märchen«, sagte Nora abwehrend. »Auch wenn sie Analodingenskirchen sind. Mochte ich noch nie.«

»Es ist kein Märchen und keine Analogie, sondern eine wahre Geschichte. Also hört gut zu: Es war einmal eine Firma in Schottland. Sie saß in Aberdeen und hatte den lieben langen Tag nichts anderes zu tun, als Metalle mit Hochdruck zu reinigen. Es waren Rohre – ihr werdet es kaum erraten – von der Erdöl- und Erdgasindustrie, welcher Konzern auch immer dort seine ausgemusterten Förderrohre hingebracht hat. Die Firma hatte immer gut zu tun. Sie lag übrigens direkt am Meer. Das war sehr praktisch, denn sie konnten das Reinigungswasser dort einfach ablassen. Es war ja nur Wasser und nicht mal chemisch verunreinigt.«

»Und?«, fragte Jan.

»Die Stadt Aberdeen hatte einen schönen Strand. Wer einmal Wales und Schottland besucht hat, weiß, dass es dort tatsächlich wunderbare Sandstrände gibt. Also: Auch Aberdeen hatte solch einen wunderbaren Strand. Es war sogar ein Stadtstrand, was etwas ganz Besonderes ist, und an warmen, sommerlichen Tagen ging die Bevölkerung dort gerne schwimmen. Außerdem war Aberdeen ein hübsches Städtchen, das viele Touristen anzog. Unter anderem warb es mit seinem schönen, feinen Strand. Die Menschen gingen also baden, mit Kind und Kegel und wann immer es ihnen möglich war. Sie liebten ihren Stadtstrand. Und wenn sie nicht baden konnten, gingen sie mit ihren Kindern Sandburgen bauen und ließen Drachen steigen. Eines Tages, es war im Jahr 2003, wurde festgestellt, dass dieser wunderschöne Sandstrand strahlte, eindeutig messbar und völlig zweifelsfrei und so stark, dass er gesperrt werden musste. Und siehe da. Nachdem die Stadtväter sich überlegten, woher diese radioaktive Verseuchung wohl kommen könnte, fiel ihnen die Reinigungsfirma ein, die die Rohre von den Ablagerungen befreite. Ein Expertenteam wurde hinzugezogen, und – welch Überraschung! – der ganze Dreck wurde von den Gezeiten munter an den Strand zurückgespült und vermischte sich dort mit dem Sand. Erstaunlich irgendwie, ein Phänomen, mit dem man niemals nie nicht hatte rechnen können.«

»Und was passierte dann?«

»Tja«, sagte Idgie bitter. »Was nutzt einem ein solch wunderschöner Stadtstrand, wenn er gesperrt ist? Die Leute bekommen doch nur Angst. Das durfte nicht sein. Der Strand war schließlich blankes Kapital.«

»Sag bloß, er wurde wieder freigegeben?«

»Genau. Und das mit einer wirklich interessanten Begründung: Die Radioaktivität sei doch schließlich eine natürliche, weil sie durch überall vorhandene natürliche Radionuklide entstehen würde, und deshalb seien da ja auch die Grenzwerte ganz andere. Ungefähr hundertmal höher als bei der sogenannten künstlichen Radioaktivität. Die Firma durfte also weiter ihr Reinigungswasser direkt ins Meer spülen, Bürger und Touristen konnten weiter den Strand besuchen, und alle waren zufrieden. Und wenn sie nicht gestorben sind, dann spielen auch heute noch jedes Jahr junge Eltern mit ihren Kleinkindern Burgenbauen am wunderschönen, strahlend weißen Strand von Aberdeen.«

»Krass!« Nora verbarg ihr Gesicht in den Händen. »Schwimmen geh ich auch nie mehr!«, tönte es dumpf zwischen den Fingern hervor.

Eine Weile herrschte Schweigen. Dann ergriff Jan das Wort.

»Noch ein letzter Punkt. Vater hat nicht nur alle seine Unternehmungen und Termine akribisch im Terminkalender festgehalten. Im Ordner ›Gesendete Objekte‹ habe ich Massen von Mails gefunden. Vater hat eine Menge Menschen mit einer Menge unbequemer Fragen per Mail bombardiert. Er hat sich bis zu einem Unterausschuss des Landes NRW zum Thema Fracking vorgekämpft und etliche Anfragen zu dem Thema an TÜV, Land und Politiker gestellt. Er hat mit einem Pressesprecher der European Oil and Gas gesprochen sowie mit einem Pressesprecher der Muttergesellschaft, der NEdZ. Er hat den Vorstand dieses Energiekonzerns ebenso angeschrieben wie deren Aufsichtsrat. Vernünftige Antworten habe ich keine gesehen, nur ein paar höfliche Floskeln. Vater wollte wissen, wie hoch tatsächlich die Belastung der NORM-Schlämme ist, und wurde abgefertigt. Nicht hoch, hieß es. Alles im Rahmen des deutschen Rechtes. Kein Atommüll, keinesfalls.«

»Echt voll krank!«, kommentierte Nora.

»Ein Termin sticht jedoch ins Auge«, berichtete Idgie. »Dafür hatte Hannes sich gleich zwei Tage vorgemerkt. Die Energiekonferenz. Sie findet in knapp zwei Wochen statt und wurde von diesem Energiekonzern ins Leben gerufen, der sich so hochtrabend Neue Energie der Zukunft nennt. Eingeladen sind Politiker, Energiekonzerne, die ganze energiebegleitende Branche, Partner und Sponsoren sowie zu bestimmten Podiumsdiskussionen sogar auch interessierte Bürger. Ist das nicht nett? Da hat man ja sogar ein Mitspracherecht, nicht wahr?« Ihre hellen Augen funkelten gefährlich. »Dort, auf diese Tagung, wollte Hannes hingehen. Er wird seine Gründe dafür gehabt haben. Das werde ich jetzt für ihn ubernehmen.«

Jan stand auf und reckte sich. »Lass uns mal fahren, Nora. Ich muss morgen wieder arbeiten.«

Idgie begleitete sie zum Auto und sah zu, wie sie einstiegen. »Tja dann – kommt gut heim.« Sie klopfte dreimal aufs Dach.

Aber Jan kurbelte das Fenster runter und zögerte noch. »Die Veranstaltung ist doch in Essen«, sagte er schüchtern. »Wir könnten doch zusammen dort ... was meinst du?«

»Warum nicht.« Idgie schmunzelte.

»Dieser Energiedingsbums ist in Essen? Da kannst du doch bei uns wohnen«, bot Nora freundlich an. »Paps hat bestimmt nichts dagegen. Er ist sehr gesellig.«

»Mal sehen. So weit ist es ja nun auch nicht ins Ruhrgebiet. Aber vielleicht komme ich ja drauf zurück, wenn das Wetter zu arg ist. Wir sollten die Sache auf jeden Fall sorgfältig vorbereiten. Ich muss das ganze Material noch mal ordentlich sichten.«

»Werde ich auch machen.« Jan wedelte mit seinem Stick, auf den er sich einen Großteil der Daten von der Festplatte seines Vaters gezogen hatte. »Die sind wirklich geil, diese Dinger.«

In der Tür drehte er sich noch mal um. »Denk an die Türschlösser«, sagte er. »Morgen.«

»Ich finde, die ist echt schwer in Ordnung«, sagte Nora. »Was meinst du?«

Jan grunzte etwas Unverständliches.

»War das ein Ja, oder war das ein Ja?« Nora kicherte.

»Ich mag jetzt nicht drüber reden, okay?«

»Ist ja schon gut. Dann mach ich halt das Radio an, wenn du nicht mit mir reden willst.« Sie fingerte an den Knöpfen herum.

»... eine Warnung des Deutschen Wetterdienstes ...«, tönte es aus dem Äther.

»Wer sagt, dass ich nicht mit dir reden will. Es ist nur ...«

»Pst.«

»... für den morgigen Tag wird Orkantief Cassandra in NRW erwartet. Polizei und Feuerwehr rüsten sich für den Einsatz. Es wird mit Sturmböen bis zu Windstärke zwölf gerechnet.«

»Krass. Kannst du mir vielleicht mal erklären, warum solche Unwetter immer Frauennamen haben?«

KAPITEL 8

Der Herbst war warm und sonnig, der Winter übermäßig mild und, zumindest was den mitteleuropäischen Raum betraf, extrem niederschlagreich gewesen. Vom Mittelmeerraum aus breitete sich eine für diese Jahreszeit ungewohnte Warmluftfront auf dem europäischen Kontinent aus und überzog ihn mit erwärmter Luft. In Polnähe hingegen herrschte nach wie vor trockene, eisige Kälte, die, vom Wind angetrieben, nun ihrerseits langsam gen Süden vorrückte, dem Kontinent entgegen.

Die kalte, trockene Luft aus den Polarregionen traf über dem Kontinent auf die warme, feuchte Luft aus dem südlichen Europa. Es kam, was kommen musste: Der Druckunterschied zwischen den Luftfronten war ebenso groß wie die Temperaturdifferenz, die kalte Luft schob sich unter die warme Luft mit ihrer geringeren Dichte und hob sie vom Boden ab. Es bildete sich eine flächendeckende, labile Schichtung stark unterschiedlichen Luftdrucks. Diese Schichtung führte zu Rotationsbewegungen der Fronten, die rapide Abkühlung der warmen Luft zu einer Verwirbelung mit komprimierter wassergeschwängerter Wolkenbildung. So entstand ein Tiefdruckgebiet immensen Ausmaßes und sorgte für eine schnell fließende Luftströmung. Starken Wind.

Sturmtief Cassandra wurde geboren, gewann schnell an Kraft und wuchs schließlich mit einer Geschwindigkeit von einhundertsiebzehn Stundenkilometern zu einem sogenannten Starkwindereignis heran. Zu einem Orkantief, das grünschwarze regendurchsetzte Wolken bedrohlichen Ausmaßes mit sich führte.

Es war exakt sechzehn Uhr zweiunddreißig, als sich Cassandra mit einer Wucht von einhundertneunundzwanzig Stundenkilometern in südöstlicher Richtung über das Ruhrgebiet wälzte. Den Essener Süden erreichte es knapp zehn Minuten später.

***

Essen, 26. März

Das Wasser prasselte so hart auf das Blechdach, dass Manni sich unwillkürlich duckte. Gleichzeitig griff eine weitere heftige Bö nach seinem Wagen und rüttelte ihn durch. Manni steuerte gegen, um den Wagen nicht von der Straße fegen zu lassen. Im Schneckentempo kroch er die Laupendahler Landstraße entlang und verfluchte sich, dass er den Zahnarzttermin in Kettwig nicht abgesagt hatte. Aber die Sturmwarnung war ihm nun mal ziemlich übertrieben erschienen, wie auflagensteigernde Panikmache. Orkantief Cassandra – seit anderthalb Tagen war von kaum etwas anderem die Rede gewesen, und bereits in der Frühe, als er zur Arbeit gefahren war, hatte der Deutsche Wetterdienst vor der Wucht gewarnt, mit der der Orkan in Nordrhein-Westfalen zu erwarten sei. Die Menschen wurden aufgefordert, wenn irgend möglich ihre Wohnungen nicht zu verlassen.

Klasse, dachte Manni. Als würde er freiwillig jeden Tag um sechs Uhr in der Frühe quer durch Essen fahren, so ganz aus Spaß, und sich aus Lust und Laune den Tag im Büro um die Ohren schlagen. Frei bekam er wegen dieser dämlichen Cassandra noch lange nicht. Und um das Maß noch vollzumachen, war Meininger auf den Panikzug mit aufgesprungen und hatte Bereitschaftsdienste verhängt. Er, Manni, war nur davongekommen, weil er auf dem Zahnarzttermin bestand, der ja nun auch lange genug im Terminplaner eingetragen war. Und nun schlich er im Schneckentempo durch ein Szenario wie in einem Katastrophenfilm und bestaunte die Weltuntergangsstimmung um sich herum.

Obwohl gerade mal fünf vor fünf, war es so zappenduster, als wär's schon Nacht. Drohend ballten sich dichte Wolken von graugrünlicher Färbung über dem Ruhrtal zusammen wie bei einem kapitalen Gewitter, nur größer, flächiger, umfassender. Der Scheibenwischer schrappte hektisch auf der höchsten Stufe hin und her. Die Sicht blieb beschissen. Blätter und kleine Äste bombardierten die Scheiben, während er kämpfte, um den Wagen auf der Straße zu halten, über die ebenfalls das Wasser flutete. Sintflut, schoss es Manni durch den Kopf. Apokalypse.

Dann sah er Lichter in der Schwärze vor sich, die ihre farbigen Blitze in seine Richtung schleuderten. Eine dunkle Masse tauchte vor ihm auf, die die Straße zu versperren schien. Etwa ein umgestürzter Baum? Quer davor ein Feuerwehrwagen und ein Einsatzwagen der Polizei. Ufo, Krieg der Sterne, dachte Manni, denn das Licht aus den erleuchteten Wagen kippte gespenstisch über die nasse Straße, gefolgt vom Rot der Bremslichter und überkrönt von dem zuckenden Blau des rotierenden Warnlichtes auf dem Kopf. Eine Gestalt, schwer vermummt wie ein Raumfahrer, winkte mit der Kelle und stapfte auf Manni zu, der schlingernd zum Stehen kam.

Manni ließ die Scheibe hinunter. Der Wind schlug ihm das Wasser fast waagerecht ins Gesicht, und Manni begann zu ahnen, warum der Polizist sich bewegte wie in Zeitlupe.

»Was'n hier los, Kollege?«, brüllte Manni dem Orkan entgegen.

»Hier geht es nicht weiter«, rief der Polizist. Da er mit dem Wind schrie, war er wenigstens halbwegs verständlich. »Etliche umgestürzte Bäume, drüben auf der Laupendahler genau das Gleiche. Hier unten an der Ruhr geht nichts mehr.«

»Und wie komme ich jetzt nach Hause?«

»Fahren sollten Sie besser gar nicht mehr. Hier kommen Sie jedenfalls nicht durch. Hören Sie auf meinen Rat. Bleiben Sie in Kettwig, bis der Spuk vorbei ist.«

Scherzkeks, dachte Manni, winkte einen flüchtigen Gruß und wendete den Wagen. Dabei traf ihn der Wind mit voller Breitseite und drückte ihn einen halben Meter die Straße hinunter.

»Mist!« Er riss am Steuer, um den Kombi senkrecht in den Wind zu bugsieren. Dann gab er Gas und zwang das Gefährt zurück in die Richtung, aus der er gerade gekommen war.

Aus dem Vorort Kettwig im Südwesten von Essen gibt es genau fünf Ausfallstrecken, und nur drei davon führen in die Stadt hinein. Die beiden Landstraßen an der Ruhr waren gesperrt, wenn man dem Grünen im Raumanzug Glauben schenken durfte. Aber warum sollte der lügen? Blieb noch der Weg Richtung Haarzopf über die Meisenburger.

Dieses Mal sah Manni das Blaulicht schon von Weitem.

»Verdammt«, fluchte er in einer Lautstärke, die vom Adrenalin in seinem Blut zeugte. »So eine verfluchte …« Er konnte hier doch nicht einfach stehen bleiben und warten, bis das Getöse abgezogen war. Das konnte noch Stunden dauern. Er wollte heim!

Eine einzige Chance hatte er noch: den Hügel hinauf, dort, wo sich die Hochhaussiedlung befand, die sinnigerweise »Kettwig auf der Höhe« hieß. Mit etwas Glück konnte er die Sperrung weiträumig umfahren und unterhalb der Absperrung wieder auf die Meisenburgstraße stoßen.

Manni quälte den Wagen die schmale Straße hinauf, vorbei an den Flachdachbungalows den Hochhäusern entgegen, die den Hügel krönten. Hier, im Licht der Straßenlaternen, zeigte sich Manni ein Bild der Verwüstung. Äste lagen kreuz und quer im Weg, eine mächtige Fichte hing in beträchtlicher Schieflage über der Straße und wurde von dem Flachdach des gegenüberliegenden Bungalows gestoppt.

Mit klopfendem Herzen steuerte Manni das Auto unter der Fichte hindurch, rumpelte über dicke Äste, die kreuz und quer im Weg lagen, und holperte im Schneckentempo weiter.

Manni spürte leise Panik in sich aufsteigen. Außerdem musste er pissen. Aber hier, mitten in dieser Flachbungalow-Siedlung aus den Siebzigern? Auf keinen Fall. Nicht, wenn die Bäume hier umknickten wie Streichhölzer. Also weiter.

Als er wieder auf die Meisenburger stieß, sah er das Blaulicht im Rückspiegel hinter sich. Erleichtert stieß er die Luft aus. Und als er endlich den Stadtwald an der Frankenstraße erreichte, schien es ihm, dass es an seinem Auto nicht mehr ganz so heftig zerrte und rüttelte wie oben auf der Kettwiger Höhe. Die Anspannung ließ etwas nach, und prompt meldete sich die Blase wieder zu Wort. Dringlich. Wenn er jetzt nicht ausstieg, würde er sich in die Hose strullen, so viel stand fest.

Er hielt auf dem Seitenstreifen, stemmte die Tür gegen den Wind auf und stellte sich an den nächstbesten Baum, peinlich darauf bedacht, dass er den Wind im Rücken hatte. Der Strahl wurde waagerecht von ihm weggetrieben. Dann knallte ihm mit Wucht ein dicker Ast gegen die Schläfe.

Spätestens jetzt gestand Manni sich ein, dass der Deutsche Wetterdienst mit seiner Sturmwarnung nicht übertrieben hatte.

***

Vor seiner Garage standen vier Mopeds und blockierten die Einfahrt. Selbst durch die geschlossenen Scheiben des Wagens konnte man deutlich das Wummern von Bässen hören.

Manni drückte auf die Hupe und wartete. Hupte noch mal. Wartete. Nichts tat sich. Also ließ er den Wagen auf dem Bürgersteig stehen und schloss die Haustür auf. Ohrenbetäubender Lärm in mindestens vierfacher Zimmerlautstärke schlug ihm wie eine Wand entgegen, irgendeine Hip-Hop- oder Technokacke, wie Nora sie in letzter Zeit häufiger hörte. Aus der Küche tönte Stimmengewirr.

Er fand den Küchentisch belagert von sechs Jugendlichen, falsch, jungen Menschen, die es sich bei Spaghetti und Bier, das schwer nach seinem eigenen aussah, gemütlich gemacht hatten und sich, dem infernalischen Gewummere zum Trotz, munter in die Ohren schrien. Mehrere Tüten Chips vervollständigten das Bild und warteten auf ihren Einsatz.

»Hi Paps!«

»Kann ich dich kurz sprechen?«, brüllte Manni.

»Was?«

Manni ging ins Wohnzimmer und drehte die Lautstärke runter. »Muss das sein?«, fragte er gereizt.

»Die kann ich doch jetzt nicht nach Hause schicken, nicht bei diesem Sturm, echt nicht!« Nora, im Brustton der Überzeugung. »Du hast doch nichts dagegen, Paps, oder? Sag mal, was ist denn mit dir passiert. Du blutest ja. Hast du dich geprügelt?«

»Ast«, grunzte Manni wortkarg.

Er marschierte in die Küche, ließ seinen Blick über das Chaos schweifen und gab einen weiteren undefinierbaren Grunzlaut von sich, den man mit viel gutem Willen als Begrüßung interpretieren konnte.

Dann holte er die letzte Bierflasche aus dem Kühlschrank und zwei weitere aus dem Kasten und ließ sie in einen Jutebeutel gleiten. Ohne auch nur ein Wort zu sagen, langte er zwischen zwei Schultern hindurch auf den Tisch, angelte sich eine noch ungeöffnete Tüte mit frittierten Kartoffelscheiben und marschierte aus der Küche.

»Fühlt euch ganz wie zu Hause«, rief er aus dem Flur.

»Paps, du kannst doch dem Sven nicht einfach seine Chips klauen«, hörte er seine Tochter hinter sich herrufen.

»Doch, ich kann.« Manni grinste und wedelte mit der Tüte. »Seht ihr ja.«

Dann verließ er das Haus, trabte durch den strömenden Regen um den Block herum und klingelte bei Ruth.

»Asyl«, bat er, als sie öffnete. »Töchterlein macht gerade Party. Ist echt nicht zum Aushalten.«

Kurze Zeit später saß er in Ruths Küche, ihr Gesicht mit der kleinen horngefassten Nickelbrille dicht vor seiner Nase. Mit einer Flüssigkeit, die höllisch brannte, tupfte sie an Stirn und Schläfe herum und erklärte ihm aufmunternd, dass es schlimmer aussah, als es war, und nicht genäht werden müsse.

Sie duftete fein, stellte Manni fest, nachdem sich der Geruch nach Desinfektion verflüchtigt hatte. Würzig, nach Zimt und Holz. Das gefiel ihm ebenso gut wie die Tatsache, dass sie augenblicklich bereit gewesen war, ihn einzulassen.

Er war sich nicht sicher, aber sie schien sogar erfreut gewesen zu sein, als sie ihn vor der Tür hatte stehen sehen. Sie hatte ihm eine Dusche und ihren Bademantel aufgedrängt und seine Klamotten im Heizungskeller zum Trocknen aufgehängt. Nicht, weil sie fand, dass er die Dusche nötig hätte, wie sie ihm mit einem kleinen Augenzwinkern versicherte, sondern weil er völlig durchnässt und vermutlich auch durchgefroren war.

Und nun saß Manni gemütlich in der warmen Wohnstube, gehüllt in einen kirschroten flauschigen Bademantel und ebensolche Socken, auf dem dottergelben Sofa und beobachtete, wie Ruth Bier, Chips und Wein auf dem kleinen Beistelltisch abstellte. Der Bademantel war kuschelig und weich, und er duftete wie Ruth nach Zimt und nach Holz. Manni sog den Geruch tief in sich hinein. Er fühlte sich behaglich. Sehr sogar. Bis sich Ruth neben ihn aufs Sofa setzte.

»In den Mantel hier passt du doch mindestens zweimal rein«, sagte Manni, eigentlich mehr, um überhaupt etwas zu sagen.

»Die haben mir versichert, dass er bei der Wäsche noch mächtig einlaufen würde«, lachte Ruth. »Das war eindeutig gelogen. In einer kleineren Größe gab es ihn nämlich nicht. Nicht in dieser Farbe jedenfalls, und genau die, die hatte es mir angetan.« Sie schob ein paar Chips in ihren Mund und nippte an ihrem Wein.

Manni tat es ihr nach und nahm einen langen Zug aus der Flasche. »Mach doch mal den Fernseher an«, schlug er vor. Bloß keine Stille eintreten lassen … »Da gibt's doch jetzt bestimmt Nachrichten zum Sturm.«

Er hatte recht. Es gab sogar eine Sondersendung des WDR.

… passierte Sturmtief Cassandra das Ruhrgebiet … Orkanböen von bis zu hundertdreißig Stundenkilometern … Starkregen mit fünfundvierzig Litern pro Quadratmeter … zwei Autofahrer von Bäumen erschlagen … Verkehr im Ruhrgebiet kam völlig zum Erliegen … Schienenverkehr für mehrere Stunden eingestellt … zweitausend Menschen immer noch ohne Strom … Flughafen Düsseldorf stellte Flugverkehr ein …

Beim Abspann der Sendung drehte Manni den Ton leise.

»Da warst du ja richtig in Lebensgefahr«, sagte Ruth aufgeregt. »Ich hab heute schon früh Feierabend gemacht, die ganze Behörde wurde dazu angehalten. Ich hab geglaubt, dass die völlig übertreiben. Ich meine – wenn man so zu Hause sitzt und nicht rausmuss, ist es ja sogar richtig gemütlich mit dem Regen und dem Wind. Aber wenn man das hier so sieht … da hätte auch hier einiges passieren können, so dicht am Wald.«

»Ich hab die Sache auch völlig unterschätzt«, gab Manni zu. »Das war echt heftig da draußen auf der Landstraße.« Er nahm die Fernbedienung und zappte weiter. Überall die gleichen Bilder. Sondersendungen über den Orkan und dessen Folgen.

Mannis Blick wanderte immer öfter zu Ruth hinüber, die die Beine auf dem Hocker vor sich ausgestreckt hatte. Ihre Wangen waren vom Wein gerötet. Sie wirkte locker und entspannt, ganz so, als würde sie sich in seiner Gesellschaft wohlfühlen.

Als Manni vom Klo zurückkam, war der Fernseher aus. Wollte

sie ihn jetzt loswerden? Nervös nestelte Manni am Gürtel des Bademantels herum. Aber er hatte sich getäuscht.

»Mach doch mal den CD-Player an«, sagte Ruth träge, rauchigen Whisky in der Stimme, und wies zum Regal.

»Und was?«, fragte Manni.

»Die CD, die drin ist, passt schon.«

Er folgte der Aufforderung. Unbekannte Klänge, warm und schmeichelnd. *When I close my eyes, I can see your face ...* Manni setzte sich zurück in seine Sofaecke.

... like a time machine in space ...

»Was ist das?«

»›Clouds In The Sky‹ von The Nits.«

»Das ist schön«, sagte Manni leise. »The Nits – hab ich noch nie was von gehört.«

»Eine Band aus den Niederlanden. Es gibt sie schon ganz lange.« Ruth trank noch einen Schluck Wein und lehnte sich wieder entspannt zurück. »Sie haben über die Jahre hinweg sehr unterschiedliche Sachen gemacht. Ich finde sie toll, vor allem den Sänger.«

Der Kater betrat die Szene. Mit strengem Blick platzierte er sich vor dem Sofa und starrte Manni an. Dann sprang er zwischen die beiden und setzte sich, genau in die Mitte, den Kopf zu Manni gewandt, und sah ihn weiter an, ohne zu blinzeln.

»Was will er denn von mir?«, fragte Manni irritiert.

»Das fragt Schimmi sich bestimmt auch grad.« Ruth lächelte verschmitzt über ihren Brillenrand hinweg. »Du sitzt auf seinem Platz.«

»Oh. Na, das geht natürlich nicht.« Manni stand auf, hob den Kater vorsichtig in die Höhe und ließ ihn auf den Platz gleiten, den er selbst eben verlassen hatte. Er setzte sich neben Ruth, legte ihr den Arm um die Schulter und zog sie an sich.

»Außerdem ist es so viel besser«, murmelte er und strich Ruth die Haare aus der Stirn. Sie waren fein und weich, und sie dufteten ebenso betörend wie die Haut in ihrer Halsbeuge, die er nun küsste.

***

Das Erste, was sie beim Aufwachen spürte, war der Blick des Katers. Sie hatte noch kein Auge geöffnet, aber sie wusste, dass er da war. Langsam öffnete sie erst das linke, dann das rechte Auge.

Tatsächlich. Vor dem Bett saß Schimanski mit in die Höhe gerecktem Hals und fixierte sie, ein Gemisch aus Erstaunen und Missbilligung zugleich. Dann fühlte Ruth die wohlige Mattigkeit in ihrem Körper, nicht bleiern, sondern zutiefst entspannt, ganz leicht und schwer zugleich. Sex, dachte sie und lächelte. Guter Sex. Jetzt erst registrierte sie die Wärme des anderen Körpers in ihrem Rücken und die Arme, die sie umschlungen hielten. Hatten sie etwa die ganze Nacht in dieser Löffelhaltung geschlafen? Flüchtig wunderte sie sich über die Reihenfolge ihrer Wahrnehmungen.

Hinter ihr regte es sich, und sie spürte Mannis Lippen in ihrem Nacken, da, wo die Haut so empfindlich war. Sex, dachte sie wieder. Verdammt guter Sex. »Brauchst gar nicht so zu gucken, Schimmi«, murmelte sie und schloss die Augen.

Eine halbe Stunde später starrte Schimanski immer noch. Oder schon wieder, so genau ließ sich das nicht sagen.

»Jetzt muss ich aber wirklich dringend für kleine Königstiger …« Manni drückte Ruth einen letzten Kuss auf den Mund und steuerte eilig auf die Tür zu.

»Königstiger?« Ruth kicherte und tastete nach ihrer Brille. »Eher wohl Feuerdrache …« Verträumt sah sie ihm nach. Auf seinem Rücken prangte die gewundene Gestalt eines Drachens. Eines geflügelten Drachens, der auch noch Feuer spie. Faszinierend kitschig, schaurig-schön. Sie musste schon wieder kichern. Wie ein kleines Mädchen. Königstiger! Dieser Ruhrgebiets-Proll. Aber total nett. Amüsant und hilfsbereit. Und … verdammt guter Sex.

Bei diesem Gedanken schwang sie die Beine über die Bettkante und ging in die Küche, um den Kater zu füttern.

***

Münsterland, Nottuln, 1. April

»Sie weiß was«, flüsterte Hoelscher betont bedrohlich ins Mobiltelefon.

»Wie kommen Sie darauf?«

»Ganz einfach: Die Hexe hat die Schlösser austauschen lassen.«

»Dann verschaffen Sie sich eben anders Zutritt, Herrgott noch mal. Sie sind doch sonst nicht so zimperlich.«

»Das ist aber extra«, sagte Hoelscher. Sein Herz klopfte wie verrückt. Aber er konnte nicht anders. Nicht, nachdem Big Boss ihm vor zwei Tagen so bereitwillig die zwei Riesen ausgehändigt hatte. Na ja, dachte er, »bereitwillig« ist das falsche Wort. Eiseskälte hatte in seinem Blick gelegen, als er ihm die Geldbündel über den Tisch geschoben hatte. Und mit der gleichen frostigen Kälte hatte er sich angehört, was Hoelscher über die familiären Verquickungen und die Existenz einer externen Festplatte berichtet hatte. Dann hatte er die Aufnahmen in seine Tasche gleiten lassen und einen einzigen Satz gesagt. »Holen Sie mir diese Festplatte.« Damit war Hoelscher entlassen gewesen.

»Ansonsten läuft da gar nichts mehr.« Hoelscher hoffte, dass der rasante Galopp seines Herzens nicht durch die Leitung zu hören war.

»Nun werden Sie mal nicht maßlos! In den letzten Tagen haben Sie nichts, aber rein gar nichts zustande gebracht, was das rechtfertigen würde. Machen Sie gefälligst Ihren Job, für den ich Sie bezahlt habe, und holen Sie mir die verdammte Festplatte. Ansonsten sorge ich eigenhändig dafür, dass Sie bald gar keinen Job mehr haben, weder bei mir noch anderswo. Ich hoffe, wir haben uns verstanden!« Klick. Die Leitung war unterbrochen.

Hoelscher schluckte schwer und zündete sich mit zittrigen Fingern die nächste Zigarette an. Ausgeträumt. Der Boss war sauer. Jetzt brauchte er einen Plan, dachte er, inhalierte zwei Züge tief in sich hinein und hielt den Rauch in der Lunge fest.

Oder auch nicht. Sie würde es ja ohnehin merken, wenn er da gewaltsam reinging. Mit einem zischenden Laut entließ er den Rauch wieder. Er musste nur warten, bis sie wieder auf Tour ging. Sobald endlich dieser Sturm abgezogen war und mit ihm der Regen, würde sie wieder losziehen. Garantiert.

Scheiß Sturm. Ein paar herumwirbelnde Äste hatten ihm den Lack des Rangers zerkratzt. Das musste er machen lassen. Ein Lächeln wanderte über sein Gesicht. Aber nicht auf seine Kosten.

Echt geil, so ein Firmenwagen. Vorher musste er aber diese Sache hier zu Ende bringen.

Wenn nicht heute, dann morgen. Oder übermorgen.

***

Münsterland, Nottuln, 4. April

Es war fast dunkel, als Idgie die Ural vor dem Haus abstellte. Sie war so froh gewesen, endlich wieder nach draußen zu können, dass sie sich mit der Zeit verschätzt hatte und in die Dämmerung geraten war. Trotzdem war es herrlich gewesen nach diesen Tagen des Regens. Idgie nahm den Helm ab und schüttelte ihre Locken auseinander.

Viel Neues hatte sie auf dieser Tour nicht mehr erfahren. Lediglich das Bild hatte klarere Konturen bekommen. Die blaue Flotte und deren Fuhren wiesen eine nachvollziehbare Regelmäßigkeit auf: vom Bohrloch zum Ruhrgebiet, vom Ruhrgebiet zu einer Disposalbohrung, vom Bohrloch direkt zu einer Disposalbohrung, das jedoch immer mit Tanklastwagen, vom Ruhrgebiet zu Müllkippen und von Bohrlöchern zu Müllkippen. Hier wurde kontinuierlich jede Menge Abfall entsorgt, und Idgie hatte vor, sich das Outlook-Protokoll von Hannes gleich noch mal zur Brust zu nehmen und mit ihren eigenen Erkenntnissen abzugleichen.

Als Erstes knurrte der Hund. Er war mit seinem üblichen eleganten Satz aus dem Beiwagen gesprungen und schnürte in Richtung Haustür, voller Vorfreude auf die anstehende Abendmahlzeit, als er plötzlich stocksteif stehen blieb und ein lang gezogenes Knurren von sich gab, wie sie es noch nie bei ihm gehört hatte.

Alarmiert sah Idgie sich um. Ihr Blick fiel auf das Fenster neben der Eingangstür. Es war nur angelehnt, und sie war sich absolut sicher, dass sie alle Fenster überprüft hatte, bevor sie losgefahren war. Seit sie die Schlösser hatte austauschen lassen, achtete sie peinlichst genau auf geschlossene Türen und Fenster.

Vorsichtig näherte sie sich dem Haus und spähte durch das offene Fenster hinein. Im Dämmerlicht sah sie die Scherben auf dem Boden. Verdammt noch mal, da hatte jemand einfach die Scheibe eingeschlagen. Und die Bude war gründlich auseinandergenommen worden. Auf dem Fußboden schien alles wild durcheinanderzuliegen, und ein Regal war umgekippt. Aber es war mittlerweile zu dunkel, um Genaueres erkennen zu können.

Die Wut ballte sich zu einem Klumpen in ihrem Magen zusammen. Sie lehnte sich mit dem Rücken an die Hauswand und atmete tief durch, den Rucksack fest vor ihren Bauch gepresst. Denn das, was die wahrscheinlich gesucht hatten, war nicht im Haus gewesen. Es steckte in diesem Rucksack.

Angespannt sah sie sich um. Nichts zu erkennen. Der Wald warf seine dunklen Schatten über die Wiese neben dem Haus, und eine dichte Wolkendecke sorgte dafür, dass Mond und Sterne nicht einmal ansatzweise eine Illusion von Licht verbreiten konnten. Der Einbrecher, wenn er denn noch da war, sah natürlich ebenso wenig wie sie. Aber das war nur ein schwacher Trost.

Angst schnürte ihr die Luft ab. Filou schien das zu spüren, denn er presste sich dicht an ihr Bein. Auch er zitterte wie Espenlaub.

Was sollte sie tun? Die Gedanken überschlugen sich. Der Nachbarhof lag völlig verwaist da. Björn war mit irgendeinem Pferdetransport unterwegs, und Stella wollte sich mit einer Freundin in Münster treffen. Ob der Junge, der in solchen Fällen das ganze Viehzeug versorgte, schon weg war oder erst noch kommen würde, wusste sie nicht. Einen besseren Zeitpunkt, ihr aufzulauern, hätten die sich nicht aussuchen können, dachte sie bitter.

Kamforski, schoss es ihr durch den Kopf. Er hatte gesagt, sie könnte ihn anrufen, wenn sich was ergab. Jederzeit. Und er war ihr nicht wie ein Schwätzer vorgekommen.

Wo war nur diese Visitenkarte, die er ihr in seinem Büro gegeben hatte? Hatte sie die überhaupt eingesteckt? Und wenn ja, wo steckte sie jetzt?

Sie tastete die Gesäßtaschen ihrer Hose ab. Nichts. Was hatte sie damals getragen? Sie wusste es nicht mehr. Dann zuckte ein weiteres Bild durch ihr Gehirn. Ihre Geldbörse. Sie hatte die Visitenkarte dort zu den Scheckkarten geschoben. Und die Börse war jetzt hier in ihrer Motorradjacke, ebenso wie ihr Handy. Sie hatte alles, was sie brauchte.

Vier Meter. Nur vier Meter bis zur Ural.

»Los«, flüsterte sie Filou zu und stieß sich von der Hauswand ab.

Der Hund begriff, spurtete los und war mit einem Satz im Beiwagen.

Idgie stieß ein martialisches Wolfsgeheul aus, als sie die Maschine die schmale Straße nach Schapdetten hinuntertrieb. Dort, im hellen Licht der Laterne vor der Kirche, fummelte sie mit zitternden Händen ihr Mobiltelefon aus der Tasche.

***

Nachdenklich schob Lothar Kamforski das Handy in seine Jackentasche zurück. Hinter ihm drang leises Stimmengewirr aus der nur angelehnten Tür. Sie hatten gerade erst angefangen, und seine Doppelkopfbrüder würden sich sicherlich fragen, wo er blieb. Aber Kamforski war noch nicht bereit, in die Kneipe zurückzukehren, in der sie sich regelmäßig einmal die Woche zum Zocken trafen.

Ihre Stimme hatte er sofort erkannt. »Ich brauche deine Hilfe, Kamforski …«, hatte sie ihn ganz selbstverständlich geduzt. Jetzt ließ er sich den Anruf durch den Kopf gehen und überlegte, was er tun sollte. Den Kollegen in Nottuln Bescheid sagen oder sich die Sache selbst ansehen? Beides, sagte seine innere Stimme. Bescheid sagen und selbst hinfahren. Sie würde sich dort in Schapdetten erst mal nicht von der Stelle rühren, bis Hilfe kam. Das hatte sie versprochen.

Oder hatte sie übertrieben? Nein, diese Idgie Callahan war keine Frau, die zur Hysterie neigte. Sie war weit herumgekommen und hatte dabei mit Sicherheit eine Vielzahl unterschiedlicher Menschen und Situationen erlebt, die zwangsläufig einen Haufen Lebenserfahrung mit sich brachten.

Kamforski hörte, wie hinter ihm jemand die Kneipe verließ, und drehte sich um.

Da stand sein Freund Karl Rotermund, Exkollege und Doppelkopfpartner, und zündete sich eine Zigarette an. »Probleme?«, fragte er knapp.

»Gut möglich«, murmelte Kamforski und rieb sich die Nase. Er gab sich einen Ruck. »Ich glaube, ich sehe lieber selbst nach dem Rechten.«

***

»Was ich denen wirklich übel nehme«, fauchte Idgie knapp vier Stunden später mit eisig kaltem Blick, »ist, dass die mein Nest beschmutzt haben. Mein Heim. Das erste richtige, das ich je hatte – wenn man von Schiffskabinen und möblierten Apartments mal absieht. Das ist verdammt noch mal nicht fair!«

Kamforski nickte bedächtig. »Vielleicht bringt der Abgleich der Fingerabdrücke ja was, irgendeinen bekannten Kandidaten.«

Idgie warf ihm einen spöttischen Blick zu. »Was bist denn du für ein komischer Bulle. Glaubst du etwa an Wunder?«

»Exbulle«, korrigierte er und lächelte verschmitzt. »Seit drei Tagen glücklich im Ruhestand.«

»Willkommen im Club. Aber jetzt mal im Ernst. Welcher Idiot würde hier schon einbrechen, ohne Handschuhe zu tragen? Also, wenn ich irgendwo einen Bruch machen würde, würde mir so was nicht passieren.« Sie stemmte sich an der Tischkante hoch und verzog ihr Gesicht leicht dabei.

»Schmerzen?«, fragte Kamforski.

Idgie zuckte mit den Schultern. »Nicht richtig schlimm. Nur ein bisschen steif. Zu lange auf dem Bock gesessen. Ist nicht wichtig.« Sie ging in die Kammer, kehrte mit einer Flasche und zwei Gläsern zurück und drückte Kamforski einen Korkenzieher in die Hand. »Wenigstens sind die mir nicht an meine Rotweinvorräte gegangen. Mach auf. Den hast du dir redlich verdient.«

»Nicht der Rede wert«, brummte Kamforski bescheiden und öffnete die Flasche.

»Nun stell dein Licht mal nicht so unter den Scheffel. Du hast die Spurensicherung durchs Haus turnen lassen und deine Kollegen aus Nottuln fast in den Wahnsinn getrieben. So ein sorgfältig formuliertes Protokoll mussten die bestimmt noch nie schreiben. Du hast mir beim Aufräumen geholfen, und dass morgen gleich ein Glaser aus Münster anrauscht, habe ich auch dir zu verdanken. Außerdem hattest du Pappe im Auto, um das Fenster zu verkleben. Ein Weinkarton, sehr passend.« Idgie grinste. »Aber besonders kommunikativ bist du nicht gerade. Eher ein ziemlich maulfauler Geselle.«

»Ich brauche frische Luft. Lass uns doch draußen trinken.« Ohne auf ihr Einverständnis zu warten, nahm Kamforski die Gläser und ging aus dem Haus.

Idgie sah ihm überrascht hinterher. Dann klaubte sie ihren Rucksack vom Boden auf, griff nach der Flasche und hastete ihm nach.

Sie führte ihn zum Strandkorb, wo er ihr, plötzlich gar nicht mehr wortkarg, eine Menge sehr detaillierter Fragen stellte. Idgie war überrascht, wie schnell er die Fakten zusammensetzte, die sie ihm präsentierte.

»Du meinst also, dass sie auf diese Festplatte aus sind, die du da im Rucksack hast«, fasste er schließlich zusammen.

»Da bin ich mir sicher.« Idgie hielt den Rucksack immer noch fest umklammert. »Ich weiß nur nicht, warum. Da ist nichts drauf, was jemandem ernsthaft das Genick brechen könnte. Und solange ich das Warum nicht kenne, weiß ich auch nicht, wer dahintersteckt.«

»Die Frage, die sich mir hier spontan aufdrängt, ist eigentlich eine ganz andere.« Kamforskis Tonfall war bedächtig, ebenso bedächtig wie die Art, in der er jetzt mit einem leicht schabenden Geräusch die Bartstoppeln an seinem Kinn rieb.

Idgie sah ihn neugierig an. Dann boxte sie ihm aufmunternd mit dem Ellenbogen in die Seite. »Nun mach schon.«

»Die interessante Frage ist doch: Woher wussten sie von der Existenz dieser Festplatte, und seit wann wussten sie das? Nach all dem, was du mir erzählt hast … ich hab da so eine Idee …«

Die erste von fünf Wanzen fand er im Telefon.

***

Münsterland, Nottuln, 5. April

Gegen vier Uhr morgens gab Kamforski auf. »Schlafsofa«, grunzte er erbittert. »Folterbank« wäre der passendere Begriff. Wer dieses Ding hier konstruiert hatte, sollte dazu gezwungen werden, mindestens zehn Nächte darauf zu verbringen.

Er seufzte, gähnte und wälzte sich über die Kante der unkomfortablen Bettstätte. Von der Galerie herunter wehten ihn leise Schnarchlaute an. Idgie jedenfalls schien keine Probleme mit dem Schlaf zu haben.

Kamforski nahm die Bettdecke unter den Arm, tappte mit nackten Füßen zu dem Lehnstuhl hinüber, legte die Füße auf den zugehörigen Hocker und deckte sich zu. Schon besser. Schlafen konnte er so zwar auch nicht, aber wenigstens hatte er nicht mehr das Gefühl, dass ihm jemand das Kreuz brechen wollte. Dann fing er an, die Fakten zu sortieren.

Was haben wir?, überlegte er:

– einen Toten mit unklarer Todesursache;

– einen vergifteten Hund;

– zwei lautstarke Besucher in Lackschuhen mit Essener Bonzenkarre;

– einen verschwundenen Laptop;

– eine Festplatte mit einer Materialsammlung zum Thema Erdgasförderung im Münsterland;

– fünf Wanzen im Haus des Toten;

– einen Einbruch im Haus des Toten (warum zu diesem Zeitpunkt?);

– die Wanzen ... der Sohn des Toten mit seiner Freundin ... (warum also zu diesem Zeitpunkt?).

Weil es erstmalig wieder etwas zu belauschen gegeben hatte, schloss Kamforski. Vorher war sie immer allein im Haus gewesen. Und worüber hatten die drei gesprochen? Über Hannes' Tod, über seine Recherchen – und über die Festplatte, die er ihnen hinterlassen hatte.

Die Festplatte. Es geht wirklich um diese verflixte Festplatte, dachte Kamforski. Aber warum? Im Geiste durchforstete er erneut das gespeicherte Material, das er noch in der Nacht mit

Idgie gesichtet hatte. Schockierend, ja, insbesondere in dieser komprimierten Zusammenstellung, aber nicht wirklich brisant. Weil der ganze Mist legal war, so einfach war das. Und dennoch musste es etwas geben. Die hatten zunächst Schindlers Rechner geklaut, da war sich Kamforski sicher. Aber wenn sie doch das Material auf dem Rechner kannten, warum dann die Mühe, sich auch noch diese Festplatte unter den Nagel zu reißen?

Vielleicht, schoss es Kamforski durch den Kopf, war auf dem Laptop ja mehr gewesen als auf der Festplatte. Ein neuerer Datenstand. Was genau hatte Schindler auf der Festplatte gespeichert? Eine regelmäßig laufende Datensicherung des Laptops? Mal angenommen, das war so: Dann hatte Hannes Schindler sich nicht mehr vom aktuellen Stand des Materials auf der Festplatte überzeugen können, als er krank wurde. Er hatte nur noch daran gedacht, sie mitzunehmen und Idgie zuzuspielen.

Vielleicht war ja gar nicht entscheidend, was sich auf der Platte befand, sondern das, was sich nicht darauf befand. Vielleicht wollten die deshalb unbedingt auch noch diesen externen Speicher holen, weil sie auf dem Laptop etwas gefunden hatten, das ihnen sehr wohl das Genick brechen könnte.

Erneut klickte Kamforski sich durch die Inhalte des externen Speichers. Er überflog die Schlagzeilen der einzelnen Artikel. Nichts Neues. Dann öffnete er einen Ordner mit der Überschrift »Freimessen«.

»Der Ordner ist leer«, stellte Kamforski fest. Und gleichzeitig wusste er, dass das die erste richtige Spur war, die er gefunden hatte. Ein leerer Ordner. Das Jucken in seinem Zinken verriet ihm, dass er richtig lag.

KAPITEL 9

Essen, 5. April

Ein Platzregen ergoss sich lautstark gegen das Bürofenster. Manni zuckte zusammen, stand auf und starrte auf die Straße hinunter. »Wie das schon wieder schüttet …«, brummelte er.

»Was heißt hier ›schon wieder‹? Hat es überhaupt mal irgendwann aufgehört in der letzten Woche? Das ist doch am Regnen, seit die Cassandra hier so rumgewütet hat. Zehn Tage, ununterbrochen.«

»Echt? So lange schon?«

»Ja klar. Oder wann hast du zuletzt die Sonne gesehen?« Edda Martinez knüllte ihr Butterbrotpapier zusammen und beförderte es mit gezieltem Schwung in den Papierkorb neben ihrem Schreibtisch. »Kannst du dich erinnern?«

»Gefühlte drei Monate«, gab Manni mit leiser Theatralik in der Stimme zu. Aber eigentlich störte ihn das nicht. Manni war sogar ganz froh darüber, denn an den Abenden pendelten sie zwischen Ruths Sofa, Ruths Küche und Ruths Schlafzimmer hin und her, sehr zum Ärger von Schimanski, der sich in seiner gewohnten Katzenroutine aufs Empfindlichste gestört fühlte. Schönes Wetter würde diese Romanze vielleicht schnell in gemäßigte Bahnen lenken. Ihr die kuschelige Intimität rauben. Obwohl Manni das eigentlich nicht glaubte. Vermutlich würden sie auch in Ruths verwildertem Garten die Finger nicht voneinander lassen können. Wie die Teenager, dachte er und musste grinsen.

»Du siehst aus wie mein Hund, wenn er die Wurst vom Tisch stibitzt hat. Worüber freust du dich denn so?«

»Och, nichts Besonderes.«

»Glaub ich dir nicht. Seit bestimmt anderthalb Wochen bist du schon so impertinent guter Laune.«

»Stimmt doch gar nicht«, protestierte Manni lahm. *Clouds in the sky …*, summte es in seinem inneren Ohr. … *like a time machine in space …* Manni bemerkte gar nicht, dass er die Melodie leise mitpfiff.

»Und ob das stimmt«, mischte sich Kollege Kalle Pohl ein,

der in der Tür zum Nachbarbüro lehnte und der Unterhaltung gefolgt war. »Dauernd pfeifst du vor dich hin.«

»Na wenigstens einer, der bei dem verregneten Frühjahr nicht trübselig wird.« Manni grinste erneut. »Wenn das weiter so schüttet, wird's auf jeden Fall problematisch. Wo, meint ihr, wird die Scheiße wohl zuerst hochschießen?«

»Wetten, irgendwo im Süden?«, sprang Kalle augenblicklich auf das Thema an. »Wie 2008, als der Mist in Kupferdreh, Heidhausen und Kettwig hochgekommen ist.«

»Warst du dabei?«, fragte Edda neugierig.

»Jau«, bestätigte Kollege Kalle knapp.

»Ich war da gerade frisch in der Ausbildung«, sagte Edda. »Aber ich habe davon gehört. Muss ziemlich heftig gewesen sein.«

»Das kannst du wohl laut sagen. Die Gullydeckel hat es richtig in die Höhe katapultiert. Einer ist mit Schmackes in einen Van geknallt. Die Seite war völlig eingedellt, so viel Kawumm war dahinter.«

»Hihi. Damit hat es ja wohl keinen Falschen getroffen.«

»Da saß das Geld«, bestätigte Manni. »Zumindest in Heidhausen und in Kettwig. Obwohl – in Kettwig ist das auch eher gemischt. Aber so was würde ich niemandem an den Hals wünschen, echt nicht.«

»Das sah vielleicht aus da«, fiel ihm der Kollege ins Wort. »Also, als das Wasser wieder abgeflossen war.« Er feixte breit. »In den feinen Gärten war die Kacke buchstäblich am Dampfen. Keller voll, Autos und Garagen ... selbst ins Erdgeschoss ist die Suppe gelaufen.« Er begann zu lachen. »Ich meine, das Beste war diese E-Klasse, die hatte cremefarbene Ledersitze ... und dann dieser Pinkel, wie der da in seinen Gummistiefeln zu seinem Auto stapfte und die Tür öffnete und die stinkende braune Suppe ... das Gesicht hättest du mal sehen sollen ...«

»Gab es denn irgendwo eine Blockade?«, fragte Edda Martinez. »Irgendeine Stauung in der Kanalisation? Oder warum kam es ausgerechnet dort hoch, wo es doch schon Richtung Bergisches geht?«

»Nix Blockade. Da war einfach zu viel Wasser unterwegs«, sagte Manni. »Die Bäche aus dem Bergischen waren voll bis zum Kragen, eine Starkregenfront aus dem Süden kam angerollt, und dann haben sie noch irgendeine der Talsperren im Osten kontrolliert abgelassen, damit da nichts überschwappt. Auf jeden Fall war Holland in Not. Hat eine ganze Weile gebraucht, bis der ganze Mist wieder gereinigt war. Ich tippe allerdings auf Steele, wenn du mich fragst.«

»Warum ausgerechnet da?«

»Mensch, Edda, das ist doch wohl logisch. Weil da Regenwasser und Abwasser zusammen abgeleitet werden. Das vervielfacht das Volumen in den Kanälen. Ich setz 'nen Zehner auf Steele.«

»Und ich einen auf Heidhausen, Fischlaken, da unten die Ecke. Und du, Edda?«

»Altenessen«, sagte sie. »Das gleiche Prinzip wie in Steele. Nur dass die Kanalisation dort älter ist.«

»Was nicht unbedingt schlechter sein muss«, wandte Manni ein. »Auf jeden Fall glaube ich, es kommt südlich der Wasserscheide hoch. Wartet, ich schick's mal auf den Drucker.«

Kurz darauf legte er die grobe Skizze des Abwassernetzes auf den Schreibtisch. Das Essener Abwassernetz war unterteilt in zwei Blöcke. Nördlich der A 40 wurde es in Richtung Emscher geleitet, südlich dieser Autobahn, die sich wie eine Schneise quer durch die Stadt pflügte, in Richtung Ruhr, was in etwa mit dem natürlichen Gefälle zusammenhing. Natürlich gab es Ausnahmen, die diese grobe Regel durchbrachen. Die Margaretenhöhe zählte trotz ihrer Lage südlich der A 40 zum nördlichen Abwassernetz der Stadt.

»Also gut, lassen wir uns überraschen«, fasste Manni zusammen. »Du Nord, ich Süd, aber nördlich der Ruhr, Kalle südlich der Ruhr. Ich mach jetzt die Runde, mal sehen, was die anderen so tippen.« Mit dem Bleistift malte er Kringel an die entsprechende Stelle des Ausdrucks und schrieb den jeweiligen Namen hinein. »Wie viel setzt ihr?«

Manni wusste, dass diese Wette half, die Anspannung zu kanalisieren, mit der sie alle auf das Unvermeidliche warteten. Denn dass es passieren würde, war so klar wie das Amen in der Kirche. Und wenn die Kanalisation aus allen Nähten platzte, war das alles andere als komisch. Es war einfach eine riesige Schweinerei, auf die nun wirklich niemand scharf war.

***

Es regnete immer noch. Ein steter, unaufhaltsamer Niederschlag, mal fein sprühend, mal Bindfäden, mal Wolkenbruch. Seit Tagen war es nicht mehr richtig hell geworden. Schwere Wolken verdunkelten den Himmel, bleigrau mit einem Stich ins Grünliche hinein.

Peter Mooren starrte von der Kurt-Schumacher-Brücke auf die Ruhr hinunter, diesen Fluss, den er kannte, solange er denken konnte. Er war mit der Ruhr aufgewachsen, schon als Kind mit seinem Vater auf dem zum Baldeneysee aufgestauten Fluss gerudert und noch im Freibad Baldeney schwimmen gegangen, das schon seit Langem stillgelegt war. Er war durch die Wälder rund um den Stausee gestreunt, hatte sich die Nase an den Toren der Krupp'schen Villa Hügel platt gedrückt und auf der Isenburg die ersten Küsse mit Irene ausgetauscht. Dort hatte er es auch zum ersten Mal gewagt, ihr die Hand unter den Pullover zu schieben, und sich vorsichtig herangetastet an die runden Hügel, die sich so verheißungsvoll unter der Wolle abzeichneten. Sie hatte ihn gewähren lassen, und er hatte sein Gesicht in ihrem weichen braunen Haar vergraben und den Duft in sich hineingeatmet. Später dann hatten sie dicht beieinander an der Mauer gestanden, Hand in Hand, und auf den See hinabgeschaut, auf dem vereinzelt ein paar Segelboote friedlich ihre Zickzack-Bahnen zogen.

Die Ruhr war ihm so vertraut wie sein Irenchen. Er kannte jede ihrer Biegungen von der Kemnade bis nach Mülheim, wusste, an welchen Stellen die Karpfen standen, und hatte sogar schon mal einen Hecht im See gefangen. Er kannte die Ruhr bei Niedrigwasser und bei Hochwasser. Und dass die Kurt-Schumacher-Brücke gesperrt werden musste, wenn das Wasser kam, das war eigentlich in jedem Jahr der Fall. Die gewundene Landstraße, die von der Brücke hin nach Überruhr und weiter durch Burgaltendorf ins Bergische Land hineinführte, wurde regelmäßig geflutet, manchmal sogar mehrfach im Jahr.

So aber hatte er seinen Fluss noch nie erlebt. Der war völlig außer Rand und Band. Das Wasser hatte weite Teile des Ruhrtals überflutet und riss alles mit sich, was sich ihm in den Weg stellte. Bäume, Verkehrsschilder, jede Menge Plastik, ein paar der Mülleimer aus Metall, die sich an den Uferwegen befanden, ein Kahn, all das wirbelte durch das schäumende Wasser und prallte gegen die Bäume, die den Fluten noch standhielten, um dann unter dem Druck des Wassers weitergetrieben zu werden.

Das *Bootshaus* mit seinem schönen Biergarten stand, von der Hauptstraße vollständig abgeschnitten, auf einer Insel, vom Wasser umtost, die Flut gurgelte über den Parkplatz des *Bootshauses*, schäumte bereits über die letzte Stufe zur hoch gelegenen, kiesbedeckten Terrasse und züngelte in Richtung des Ausflugslokals.

»Oberkante Unterlippe«, murmelte Peter Mooren. Nur eine Frage der Zeit, bis das Wasser auch diese Hürde nahm und das *Bootshaus* absoff. Es machte ihm Angst.

Dauerregen und Orkan, und ein insgesamt viel zu warmer Winter. Ob das dieser Klimawandel war, über den so viel geredet wurde? Musste man nun jedes Jahr damit rechnen? Mit völlig verregneten Sommern oder Wintern, mit Orkanen und Tornados, die das Land verwüsteten? Er hatte mal einen Bericht im Fernsehen gesehen, wo sie sagten, dass die Menschen das alles selbst zu verantworten hätten. Dass sie mit ihrem Hunger nach Energie und ihrer Maßlosigkeit Raubbau an der Natur trieben und die Natur nun zurückschlagen würde. Peter Mooren war sich nicht sicher, was er davon halten sollte. Er war nur ein alter Mann. Aber eines wusste er genau: Der Mensch war das schlimmste aller Raubtiere. Und wenn es mit der Menschheit mal vorbei sein sollte, wäre das kein allzu großer Verlust.

Was trieb denn da vorne im Wasser? Irgendwas Gelbes. Eine Plastiktüte? Nein. Sah eher aus wie ein … Peter Mooren kniff die Augen zusammen. Sie tränten vom Wind und von der Anstrengung.

Eine Windbö griff unter den Schirm seiner Mütze und fegte sie vom Kopf. Es war seine Lieblingsmütze, fast wie die Kappe eines Kapitäns, mit blauem Schirm. Irene hatte sie ihm mal an der Ostsee gekauft. In Travemünde. Du siehst damit genauso fesch aus wie der Schmidt, hatte sie liebevoll gesagt und damit den ehemaligen Bundeskanzler gemeint, den sie immer verehrt hatte, fast so wie Willy Brandt.

Peter Mooren hastete der Kappe hinterher und rettete das geliebte Stück gerade noch rechtzeitig, bevor es durch das Geländer hindurch in die reißende Flut geweht wurde. Erleichtert presste er die Kappe an die Brust. Sie war zu nass, um sie wieder aufzusetzen, und ohne seine Mütze mochte er hier im Regen nicht länger stehen, sonst würde er sich noch verkühlen. »Füße und Kopp müssen trocken bleiben, dann bleibste gesund«, hatte Irene immer gesagt, und daran hatte er sich stets gehalten. Er sollte zusehen, dass er schnell nach Hause kam.

***

Essen, 6. April

Manni reckte sich und gähnte ungeniert. Zeit, Pause zu machen. Er brauchte nicht erst aus dem Fenster zu schauen, um zu wissen, dass es draußen ziemlich unwirtlich war. Stürmischer Wind trieb den Regen hart gegen die Scheiben. Er warf trotzdem einen prüfenden Blick aus dem Fenster. Der Himmel war bleigrau, und schwere Wolken schienen die Dächer der gegenüberliegenden Häuser gen Boden zu drücken. Egal. Er brauchte frische Luft. Manni griff nach seiner Jacke, verließ das Büro und ging die geschwungene Steintreppe hinunter in die Eingangshalle. Im Laufen zog er den Reißverschluss seiner wasserdichten Arbeitsjacke bis zum Kinn hinauf.

»Na, Manni, auch bei diesem Wetter raus?«

»Weißt du doch«, grinste Manni.

»Pass auf, dass es dir nicht die Haare vom Kopf reißt«, rief ihm der Pförtner hinterher.

»Witzbold.« Manni lachte und stülpte sich seine Wollmütze mit dem Inlay aus Goretex über den blanken Schädel.

Er verließ das Gebäude der Stadtwerke und kämpfte sich gegen den Wind die Rüttenscheider Straße hinauf bis zum Stern. Der Regen peitschte ihm ins Gesicht, und beinahe hätte er sich in einer Plastiktüte verheddert, die ihm zwischen die Beine trieb. Die Rüttenscheider Straße, neben der Innenstadt das zweite Einkaufsparadies von Essen, war erstaunlich leer für diese Uhrzeit.

Ich hätte doch besser noch die Hose anziehen sollen, dachte Manni. Aber in den orangefarbenen Arbeitsklamotten der Stadtwerke schwitzte er immer wie Tier. Schon deshalb war er froh, dass er nicht mehr dauernd auf dem Bock durch die Stadt kutschen musste, von den Rückenschmerzen mal abgesehen, die der unbequeme Sitz dieses Gefährts mit sich gebracht hatte. Seitdem protestierten Nacken- und Schulterpartie gegen die permanente Sitzerei im Büro. Der Lack war nun mal ab, das konnte man drehen und wenden, wie man wollte.

Obwohl Markttag war, lag der Rüttenscheider Markt unbelebt und grau vor ihm. Viel weniger Stände als sonst, keine ausladenden Vordächer aus buntem Zeltstoff. Etliche Händler hatten offenbar darauf verzichtet, bei dem Wetter zu kommen, und die wenigen, die da waren, hatten die Aufbauten auf ein Minimum reduziert. Aber der Fischmann war dort, wo er immer stand, und Manni beschloss, sich zwei Matjesbrötchen zu gönnen.

Zehn Minuten später war er wieder zurück auf dem Weg ins Büro. Es schüttete immer noch, und die Straße war komplett von Wasser bedeckt. Ein Passat preschte zügig an ihm vorbei und schickte einen ordentlichen Schwall in Mannis Richtung. »He, du Pfeife, kannst du nicht aufpassen?«, meckerte Manni dem Auto hinterher, um dann wütend seine durchnässten Jeans zu begutachten.

Die Bewegung nahm er mehr aus den Augenwinkeln wahr. Zwei Meter seitlich von ihm schoss plötzlich eine Fontäne in die Höhe, hell und anmutig wie ein Geysir, und katapultierte den Gullydeckel gut einen halben Meter weit auf die Straße.

Ach du Scheiße, dachte Manni. Hier in Rüttenscheid! Das hat uns noch gefehlt. Er begann zu rennen.

***

Münster, 6. April

»Du bist pensioniert«, insistierte sein Freund und Expartner Karl Rotermund.

»Weiß ich. Ich dachte, du würdest mich trotzdem mal kurz ...« Kamforski grinste frech. »Sag mal, wolltest du nicht aufs Klo?«

»Kamforski, du nervst!«

»Dann mach doch selbst. Fünf Wanzen in der kleinen Hütte, das musst du dir mal überlegen. Und zwar Hightech vom Feinsten, keine Billigware. Da war jemand ganz schön in der Bredouille und hat sich das einiges kosten lassen. Außerdem habe ich oben im Wald einen ganzen Berg von ausgetretenen Kippen gefunden. Da hat jemand tagelang friedlich vor sich hin gequalmt, immer an der gleichen Stelle.« Kamforski knallte einen durchsichtigen Plastikbeutel vor seinem Freund auf den Tisch, prall gefüllt mit ausgetretenen Stummeln. »Die sollte mal jemand ins Labor schicken. Der Einbruch ist ja wohl Grund genug, das zu untersuchen. Da oben liegen noch mehr davon rum.«

»Vielleicht hat jemand seinen Autoaschenbecher dort entleert?«

»Vergiss es. Nur ein schmaler Fußweg rauf von Schapdetten. Von dem Platz aus hat man einen super Blick genau auf die Scheune von Hannes Schindler.«

»Der Fall ist abgeschlossen. Das weißt du doch.«

»Aber wenn sich eine andere Sachlage ergibt, muss das nicht so bleiben. Ich bin mir sicher, dass die Wanzen nicht erst vor Kurzem dort in Schindlers Scheune eingebaut wurden. Ich kann es ...«

»Jetzt komm mir bloß nicht wieder mit deinem verdammten Zinken!«, unterbrach Rotermund ihn rüde. »Ich dachte, diesen Spruch wäre ich endlich los.«

»Mensch, Karl. Die Wanzen dümpeln dort schon eine geraume Weile vor sich hin. Und sie werden nach wie vor abgehört. Die Frage ist doch, warum? Warum hielt es jemand für nötig, Schindler auf diese Art und Weise zu bespitzeln? Und warum hält es jemand für nötig, diese Bespitzelung sogar nach seinem Tod fortzuführen? Was ist mit dem Laptop von Schindler? Und was mit dem Einbruch bei Idgie?«

»Idgie?«

Kamforski hörte den spöttischen Unterton in der Stimme seines Freundes. Natürlich war dem die vertrauliche Anrede nicht entgangen. »Ja, Idgie«, sagte Kamforski herausfordernd. »Die Callahan hat eine Festplatte von Schindler geerbt mit ziemlich interessantem Material. Ich finde die Überlegung mittlerweile vollkommen korrekt, dass Schindler auf etwas Brisantes gestoßen ist.«

»Du stellst lauter Fragen, ohne auch nur eine einzige fundierte Antwort geben zu können«, murrte sein Freund.

»Weiß ich. Deswegen bin ich hier. Ich habe mich gestern mit dem Inhalt auf Schindlers Festplatte beschäftigt. Ich will einfach nur ein paar Anfragen durch unser System jagen, mehr nicht.«

»›Nur‹ ist gut. Du weißt genau, dass ich das nicht darf.«

»Nun komm schon, Karl. Wegen der guten alten Zeiten. Außerdem will ich nicht warten, bis Idgie was passiert. Ich halte sie für gefährdet.«

»Wo ist die eigentlich jetzt, die Lady?«

»Sie ist nach Essen gefahren. Da ist sie wenigstens erst mal aus der Schusslinie.« Für einen flüchtigen Moment überlegte Kamforski, ob er sich da wirklich so sicher sein konnte. Aber niemand war dem Motorrad gefolgt, das hatte er selbst überprüft. Er war in gebührendem Abstand hinter ihr hergezockelt, die Augen wie ein Chamäleon aufmerksam in alle Richtungen peilend. Da war niemand gewesen, dafür würde er seine Hand ins Feuer legen. Also konnte auch keiner wissen, wo sie hingefahren war. Und auf dieser Konferenz war sie zwischen den ganzen Leuten erst mal in Sicherheit, zumindest war das ihre Argumentation gewesen, als er seine Bedenken vor ihr ausgebreitet hatte.

Stimmte das wirklich? Der Gedanke an diese Energiekonferenz bereitete ihm Unbehagen. Nun werd mal nicht paranoid, mein Junge.

»Ist was?« Sein Freund schien ihn genau beobachtet zu haben.

»Jetzt geh schon endlich pinkeln!«, brummte Kamforski unwirsch.

Rotermund seufzte. »Ich habe gleich Schießtraining«, sagte er. »Dann bin ich in einer Besprechung, schätzungsweise an die zwei

Stunden, und danach mache ich Feierabend, sofern sich nicht wieder irgendwelche Leute gegenseitig die Schädel einschlagen. Hier ist mein Büroschlüssel. Schließ dich ein, solange du am Computer fahndest, und bring mir den Schlüssel heute Abend nach Hause. Wenn dich hier jemand erwischt: Ich weiß von nichts. Und fahr den PC runter, wenn du gehst. Und lass bloß das Licht aus.«

»Danke Karl. Du bist ein echter Freund. Und bitte – gib die ausgetretenen Kippen zur Analyse ins Labor.«

Rotermund verdrehte die Augen, nahm dann aber doch die Tüte in Empfang, die Kamforski ihm beharrlich hinhielt.

***

Essen, 6. April

»Ausgerechnet hier in Rüttenscheid.« Mannis Stimme war düster, während er aus seiner sicheren Position von oben aus zusah, wie eine braune Brühe über die Rüttenscheider Straße suppte. Ein paar Martinshörner näherten sich und kündigten die Feuerwehr an.

»Weiß man schon Genaueres?«

»Ich tippe auf eine Stauung in einem der größeren Kanäle irgendwo Richtung Bredeney«, sagte Meininger. »Wenn es hier hochkommt … Außerdem haben wir Meldungen aus Altendorf und Katernberg, dass dort die Köttelbecken außer Rand und Band sind.«

Ein Handy, unterlegt mit dem obligatorischen Brummton, plärrte blechern *Strangers In The Night* in den Raum. Etwas verzögert begann Meininger in seiner Jackentasche zu kramen.

Neuer Klingelton oder neues Handy, dachte Manni amüsiert. Den hatte man jedenfalls noch nicht bei Meininger gehört.

»Ja?«, knurrte Meininger in das Mobiltelefon. Sein Gesicht verdüsterte sich, während er zuhörte. »Alles klar«, sagte er schließlich. »Nimm dir die Azubine zu Hilfe, die Tina, das Mädel ist fix, und halte uns auf dem Laufenden.« Er klappte das Telefon zusammen. »Land unter«, informierte er Manni knapp. »Ich könnte jetzt gut einen Kaffee gebrauchen. Sei so nett und hol uns einen. Ich trommele inzwischen die anderen zusammen.«

Edda Martinez hastete als Letzte ins Büro ihres Chefs und quetschte sich neben dem Gummibaum in die Ecke. »Sorry, ich hab grade telefoniert«, entschuldigte sie sich.

»Dann können wir ja loslegen«, sagte Meininger. »Wie ihr vermutlich alle schon mitbekommen habt: Aus dem Orkus kommt das Wasser hoch. Aber nicht nur hier. Auch in Altenberg, Katernberg, Kray, Huttrop und Steele und jetzt auch noch eine Meldung aus Heisingen. Überall das Gleiche. Das Telefon in der Zentrale steht nicht mehr still.«

Meininger trank einen Schluck Kaffee und verzog angewidert das Gesicht.

Manni schob die Zuckerdose in sein Blickfeld.

»Danke. Wer weiß, was da noch alles kommt«, fuhr Meininger düster fort, während er Zucker in seinen Kaffee schaufelte. »Aber ist doch merkwürdig, dass das jetzt überall gleichzeitig passiert. Hat es so was schon mal gegeben?« Er warf einen auffordernden Blick in die Runde.

»So flächendeckend? Nicht, solange ich hier bin«, sagte Manni mit gerunzelter Stirn. Und das wollte was heißen, denn er war der Dienstälteste in der Runde. »Das Schlimmste war 2008 im Essener Süden, da haben wir gestern grad noch drüber geredet. Klar gab es schon mal 'ne Verstopfung. Aber nicht so gleichmäßig quer durch sämtliche Stadtteile. So was kann nicht durch eine einzige Stauung verursacht werden. Ich würde mal sagen, die Kanalisation ist einfach randvoll.«

»Hab ich's nicht gesagt?«, tönte Kollege Kalle. »Hab ich's nicht gesagt? Seit Jahren predige ich wie eine Gebetsmühle, dass das mal passieren wird. Aber auf mich wollte ja keiner hören. Jetzt haben wir den Salat!«

»Jaja«, versuchte Meininger ihn zu besänftigen. »Du hast ja recht.«

Aber Kalle war nicht zu bremsen. »Dauerregen«, schnaubte er. »Wenn nix mehr reinpasst, muss es irgendwann oben wieder rauskommen. So einfach ist das.«

»Das hilft uns jetzt auch nicht weiter.« Meininger ging zu dem großen Plan, der hinter seinem Schreibtisch an der Wand hing. »Jetzt mal systematisch: Bei den ganzen Ausleitungen in die Flüsse tippe ich trotzdem auf ein paar Blockaden, die für den Rückstau sorgen. Die müssen wir lokalisieren. Tina hilft unten in der Zentrale aus. Sie hat mir eben eine Mail geschickt, in der sie die bisher eingegangenen Meldungen zusammengefasst hat. Demnach ist der Mist überall hier hochgekommen.«

Mit gerunzelter Stirn studierte Meininger abwechselnd den Ausdruck in seiner Hand und den Plan an der Wand und markierte die Stellen mit roten Pinnwandsteckern. Schließlich war er fertig und trat einen Schritt zurück.

»Ich schicke die Mail von Tina rum. Für den Anfang muss das reichen. Ihr teilt euch jetzt auf. Jeder knöpft sich ein paar Stadtteile vor. Geht die letzten Berichte durch, Kanalbegehungen, Fernsehüberwachungen, Störfälle, das ganze Programm. Ich will wissen, wo Pumpen ausgetauscht wurden und wo Reparaturen ausstehen. Beeilt euch. In zweieinhalb Stunden alle wieder hier, okay? Und dich brauche ich hier, Manni. Ich denke, in ungefähr einer Stunde. Ich sage dir noch Bescheid.«

***

War wohl doch keine so gute Idee gewesen, mit der Karre nach Essen zu fahren, dachte Idgie, als sie sich durch den dichten Verkehr die Gladbecker hinunter stadteinwärts kämpfte. Das war der Nachteil an einem Gespann. Man konnte sich nicht einfach so durchmogeln wie mit einem Motorrad ohne Beiwagen. Staus und zähfließendem Verkehr war man genauso ausgeliefert wie in der vierrädrigen Blechkiste. Außerdem regnete es in einem fort. Seit sie ins Ruhrgebiet eingetaucht war, war es nass. Viel nasser, als es die letzten zwei Tage im Münsterland gewesen war. Eigentlich kein Problem mit ihren Motorradklamotten, aber die Sicht war einfach beschissen, und das machte das Fahren äußerst anstrengend.

Vielleicht hätte sie doch besser den Zug nehmen sollen. Damit wäre sie jedoch bei Weitem nicht so flexibel gewesen. Außerdem hasste sie es, dicht auf dicht mit irgendwelchen unbekannten

Personen eingepfercht zu sein. Nicht einfach abhauen zu können, womöglich die ganze Fahrt über vollgequatscht oder mit einer Vielzahl von Telefonaten behelligt zu werden, eines belangloser als das nächste. Unglaublich, wie die Tendenz zunahm, Gott und die Welt an Gesprächen teilhaben zu lassen, bei denen sich Banalitäten, Wichtigtuerei und die Nichtachtung jeglicher Intimsphäre die Hand reichten. Und einen Wagen hatte sie nun mal nicht. Außerdem war sie schon lange nicht mehr Auto gefahren, und die Vorstellung, ihre verschütteten Kenntnisse ausgerechnet mit einem Leihwagen bei einer Fahrt in eine Großstadt wie Essen wieder aufzupolieren, war ebenso abschreckend gewesen wie der Gedanke an eine Fahrt mit den Öffentlichen. Also Motorrad, Regen hin, Regen her.

Autobahn vermeiden hatte Idgie im Navi eingegeben, nicht *Schnellste Strecke*. Und so hatte sie sich gemächlich über kleine Landstraßen durch das südliche Münsterland bis ins Ruhrgebiet vorgearbeitet. Nun fuhr sie im Schneckentempo durch den Essener Norden und bestaunte die aneinandergereihte Ansammlung von Gewerbegebieten, Tankstellen und Gyrosbuden, Sonnenstudios und Spielhallen nicht zu vergessen.

Eine knappe halbe Stunde später rollte sie in die Weststadt ein und wurde zu einer würfelförmigen Konstruktion aus Stahl und viel Glas geleitet, die ziemlich neu aussah. Ziel erreicht. *Ankunft*, blinkte das Navi. Die Westlandhalle. Hier sollte am nächsten Tag die Energiekonferenz beginnen.

Das Viertel westlich der Essener City wirkte, als wäre es gerade erst aus dem Boden gestampft worden. Die Grünflächen waren frisch angelegt und deshalb ohne nennenswerten Busch- und Baumbestand, jedenfalls ohne alten. Eine Reihe junger, noch unbelaubter Bäume ragte wie Zahnstocher aus dem Boden und zeugte zumindest vom guten Willen, diese seltsame Einöde dauerhaft zu verschönern. Am Rande des Neubauviertels reckte sich ein Glaspalast markant über die Fronten hinaus. Auf seinem Kopf trug er ein Logo, weithin sichtbar und einem Wappen nicht unähnlich. NEdZ, war in leuchtend roten kursiv geschwungenen Buchstaben in ein ebenso leuchtendes smaragdgrünes Oval eingelassen – *Neue Energie der Zukunft*.

Die Höhle des Löwen, dachte Idgie, als sie auf das Gebäude zufuhr.

Je näher sie kam, desto höher wirkte es. Zwei runde Türme, wie siamesische Zwillinge aneinandergeheftet, strahlten um die Wette. Vor dem Haupteingang fand sich ein ebensolches Oval wie das, das den Kopf der Türme krönte. Es war in den Boden eingelassen, lauter fluoreszierende Lampen, die aneinandergefügt das Logo abbildeten: intensives Smaragd und darin, kühn geschwungen und knallrot, die Buchstaben, die die Energie der Zukunft versprachen. NEdZ. Eine Verheißung, die nach Einfluss, Geld und Macht roch.

Idgie rollte mit ihrer Ural auf dem Platz vor dem Zwilling aus und ließ den Blick entlang der Türme gen Himmel wandern. Augenblicklich schoss ein Mann aus dem Eingang des Gebäudes, der schwer nach Sicherheitsdienst aussah. Höflich, aber bestimmt forderte er Idgie auf, sich unverzüglich aus dem Eingangsbereich zu entfernen.

Für einen flüchtigen Moment überlegte Idgie, den Motor abzustellen und es einfach drauf ankommen zu lassen. Dann siegte die Vernunft. Lass stecken, dachte sie und drehte ab. In gebührendem Abstand gab sie das neue Ziel ein. *Schatzreich.* Lustiger Name für eine Straße. Der Name des Stadtteils wurde in Klammern angezeigt. Alt-Rellinghausen.

Das Navi leitete Idgie in Richtung Rüttenscheid, wo sie auf eine Straßensperre durch Polizei und rote Feuerwehrwagen stieß.

»Überflutung«, informierte sie einer der Uniformierten knapp. Sie müsse zurück zum Hauptbahnhof, wenn sie nach Rellinghausen wolle. Hier könne sie nicht durch.

Idgie wendete das Gespann und fuhr zurück. Auch hier war ziemlich viel Wasser auf den Straßen unterwegs, eine schmuddelig trübe bräunliche Brühe, die ihr an Karre und Beine spritzte. Am Hauptbahnhof setzte sie mit dem Navi erneut an, um über eine alternative Route nach Alt-Rellinghausen zu gelangen. Sie wurde über eine breite, von alten Bäumen gesäumte Straße zur Ruhr hinuntergeleitet. Ruhrallee. Wie passend. Selbst der Mittelstreifen war baumbestanden.

Schön, diese großen Bäume, dachte Idgie und wunderte sich, dass eine solche Straße in einer Großstadt wie Essen überhaupt zu finden war. Aber in Gegenrichtung schienen einige der Bäume umgekippt zu sein. Sie waren notdürftig auf die breiten Bürgersteige gezogen worden, und die Spuren der Fahrbahn waren verengt, um den Verkehr weiterhin vierspurig leiten zu können. Ein paar Männer waren dabei, einen der Stämme zu zerlegen. Eine Kettensäge fräste sich mit quälendem Kreischen durch das Holz. Offensichtlich wurden hier immer noch Spuren von Cassandra beseitigt, die in dieser Stadt schwer gewütet zu haben schien.

Auch hier stand Wasser auf der Straße, nicht richtig viel, aber flächendeckend. Woher es kam, war unklar, denn obwohl es jetzt nicht mehr regnete, floss es gleichmäßig die Straße hinunter. Kam es aus der Kanalisation?

Idgie schob sich vorsichtig voran. Erst als sie in Alt-Rellinghausen ankam, änderte sich das Bild. Die schmale Straße, die den Hügel hinaufführte, war trocken.

Das Navi signalisierte, dass sie ihr Ziel erreicht hatte. Etwas steifbeinig von der langen Fahrt stieg Idgie ab, löste den Helm vom Kopf und sah sich dann neugierig um.

Hübsch war es hier. Die Straße war gesäumt von alten, sehr homogen wirkenden kleinen Häuschen und lag an einem Waldrand. Eine Zechensiedlung, vermutete Idgie. Viel alter Baumbestand, musste im Sommer sehr grün sein. Die Häuser waren im Doppelpack aneinandergebaut, und die Durchgänge zwischen diesen Päckchen gaben den Blick frei auf die Rasenflächen lang gestreckter Gärten.

So wie hier hatte sich Idgie eine Großstadt im Ruhrgebiet nicht vorgestellt. Eher wie die Weststadt, keinesfalls so hutzelig, so klein und vor allem so grün. Für einen flüchtigen Moment bedauerte sie, Filou in der Obhut von Stella zurückgelassen zu haben. Sie hatte ihrem Hund weder diese lange Fahrt noch eine Großstadt zumuten wollen. Nun war sie überrascht.

Von wegen Großstadt. Die Siedlung hier hatte etwas verschlafen Provinzielles an sich. Eine Stadt voller Gegensätze, dachte Idgie. Hier, in dieser kleinen Siedlung am Waldrand, ließe es sich entgegen allen sorgsam gepflegten Vorurteilen sicher gut aushalten.

***

Als Manni in das Eckzimmer seines Chefs zurückkehrte, stand Meininger vor dem großen Stadtplan an der Wand, der um weitere Markierungsfähnchen bereichert worden war, denn immer mehr Meldungen waren im Laufe der letzten Stunde eingetroffen.

»Guck mal hier.« Meininger tippte mit seinem manikürten Zeigefinger auf den Plan. »In Steele scheint es besonders dicke zu sein. Zu allem Überfluss ist dort der Eickenscheidter Bach außer Rand und Band geraten.«

»Diese verdammten Köttelbecken. Die werden uns noch ewig und drei Tage verfolgen. Scheiß Bergbau …«, sagte Manni düster.

Etliche Versuche in früheren Zeiten, die Kanalisation unterirdisch zu legen, waren fehlgeschlagen, da diese regelmäßig durch Bergschäden, Bergsenkungen und Erdrutsche beschädigt bis zerstört worden war. Also hatte man in den vom Bergbau stark betroffenen Gebieten des Ruhrgebietes die Kanalisation oberirdisch gelegt und teilweise sogar natürliche Gewässer zu diesem Zweck in betonierte Rinnen verwandelt, um für einen reibungslosen Abfluss zu sorgen. Köttelbecken eben, oberirdische Kanäle für die Fäkalien der Region.

Meininger seufzte. »Das wird noch Jahrzehnte dauern, bis wir das alles wieder renaturiert haben. Aber gerade in Steele kannst du den Bergbau nicht allein dafür verantwortlich machen. Das war definitiv dieses Stadtsanierungsprojekt, das den Bächen den Rest gegeben hat. Zumindest habe ich das gelesen. Stimmt doch, oder?«

»Da hast du recht«, gab Manni zu. »Das war in den Siebzigern. Da haben sie wirklich die ganzen Bäche einfach unter die Erde gepackt, als sie den Stadtteil plattgemacht haben. Weil die gestört haben, das musst du dir mal reintun! Ich hab da neulich so einen Film drüber gesehen, wie das in Steele früher ausgesehen hat, bevor die da mit dem Dampfhammer drübergebügelt sind. Ein Jammer, echt, das kann einem die Tränen in die Augen treiben.«

»Wie dem auch sei. Der Eickenscheidter Bach nimmt unterhalb der Kleingärten nicht mehr den vorgeschriebenen Weg durch die unterirdische Kanalisation. Er fließt zurzeit über den Holbecks Hof runter auf die Steeler Straße.« Meininger tippte energisch mit dem Finger auf den Punkt im Stadtplan. »Dort muss definitiv irgendwo mächtig was verstopft sein, sonst würde der Bach nicht so drüberschießen. Das muss sich jemand mal ansehen.«

»Klar müssen wir das. Aber erst mal müssen wir abpumpen, was das Zeug hält«, brummte Manni. »Solange so viel Wasser da unten ist, können wir eh nichts ausrichten. So können wir keine Kameras runterschicken.«

»Zumindest scheint das nördliche Kanalnetz nicht ganz so heftig betroffen zu sein. Dabei ist die Emscher ebenfalls voll bis zum Anschlag. Ist doch komisch.«

»Wieso soll das komisch sein? Zurzeit werden doch wegen dem Hochwasser mal wieder die Talsperren der Ruhr abgelassen.«

»Weiß ich«, sagte Meininger. »Aber im Norden ist der Grundwasserspiegel wegen dem Bergbau angehoben. Da gibt es doch auch schon mal Probleme. Auf jeden Fall müssen wir uns die Sache ansehen.«

»Ja«, stimmte Manni zu. »Sobald es geht. Im Moment geht es nicht. Erst muss das Wasser wieder weg sein. Alles andere ist –« Er brach abrupt ab, drehte Meininger den Rücken zu und starrte aus dem Fenster.

Betretenes Schweigen machte sich im Raum breit.

Schließlich räusperte Meininger sich verlegen. »Du warst damals selbst mit unten, oder?«

Manni atmete tief ein, hielt für einen kurzen Augenblick die Luft an und ließ sie stoßartig wieder ab. Es kam einem Seufzer gleich. »Ich hatte Glück. Bernd nicht. Ich konnte ihm nicht helfen.«

»Wie ist das eigentlich passiert? Habt ihr denn den Wetterbericht damals nicht …?«, fragte Meininger schüchtern. Bislang hatte er nicht gewagt, Manni darauf anzusprechen.

»Natürlich hatten wir den gehört.« Manni drehte sich ruckartig wieder um, aggressiv wie ein Stier, der zum Angriff übergeht.

»Machen wir nämlich immer, bevor wir runtergehen. Sogar damals schon, dazu haben wir keine Klugscheißer von der Uni gebraucht! Aber die hatten das nicht angekündigt, es gab oben noch keine Sicherheitsposten, und die Kanalabschnitte wurden damals auch nicht so schön trockengelegt, bevor man runter ist. Du hast ja echt keine Ahnung, wie das vor zwanzig Jahren war. Heute ist alles klar geregelt, sogar Atemschutzmasken haben wir da unten, falls mal so 'ne Gaswolke von weiß der Teufel woher kommt. Damals … andere Zeiten, andere Sicherheitsvorschriften. Basta.« Er schüttelte sich und atmete tief durch. »Entschuldige. Du kannst ja nun wirklich nichts dafür.«

»Ist schon gut«, sagte Meininger kleinlaut. »Tut mir leid, dass ich das überhaupt angesprochen habe.«

»Der Wind hatte ganz plötzlich gedreht und die Regenfront quer über Essen getrieben.« Mannis Stimme wurde tonlos, während er in die unschöne Erinnerung abtauchte. »So'n richtig fetter Starkregen. Auf der A 40 ging zwanzig Minuten lang gar nichts mehr. Das habe ich hinterher gehört. Die sind mit ihren Autos einfach mitten auf der Fahrbahn stehen geblieben, so schlimm war das. Und das kam dann mit einer Irrsinnsgeschwindigkeit durch die Kanalisation geschossen. Ich hab's gehört, das Wasser, wie es angerauscht kam. Ich hab's gehört und nach der Leiter über mir gegriffen … konnte mich gerade noch rechtzeitig hochziehen.« Manni verstummte.

»Du konntest nichts dafür«, sagte Meininger beschwichtigend.

»Das werd ich mein Leben lang nicht mehr los. Ich hab doch gewusst, dass der Bernd da vor mir auf der Strecke ist … ich hab das Wasser gehört und … mir hätt's selbst fast die Füße weggezerrt, das hatte eine irre Kraft, das Wasser, da machst du dir echt keine Vorstellung! Ich hab gewusst, dass der das nicht überlebt, der Bernd. Ich wusste doch, wo der hingedrückt wird – direkt vor das T-Stück … und ich, ich hab nur daran gedacht, mich weiter hochzuziehen.« Manni sah Meininger an. In seinen Augen glitzerte es feucht. »Nachdem das passiert war, haben wir mit den Sicherheitsposten in anderen Stadtteilen angefangen, wenn jemand irgendwo runter ist, auch ohne gesetzliche Vorschrift. Die kam erst später. Für Bernd war das leider zu spät.«

»Aber für viele andere Kollegen nicht.«

»Da hast du recht.« Manni atmete tief durch.

Als das Telefon klingelte und der Pförtner den erwarteten Besuch anmeldete, hatte Manni sich wieder gefasst.

***

Mist, dachte Nora. Dann dachte sie nichts mehr. Ihr Körper vollzog eine Reihe von reflexartigen Bewegungen, an die sie sich später nur noch vage erinnern konnte. Das Nächste, was sie wieder bewusst wahrnahm, war, dass sie über die Straße schlidderte und auf dem Bauch liegen blieb. Sie hörte es scheppern, und etwas Hartes prallte ihr in die Seite. Das Fahrrad? Dann hörte sie das Quietschen von Bremsen und warf die Arme schützend über ihren Kopf.

Eine Autotür schlug.

»Um Himmels willen … sind Sie verletzt?«

Jemand zog das Fahrrad von ihr herunter, und Nora drehte sich vorsichtig erst auf die Seite, dann in die sitzende Position.

»Ich glaub nicht …« Sie bewegte erst das linke, dann das rechte Bein.

»Aber Sie bluten …«

Nora sah an sich hinunter. Sie hatte sich die linke Hand vom Ballen bis über den Puls hinweg aufgerissen. Ein Reflex ließ sie die Hand zum Mund führen und das Blut aufsaugen. Es schmeckte eklig.

Auch an der linken Wade blutete es aus einem tiefen Riss, der vom Gestänge ihres Schutzbleches herrühren musste, an dem die Kappe fehlte. Die Wunden begannen nun zu schmerzen, und sie wischte sich mehrfach verwirrt mit der Hand über den Mund, weil sie das Gefühl nicht loswurde, dass dort ein paar Spritzer feuchten Schlammes klebten. Dann merkte sie, dass sie sich auch den Handballen der rechten Hand aufgerissen hatte, und begann zu weinen.

»Soll ich einen Rettungswagen rufen?«, fragte ihr Helfer besorgt. Ein älterer Herr in Hemd und Schlips, der so aussah, als würde er gerade von der Arbeit kommen.

»Nein, ist nicht so schlimm, ist nur aufgerissen.« Nora wischte sich die Tränen aus dem Gesicht und zog die Nase hoch. Sie drehte sich auf die Knie und stemmte sich von der Straße hoch. »Geht schon, wirklich, nichts gebrochen.«

»Sind Sie sicher?«

»Ich will nach Hause«, sagte sie kläglich.

»Aber das muss versorgt werden. Ich bringe Sie ins Krupp-Krankenhaus.«

»Nicht nötig«, schniefte Nora. »Die Freundin meines Vaters ist Ärztin. Sie ist jetzt bestimmt schon da.«

»Dann bringe ich Sie wenigstens heim. Das Rad passt hinten ins Auto.«

Flüchtig überlegte Nora, ob sie wirklich zu einem fremden Mann ins Auto steigen sollte. Normalerweise würde sie so etwas nicht tun. Aber normal war hier gerade nichts, und der Mann sah vertrauenerweckend, freundlich und sehr besorgt aus.

»Nicht doch lieber ins Krankenhaus?«, fragte er erneut.

»Nach Hause«, entschied Nora mit piepsiger Stimme.

***

»Ich komme runter.« Meininger reckte sich um ein paar Zentimeter und rückte seine Krawatte gerade. Eine symbolische Geste. Er eilte aus dem Zimmer.

Manni hatte im Laufe seiner Dienstjahre nur zu genau beobachten können, dass es immer eine kleine Prestigefrage war, wer bei welchen Anlässen zu wem zu kommen hatte. Diesmal war die Entscheidung offensichtlich zugunsten der Stadtwerke gefallen.

Dabei war die Sachlage selbst doch eigentlich völlig klar, dachte Manni. Nichts, worüber man großartig reden musste. War die Kacke erst mal am Dampfen, musste gehandelt werden, was Gesundheitsamt und Wasserverwertung auf den Plan brachten. Normalerweise würden ein paar Scheißhausbakterien mehr im Essener Grundwasser nicht ausreichen, die führenden Köpfe der Essener Wasseraufbereitungskette aus ihren Büros zu locken. Ein paar erfahrene Ingenieure wären durchaus in der Lage gewesen, die richtigen Entscheidungen zu treffen und eine solche Situation in den Griff zu kriegen. Denn das Problem konnte man ohnehin nur bei der Trinkwasseraufbereitung lösen. Das ablaufende Kanalwasser gelangte nun mal unweigerlich ins Grundwasser, in Flüsse, Seen und Bäche, ohne dabei den vorgeschriebenen Weg über die Klärwerke zu nehmen. Niemand konnte gegen dieses Naturgesetz an. Also ein bisschen mehr Aktivkohlepulver und kräftiges Nachchloren zur Desinfektion, ein paar verschärfte Analysen – mehr konnte man nicht machen.

Trotzdem war die Lage wesentlich ernster als sonst. Manni betrachtete den großen Plan an der Wand, auf dem unzählig viele Fähnchen die zahlreichen Austrittsstellen markierten. Erstmalig war das Problem mit den unerwünschten menschlichen Auswürfen so flächendeckend, so großräumig aufgetreten. So was hatte er in seinen dreißig Dienstjahren noch nicht erlebt, und aus diesem Grund war vermutlich auch das große Besteck im Anmarsch. Das Gesundheitsamt wäre in jedem Fall mit von der Partie gewesen. Früher, überlegte Manni, hatten die zu einem solchen Anlass aber immer auf einer Besprechung in ihren Räumen bestanden. Aber »die Neue«, wie Meininger sie nannte, hatte sich erstaunlich schnell bereit erklärt, ihren Amtssitz für die anstehende Besprechung zu verlassen.

Dabei war »die Neue« vermutlich aus ganz anderen Gründen so schnell bereit gewesen hierherzukommen. Dieser Gedanke holte Manni endgültig aus der düsteren Stimmung, die sich durch die Erinnerung an den Tod seines Kollegen Bernd in ihm eingenistet hatte, und zauberte ein selbstgefälliges Grinsen in sein Gesicht. Er dachte an die letzte Nacht und strich sich vom Nacken her über den Schädel, was ihm einen wohligen Schauder über den Rücken trieb. Wie viele Nächte lief das jetzt schon?

Die Tür wurde schwungvoll aufgerissen und riss ihn aus den angenehmen Gedanken.

»Herr Dr. Zohns, bitte, kommen Sie herein. Wie schön, dass ich Sie hier in meinem Büro begrüßen darf«, sülzte Meininger und wieselte in den Raum.

Manni hätte am liebsten schallend gelacht, als er das hörte. »Hallo Dr. Zohns.« Er reichte dem Geschäftsführer der Essener

Wasser-Verwertungs-AG die Hand. »Hi Karl«, begrüßte er dann den Ingenieur, den Dr. Zohns im Schlepptau hatte.

Kurz darauf traf Konrad Steiger ein, Geschäftsführer der Emscher-Aufbereitungs-Gesellschaft.

»Konrad! So ganz allein? Bei der wichtigen Situation?«, fragte Zohns nervös, leichte Missbilligung in der Stimme.

»Aber Harald«, sagte Steiger gelassen. »Du weißt doch, ich habe mein Geschäft von der Pike auf gelernt und kenne es gut genug, um ohne fachliche Unterstützung klarzukommen.«

Ein hübscher Konter direkt unter die Gürtellinie, dachte Manni und unterdrückte einen Lachreiz. Steiger gefiel ihm. Bodenständig, das war er. Einer, der im Notfall kräftig mitanpacken konnte, ohne gleich an Bluthochdruck zu krepieren so wie Zohns.

»Wo ist sie denn nun, unsere Frau Doktor?«, lenkte Zohns mit einem Blick auf die Fliegeruhr an seinem Handgelenk ab. »Frauen!« Er schnalzte mit der Zunge. »Typisch. Immer lassen sie einen warten.«

»Das kann doch jedem mal passieren.« Manni ärgerte sich über den süffisanten Ton und sprang augenblicklich in die Bresche. »Ich kenne Dr. van Haag recht gut, und bisher, also, sie wohnt bei mir nebenan, und sie ist wirklich zuverlässig ... Wie wär's mit Kaffee?«

Als Ruth eine Viertelstunde später endlich angemeldet wurde, ließ Manni es sich nicht nehmen, sie persönlich abzuholen. Im Fahrstuhl zog er sie an sich. »Manni Neumann, Stadtwerke Essen, angenehm«, murmelte er und küsste weiter. »Ich hab schon erzählt, dass wir Nachbarn sind. Die haben ganz schön Augen gemacht.«

»Nachbarn?« Ruths Stimme klang vielsagend.

»Ist doch nicht gelogen. Oder hätte ich ihnen gleich alles auf die Nase binden sollen?« Mit beiden Händen umfasste Manni ihre Pobacken, die sich verführerisch unter der schlichten Jeans wölbten, und presste sie fest an sich. Er hörte ihr leises Keuchen, und augenblicklich begann sein Blut zu rauschen. Dann zeigte das helle Klingeln an, dass der Fahrstuhl sein Ziel erreicht hatte, und die Aufzugtür öffnete sich mit leisem Zischen.

»Auf jeden Fall wissen die nachher gleich, warum wir uns duzen. Übrigens, nur so als Vorwarnung: Die sind sich nicht so ganz grün. Zwei Alphatierchen, die beiden Herren von und zu Wasser. Oder auch Ab- und Trinkwasser«, prustete er.

»Gut zu wissen. Also dann: auf in den Kampf.« Ruth zupfte sich in Form und folgte Manni den Flur hinunter.

Capo, Alphatierchen … Ruth bemühte sich, ein neutrales Gesicht beizubehalten. Das hier waren wirkliche Prachtexemplare, wie sie im Laufe der letzten halben Stunde hatte feststellen können. Aber du, mein lieber Manni, passt da eigentlich hervorragend mit in die Runde, finde ich. Nur dass du es als Antihaltung vorträgst.

Immerhin – sie war jetzt gut informiert, was den Wasserhaushalt betraf und das Zusammenspiel zwischen Abwasser, Klärwerken und Trinkwasser der Stadt Essen. Mit diesem Thema hatte sie sich bislang noch nicht intensiv auseinandergesetzt. Sie wusste nun, dass sich zwei Gesellschaften seit geraumer Zeit die Herrschaft über die Klärung der Abwässer teilten. Letztendlich orientierte sich die Aufteilung dieser Pfründe an den Flüssen des Ruhrgebiets, der südlich verlaufenden Ruhr und der nördlich verlaufenden Emscher, wobei nur die Ruhr den Ballungsraum Essen mit Trinkwasser versorgte.

All diese Informationen waren vor Ruth wechselweise bereitwillig referiert worden, teils in Form blumig wortreicher Ausschweifungen von Dr. Zohns, teils in sachlich knapper und sehr präziser Art von Konrad Steiger. Dann trug Meininger Wissenswertes zum Essener Abwassernetz bei, um schließlich auf die aktuelle Situation einzugehen.

Die spannende Frage nun am Ende dieses Exkurses war, wie viele Sonderprüfungen das Gesundheitsamt veranlassen würde und über welche Zeitspanne hinweg. Und noch viel spannender war die Frage, wer diese Analysen durchführen sollte. Die verantwortlichen Gesellschaften oder das Gesundheitsamt? Im Klartext: Wie viel von den Kosten würde davon an wem hängen bleiben?

»Bei einem so flächendeckenden Austritt von Fäkalien? Ich würde mal sagen, die Wasserwerke zweimal täglich, und wir kontrollieren zusätzlich ebenso häufig«, war Ruths klare Ansage zu diesem Thema. Dabei musterte sie die Herren streng über den Rand ihrer Hornbrille hinweg. »Die Betonung dabei liegt auf ›zusätzlich‹, und das Ganze so lange, bis kein Anlass mehr zur Besorgnis besteht.«

Sie registrierte die Blicke, die Zohns und Steiger miteinander tauschten. Sie zeugten von Überraschung, Besorgnis und leisem Unverständnis, und Ruth sah die Rechenmaschinchen in den Köpfen rotieren. Hatte sie etwa zu hoch gegriffen?

Sie stand auf, trat ans Fenster und sah hinunter auf die Straße. Vielleicht. Aber das Gefahrenpotenzial war eindeutig da. Es schwamm dort unten auf der Straße. Natürlich sorgte das Regenwasser für eine gehörige Verdünnung. Aber angesichts des immer noch heftig grassierenden Norovirus erschien ihr die kostenintensive Maßnahme durchaus gerechtfertigt, und auch einer möglichen Verbreitung von Kolibakterien wollte sie keinen Vorschub geben. Sie hatte durchaus den Eindruck, dass ihre Gesprächspartner zur Bagatellisierung neigten und die Lage unterschätzten. Einige wenigstens.

»Liebe geschätzte Frau Doktor …«, hörte sie es hinter sich tönen. Ruth erkannte die Stimme von Dr. Zohns, die zu einem leichten Falsett neigte.

»Sie sind vermutlich auch durch den Hintereingang gekommen?«, unterbrach sie ihn und wendete sich wieder der Tischrunde zu. »Vom Parkplatz aus? Der liegt etwas erhöht. Werfen Sie von hier oben bitte noch mal einen Blick auf die Straße, bevor Sie gehen. So sieht es im Augenblick in vielen Stadtteilen aus. Dort unten schwimmt die Scheiße, meine Herren. Und weder Kolibakterien im Trinkwasser noch diese Noroviren, die sich hier im Moment zuhauf herumtreiben, sind witzig, von einem soliden Nährboden für Hepatitis mal ganz abgesehen. Wir werden hier absolut auf Nummer sicher gehen. Darüber lasse ich nicht mit mir diskutieren.«

***

Die Rüttenscheider Straße bot tatsächlich einen desolaten Anblick. Auf der ansonsten so munteren Einkaufsmeile herrschte gähnende Leere. Teile der Straße standen noch unter Wasser, und dort, wo es sich bereits mühsam in die überfüllte Kanalisation zurückgezogen hatte, war ein schlieriger Matsch zurückgeblieben.

Wo auch immer ein mutiger Autofahrer die Tür seines Wagens zu öffnen wagte, kam ihm ein Schwall dunkler Suppe entgegengeschossen, und die Betreiber von Szenerestaurants und Edelboutiquen auf der Meile blickten mit steinerner Miene auf die üble Brühe, die auf den Fußböden ihrer Läden zurückgeblieben war. Die Ersten hatten sich mit ebenso resigniertem wie todesmutigem Habitus mit Eimern, Schaufeln und Lappen darangemacht, das Desaster aus den Ladenlokalen wieder hinaus auf die Straße zu befördern, andere versuchten immer noch, telefonisch Beschwerde einzureichen und auf schnellere Abarbeitung ihres prekären Problems durch die Behörden zu insistieren. Die Charaktere waren eben unterschiedlicher Natur.

Inzwischen bahnten sich Fahrzeuge der Stadtwerke ihren Weg von Kanalloch zu Kanalloch und versuchten, den Schlamm dort abzupumpen, wo das Wasser am stärksten nach oben gedrängt war. Vermehrt schallten jetzt auch die Martinshörner der Feuerwehr durch die Straßenschluchten.

Aber wo anfangen, wenn die Kanalisation immer noch voll war bis zum Kragen und es aus dem Orkus gurgelte, als triebe ein bösartiger Wassergeist dort unten seinen Schabernack und würde nur darauf lauern, den Strom erneut ans Tageslicht schießen zu lassen?

Und dennoch: Knappe vier Stunden nach dem ersten Ausbruch schien sich das Wasser allmählich wieder dorthin zu verziehen, wo es hergekommen war, zumindest hier in Rüttenscheid.

Zurück blieb eine riesige, stinkende Sauerei.

***

Frisch verarztet und nach Duschgel duftend saß Nora an Mannis Küchentisch und redete wie ein Wasserfall.

»Ich hab mich einfach langgelegt«, erzählte sie zum wiederholten Mal. »Oben in Steele, die Steeler runter Richtung Stadt, da beim Holbecks Hof. Da war alles voller Matsch … wo ist eigentlich Paps, ist der etwa immer noch auf der Arbeit? Um die Zeit? … also, ich hab mich da echt voll reingelegt … diese blöden Schienen, ich hab die einfach nicht gesehen unter dem Matsch, da ging plötzlich gar nichts mehr, null Chance, echt … wann bist du eigentlich gekommen, Idgie, schön, dass du da bist … hast du Paps überhaupt schon kennengelernt? Wo steckt der denn, muss der etwa schon wieder Überstunden schieben? … ach, stimmt ja, ihr kennt euch ja noch gar nicht, also das hier ist Ruth, Paps Freundin, die ist Ärztin und wohnt gegenüber, also, gegenüber ist eigentlich nicht richtig, hinten durch die Gärten, Po an Po sozusagen … ich glaub, mein Rad ist ziemlich hin, so ein Mist … und das da ist Idgie, die Geliebte von Jans … ja echt, die hatten ganz lang eine …«

»Ich gebe dir noch eine Tetanusspritze, ist sicherer.« Ruth zog eine Spritze auf. »Und morgen früh gucke ich mir das noch mal an, bevor ich zur Arbeit fahre. Wenn sich da was entzünden sollte, müssen wir sofort mit Antibiotika dran.«

»… voll in die Schienen rein, nix mehr zu machen … Ich wollte über die Dinnendahl runter an die Ruhr und dann nach Hause. Voll krass, überall Wasser, und dann die Schienen, da hatte ich echt keine Chance … ganz schön Schwein hab ich gehabt, dass da nicht noch einer in mich reingefahren ist, ich meine, ich lag doch da mitten auf der Straße, also, da hätte ja wer weiß was passieren können …«, plapperte Nora weiter, während Ruth ihr den Ärmel des T-Shirts hochschob und am Oberarm die Spritze ansetzte.

»Mach mal Tee«, wies sie Jan an. »Nicht zu stark, aber sie braucht jetzt was Heißes. Und neulich gab es doch so einen Schnaps nach dem Essen, ein kleines Glas davon wär gut.«

»Schnaps?« Nora verzog das Gesicht. »Nee, bloß nicht.«

»Nur ein kleiner Schluck«, bestimmte Ruth. Ihr Ton ließ keinen Widerspruch zu.

»Der Typ da eben war echt total nett«, brabbelte Nora scheinbar zusammenhanglos weiter. »Der hat sich mehr erschreckt als ich, glaub ich. Also, das ist doch gar nicht so selbstverständlich, dass da einer anhält und einen dann auch noch nach Hause bringt. Ich hab ihm bestimmt den ganzen Sitz vollgeblutet und dann das

Rad … ganz schön praktisch, so ein Berlingo, da geht das sogar aufrecht rein, so einen sollte sich Mama mal zulegen … dann muss die das Rad nicht immer aufs Dach hieven … also, das war doch echt voll nett, wie der mir da geholfen hat, der hat mir sogar 'ne Flasche Wasser gegeben, ist doch voll nett, so was, bei den ganzen Asis, die hier immer so rumrennen, da … keine Ahnung, wie das … die Räder, die sind einfach irgendwie weggeflutscht, und plötzlich, schwupp, lag ich da wie ein Käfer auf dem Rücken … das war echt …«

»Ich kümmere mich um den Tee«, erbot sich Idgie, die bis dahin schweigend am Tisch gesessen hatte. »Such du nach einer Wärmflasche, Jan, du kennst dich doch aus hier. Das wäre nicht verkehrt, oder?« Diese Frage richtete Idgie an Ruth.

Die nickte. »Wärmflasche ist gut.«

»Aber es ist doch gar nicht richtig kalt«, protestierte Nora. »Viel zu warm für April, echt. Ich will keine Wärmflasche.«

»Sie zittert am ganzen Körper.«

»Das ist der Schock.« Ruth legte Zeige- und Mittelfinger auf den Puls der rechten Hand und zählte leise. »Neunzig zu sechzig«, sagte sie nüchtern. »Viel Zucker in den Tee bitte. Dann packen wir sie ins Bett, und sie schläft erst mal eine Runde.«

»Hallo? Hier bin ich! Hört gefälligst auf, in der dritten Person über mich zu reden, als wäre ich plemplem. Ich geh doch nicht um sieben ins Bett, also hallo, das geht ja gar nicht!«, beschwerte sich Nora. »Wo bleibt Paps eigentlich? Hoffentlich ist er nicht sauer wegen dem Rad, das hat er mir erst zu Weihnachten geschenkt … aber ich konnte da echt nichts dafür … schien irgendwie von oben aus den Kleingärten zu kommen … weiß denn wirklich niemand, wo Paps steckt … vielleicht könnte ihn ja mal jemand auf dem Handy …«

KAPITEL 10

Essen, 7. April

Der Raum war proppenvoll bei dieser Podiumsdiskussion, die gleichzeitig als Informationsveranstaltung, vielleicht auch Pressekonferenz, ausgerichtet war. Bürger fragen, wir antworten – so lautete das Motto. Die meisten der Anwesenden schienen jedoch der berichterstattenden Zunft anzugehören. Kameraleute, Fotografen und mikrofonbewaffnete Moderatoren in schicken Anzügen und noch schickeren Kostümen.

Verstohlen musterte Jan seine Begleitung von der Seite. Die Geliebte seines Vaters fiel selbst hier in diesem Getümmel auf wie ein bunter Hund. Sie stand neben ihm, so hochgewachsen, dass sie selbst viele der anwesenden Männer überragte. Die Motorradkluft verlieh ihr etwas Martialisches, und Jan registrierte, dass einige der Anwesenden sie mehr oder weniger offen musterten. Sie schien es nicht mal zu bemerken.

Richtig hübsch ist sie nicht, dachte Jan, während er verblüfft dieses Phänomen beobachtete. Und vermutlich war sie das auch nie gewesen. Dafür war die Nase zu lang geraten und das Kinn zu kantig. Aber sie strahlte etwas aus, das schwer zu beschreiben war. Plötzlich verstand Jan, was seinen Vater an ihr gereizt hatte. Tough, das war sie. Einfach tough.

»Habe ich einen Fleck auf der Nase?«, fragte Idgie irritiert. Offensichtlich bekam sie eine Menge mehr von den Blicken mit, als sie normalerweise zeigte. Zumindest seine nachdenkliche Begutachtung hatte sie sehr wohl registriert.

Jan spürte, wie er errötete. »Ach nichts. Du bist nur so ganz anders als meine Mutter«, sagte er verlegen.

»Na, sonst wäre es ja wohl auch langweilig gewesen«, konterte sie spöttisch, aber dennoch freundlich, und begann sich durch die Menge zu schieben. »Komm, da vorne sind noch Plätze frei.«

Jan beeilte sich, ihr zu folgen.

»Ist mal wieder typisch. Kein Schwein will vorne sitzen.« Sie ließ sich auf den Sitz plumpsen. »Und hinterher das Gemaule, weil sich jemand Großes vor ihre Nase setzt.«

»Ist das nicht komisch, dass fast nur Leute von der Presse anwesend sind?«, überlegte Jan laut. »Ich meine, warum interessiert sich denn niemand so richtig dafür? Das Thema kann einem doch nicht egal sein.« Er spürte Idgies Blick von der Seite.

»Siehst du regelmäßig Nachrichten?«

»Klar.«

»Und welches Thema regt dich nicht auf?«

»Regt mich nicht auf? Äh …«

»Hungerkatastrophen, Kriege, Umweltkatastrophen, Wirtschaftskrisen, Schmiergeldaffären, Naturkatastrophen, Bankenkrisen, Geldentwertung, Lohndumping, Verarmung, Massentierhaltung, Ausbeutung der Dritten Welt, Lebensmittelskandale … Dazwischen ein bisschen verlogenes urbi et orbi zu Ostern. Nenn mir bitte ein Thema, das einen nicht aufregen könnte.«

Jan stutzte. »Na so betrachtet hast du recht.«

»Und? Was tust du dagegen? Was guckst du dir genauer an, weil es dich so aufregt? Wo überall gehst du hin?«

»Ich – äh … hey, ich war auf einer Demo gegen die Castor-Transporte bei Gronau«, sagte Jan aufgebracht. »Da habe ich Nora kennengelernt.«

»Nun sei mal nicht gleich so angepisst.«

Jan musste schlucken. Zimperlich war die ja nun nicht gerade mit ihrer Wortwahl. Dann spürte er Idgies Hand auf seinem Arm und sah sie an.

Sie zwinkerte ihm zu. »Ich will doch gar nicht sagen, dass du nichts tust. Ich will dich auch nicht anklagen. Aber ich finde, dass es eigentlich fast nichts gibt, wo man sich nicht besser einmischen sollte. Und trotzdem tut man es nicht, guckt weg oder vielleicht nicht so genau hin oder kneift. Und dafür gibt es auch einige Gründe.«

»Ach ja? Welche denn?«

»Die meisten Sachen sind so weit weg … das ist der eine Grund. Es bedroht einen nicht unmittelbar, so wie hier vielleicht die Atommülltransporte. Die findest du so bedrohlich, dass du auf die Straße gegangen bist und versucht hast, dich zu wehren. Ist etwas weiter weg von einem, kann man es besser verdrängen.«

»Hm. Und weiter?«

»Das ist das Schwerwiegendere: Ich denke, dass viele Menschen diese Themen nicht näher betrachten, weil sie sie in den Händen der Politiker gut aufgehoben finden. Sie haben diese Probleme einfach delegiert.«

Jan runzelte die Stirn. Wie meinte sie das denn nun schon wieder? »Man kann sich doch nicht um alles selbst kümmern«, sagte er verwundert. »Was hast du dagegen?«

»Es ändert sich nichts. Das habe ich dagegen.« Idgie seufzte. Dann lachte sie ihn an. Es war ein ungeheuer ansteckendes Lachen. »Was soll's? Ich bin alt und will einfach noch ein bisschen nett leben.«

»Warum bist du dann hier, wenn du glaubst, dass das ohnehin nichts bringt?«

»Weil ich deinen Vater geliebt habe? Und weil er wollte, dass ich hier hingehe? Weil er wollte, dass ich für ihn die Klappe aufmache? Weil er immer noch gehofft hat, dass er mit dem Aufdecken von Sauereien die Leute wachrütteln kann? Weil ich gerne wissen möchte, warum dein Vater gestorben ist? Sind das Gründe genug? Aber jetzt geht's los da vorne.« Sie beugte sich gespannt vor. »Freie Sicht auf das Geschehen, super. Und wen haben wir da nun alles Hübsches?«

»Albert Kaiser, einer der Stadträte von Essen«, informierte Jan und wies auf einen Herrn mit Halbglatze und blauen Nadelstreifen. »Den habe ich neulich vor der Kamera gehabt, beim Landesparteitag der CDU.«

Idgie nickte. »Den Kerl da zwei Plätze weiter kenne ich vom Fernsehen. Das ist doch der Reiff, Gisbert, glaub ich, und bestimmt auch Doktor. Er ist Vorstandsmitglied, wenn nicht gar im Aufsichtsrat. Auf jeden Fall hoch oben bei der Neuen Energie der Zukunft, höher geht es kaum. Und wer ist der Typ daneben? Der mit diesem fetten Walross-Schnauzbart?« Sie reckte sich, um besser sehen zu können.

Sie hat noch was sehr Jugendliches an sich, stellte Jan überrascht fest.

Offensichtlich wartete sie auf eine Antwort, denn sie piekte ihm mit dem Zeigefinger in die Rippen. »He. Ob du den mit dem Schnauzer kennst, hab ich gefragt.«

»Die haben doch Namensschilder an der Brust«, versuchte Jan zu kontern.

»Kann ich auf die Entfernung nicht lesen, beim besten Willen nicht. Du etwa? Respekt!«

Jan kniff die Augen zusammen. »Hans-Dieter Haberle, Landtag NRW«, las er vor. »Dem hatte Vater doch etliche Mails geschrieben, oder?«

»Stimmt. Er hat ihm eine Reihe unangenehmer Fragen geschickt. Der ist im Umweltministerium, der Haberle. Sieht so aus, als wäre die ganze Creme de la Creme anwesend«, sagte Idgie sarkastisch. »Ein Schulterschluss zwischen Wirtschaft und Politik, wie man so schön sagt. Alles, was Rang und Namen hat. Und das nur für so eine lausige Öffentlichkeitsveranstaltung? Sehr verdächtig. Muss ziemlich wichtig sein, dieses Thema, dass die das höchstselbst in die Hand nehmen. Und wer ist der Letzte im Bunde? Der kleine Untersetzte mit dem Fußball unterm Jackett?«

Jan lachte. »*Dr. Eckart Taeschel*, steht auf dem Schild. Sagt dir das was?«

»Ich weiß nicht. Der Name kommt mir bekannt vor, aber … Na, wird mir schon noch einfallen. Jetzt geht's los.« Idgie holte ein kleines Aufnahmegerät aus der Tasche.

»Was ist das denn?«, fragte Jan interessiert.

»Nur eine kleine digitale Gedächtnisstütze. Ist besser so, glaub mir. Ich kenn mich doch!« Idgie schaltete das Gerät ein und richtete das winzige Mikrofon aufs Podium.

Haberle vom Landtag NRW eröffnete die Runde.

»Meine sehr verehrten Damen und Herren«, begann er pompös und strahlte gleichzeitig jovial ins Publikum. »Die Energieversorgung war in den letzten Jahren ein heiß umstrittenes Thema. Schwindende Ressourcen, die Verknappung an Rohstoffen und die Entscheidung zum Ausstieg aus der Atomenergie stellen die Energiewirtschaft vor große Herausforderungen, vielleicht die größte Herausforderung seit Langem. Wir Menschen in Nordrhein-Westfalen mit seinen Ballungszentren wie dem Ruhrgebiet, Düsseldorf und dem Köln-Bonner Raum sind auf Alternativen angewiesen. Millionen von Haushalten in diesem Land, Krankenhäuser, Schulen, Verwaltungen, Wirtschaft: Wir alle brauchen Strom. Wir alle brauchen Mobilität. Wir alle brauchen Energie. Energie, die uns am Leben hält. Energie, die den Reichtum in dieser Region binden kann.«

Haberle machte eine bedeutsame Pause und nahm Blickkontakt mit dem Publikum in der vorderen Reihe auf. Vereinzelt wurde Beifall geklatscht.

»Mit Mut und Tatkraft haben sich Unternehmen wie die Neue Energie der Zukunft und die European Oil and Gas der Aufgabe verschrieben, diese Probleme für uns zu lösen und neben dem Bau weiterer Offshore-Windparks in Nord- und Ostsee auch die Suche nach unkonventionellem Erdgas zu forcieren.«

»Applaus, Applaus«, spöttelte Idgie im Stil der Muppet Show. »So viel uneigennütziger Edelmut!«

Laut war das nicht gewesen, aber dennoch laut genug, dass sich ein paar Köpfe zu ihnen umdrehten, was Jan ziemlich peinlich war.

»Nun stehen sowohl die technischen Verfahren als auch die gesamte Netztechnik dieser Energieträger auf einem schweren Prüfstein. Die erneuerbaren Energien stellten uns vor die Aufgabe, Strom auf Vorrat zu produzieren und nur bei Bedarf an die Verbraucher zu liefern. Das erforderte eine ganz andere Art der Netzkonzeption und der Verteilung. Eine ebensolche Herausforderung stellt die Entwicklung moderner, umweltverträglicher Verfahren für die Gewinnung von Erdöl und Erdgas aus großen Tiefen dar. Hierzu braucht es Pioniere, Menschen mit Visionen. Ich freue mich, Ihnen heute einen solchen Visionär vorstellen zu dürfen: Dr. Gisbert Reiff, Aufsichtsratsmitglied der European Oil and Gas sowie Vorstandsmitglied der Neuen Energie der Zukunft. Deutschland ist reich an solchen Bodenschätzen. Deutschland ist reich an Energie. Packen wir es an!«

Die Pause, die Haberle jetzt einlegte, forderte erneut Beifall.

»Ich komme mir vor wie auf einer Wahlkampfveranstaltung.« Idgies Kommentar ging im Beifall unter.

»Ich freue mich deshalb, dass in den letzten Tagen Nägel mit Köpfen gemacht werden konnten, und übergebe jetzt das Wort unserem geschätzten Dr. Reiff.«

Eine Dreiviertelstunde später wussten sie, wo der Hase langlaufen sollte. Die Veranstaltung war nun für zwanzig Minuten unterbrochen, um Gelegenheit zu geben, sich bei einer Tasse Kaffee, zu der sich die Anwesenden herzlich eingeladen fühlen durften, die Beine zu vertreten.

»Lass mich das mal so zusammenfassen.« Idgie rührte in ihrem tintenschwarzen Gebräu. »Die Neue Energie der Zukunft tut was für die Region, indem sie Nützliches mit Praktischem verbindet und daraus eine immense Werbekampagne für sich macht.«

»Du meinst damit diese Konferenz hier?« Jan ließ die Feststellung in einem Fragezeichen ausklingen.

»Ich habe selten eine so perfide Kampagne für eigene Zwecke erlebt. Das hier ist Werbung in Perfektion.« Idgie pustete in den Kaffee und nahm einen Schluck. Sie seufzte theatralisch. »Nicht mal am Kaffee haben sie gespart.«

»Das verstehe ich nicht ganz«, gestand Jan schüchtern.

»Na, erst mal wurden die eigenen Leistungen hervorgehoben. Die Neue Energie stiftet der Stadt Essen ein *Besucherzentrum Energie.* Im Münsterland investiert sie in einen Windpark und ein weiteres Kraftwerk. Das haben sie ja eben in epischer Breite vorgetragen und sich gebührend für diesen uneigennützigen Einsatz feiern lassen.«

»Aber das ist doch auch gut, dass sie das machen.«

»Dabei haben sie aber eine Kleinigkeit vergessen.«

»Die da wäre?«, fragte Jan neugierig.

»Sie lassen sich das Ganze ordentlich subventionieren, von Land und Bund und ganz sicher auch der Europäischen Union. Arbeitsplatzbeschaffungsmaßnahmen sind immer gern gesehen in einer strukturschwachen Region wie dieser hier. Ich finde, das relativiert diese Leistung doch ein wenig, nicht wahr?«

»Böse böse«, sagte Jan. Jetzt, wo er mit Idgie separiert am Rande der Vorhalle stand, fand er ihre Spitzzüngigkeit äußerst treffend, amüsant und gar nicht mehr peinlich.

»Ich hab mir das doch nicht ausgedacht. Und was ist die Gegenleistung bei diesem Deal?«

»Wieso Gegenleistung? Du hast doch eben selbst gesagt, dass die Projekte stark subventioniert werden. Das reicht doch.«

»Ja. Aber die Subventionen sind hier ja nicht mal ansatzweise Thema gewesen. Es geht hier um was anderes.«

»Das Gutachten?«, schlug Jan vor.

»Das vermute ich auch stark. Wetten, dass es eine Unbedenklichkeitsbescheinigung für den Einsatz von Fracking in großem Stil birgt? Der Boden dafür wurde eben ja hervorragend vorbereitet.«

»Meinst du was Bestimmtes?«

»Sag mal, hast du das denn nicht mitbekommen? Erstens: Fracking gilt als beherrschbar, wenn eine Reihe von Sicherheitsvorschriften eingehalten werden. Und es wird ja bereits gefrackt. In Niedersachsen beispielsweise.«

»Natürlich habe ich das mitbekommen!«, sagte Jan scharf. »Nur die Sache mit diesem komischen Regelwerk, die habe ich nicht kapiert.«

Idgie warf ihm einen schrägen Blick zu. Er hatte eben wie sein Vater geklungen. »Schon gut«, sagte sie beschwichtigend. »Das war ja auch etwas verklausuliert dargestellt. Mir klang das so, als wären diese Sicherheitsvorschriften vom Land bereits zu einem Regelwerk zusammengefasst und verabschiedet worden. Vorauseilende Politik sozusagen. Aber vielleicht irre ich mich ja auch.«

Jan seufzte. Bei ihrem Tempo konnte er einfach nicht mithalten. Er rekapitulierte den Satz noch mal. »Du meinst, dass die Sicherheitsvorschriften, die in dem Gutachten vorgeschlagen werden, um das es da gleich geht, bereits in einem Regelwerk politisch festgezurrt wurden? Aber wozu das Ganze?«

»Ich denke, dass die European Oil and Gas sowie andere am Kuchen beteiligte Unternehmen die Berechtigung zur Förderung erhalten werden. Und zwar bald nach dieser Konferenz. Wetten?« Sie legte den Kopf schief und streckte ihm die Hand entgegen.

»Besser nicht«, sagte Jan lachend. »Beim Wetten verliere ich immer.«

Auch Idgie lachte. »Und wer ist schuld an dem ganzen Desaster?«

»Die Merkel und ihr Ausstieg aus der Atomenergie?«

»Falsch«, sagte Idgie. »Schuld sind wir Verbraucher mit unserer maßlosen Gier nach Strom und Fortbewegung. Denn wir alle wissen doch, warum wir das Öl und das Gas so dringend brauchen: Weil du« – damit piekste sie Jan unangenehm fest in die Rippen – »im Winter nicht frieren willst und weil du …«, dieses Mal wich Jan dem spitzen Finger aus, »… unbedingt Auto fahren willst. Damit also die Bürger und Bürger …«

»Bürger und Bürgerinnen«, unterbrach Jan grinsend.

»Nein. Bürger und Bürger. Das *Innen*, das wird doch immer so hübsch geschlabbert. Also: Damit die Bürger und Bürger in unserem Land auch morgen noch sicher mit Energie versorgt werden. Für unsere Kinder. Für unsere Zukunft. Für die Neue Energie der Zukunft – äh – nein, das Letzte ist nicht fürs Protokoll, bitte streichen. Deshalb und nur deshalb das ganze Theater. Ich danke für Ihre Aufmerksamkeit.«

»Applaus, Applaus.« Jan deutete eine Verbeugung an.

Auch Idgie verneigte sich vor ihm. »Und nun lass uns wieder reingehen. Ich bin gespannt, was dieser Neutrale, dieser Dr. Taeschel, da gleich von sich gibt. Sag mal: Wie geht es eigentlich Nora?«

Jan runzelte die Stirn. Er war kein Freund solcher schnellen Themenwechsel.

»Ganz gut. Ruth hat heute früh nach ihr geschaut. Ich habe auf dem Sofa unten geschlafen.«

Jan registrierte, wie sie fragend eine Augenbraue in die Höhe zog.

»Erster Krach?«, fragte sie auch prompt.

»Quatsch. Aber sie hat dauernd vor sich hin gebrabbelt«, entschuldigte er sich und ärgerte sich, dass er schon wieder rot wurde. »Wirklich. Obwohl sie tief und fest geschlafen hat. Das tut sie sonst nie, ehrlich. Als ich vorhin bei ihr reingeschaut habe, hat sie gerade Tee getrunken und uns viel Erfolg gewünscht. Und sie hatte ziemlich starke Kopfschmerzen und wollte lieber noch liegen bleiben.«

***

Münsterland, Nottuln, 7. April

»Sie sehen doch, ich hab zu tun«, knurrte Björn de Fries, während er den tellergroßen Huf eines gigantischen Pferdes mit dem Hufkratzer bearbeitete.

Das Pferd wendete neugierig den Kopf.

Was für ein Koloss. Mit Respekt betrachtete Kamforski das Kaltblut. Wenn der einen mit dem Huf erwischte, konnte man sich seine Knochen zusammenflicken lassen. Er trat einen Schritt zurück.

»Es dauert auch nicht lange«, insistierte Kamforski.

Keine Reaktion. Der Kerl war aber auch wirklich maulfaul. Außerdem schien er ein sehr grundsätzliches Misstrauen gegen alles zu hegen, was auch nur im Entferntesten nach Polizei roch. Das war Kamforski schon bei seinem letzten Besuch einen Monat zuvor aufgefallen.

»Ruhig, Dicker. Steh.« Björn gab den Huf frei und strich dem Riesen über die Flanke. Mit geübtem Griff klopfte er gegen die Fessel am Hinterlauf des Tieres. »Fuß«, kommandierte er, griff unter den Huf, der ihm willig entgegengehoben wurde, und begann mit der Reinigung.

Mistbrocken flogen in Kamforskis Richtung.

»Jetzt sei mal nicht so stur. Idgie hat gesagt, dass er okay ist.«

Kamforski zuckte zusammen. Er hatte Stella de Fries nicht kommen hören.

»Hallo Frau de Fries.« Er reichte ihr die Hand. »Ich hab da noch ein paar Fragen wegen Hannes Schindlers Tod.«

»Ach, jetzt auf einmal«, murmelte Björn unwirsch. Er gab den Huf frei und klatschte dem Kaltblut auf die mächtige Kruppe. »Ab mit dir.«

Mit einer Geschwindigkeit, die man dem Koloss gar nicht zutraute, drehte das Kaltblut und setzte sich in Bewegung, direkt auf Kamforski zu. Kamforski sprang beiseite und starrte dem schwankenden Hinterteil nach, wie es über den Hof in Richtung des Stallgebäudes schaukelte.

»Besser jetzt als nie«, wendete er sich wieder an Björn de Fries. »Damals waren mir einfach die Hände gebunden.«

»Und jetzt sind die Fesseln weg?«, brummte Björn, während er sich die Hände an der Hose abklopfte.

»Ja, jetzt sind sie weg. Ich bin kein Bulle mehr. Außerdem hat sich die Sachlage geändert.«

»Was wollen Sie?«

»Mir gehen da gleich mehrere Dinge durch den Kopf.«

Björn verschränkte die Arme vor der muskulösen Brust, abwehrend und abwartend zugleich.

»Ding eins: Der Laptop von Hannes Schindler ist verschwunden. Im Haus ist er nicht, und ich habe ihn auch nicht. Aber er ist nicht da. Haben Sie eigentlich einen Schlüssel zu Schindlers Scheune?«

»Wenn Sie damit sagen wollen, wir hätten ...«, brauste Björn auf.

»Genau das wollte ich damit nicht sagen«, unterbrach Kamforski den Ausbruch. »Ich überlege nur, wie ein Laptop spurlos verschwinden kann ohne sichtbare Einbruchsspuren. Daher die Frage, wer alles einen Schlüssel hatte.«

»Natürlich haben wir einen Schlüssel«, übernahm Stella das Wort. »Er hängt im Büro bei all den anderen. Soll ich ihn holen?«

»Das wäre nett.«

Unbehagliche Stille breitete sich auf dem Hof aus, während Kamforski wartete.

»Der passt jetzt sowieso nicht mehr«, quetschte Björn schließlich mit finsterer Miene heraus. »Idgie hat das Türschloss austauschen lassen.«

»Weiß ich. Deshalb wurde ja auch die Scheibe eingeschlagen. Und genau deshalb schließe ich daraus, dass jemand sich vor dem Austausch des Schlosses mit einem Schlüssel Zugang zum Haus verschafft hat.«

Stella kam zurück. »Der Schlüssel ist nicht da«, sagte sie verwundert. »Ich meine, der hing doch immer bei den anderen am Schlüsselbrett.«

»War er besonders gekennzeichnet?«

»Ein grüner Schlüsselanhänger, so einer aus Plastik. Die zu den Apartments haben Holzblöcke. ›*Hannes' Scheune*‹, stand auf dem Schild.«

»Und der ist weg«, sagte Kamforski nachdenklich. »Wann haben Sie ihn zuletzt gesehen?«

»Kann ich so genau nicht sagen. Seit Weihnachten hatten wir keine Gäste mehr hier. Nur Hannes' Sohn. Da ist mir das aber nicht aufgefallen, also, dass der Schlüssel fehlt. Allerdings habe ich auch nicht danach gesucht, so wie eben.«

»Sie können also nicht mit Gewissheit sagen, dass der Schlüssel da noch da war.«

Stella schüttelte den Kopf. »Bewusst habe ich ihn nicht gesehen.«

»Schließen Sie das Haupthaus immer ab?«

»Wenn wir hier auf dem Hof unterwegs sind? Nein. Das wäre viel zu umständlich. Nur wenn wir beide länger weg sind.«

Kamforski sah sich um. »Ganz schön groß hier. Die Stallungen, der Trakt mit den Ferienwohnungen, das Café ... Also wäre es durchaus möglich, dass jemand ungesehen ins Büro gegangen ist und den Schlüssel genommen hat.«

Björn trat unruhig von einem Fuß auf den anderen. »Möglich schon«, gab er widerwillig zu. »Aber doch auch gefährlich. Er konnte doch nicht wissen, wann jemand zurückkommt.«

»Vielleicht hat er sich Ihren Tagesablauf eine Zeit lang zu Gemüte geführt, bevor er den Schlüssel holte«, schlug Kamforski vor.

»Sie meinen, wir wurden beobachtet?«, fragte Stella und blickte nervös umher.

»Schon möglich. Zumindest wurde Schindlers Scheune längere Zeit observiert, und das auch noch nach seinem Tod. Ich habe jede Menge Kippen dort oben im Wald gefunden, alle an einer Stelle. Ist Ihnen denn nie jemand aufgefallen?«

»Jemand, der da im Wald rumlungert?« Björn nahm die Baseballkappe ab und kratzte sich die schütteren Haare am Hinterkopf. »Nee. Da ist mir nix aufgefallen. Hier vom Hof aus kann man den Wald allerdings auch nicht sehen.«

»Ich denke, dass der Beobachter zu Fuß gekommen ist, über den Fußweg von Schapdetten hinauf. Aber dort nach Schapdetten, da muss er ja schließlich auch irgendwie hingekommen sein, also, nicht zu Fuß auf jeden Fall. Haben Sie da vielleicht ein unbekanntes Auto gesehen?«

»Warten Sie mal ...«, mischte Stella sich ein. »Die Maike von der Bäckerei unten hat neulich so was erzählt. Der ihr Opa regt sich sowieso immer auf, weil die Städter im Sommer die Zufahrt zu seiner Weide blockieren. Aber in letzter Zeit hat er sie dauernd damit genervt. Dabei ist doch noch gar nicht Sommer. Vielleicht fragen Sie da mal nach.«

»Hm.« Kamforski nickte bedächtig. »Sie selbst hatten aber auch mal Fremde hier beobachtet. Da war doch dieser Streit mit Schindler kurz vor seinem Tod.«

»Diese Pinkel mit den feinen Klamotten …« Björn spuckte verächtlich auf den Boden. »Aber die haben nicht so ausgesehen, als würden die bei Wind und Wetter im Wald rumstehen und Häuser beobachten. Viel zu fein für so eine Drecksarbeit.«

»Sie haben einen Streit beobachtet, hat mir Idgie erzählt. Haben Sie mitbekommen, worum es da ging?«

»Nur so Satzfetzen. Hannes fing an, rumzubrüllen. Die Pinkel sind ganz ruhig geblieben. Sehr etepetete.«

»Erzählen Sie doch bitte noch mal genau, wie das abgegangen ist.«

»Ja also …« Er schob erneut die Baseballkappe nach vorne und kratzte sich am Hinterkopf. Dann drehte er den Schirm der Mütze in den Nacken, was ihm das Aussehen eines Straßenkids gab, zumal er eine kleine Lücke zwischen den beiden Vorderzähnen hatte. »Ich hab den Tassilo an der Longe gehabt auf 'ne Trainingsrunde. War ein schöner Tag, zwar ziemlich windig, aber nicht kalt, und irgendwie hatte ich Lust, rauszugehen, nicht immer in der Halle … Ich hab da unterhalb der Wiese so 'nen Longierplatz, sieht man von hier aus aber nicht.« Er wies vage in Richtung der Weide, die den Hang hinauf zu Idgies Haus führte. »Die kamen mir gleich so komisch vor, wie die da mit ihren langen Mänteln die Straße raufgeweht sind, einer in hell, Kamel oder so, einer in dunkel. Dem einen flatterte noch so ein Schal um die Schultern, und der andere, der hatte einen Hut auf. Den musste er dauernd festhalten, war ja ziemlich windig.«

Hut, Schal, Mantel, dachte Kamforski. Björn war ein guter Beobachter, so viel stand fest.

»Ich hab mich noch gewundert, wo die herkamen und was die hier wollten. Die passten nicht hierher, versteh'n Sie? Dann hab ich mich wieder auf den Tassilo konzentriert. Der ist doch noch jung und hat so richtig Flausen im Kopf, da muss man aufpassen. Dem darf man nicht alles durchgehen lassen … überhaupt, bei den Jungpferden muss man … aber deswegen sind Sie bestimmt nicht hier.«

»Ein andermal gerne, ist bestimmt ein spannendes Thema.« Kamforski lächelte.

Björn grinste zurück. »Als ich wieder hochgeguckt hab, waren die beiden oben an der Scheune. Das hat mich gewundert. Der Hannes hat eigentlich selten Besuch gehabt. Sein Freund aus Münster, dieser Notar, der kam ab und zu mal zum Schachspielen. Der ist mit seinem BMW Coupé aber immer direkt bis vors Haus gerollt. Auf jeden Fall hab ich gehört, dass da oben Streit im Gange war. Ich hab also den Tassilo am Zaun angebunden und bin ein Stück die Wiese hoch. Ich dachte, wenn der Hannes so rumbrüllt, dann ist da nichts Gutes im Gange. Also, ich schnüffele wirklich keinem hinterher, das müssen Sie mir glauben, aber …«

»Hannes war Ihr Freund, und da oben gab's Streit«, sagte Kamforski. »Ist doch normal, dass man da gucken geht, ob man nicht vielleicht besser helfen sollte.«

»Genau. Ich bin also die Wiese hoch. Der eine der beiden Pinkel, der hat dem Hannes grade was in die Hand gedrückt. Einen Umschlag oder so. Da ist der Hannes aber so richtig sauer geworden. Er hat den Umschlag auf den Boden gepfeffert und dem Pinkel 'nen Stoß vor die Brust gegeben, so fest, dass der beinah hingeknallt wäre. Sein Kumpel konnte ihn grade noch halten. ›Beschissene Ölmafia‹, hat der Hannes gebrüllt, und noch einiges mehr, was ich aber nicht verstanden habe. Dann sind die beiden abgezogen.«

»Was ist mit dem Umschlag passiert?«, fragte Kamforski interessiert.

»Den hat der Dunkle wieder aufgeklaubt, glaube ich. Nee, stimmt, der hat sich gebückt und ihn dem mit dem hellen Mantel zurückgegeben.«

»Hm.« Kamforski ließ sich die Sache durch den Kopf gehen. »Und dann? Idgie hat mir erzählt, Sie hätten die beiden noch mal gesehen?«

»Stimmt. Ich war dann in Nottuln bei der Bank. Als ich da rein bin, hab ich die beiden gesehen, wie sie aus der Altstadt rausgekommen sind. Sie sind in ein Auto gestiegen, das da auf dem Parkstreifen an der Ringstraße stand. So 'ne Limousine mit getönten Scheiben, niegelnagelneue Mercedes E-Klasse mit Essener Kennzeichen, passend zu den Pinkeln. E-AB oder AP oder AF oder so was. Mehr hab ich nicht gesehen.«

»Wann genau war das?«

»Mein Termin bei der Bank?« Björn kratzte sich wieder am Hinterkopf. Offenbar seine Verlegenheitsgeste. »Kurz nach Mittag«, sagte er schließlich zögernd. »So um zwei, glaub ich.«

»Und welcher Tag?«

»Genau zwei Tage vor Hannes' Tod«, mischte sich Stella wieder ein. »Wir können natürlich noch mal nachgucken – den Banktermin hat Björn bestimmt in der Küche auf dem großen Plan eingetragen. Aber ich bin mir sicher.«

»Danke. Sie haben mir sehr geholfen.« Kamforski reichte ihr die Hand, und auch Björn reckte ihm seine schwielige Pranke entgegen, freiwillig, wie eine Art Auszeichnung.

***

Essen, 7. April

Warum ist nur alles immer so berechenbar! Idgie stieß einen unwilligen Seufzer aus. Sie fühlte sich plötzlich entsetzlich müde. Das ist doch grässlich. Und gleich wird Presse und interessierten Bürgern freundlichst gestattet, noch ein paar Fragen zu stellen, und dann ist das Thema im Sack. Quatsch. Im Sack ist es ohnehin. Dann ist der Informationspflicht Genüge getan. Jeder hätte ja schließlich die Möglichkeit gehabt, hier und jetzt seine Fragen zu stellen.

Eine Dreiviertelstunde lang hatte Taeschel referiert. Er hatte aufgelistet, welche Details bei diesem Gutachten beleuchtet worden waren, und zunächst einmal erläutert, was genau Fracking war, warum man es zur Gewinnung unkonventioneller Vorkommen benötigte, warum man die unkonventionelle Gasförderung überhaupt benötigte und wie man sich diesen Vorgang technisch vorstellen musste. Das war nichts Neues, jedenfalls nicht für Idgie.

Dann wurde die Studie vorgestellt. Aufgeführt wurden Aspekte wie die Lärmbelastung, die der Vortrieb in der Tiefe der Erde mit sich brachte, die optische Belastung, wie es so hübsch hieß, sowie eine mögliche Gefahrenquelle durch ungewollten Austritt von Frac-Flüssigkeit und/oder -Abwässern. Dass es beim Bohren laut zuging, wurde nicht beschönigt. Vierzehn Monate lang Vortrieb – und diese Zahl sei jetzt willkürlich und nur als Beispiel gedacht, es könne durchaus auch viel längere Perioden geben – bedeutete nun mal vierzehn Monate lang permanente Geräuschkulisse. Über die Erschütterungen, die mit solchen Bohrungen einhergingen, wurde seltsamerweise nicht gesprochen.

Intensiv breitete sich Dr. Taeschel jedoch über die Optik aus. »Eine Bohrstelle ist hell erleuchtet. Tag und Nacht«, sagte er und blickte bedeutsam in die Runde. Das könne zu einer Beeinträchtigung benachbarter Wohnsiedlungen führen, womit er meinte, dass die Menschen in diesen Wohngebieten eventuell nicht würden schlafen können, weil grelles Flutlicht in die Fenster fiel. Ebenfalls hingewiesen wurde auf eine hohe Belastung der Anwohner durch ein vermehrtes Verkehrsaufkommen in Form von Lkws, ein Aspekt, über den Idgie noch nicht nachgedacht hatte, der aber auf der Hand lag.

Dann ging es um das Thema Sicherheit. Und dabei kam heraus, was zu erwarten gewesen war: Wenn alle Sicherheitsvorkehrungen eingehalten würden, sei von einer Gefahr für das Grundwasser nicht auszugehen.

Mehrere Worst-Case-Szenarien waren durchgespielt worden, und das Expertenteam war zu dem Schluss gekommen, dass ein solcher Worst Case zwar theoretisch möglich, jedoch nicht wahrscheinlich sei. Ein minimales und daher vertretbares Risiko. Ein Restrisiko eben, wie es immer in einer so hoch technisierten Gesellschaft bestehen würde.

Zuletzt war das Thema der Abwässer und Bohrschlämme Ziel der Untersuchung gewesen. Im Fokus standen dabei die Chemikalien, die beim Fracken eingesetzt wurden. Das Thema

Radionuklide tauchte nur beiläufig am Rande auf und war gerade mal einen Nebensatz wert.

Das Gutachten enthielt Vorschläge für erforderliche Maßnahmen, die, wenn eingehalten, das Restrisiko auf ein vertretbares Minimum reduzieren würde.

Und hier war Väterchen Staat, falsch, Mütterchen Land in Form von Dr. Haberle noch mal aufgetreten und hatte den vom Landtag bereits im Vorfeld verabschiedeten Maßnahmenkatalog zur Kontrolle des Verfahrens vorgelegt.

Treffer versenkt, dachte Idgie böse und piekste Jan in die Seite, damit er das auch ja mitbekam. Aber es befriedigte sie nicht, dass sie recht behalten hatte.

Nun durfte das Publikum fragen.

Das Hauptaugenmerk der Fragen, die gestellt wurden, richtete sich nach wie vor auf die eingesetzten Chemikalien beim Fracken, und Idgie wunderte sich, dass dieses Thema mit den Chemikalien solchen Vorrang hatte vor dem, was ihr auf der Seele brannte. Dann endlich wurde ihr das Wort erteilt.

Idgie stand auf und ging zu dem Mikrofon, das in der Mitte des Ganges platziert worden war. Sie klopfte einmal kurz dagegen, dann legte sie los.

»Sicherlich kennen Sie den Begriff NORM, im Englischen auch TENORM genannt«, sagte sie freundlich. »Vielleicht können Sie übersetzen, was das bedeutet?«

»Selbstverständlich«, sagte Taeschel und räusperte sich. »Es bedeutet Naturally Ocurring Materials, natürlich vorkommendes Material. Gemeint sind damit Nuklide, die in der Erdoberfläche und im Gestein ohnehin vorhanden sind.«

»Haben Sie da nicht ein kleines Wörtchen vergessen bei der Übersetzung?«, fragte Idgie spöttisch. »Das Wörtchen ›Radioactive‹ meinte ich.«

»Wie vorher bereits ausgeführt, es handelt sich um Nuklide, die ohnehin in der Erdoberfläche vorhanden sind.«

»Aber diese Nuklide, die Sie hier beschreiben, haben doch die Eigenschaft, dass sie radioaktiv sind. Es sind Zerfallsprodukte der Urankette, nicht wahr?«

Igdie konzentrierte sich mit ihrer Frage bewusst auf die Urankette. Natürlich wusste sie, dass da auch andere, teilweise sogar harmlose radioaktive Substanzen im Spiel waren. Aber Uran war immer ein gutes Stichwort, denn jeder hatte schon mal gehört, dass es gefährlich war. Was die Gegenseite mit ihrer Verharmlosungstaktik versuchte, das beherrschte sie allemal. Sie zog eine Augenbraue gespannt in die Höhe und wartete auf die Antwort.

Taeschel räusperte sich erneut. »Das ist richtig. Nur – es ist ja ohnehin vorhanden im Gestein, also vollkommen natürlich. Nichts, was erst durch das Fracking entsteht.«

»Und deshalb ist es ungefährlich?«, fragte Idgie erstaunt. »Na, dann können wir uns ja alle beruhigt wieder schlafen legen. Die Sache ist nur die: NORM-alerweise, wenn Sie mir das Wortspiel erlauben, gelangen diese Radionuklide nicht an die Erdoberfläche. Sie werden erst durch den Prozess freigesetzt, durch das gewaltsame Zertrümmern des Gesteins. Und darum genau geht es doch. Um das Zertrümmern, meine ich. Sonst würde doch das Gas nicht freigesetzt, oder?«

»Könnten Sie bitte zu Ihrer Frage kommen?«, unterbrach Haberle sie.

»Aber gewiss doch. Können Sie mir sagen, in welchem Maße bei diesem Prozess Radioaktivität freigesetzt wird? Radium-226 beispielsweise? In Becquerel pro Gramm?«, fragte Idgie lauernd. »Und können Sie sagen, wie viele Liter täglich an Wasser insgesamt anfallen? Nicht nur an dem Chemikaliengemisch, sondern auch an Prozesswasser, das zur Kühlung der Bohrköpfe benutzt wird, und an Lagerstättenwasser, das sich in der Erde befindet?«

»Äh – ja, das ist nun nicht ganz so einfach«, sagte Taeschel steif. »Wie viele Becquerel freigesetzt werden, hängt in erster Linie vom Gestein ab, in dem gebohrt wird. Und wie viele Liter Bohrwasser anfallen, hängt von der Tiefe des Bohrlochs und der Härte des Gesteins ab …«

»Na, wenn Sie keine Zahlen haben, kann ich das mal für Sie übernehmen.« Ihr Gesichtsausdruck hatte jetzt etwas Raubtierhaftes an sich. »Der Verband der Erdöl- und Erdgasindustrie spricht von tausend bis zweitausend Tonnen solcher Schlämme im Jahr allein in Deutschland, Tendenz steigend. Die Belastung pro Gramm liegt zwischen zwanzig und achtundachtzig Komma fünf Becquerel, das sind die Zahlen, wie sie mir vorliegen, wovon die letzte vor Kurzem von der Saxxon Company bekannt gegeben wurde. Dagegen stehen im Mittelwert null Komma null drei Becquerel pro Gramm bei unbehandeltem Gestein. Ergo: Wenn wir von einem Mittelwert von fünfundvierzig Becquerel pro Gramm ausgehen bei Prozesswasser und Bohrschlämmen, dann ist die Radioaktivität eintausendfünfhundertmal so hoch wie die ›normale‹ natürliche Belastung des Gesteins.« Idgie schaffte es allein durch ihre Betonung, das Wort in Gänsefüßchen zu setzen.

»War das nun Ihre Frage?«, mischte Haberle sich erneut ein.

»Nicht ganz. Meine Hauptfragen lauten: Was passiert mit den Bohrschlämmen und mit dem ganzen Prozess- und Lagerstättenwasser? Wo wird das alles entsorgt, und wer kontrolliert diese Entsorgung?«

»Die Betreiberfirmen«, antwortete Taeschel in leicht genervtem Tonfall, »sind selbstverständlich für eine fachgerechte Entsorgung zuständig.«

»Und was ist fachgerecht? Landspreading, wie es in Kentucky so hübsch genannt wurde? Eine ganze Region ist mit der Verteilung der Schlämme dort systematisch verseucht worden. Ist das eine sachgerechte Entsorgung? Man munkelt auch, dass solche Schlämme in die Nordsee verkappt werden und auf stinknormale Müllkippen. Soweit ich weiß, fallen diese Schlämme nicht mal unter die Strahlenschutzverordnung. Das Land geht nämlich von nur fünf Becquerel pro Gramm aus und definiert das Ganze deshalb nicht als radioaktiven Abfall. Ist das richtig, Dr. Haberle?«

»Ihre Zeit ist um«, konterte Haberle. »Bitte haben Sie Verständnis dafür, dass nur kurze Fragen, aber keine langen Beiträge erlaubt sind. Darf ich Sie bitten, jetzt Platz für andere Diskussionsteilnehmer zu machen?«

Die übrigen Podiumsteilnehmer murmelten durcheinander, und jetzt löste sich auch noch ein Ordner vom Rande des Saales und steuerte zielstrebig auf Idgie zu. Der würde ihr mit Sicherheit gleich das Mikro abnehmen.

So nicht, dachte Idgie wütend. So nicht, verdammt noch mal.

»Eine einzige Frage noch!« Ihre Stimme war lauter als beabsichtigt und übertönte das Geraune um sie herum, das sich nun breitmachte. Sie wusste, dass es vernünftiger wäre, jetzt einfach den Mund zu halten und sich wieder zu setzen. Sie wusste auch, dass es falsch war, insbesondere diese Frage zu stellen. Aber sie war jetzt eben wütend. Wütend darüber, wie sie hier abgefertigt wurde mit Themen, die ernst genommen werden sollten. Wütend darüber, wie die ganze Veranstaltung als einzige Werbeveranstaltung für Energiekonzerne und Politiker ausgelegt worden war.

»Sagt Ihnen der Name Hannes Schindler etwas?«, schoss Idgie aus der Hüfte auf die Herren der Podiumsrunde ab. »Wie ich weiß, hat er einigen von Ihnen bereits viele meiner Fragen per Mail geschickt. Sie haben sie auch ihm nicht beantwortet. Hannes Schindler. Wir machen exakt da weiter, wo er aufgehört hat.«

Für einen Moment herrschte Stille auf dem Podium. Eine Art Erstarrung, die davon zeugte, dass sie von dieser Frage überrascht waren und dass sie an einem wunden Punkt gerührt hatte. Einem verdammt wunden Punkt.

Nicht nur Idgie erkannte, dass da etwas nicht stimmte. »Wer ist dieser Schindler? Können Sie uns mehr erzählen?«, fragte ein Pressemensch, hellhörig geworden, und schob an einer langen Stange ein Mikrofon in ihre Richtung. Auch die übrige Meute leckte Blut.

»Das kann ich«, setzte Idgie an. Dann wurde ihr das Mikro aus der Hand genommen.

***

Münsterland, Nottuln, 7. April

Der alte Herr war überraschend rüstig. Kamforski schnaufte, während er hinter ihm her die Straße stadtauswärts trabte. Nur reden tat er nicht gerade viel. Diese Maulfaulheit schien eine Eigenart der Landbevölkerung hier zu sein, zumindest der männlichen.

Der Alte bog in einen Feldweg ein, der von der Straße den Hügel hinaufführte.

Kamforski heftete seine Augen auf den in einen Parka undefinierbarer Färbung gewandeten Rücken. »Ist es noch weit?«, rief er.

»Nee. Wollen Se's nu sehn oder nicht?«, rief der Alte über die Schulter zurück.

Kamforski fluchte still und hechtete weiter. »So ein Mist«, schimpfte er, als er in eine Pfütze trat.

Endlich machte der Alte halt.

»Hier, da können Se auch noch Spuren von sehn.«

»Hier hat der Wagen gestanden?«

»Mehrere Wochen lang jeden Tag. Dann war ein paar Tage lang Ruhe, und dann ging es wieder los.«

»Was war das für ein Wagen?«

»So einer fürs Gelände, aber dunkel und in schick. Ich kenn mich mit den neumodischen Modellen nicht aus. War auf jeden Fall ziemlich neu, das konnte man sehn.«

Keine Mercedes E-Klasse? Kamforski ließ den Blick über die Reifenspuren wandern, die sich in dem weichen Boden abgedrückt hatten. Der Alte hatte recht. Breite Reifen wie von einem Geländewagen.

»Das Kennzeichen haben Sie sich nicht zufälligerweise gemerkt?«

»Duisburg, mehr weiß ich nicht. Wenn der nur noch ein einziges Mal gekommen wäre, wär ich hin und hätt's mir aufgeschrieben. Für 'ne Anzeige, Sie wissen schon. Das geht einfach nicht, dass die Städter hier immer die Zufahrten versperren. Was meinen Se denn, was hier im Sommer los ist!«

»Und der war täglich hier, sagen Sie?«

»Meinen Se etwa, ich tät was erfinden oder hätt's anne Augen, bloß weil ich alt bin? Klar war der hier. Vor meiner Weide, vor diesem Tor, jeden Tag. Ich hab mit dem Fernglas geguckt, unten, vom Hof aus. Und ich hab's aufgeschrieben. Für die Anzeige.«

Ein Fernglas, soso. Was die Frage klärte, warum der Alte das so genau wusste.

»Ich lass mir doch nicht die Wiese zustellen …«, brummelte er. »Das geht einfach nicht. Noch ein Tag, und ich hätt den angezeigt, ehrlich …«

Kurze Zeit später parkte Kamforski mitten auf dem Feldweg und hoffte, dass der Alte nicht ausgerechnet jetzt das Fernglas ansetzen würde.

Er holte die digitale Kamera und ein Maßband aus seinem Handschuhfach und begann, den Abdruck zu vermessen und zu fotografieren. Dann informierte er die Jungs von der Spurensicherung von seinem Fund, die gleichen, die er bereits wegen des Einbruchs in Idgies Scheune bemüht hatte. Sie sollten sich sputen. Diese Spuren hier würden bald verwischt sein.

***

Essen, 7. April

Ruth hatte sich den ganzen Tag mit dem Thema Wasser beschäftigt. Nicht nur, dass sie jetzt bereits die dritte Literflasche Mineralwasser in Angriff genommen hatte: Sie hatte sich an den Vorgaben der bundesweit gültigen Trinkwasserverordnung festgebissen, die aus dem Jahr 2001 stammte und im Laufe des letzten Jahrzehnts um einige Bestimmungen und zu prüfende Parameter reicher geworden war. Seit dem Jahr 2011 beispielsweise musste das Trinkwasser auch auf den Urangehalt hin überprüft werden.

Das Gesundheitsamt musste regelmäßige Proben aus den Brunnen der Stadt entnehmen, laut Trinkwasserverordnung im Turnus von einem bis zu drei Jahren, solange keine Grenzwertüberschreitungen zu vermerken waren. Darüber hinaus waren die Betreiber der Trinkwassergewinnung verpflichtet, das Trinkwasser selbst regelmäßig auf seine bakteriellen und chemischen Bestandteile hin zu analysieren und die Analyseergebnisse jederzeit nachvollziehbar zu dokumentieren. Mindestens einmal im Jahr waren die Betreiber außerdem zu einer Begehung ihrer Wasserschutzgebiete verpflichtet. Bei Überschreitung von Grenzwerten und/oder einer sichtlichen Veränderung des Trinkwassers war das Gesundheitsamt unverzüglich einzuschalten.

Ruths Fazit nach dem Studium der Quellen: Das Essener Trinkwasser war so schlecht nicht. Vom Härtegrad her konnte es als weich eingestuft werden, und die Wassergewinnungswerke der Stadt kontrollierten täglich einen Teil der Parameter, die die Güte für sauberes Trinkwasser darstellten. Die übrigen Parameter wurden nach Vorschrift überprüft.

Als Nächstes vertiefte Ruth ihre Kenntnisse über das Versorgungsnetz der Stadt. Drei Pumpwerke waren rund um die Uhr damit beschäftigt, das Wasser in das Netz der Stadt einzuspeisen. Mehrere Talsperren kontrollierten den Wasserstand der Ruhr und sorgten in Trockenperioden für entsprechenden Nachschub. Außerdem verfügte die Stadt über acht Wassertürme, die insgesamt vierundfünfzigtausend Kubikmeter Wasser bereithielten, um in Spitzen-Verbrauchszeiten den Wasserdruck in den Leitungen konstant halten zu können.

Zuletzt wühlte Ruth sich durch die Analyseergebnisse der letzten zehn Jahre. Alles im grünen Bereich, murmelte sie schließlich und rieb sich die müden Augen.

Sie war eben gründlich, und wenn sie auf ein Thema stieß, dann kniete sie sich so lange rein, bis sie sich wirklich damit auskannte.

***

Manni saß jetzt bereits seit sieben Stunden am Computer, um Informationen aus der IRIS rauszukitzeln, dem Interaktiven Raumbezogenen Informations-System. Hier ließen sich alle bekannten Daten und Informationen zu Abwasserkanälen und Schächten der Stadt erfragen – so sie denn eingepflegt waren.

Das Problem war, dass Manni nicht genau wusste, wonach er suchte. Das heißt, Meininger hatte ihn dazu verdonnert, nach Erklärungen zu suchen, nach möglichen Ursachen für die zahlreichen Stauungen, die dazu geführt hatten, dass das Abwasser so flächendeckend in die Höhe geschossen war. Meininger hatte einen Azubi darauf angesetzt, IRIS mit den Austrittsstellen des Desasters zu füttern, und Manni rief nun die detaillierten Pläne zu den jeweiligen Stellen ab. Sie bestätigten ihm, was er ohnehin schon wusste. Problematisch waren solche Punkte, wo breitere Kanäle oder Sammler auf schmalere Anschluss-Stücke stießen. Wenn sich dort dann noch Äste, Steine und allerhand von dem Zeugs verfingen, was Menschen so bedenkenlos in die Kanalisation donnerten, dann war das Chaos bei andauerndem Regen perfekt.

Aus Mannis Sicht gab es jetzt nur eins. Sobald sich das Wasser noch weiter zurückgezogen hatte, einzelne Abschnitte absperren, runter mit der Kamera und gucken, wo es was wegzuräumen gab. Wagen hin, Rüssel rein, mit Hochdruck und unterschiedlichen Düsen versuchen, den Mist klein zu kriegen, und absaugen. Notfalls, wenn es gar nicht anders ging, musste halt jemand runter und die Stauung per Hand beseitigen. Half ja alles nix, hatte er früher auch machen müssen.

Manni schaute auf seine Liste. Er hatte genug Stellen ausfindig gemacht, die überprüft werden sollten. Jetzt musste er nur noch Wagen und Leute zusammentrommeln, um die Sache unter die Lupe zu nehmen. Aber genau das war das Problem. Wagen und Leute waren immer noch unterwegs, um die Scheiße von der Straße zu räumen. Die Jungs würden ihn lynchen. Sie waren ohnehin schon zu lange im Einsatz. Aber Meininger hatte auf einer zügigen Abwicklung bestanden.

Manni hievte sich widerwillig aus seinem Stuhl. Besser, er fuhr zum Betriebshof und fing dort die Leute ab, bevor sie sich nach Hause verdrücken konnten.

***

Münsterland, Nottuln, 7. April

Es war bereits später Nachmittag, als Kamforski den Wagen auf dem Seitenstreifen schräg gegenüber der Volksbank an der Ringstraße parkte, die die kleine Altstadt von Nottuln umschloss. Hier also hatte Björn de Fries die beiden feinen Pinkel noch mal gesehen.

Er schwang die Beine aus dem Passat und schlenderte in den Altstadtkern hinein, eine Ansammlung kleiner, teilweise kopfsteingepflasterter Gässchen mit altem Münsteraner Fachwerk, die sich um eine überraschend große Kirche drängten. Hübsch, dieser Kern des Städtchens. Sehr beschaulich. Eine Art Münster in Klein. War man hier aufgewachsen, wollte man vermutlich schnell weg. Zu idyllisch, zu … na, halt der Hund begraben. Aber setzte man selbst Nachwuchs in die Welt oder wurde gar alt, sehnte man sich an einen Ort wie diesen hier zurück.

Was zum Teufel hatte die Essener Schickeria hier gewollt? Überlegen, wie sie weiter vorgehen sollten nach dieser Abfuhr, die Hannes Schindler ihnen erteilt hatte? Beim Kaffeetrinken in Nottuln? Warum eigentlich nicht? Auch feine Herren mussten irgendwann mal was essen.

Bei diesem Gedanken gab Kamforskis Magen ein lautstarkes Knurren von sich. Zumindest er selbst könnte jetzt gut was vertragen. Nahe dem schmalen, kopfsteingepflasterten inneren Altstadtring um die große Kirche herum lockte ein Schild. *Auszeit*, stand darauf zu lesen. Guter Name für eine Gastronomie, befand Kamforski und stieß die Tür zu dem Bistro in dem alten Backsteingebäude auf.

Eine knappe Stunde später verließ er das Lokal gestärkt und um ein paar Informationen reicher. Die Beschreibung der beiden Männer hatte vage Erinnerungen bei der Bedienung ausgelöst. Ja, sie konnte sich erinnern … ganz feine, lange Kaschmirmäntel hatten die angehabt, der eine in Hell mit dazu passendem weißem Seidenschal, der andere in Dunkel. Nein, nicht kamelfarben. Eher so ein helles Mokka oder besser noch Karamell. Selten bei einem Mann, hatte sie noch gedacht. Sehr schick auf jeden Fall. Ebenso der andere. Ein Herrenhut aus Filz. Anthrazit war der gewesen, wie der Mantel. Und Lederhandschuhe, feinstes Kalbsleder. So eine Kombination sah man hier selten. Die hätten besser nach Mailand gepasst. Dort vorne im Wintergarten hatten sie gesessen … und nein, sie hatte nicht mitbekommen, worüber die sich unterhalten hatten … Wie alt? Na, jung waren die nicht mehr gewesen. Mitte fünfzig, Anfang sechzig …

Zurück an seinem Auto fand Kamforski den obligatorischen, in Plastik verpackten Zettel unter seinem rechten Scheibenwischer.

»Mist«, fluchte er, schob das Knöllchen achtlos in die Jackentasche und machte sich zurück auf den Weg nach Münster.

***

Essen, 7. April

»Nora schläft«, berichtete Jan, während er leise die Küchentür hinter sich schloss. »Ich hab geklopft, aber sie hat nicht reagiert. Was meinst du, soll ich sie wecken?«

»Besser nicht. Bei Kopfschmerzen ist das gar nicht so einfach mit dem Einschlafen. Wir schauen lieber später nach ihr.« Idgie inspizierte den Kühlschrank, während sie das sagte. »Wie läuft denn das ernährungstechnisch hier?«, fragte sie dann. »Gibt es eine Kasse, in die ihr was reintut?«

Jan warf ihr einen erstaunten Blick zu.

»Sag bloß, ihr lebt beide auf Mannis Kosten?«

»Was heißt denn hier auf seine Kosten? Nora ist doch seine Tochter«, wandte Jan ein.

»Bei Nora lass ich das ja gerade noch durchgehen. Das heißt doch aber noch lange nicht, dass Manni Noras Freunde und Bekannten mit durchfüttern muss, oder?« Sie schüttelte den Kopf. »Ich weiß schon, warum ich nie Kinder haben wollte«, brummelte sie.

Jan beobachtete sie stumm. Er hatte noch nie darüber nachgedacht und sich wie selbstverständlich aus dem immer gut gefüllten Kühlschrank bedient. »Wir könnten ja einkaufen gehen«, druckste er schließlich heraus.

»Habt ihr das denn schon mal gemacht?«

Jan räusperte sich. »Eigentlich nie«, sagte er verlegen.

»Dann sollten wir besser auf Manni warten. Der Kühlschrank ist ziemlich leer, und wahrscheinlich kauft er auf dem Rückweg von der Arbeit ein. Wenn nicht, können wir immer noch los. Auf jeden Fall habe ich Hunger. Ich mach mir eine Stulle.«

»Und was machen wir nun?«, fragte Jan, als sie sich mit einem Teller und einer dampfenden Kanne Tee ihm gegenüber niederließ. »Ich meine, die ganze Sache da heute Nachmittag hat doch nichts gebracht. Nicht wirklich jedenfalls.«

»Das sehe ich anders. Ich finde, wir wissen eine ganze Menge mehr als vorher.«

»Ach ja?«

»Ja. Wir wissen jetzt, dass NORM-Schlämme ebenso wie

Prozesswasser ein heißes Thema sind, über das nicht gerne geredet wird. Wir wissen außerdem, dass diese Veranstaltung dazu diente, publik zu machen, dass weiter gefrackt werden wird, und zwar im Münsterland bis hinein ins nördliche Ruhrgebiet. Und wir wissen, dass es verdammt still war auf dem Podium, als der Name Hannes Schindler fiel. Wir wissen außerdem, dass dieser Taeschel seine Finger im Spiel hatte bei dem Gutachten, das die ganze Chose rechtfertigt, und wir wissen nun, dass Land und Erdgasindustrie an einem Strang ziehen. Das ist doch wohl eine ganze Menge mehr als vorher. Vorher haben wir das nämlich nur vermutet. Als Journalist, mein Lieber, sollte man seine Vermutungen stets belegen.« Sie zwinkerte ihm freundlich zu. »Aber jetzt höre ich auf mit der Klugscheißerei. Sag mal, bei diesem Taeschel, hat es da nicht auch bei dir geklickt? Dr. Taeschel … ich bin mir ziemlich sicher, dass der Name mehrfach in den Unterlagen von Hannes aufgetaucht ist.«

»Das war so viel Material, da habe ich die Einzelheiten nicht alle behalten«, gestand Jan. »Aber wir können ja noch mal suchen.«

»Das übernehme ich«, entschied Idgie. »In Hannes' Chaos finde ich mich wahrscheinlich besser zurecht als du. Jahrelange leidvolle Routine.«

Jan stand auf. »Ich hole mein Notebook. Vielleicht finde ich im Netz was zu den übrigen Podiumsteilnehmern.«

»Haben wir denn Netz hier?«

»WLAN, völlig unverschlüsselt.« Jan verdrehte die Augen. »Manni halt.«

»Gut für uns. Dann bring mein Netbook mit und die Festplatte. Am besten den ganzen Rucksack, da ist alles drin, was ich brauche. Aber pass auf, dass du deine Kleine nicht weckst.«

***

Münster, 7. April

Lothar Kamforski suchte eine CD in seinem Regal. Santanas *Supernatural*. Gute Scheibe, lange nicht gehört. Er schob sie in den Player, setzte sich in den Schwingsessel aus weichem Büffelleder mit der hohen Rückenlehne und legte die Füße auf den zugehörigen Fußhocker.

Nachdem die letzten Töne von *Love Of My Life* verklungen waren, drehte er die Lautstärke mit der Fernbedienung ein paar Dezibel höher, verschränkte die Arme hinter dem Kopf und schloss die Augen.

Hey now, all you sinners ... put your lights on, put your lights on ... Carlos Santana, immer noch großartig, auch mit seinen neueren Alben. Kamforski versetzte den Sessel in leise Schwingungen, während er der Musik samt der Stimme von Everlast lauschte.

Hannes Schindler, der Geliebte von Idgie Callahan. Liebte sie ihn immer noch? Und wenn schon. Es war nicht verkehrt, auch diejenigen weiterhin im Herzen zu tragen, die es so lange Zeit bewohnt hatten. Und zwölfeinhalb Jahre waren eine lange Zeit ...

Zwei Herren in feinem Kaschmir, die Hannes Schindler etwas hatten aufdrängen wollen. Geld? Das würde durchaus Sinn machen ... ein Geländewagen auf einem Feldweg, ein stiller Beobachter, ein Einbruch ...

Ob Idgie wohl in Sicherheit war, dort in Essen?

... a monster, living under my bed ... Große Monster, mit denen sie da in den Clinch gehen wollte. Kamforski dachte an das, was er am Vorabend am PC seines ehemaligen Partners herausgefunden hatte. Bestechung und Bestechlichkeit von Politikern und Sachverständigen und ein eingestelltes Verfahren. Alles aus dem Jahr 2009. Mächtige Gegner, diese E.O.A.G und die NEdZ. Verdammt mächtige Gegner. Wer einmal lügt ...

Solchen Monstern konnte man jedenfalls nicht so einfach an den Karren, denn sie waren schlau, und mächtig. Sie musste vorsichtig sein. Er musste sie anrufen und ihr das sagen.

Er drehte die Musik leise, stand auf und suchte in seiner Jackentasche nach seinem Handy. Dabei geriet ihm wieder das Knöllchen in die Finger. Achtlos warf er es auf den Küchentisch und wählte Idgies Nummer. Aber wie auch schon am Vorabend nahm sie nicht ab.

***

Essen, 7. April

»Hier ist es«, murmelte Idgie und rückte sich die Lesebrille auf der Nase zurecht. »Es sind Gutachten. Aber dieses Mal geht es um was anderes.«

»Worum denn?«

»Schschsch.«

Jan interpretierte dies als *Jetzt nicht* und konzentrierte sich wieder auf seine Arbeit. Er hatte bereits nach Kaiser, Reiff und Haberle gegoogelt und sich durch eine Flut von Artikeln gelesen, zu denen er sich stichpunktartig Notizen aufgeschrieben hatte. Nun machte er mit Taeschel weiter. Als er fertig war, sah er auf und merkte, dass Idgie ihn über den Rand ihrer Lesebrille hinweg beobachtete.

»Den Biss, den ein guter Journalist braucht, hast du auf jeden Fall«, stellte sie fest. »Es macht dir Spaß. Und? Was gefunden?«

»Na klar.« Jan fühlte die Röte, die ihm ins Gesicht stieg bei diesem Lob. Scheiß drauf. Er lächelte sie an. »Ich fasse mal zusammen. Also: Beginnen wir mit dem Kaiser. Der Kaiser von Essen, könnte man auch sagen.«

»Er ist doch nur Stadtrat.«

»Tja. Ein Mann mit viel Einfluss hier in der Stadt ist er auf jeden Fall. Er ist gebürtiger Essener, einer von den Schwarzen, und er strebt nach Höherem in der Politik, so viel steht fest.«

»CDU also.«

»Genau. Ebenso wie Haberle. Essen ist für Kaiser nur eine Durchgangsstation, das wurde auf einem Parteitag deutlich, wo er sich ziemlich weit aus dem Fenster gelehnt hat. Er hat sich immer sehr für den Wirtschaftsstandort Essen eingesetzt, Essen attraktiver machen für die Wirtschaft, noch bessere Anbindung, Arbeitsplätze … das ganze Bauprojekt am Limbecker Platz wurde von ihm protegiert.«

»Was ist das?«, fragte Idgie.

»Hier im Ruhrgebiet will jede Stadt ihr eigenes superlatives hypermodernes Einkaufszentrum haben, je größer und schöner, desto besser. Ein Platz in der Innenstadt wurde dafür komplett umgekrempelt, ein gigantisches Bauprojekt. Nun steht da so ein bogenförmiger Glaspalast, nicht so groß wie das Centro in Oberhausen, aber ziemlich schick und dafür deutlich zentraler.«

»Ach, so ein Städtekonkurrenzdings«, kommentierte Idgie gelangweilt.

»Du sagst es. Auf jeden Fall macht sich Kaiser seit zwei Jahren Hoffnungen auf das Umweltamt NRW. Bislang kann er da aber noch nicht richtig punkten.«

Idgie grinste schadenfroh.

»Dass er verheiratet ist und zwei Kinder hat, interessiert dich vermutlich weniger.«

»Stimmt.«

»Ach ja, er hat jahrelang das Tiefbauamt der Stadt geleitet. Bauingenieur, das ist er von Haus aus. Sehr interessant fand ich, dass er im Rotarier-Club zugange ist. Und dort findet man auch Dr. Reiff, ebenso wie Haberle sich da rumtreibt.«

»Alte Seilschaften?«

»Warum nicht? Allerdings gibt es solche Clubhäuser in jeder Großstadt, und Reiff und Haberle wohnen nicht hier in Essen. Haberle lebt in Düsseldorf, wo Reiff wohnt, habe ich nicht rausbekommen. Kommen wir nun also zu Kaisers politischem großem Bruder, Hans-Dieter Haberle. Der hat ziemlich schnell eine parteipolitische Karriere gemacht. Muss ein flinkes Köpfchen haben und wird als guter Redner gelobt. Sein Steckenpferd ist das Thema Energie, dazu hat er sich in etlichen Fachartikeln ziemlich ausgebreitet. Früher war er ein Verfechter der Atomenergie. Seit der Ausstieg beschlossene Sache ist, hat er sich in NRW für die erneuerbaren Energien starkgemacht, trägt aber immer wieder energisch vor, dass die erneuerbaren Energien allein das Versorgungsloch so schnell nicht stopfen können. Er ist übrigens Aktionär der NEdZ – ganz schön aufschlussreich, nicht wahr?«

»Wo hast du das denn her?«

»Aus einem Bericht über die Jahreshauptversammlung 2013. Dort wird er als Großaktionär bezeichnet.«

»Ach was«, kommentierte Idgie hellhörig. »Da sollte man sich noch intensiver hinterklemmen.«

»Finde ich auch. Aber noch spannender finde ich, dass Haberle im Verband der Erdöl- und Erdgasindustrie ist. Dort war er jahrelang Pressesprecher.«

Idgie pfiff anerkennend durch die Zähne. »Gut gemacht.«

»Oh. Danke.« Verlegen drückte Jan auf dem Federknopf seines Kugelschreibers herum und ließ die Mine mit einem schnackenden Geräusch raus- und reinschnellen.

Idgie, die seine Verlegenheit sehr wohl bemerkte, stand auf, räumte die Teller in die Spülmaschine und setzte sich zurück an den Küchentisch. »Sonst noch was?«, fragte sie.

»Ja. Ich hab noch was zu Dr. Gisbert Reiff. Der ist Ende fünfzig, wie die anderen übrigens auch, ich habe nur vergessen, das zu erwähnen. Er hat seinen Doktor in BWL gemacht. Dass er nicht nur Vorstandsmitglied der Neuen Energie der Zukunft ist, sondern auch im Aufsichtsrat der European Oil and Gas sitzt, hatten wir ja bereits heute Nachmittag.«

»Die wiederum Tochter der Neuen Energie ist«, ergänzte Idgie.

»Ich möchte nicht wissen, wie viel der im Jahr nach Hause trägt.«

Idgie registrierte die Ehrfurcht in Jans Stimme und schmunzelte. »Es wird schon ein nicht unerhebliches Sümmchen sein. Aber du musst dir schon überlegen, was du willst. Good Guy wie Robert Redford in *Die Unbestechlichen* oder Bad Guy wie Michael Douglas in *Wall Street*. Rein optisch würde Redford besser zu dir passen.«

Jan verdrehte die Augen. »Last, but not least: Dr. Eckart Taeschel. Nachdem er seinen Doktor in Chemie in der Tasche hatte, hat er einige Jahre bei Bayer gearbeitet, bevor er dann zu Atomic Removal ging.«

»Atomic Removal? Klingt wie Atomic Rooster.«

»Was?«

»Eine sehr eigenwillige englische Rockband Anfang der Siebziger. ›Tomorrow Night‹, ›Devil's Answer‹, ›Black Snake‹, nie gehört? Waren echte Hits damals. Wilde Jungs, viel Hammond-Orgel, hartes Schlagzeug, ebenso harte Gitarrenriffs und psychedelischer Gesang«, sagte Idgie, leise Nostalgie im Blick.

»Ich kenne nur Atomic Kitten. Und so was hast du gehört?«

»Ja. Fand ich gut. Der Keyboarder hatte Haare bis zum Arsch und der Sänger eine unglaublich wuschig lockige Mähne. Aber zurück zu Taeschel und diesem Atomic Rooster – äh …«

»Atomic Removal.«

»Was gibt es denn da zu feixen?«

»Och, nichts. Dort war Taeschel auf jeden Fall nicht ganz so lang angestellt, knapp zwei Jahre nur. Er hat dann ein Institut gegründet, bei dem es um Beratung in Chemie, Biochemie und Technik geht. Die erstellen auch Gutachten.«

»Das ist mein Stichwort. Als Gutachter ist Taeschel wirklich gut im Rennen.« Idgie betonte beide Male die Silbe »gut«. »Er hat nicht nur an diesem Werk zum Thema Fracking maßgeblich mitgewirkt, das uns vorhin werbetechnisch so unglaublich brillant verkauft wurde, nein: Er hat einige Gutachten erstellt, die sich mit der Einteilung von Sondermüll in sogenannte Schadensklassen beschäftigen. Diese Klassifizierungen sind ausschlaggebend dafür, auf welcher Art von Mülldeponie der jeweilige Sondermüll entsorgt werden muss. Es gibt eine lange Liste von Zuordnungen. Ich muss wohl nicht extra erwähnen, dass die Entsorgung auf Hausmülldeponien deutlich preiswerter ist als auf Deponien anderer Schadstoffklassen, weshalb Sondermüllentsorgung auch so ein immens lukratives Geschäft ist.«

»Hmpf.«

»Genau.« Idgie interpretierte Jans Grunzlaut als Zustimmung. »Viele Firmen haben deshalb ein wirklich großes Interesse daran, dass der von ihnen verursachte Dreck möglichst gut bei der Schadensbeurteilung abschneidet. Ein weites Feld für Gutachten jeglicher Art.«

»Weshalb es von Vorteil ist, wenn man seinen Gutachter gut kennt«, witzelte Jan.

Idgie kicherte. Dann wurde sie wieder ernst. »Aber Beweise für eine nähere Bekanntschaft dieser vier Herren gibt es nicht, oder?«

»Leider nein. Ich habe nichts weiter gefunden. Allerdings finde ich die Verflechtungen sehr auffällig.«

»Solche Verflechtungen sind leider völlig normal und dabei so hübsch undurchsichtig. Das hat Prinzip. Es ist ja nicht so, als wäre das alles streng geheim. Stehen tut das immer irgendwo. Aber man muss sehr gezielt danach suchen und dann ganz genau hingucken, und wer tut das schon? Guck dir bloß mal an, was sich in den Aufsichtsräten großer Konzerne so alles herumtreibt. Da wirst du etliche bekannte Pappnasen aus der Politik wiederfinden.«

»Um was für Pappnasen geht's denn hier?«, fragte Manni, der gerade mit Ruth in die Küche kam.

Idgie und Jan brachten sie auf den neuesten Stand.

»Stinkt ja schlimmer als'n Köttelbecken im Hochsommer«, grunzte Manni. »Diesen Dr. Reiff, den kenn ich. Ich meine, ich weiß, wo der wohnt. Echt schick, so 'ne große Villa in Hösel, aber eingekastelt wie 'ne Festung. Mitten im Wald ist die, mit hohen Mauern und Videoüberwachung und dem ganzen Schnick und Schnack. Ich bin da mal mit 'nem Kollegen aus Düsseldorf hin, war so ein Kompetenzgerangel, wer für den Schaden an der Leitung zuständig ist. Die Düsseldorfer wollten uns doch glatt dafür verantwortlich machen, dass bei Reiff die Scheiße hochgekommen ist. Aber keine Chance, das konnten sie uns nicht anhängen. Mit einem Monatsgehalt von dem würde ich gut drei Jahre auskommen, das könnt ihr mir glauben.«

»Da kann's einem wirklich die Galle hochtreiben bei so einer Vetternwirtschaft und dem ganzen Klumpatsch«, sagte Ruth und stand auf. »Ich guck jetzt mal nach Nora. Und dann muss ich mich dringend um Schimmi kümmern.«

***

Leise klopfte sie an die Tür. »Ich bin's, Ruth. Kann ich reinkommen?«

Sie hörte einen Laut, der sie an das Klagen einer Katze erinnerte, oder an ein Baby, und öffnete die Tür. Infernalischer Gestank schlug ihr entgegen. »Um Gottes willen«, murmelte sie, tastete nach dem Lichtschalter, holte tief Luft und ging hinein.

Im Schein der Deckenlampe blinzelte Nora sie aus verquollenen Augen an. Neben dem Bett stand ein Eimer, aus dem die üblen Gerüche drangen.

»Ich lass mal ein bisschen frische Luft rein.« Ruth öffnete das

Fenster. Dann setzte sie sich auf die Bettkante. »Was ist denn los, Schätzle?«

»Mir ist so schlecht«, wimmerte Nora. »Und ich hab so schrecklich Bauchweh.«

Besorgt legte Ruth ihr die Hand auf die Stirn. Sie fühlte sich fiebrig und heiß an, das Mädchen schwitzte stark und zitterte gleichzeitig. Fieber, dachte Ruth und zog ein paar Latexhandschuhe aus ihrem Arztkoffer.

»Hast du genug getrunken?« Ruth fragte das eher, um überhaupt etwas zu sagen, während sie Noras Bauch abtastete, der sich prall und hart anfühlte.

»Ich kann nicht. Dann muss ich wieder brechen ...«

Sie klingt wie ein Kind, dachte Ruth alarmiert. Wie ein kleines, verängstigtes Mädchen. Es musste ihr schlechter gehen, als sie es ausdrücken konnte.

»Wann fing das mit der Übelkeit an?«

»Keine Ahnung. Irgendwann vormittags, glaube ich. Ich habe ganz viel geschlafen ...«

Ruth verkniff sich die Frage, warum sie nicht angerufen hatte. Stattdessen kontrollierte sie den Puls und fand ihn schnell und holprig, viel zu schnell für eine so sportliche junge Frau.

»Und Durchfall hab ich auch.« Nora begann still zu weinen. »Das kann doch nicht von diesem blöden Sturz kommen«, schluchzte sie. »So was Bescheuertes ...« Sie krümmte sich zusammen, als hätte ihr jemand eine Faust in den Magen gerammt.

Ruth schob ihr ein Fieberthermometer in den Mund und wartete, bis ein leises Piepsen das Ende des Messvorgangs signalisierte. Sie kontrollierte die Anzeige und sog scharf die Luft ein. »Wo genau sind die Schmerzen?«

»Im ganzen Bauch ... überall ...« Nora krümmte sich erneut und wimmerte. Sie begann zu keuchen, würgte und spuckte eine blutige Flüssigkeit auf den Fußboden.

KAPITEL 11

Essen, 8. April

Starke Bauchschmerzen, Durchfall, Übelkeit, Temperatur über vierzig Grad Celsius … Ruths Gedanken rotierten, während sie auf die Atemzüge neben sich lauschte, die endlich tief und ruhig geworden waren, ein Hinweis darauf, dass Manni nun doch eingeschlafen war.

Die Bilder des Abends huschten in ungeordneten Sequenzen durch Ruths Kopf. Das Blut, das Nora auf den Fußboden gespuckt hatte, war frisch und rot … innere Blutungen vom Sturz? Der Flur im Klinikum, wo sie mit Manni gesessen und gewartet hatte … ein gehetzt wirkender Arzt mit einem Gesicht, grau vor Erschöpfung. Er wisse nicht genau … Jan, der unruhig den Gang hinauf- und hinuntertigerte, hin und her … auf jeden Fall nicht ganz typisch bei einer Magen-Darm-Grippe … ob sie im Ausland gewesen sei in letzter Zeit … Ebola vielleicht oder Cholera … oder eine Abart des Norovirus … Manni, nicht minder grau im Gesicht …

Die ersten Untersuchungen hatten nichts ergeben. Natürlich war sie sofort auf Gehirnerschütterung oder Schlimmeres hin untersucht worden, schließlich war Nora ziemlich heftig gestürzt. Und natürlich hatten sie in der Nacht auch gleich noch eine Magen- und eine Darmspiegelung durchgeführt, aber es war nichts Konkretes gefunden worden. Nichts, was diese Blutungen erklärt hätte. Auf jeden Fall keine normale Grippe, zumindest hatte sie so was noch nie dabei erlebt. Es erinnerte eher an eine Cholera – aber doch nicht hier, und schon gar nicht um diese Jahreszeit –, an Morbus Crohn oder ein geplatztes Magengeschwür. Oder an Noro, aggressiv und schnell mutierend … das Virus musste zwangsläufig noch in der Kanalisation hausen, nachdem es hier so gewütet hatte. Und Nora war mit dem Abwasserschlamm auf der Straße in Berührung gekommen. Der Schlamm konnte aber auch noch alle möglichen anderen Bakterien und Viren enthalten. Hochinfektiös, das war der auf jeden Fall. Aber auf die Blutanalysen mussten sie noch warten.

Ruth fühlte sich beschissen. Warum hatte sie das Mädchen bloß nicht sofort nach dem Unfall in die Klinik gebracht?, fragte sie sich selbstquälerisch. Aber es hatte doch gar nicht so gefährlich ausgesehen. Ein paar Schürfwunden, ja, aber doch nicht richtig arg. Hatte Nora innere Verletzungen bei dem Sturz davongetragen? Und zusätzlich ein Virus? Warum hatte sie bloß noch eine Weile in der Küche gesessen und mit den anderen die Ergebnisse des Tages besprochen, anstatt sofort zu Nora hinaufzugehen, wie sie es ursprünglich vorgehabt hatte?

Sie rieb sich die müden Augen, fuhr sich durchs Gesicht und lauschte den Atemzügen neben sich. Er hatte geweint, als sie die Tür des Zimmers leise hinter sich zugemacht hatten, das Zimmer, in dem Nora lag, klein und zart und weiß wie das Laken des Bettes. Manni hatte nicht gehen wollen, aber die Stationsärztin hatte darauf bestanden. Denn Nora schlief, und genau das würde ihr am besten helfen. Der Schlaf.

Der Anblick von Nora war schlimm genug gewesen. Aber es war dieses Weinen, das Ruth dann richtig fertiggemacht hatte. Dass dieser Koloss von Mann mit dem kahlen Schädel und dem wilden Drachentattoo auf dem Rücken völlig in sich zusammengesackt war und geflennt hatte wie ein kleiner Junge, das war ihr schwer an die Nieren gegangen. Er hatte sie angesehen wie ein angefahrenes Tier, das nicht versteht, was mit ihm passiert, und sie gebeten, ihn jetzt nicht allein zu lassen. Beschimpfungen, Verfluchen, Wegstoßen, all das hätte sie besser ertragen können als dieses stumme Flehen in seinen Augen.

Ich bin unfähig, dachte Ruth wütend. Ich habe sie nach dem Sturz untersucht. Ich war heute früh noch bei ihr. Ich hätte doch was merken müssen. An innere Blutungen denken, an Noro und Co und all die schönen Abarten von Viren und Bakterien, wie sie in Abwässern zuhauf vertreten sind. Ich hätte darauf bestehen müssen, sie gleich ins Krankenhaus zu schaffen. Ich hab das völlig unterschätzt.

Aber genau das war der springende Punkt. An die Abwässer hatte sie nicht gedacht – und bei Noras wirrem Geplapper nach dem Unfall hatte sie überhaupt nicht geschaltet. Im Gegenteil. Sie hatte abgeschaltet, anstatt hinzuhören.

Der Kater sprang auf ihren Bauch. Ruth drückte ihn an sich und lauschte dem beruhigenden Schnurren des Tieres. Ach Schimmi, dachte Ruth gerührt, als sie die raue Zunge des Katers an ihrer Wange spürte.

***

Ein schriller Klingelton zerriss die frühmorgendliche Stille und zerrte sie aus einem unruhigen Schlaf. Nora, zuckte es durch ihren Kopf. Es ist was mit Nora. Neben ihr schoss Manni in die Höhe und starrte sie mir weit aufgerissenen Augen an.

»Dein Handy«, flüstere sie heiser. »Soll ich drangehen?«

»Das ist nicht meins«, würgte Manni heraus.

»Meins ist es aber auch nicht«, sagte Ruth, verwirrt und erleichtert gleichzeitig. Denn wenn es nicht Mannis Handy war, dann war es auch nicht das Krankenhaus.

Der Klingelton schrillte weiter und legte damit eine bösartige Beharrlichkeit an den Tag.

Manni, dessen schlafumnebeltes Denkzentrum langsam wieder zu funktionieren begann, gab ihr einen leichten Stoß in die Rippen. »Das kommt aus deiner Tasche«, stellte er fest. »Hör doch mal!« Er angelte nach dem kleinen Lederrucksack auf dem Boden vor dem Schrank und reichte ihn Ruth.

Es war ihr Diensthandy.

Viereinhalb Stunden nachdem ihr Diensthandy sie geweckt hatte, saß Ruth im zehnten Stock des Essener Rathauses im kleinen Konferenzraum 3 und wartete ungeduldig darauf, dass man sie endlich loslegen ließ.

An dem ovalen Tisch schien fast alles versammelt zu sein, was Rang und Namen hatte bei der Stadt und auch nur annähernd involviert war in ein Thema wie dieses. Mit von der Partie war auch ihr eigener Dienstherr, Dr. Hubert Grothe, Leiter des Gesundheitsamtes der Stadt Essen.

Zuletzt rauschte ein Mann in den Raum hinein, der deutlich jünger war als die Übrigen und dennoch nach viel Wind aussah, noch wichtiger als der Rest der Runde. Der persönliche Referent des Oberbürgermeisters, flüsterte ihr Grothe zu, und damit der Leiter der so kurzfristig einberufenen Krisensitzung. Der Oberbürgermeister selbst war nicht anwesend.

Grothe wartete, bis auch der Windmacher sich mit einem Kaffee versorgt hatte. Dann ließ er mit dem Löffel das Porzellan seiner Tasse erklingen. Bing, bing, bing. Das Gemurmel verstummte, und man blickte erwartungsvoll in ihre Richtung.

Ruth war nervös, nicht nur angesichts der um sie herum versammelten Größen der Stadt. Sie hatte viel zu tun. Eigentlich viel Wichtigeres, als hier in dieser Runde einen Vortrag über etwas zu halten, dessen Ausmaße sie selbst noch nicht beurteilen konnte. Es war eher eine Vorahnung, dass hier etwas sehr Ungutes auf sie zuwalzte, etwas, das bedrohlich war, gefährlich für die Menschen in dieser Stadt. Die Zeit lief. Sie spürte es instinktiv. Aber es half nichts. Die vorgeschriebenen Wege mussten nun mal eingehalten werden.

»Heute früh habe ich einen Anruf vom Landesamt für Natur, Umwelt und Verbraucherschutz bekommen«, setzte sie an. »Das LANUV seinerseits wurde vorher vom Bund informiert.«

Ruth machte eine Pause. Alle Blicke waren auf sie gerichtet, und unweigerlich fragte sie sich, ob sie vielleicht den Fauxpas begangen hatte, nach der Bluse mit dem Fleck zu greifen, der sich nicht mehr herauswaschen ließ.

Grothe nickte ihr aufmunternd zu.

»Am Schuir im Essener Süden befindet sich eine ODL-Station, also eine der bundesweit aufgestellten Sonden, die in kontinuierlichen Abständen die Ortsdosisleistung messen, also von …«

Ruth bemerkte die Unruhe um sich herum, die von Ungeduld zeugte. Kurz fassen, dachte sie nervös. Nicht erklären. Auf den Punkt bringen.

»Ich will es kurz machen, meine Herren: Seit gestern früh sind kontinuierlich erhöhte Messwerte von Radon am Schuir gemessen worden.« Sie schwieg, um den Gehalt ihrer Worte einwirken zu lassen.

Nichts passierte. War das jetzt doch zu knapp gewesen?

»Was heißt das genau?«, fragte der Leiter des Ordnungsamtes

schließlich vorsichtig. »Können Sie das bitte mit einfachen Worten erklären, so für Laien?«

Für Laien? Na gut. Ruth fixierte ihn über den Rand ihrer Hornbrille hinweg. »Radon ist ein Edelgas. Dieses Gas ist in der Atmosphäre, in der Luft, einfach überall. Es ist radioaktiv. Die Grenzwerte sind in den letzten Tagen kontinuierlich überschritten worden.«

Radioaktiv. Das war das Zauberwort.

»Und da schlagen die erst jetzt Alarm?«

»Wann die Messergebnisse ernst genommen werden, entzieht sich meiner Kenntnis. Wetterverhältnisse, Dauer und Höhe der Überschreitung der Ortsdosisleistung sowie umliegende Messungen sind auf jeden Fall Faktoren, die die Beurteilung der Situation beeinflussen.«

Der persönliche Referent des Oberbürgermeisters runzelte die Stirn. »Ich verstehe nicht ganz, worauf sie hinauswollen.«

»Im Regelfall weiß das Bundesamt für Strahlenschutz schon, von wo und vor allem wodurch eine solche radioaktive Wolke entsteht«, sagte Ruth langsam. »Meistens weiß man bereits im Vorfeld, dass da was zu erwarten ist. Der Reaktorunfall von Fukushima beispielsweise hat zu einer Reihe von Fallouts geführt, die durch Wind und Regen nachweisbar in die ganze Welt getragen wurden und weit weg von Japan messbar waren, auch hier in Deutschland. Eine radioaktive Wolke dieser Art hat es in letzter Zeit nicht gegeben.«

»Das Bundesamt für Strahlenschutz weiß also nicht, wo dieses – Radon, sagten Sie – herkommt?«

»Genau das ist der Punkt. Bei Radon liegt der Fall nämlich etwas anders. Radon ist ein natürlich vorkommendes Gas, entsteht also nicht bei solchen Atomunfällen. Und es ist flüchtig, das heißt, es baut seine Radioaktivität ziemlich schnell ab – im Vergleich zu anderen Radionukliden auf jeden Fall.«

»Das klingt doch gar nicht so schlimm.«

Ruth ignorierte den Einwand. »Die Strahlung ist je nach Bodenbeschaffenheit mal niedriger, mal höher und wird kontinuierlich aus dem Erdreich in die Atmosphäre abgegeben. Regen kann kurzfristig dafür sorgen, dass die Werte lokal steigen.

Der Regen wäscht das Radon sozusagen aus der Atmosphäre aus.«

»Na also. Das erklärt es doch schon. Es hat hier in den letzten Monaten geschüttet wie aus Kübeln.« Schon wieder Breuer, der Adlatus des Oberbürgermeisters.

Ruth seufzte. Wieder mal so ein Schlaumeier, der meinte, er hätte die Weisheit mit Löffeln gefressen, nur weil er mit einer raschen Auffassungsgabe gesegnet war. »So einfach ist es leider nicht. Das Radon ist mittlerweile südlich der Stadt bis hin nach Düsseldorf nachweisbar, wenn auch in abgeschwächter Form. Wir haben Nordostwind. Aber das Ausschlaggebende ist: Hier in Essen bleiben die Werte kontinuierlich hoch, an speziell dieser Sonde.«

»Ja, und was heißt das nun?«

»Das heißt, wir haben eine Strahlenquelle«, sagte Ruth knapp. »Und zwar hier. In dieser Stadt.«

***

Münster, 8. April

»Idgie, endlich! Wozu zum Teufel hast du ein Handy, wenn du nie drangehst?«

»Hi Kamforski, auch nett, dich zu hören«, konterte Idgie. »Weil ich nicht immer erreichbar sein will, vielleicht?«

Kamforski ärgerte sich über den Spott in Idgies Stimme.

»Hör zu, ich hab nicht vor, dir die Freiheit zu nehmen«, raunzte er sie an. »Aber ich dachte, es geht hier gerade um was. Und ich finde es nicht ganz unwichtig, was ich in den letzten zwei Tagen so alles in Erfahrung gebracht habe.«

»Sorry«, entschuldigte sich Idgie. »Ich habe mein Handy nicht besonders laut gestellt, und ich trage es auch nicht immer am Körper. Ich habe es einfach nicht gehört. Außerdem hatten wir hier gestern ein akutes Problem. Nora, dieses junge Mädchen, die Freundin von Schindlers Sohn, du erinnerst dich? Sie hat sich mit dem Fahrrad mächtig auf die Schnauze gelegt und ist jetzt im Krankenhaus.«

»Hoffentlich nichts Ernstes.«

»Man weiß es noch nicht so genau. Gut geht es ihr jedenfalls nicht. Vermutlich hat sie sich auch noch mit diesem Magen-Darm-Virus infiziert, diesem Novo-Dingsda.«

»Noro«, korrigierte Kamforski wie automatisch.

»Von mir aus auch Noro. Also, was gibt's?«

»Erinnerst du dich noch an den Fall Möllhaus?«

»Möllhaus? Da klingelt rein gar nichts.«

»Umweltdezernent, Landtag NRW«, informierte Kamforski knapp.

»Du meine Güte, was erwartest du von mir? Ich kann mir doch nicht den Namen jedes dahergelaufenen Politikers merken.«

»Im Jahr 2010 gab es ein Verfahren gegen ihn wegen Bestechlichkeit, Geheimnisverrat und Amtsmissbrauch.«

»Ja und? Eine von vielen armseligen Politikerkarrieren.«

»Spannend allerdings ist, dass die Anklage sich bis hinein in die Vorstands- und Aufsichtsratsebene von European Oil and Gas und Neuer Energie erstreckte. Zum Vorwurf der Bestechung gehören ja bekanntermaßen immer zwei Seiten.«

»Worum ging es?«

»Um gewisse Großzügigkeiten beim Entsorgen von Schadstoffen. Das Land hatte damals eine neue Kategorisierung von Mülldeponien vornehmen lassen. Es hatte Gutachten in Auftrag gegeben, bei denen es erstens um die Eignung von Methoden zur Entsorgung ging, zweitens um die Bestimmung von Schadensklassen.«

»Jetzt wird es interessant. Das Thema ist hoch spannend für die Industrie.«

»So ist es. Das Verfahren wurde eingestellt, sowohl gegen Möllhaus als auch gegen European Oil and Gas. Möllhaus ist dann in der Versenkung verschwunden. Die Vorstände und Aufsichtsräte der Konzerne sind wie üblich auf die Füße gefallen. Sie haben ein wenig Bäumchen-wechsel-dich gespielt. Die beiden, die damals in der absoluten Schusslinie gestanden hatten, sind in andere Konzerne gewechselt und erfreuen sich nach wie vor hoch dotierter Positionen, und drei der damals nicht ganz so im

Blickpunkt der Öffentlichkeit stehenden Verantwortlichen sind immer noch in ihren alten Funktionen.«

»Sollte mich das wundern?«, fragte Idgie böse. »Und womit wurde bestochen?«

»Das genau ist der Punkt. Gelder sind nachweislich nicht geflossen. Wohl aber Geschenke der etwas exklusiveren Art. Da war von einem noblen Landhaus mit Pool in der Toskana bei Lucca die Rede, wo ein mehrwöchiger Urlaub vom Feinsten für Möllhaus und seine Familie finanziert worden war, mit Erster-Klasse-Flug und Wagen samt Chauffeur vor Ort, versteht sich, ebenso von einem Chalet in der Schweiz, das gerne mal kostenfrei zur Verfügung gestellt wurde. Außerdem existiert eine Jacht in der Karibik, die für solche Zwecke genutzt wird. Geschenke halt, aber eben keine direkten Geldzuwendungen. Es war wohl die charmante weibliche Begleitung auf der Jacht, die das Fass zum Überlaufen gebracht hat. Zumindest fand Frau Möllhaus, die in der Karibik nicht mit von der Partie war, die Sache nur noch bedingt – ähm – in Ordnung. Sie hat dann ausgepackt.«

»Sag bloß, eine Edelhure à la VW? Wie sagt man so schön: Kleine Geschenke erhalten die Freundschaft. Vor allem unter Männern soll so was gut funktionieren.«

Kamforski hörte fast, wie Idgie die Zähne bleckte. »So ist es. Spricht da die reife Dame von Welt?«

Ein schulmädchenhaftes Kichern erreichte sein Ohr. »Lassen wir das. Und? Wie ging es aus?«

»Frau Möllhaus hat ihre Aussage zurückgezogen. Damit war die Beweispflicht wieder bei der Staatsanwaltschaft, und der Fall wurde irgendwann ad acta gelegt. Man munkelte, ein Nerz oder Zobel oder etwas ähnlich Perverses wäre ein überzeugendes Argument gewesen, die Dame wieder gnädig zu stimmen. Das war jedoch eine rein inoffizielle Aktennotiz am Rande, nachdem der Deckel bereits geschlossen war.«

Idgie lachte erneut. Es war ein böses Lachen.

»Spaß beiseite, Idgie. So was ist leider gängige Praxis. Solange man die Hand aufhält und brav einkassiert, kein Problem. Aber wehe dem, der sich weigert.« Kamforski erzählte von Björns

Vermutung, dass Hannes gerade das eben nicht hatte tun wollen. »Die sind nicht zimperlich, und sie sind einflussreich. Halte dich bloß aus der Schusslinie.«

Bereits während er das aussprach, wusste er, dass sie sich einen Dreck drum scheren würde. Die Antwort folgte auch prompt.

»Ja, Kamforski. Ich verspreche dir, ein braves Mädchen zu sein und die Finger immer hübsch über dem Deckbett zu lassen.«

Kamforski seufzte.

★★★

Essen, 8. April

Als Ruth ihr kleines, nüchternes Bürozimmer im Gesundheitsamt erreichte, hockte ihr die Wut wie eine geballte Faust im Magen. Anderthalb Stunden hatte sie verloren. So ein Dreck. Anderthalb Stunden vergeudet, etwas zu diskutieren, das eigentlich ein völlig klarer Sachverhalt war. In der Stadt gab es eine Strahlenquelle, die Radon in einer Höhe freisetzte, die deutlich gesundheitsschädlich war. So einfach war das. Nichts, um das man sich herummogeln konnte, und erst recht kein Politikum. Das sagte ihr zumindest ihr gesunder Menschenverstand.

Aber weit gefehlt. Nach der Strahlenquelle suchen – schön und gut. Aber dabei doch bitte den Ball flach halten und keine vorschnellen Entscheidungen treffen. Und dass das Landesamt für Natur, Umwelt und Verbraucherschutz ohne Amtshilfeantrag seinen Sondereinsatzdienst mobilisiert hatte, das schien richtig unangenehm aufgestoßen zu sein. Ein mobiler Messwagen war bereits unangefordert im Einsatz, zwei weitere von anderen Standorten aus unterwegs nach Essen.

Ruth hatte eine Viertelstunde benötigt, um zu erklären, dass nicht sie es gewesen war, die das veranlasst hatte – obwohl sie genau das vermutlich als Nächstes getan hätte. Bei regional messbarer Gammastrahlung in der Luft war nun mal das Land zuständig.

Wieso das Land?, hatte der Lackaffe, der sich persönlicher Referent schimpfte, empört gefragt. Wenn die Strahlenquelle hier lokal geortet werden könne, sei das doch wohl Sache der Kommune. Da erst hatte Ruth erkannt, dass das Thema sehr wohl ein Politikum war, bei dem sich die Stadt erst mal nicht gerne in die Suppe spucken lassen wollte.

Es war der Leiter des Ordnungsamtes, der die Situation klärte. Er sei froh um jede Unterstützung, die das Land hier geben würde. Und Strahlung, da hätte die geschätzte Frau Doktor – damit meinte er offenbar sie, dachte sie überrascht – vollkommen recht, sei nun mal Sache von Bund und Land, nicht der Kommune. Er selbst hätte jetzt unverzüglich um Amtshilfe gebeten, wäre das Land nicht von sich aus in Aktion getreten. Denn die Messwagen des LANUV wären nun mal hervorragend für einen solchen Fall ausgerüstet, besser allemal als die Wagen der örtlichen Feuerwehr. Eine scharfe Antwort zur rechten Zeit, die den Schnösel auf den Boden der Tatsachen zurückgeholt hatte.

Als es schließlich um die Organisation eines Notfallplanes gegangen war, nur vorbereitend, bis weitere Analysen vorlagen, hatte Grothe ihr signalisiert, dass er die Stellung dort im Rathaus halten würde, und Ruth war erleichtert aus dem Raum geflüchtet.

Nun goss sie sich einen Tee auf, den sie mit viel Zucker süßte, und nahm eine Tafel Vollmilchschokolade aus der Schreibtischschublade, ihre persönliche Notfallration für Tage wie diesen, wenn der Stress nach schneller Nahrungszufuhr schrie. Nach Zucker genau genommen.

Sie kippte mit der Lehne ihres Bürostuhls nach hinten und legte die Füße auf den Schreibtisch, nahm die Brille ab und massierte sich die Nasenwurzel, dort, wo die kleinen Hornauflagen der Brille den ganzen Tag einen leichten Druck ausübten. Sie musste nachdenken.

Radon-222 … Es gehörte zur Zerfallskette von Uran: Uran-238 … zerfällt in Radium-226 … und dabei wird Radon-222 freigesetzt …

Das Telefon riss sie aus ihren Gedanken.

»Dr. Brahms«, meldete sich eine männliche Stimme, die Ruth bekannt vorkam. »Ich bin Oberarzt der Intensivstation vom Krupp-Krankenhaus. Spreche ich mit der zuständigen Umweltmedizinerin?«

»Dr. van Haag, ja. Was kann ich für Sie tun?«

»Ich möchte mit Ihnen über ein paar merkwürdige Fälle sprechen, die in den letzten Tagen bei mir eingegangen sind. Sie machen mir Sorgen. Und deshalb würde ich das gerne mit der Behörde besprechen.«

Ulrich Wickert, dachte Ruth und hatte plötzlich das Bild des ehemaligen »Tagesthemen«-Sprechers vor Augen. Er klingt wie Ulrich Wickert.

»Sind Sie sicher, dass Sie da bei mir richtig sind? Falls es um eine Seuche oder etwas in dieser Art geht, wäre das besser bei einem Kollegen aufgehoben«, sagte Ruth. Gleichzeitig ahnte sie, dass er sich nicht vertan hatte. Denn Dr. Brahms wirkte so, als würde er sich sehr wohl auskennen. Und er hatte gezielt nach der Umweltmedizin gefragt.

Sie hörte ihn seufzen. »Nein. Kein epidemiologischer Ursprung. Eher denke ich dabei an – äh – Umwelteinflüsse der besonderen Art.«

Das Hüsteln, das nun folgte, klang bedrückt.

***

»Heute kein Publikumsverkehr«, stoppte sie ein Schrank von einem Türsteher, der in seinem eleganten schwarzen Anzug aussah, als wäre er ein Totengräber.

»Presse.« Idgie fuchtelte mit Jans Ausweis vor seiner Nase herum und hielt den Zeigefinger dabei so, dass er den Namen verdeckte, der Schriftzug des WDR jedoch klar erkennbar war.

»Darf ich mal sehen?« Mit einer flinken Bewegung rupfte der Kerl ihr den Ausweis aus den Fingern.

»Interessanter Vorname für eine Frau«, grinste er süffisant und gab ihr den Ausweis zurück.

»Abkürzung von Janine.«

»Das lässt sich ja leicht klären«, sagte der Türsteher gelassen. »Kann ich bitte Ihren Personalausweis sehen?«

»Sorry, nicht dabei.«

Er machte eine bedauernde Geste mit den Händen.

»Na, dann eben nicht«, motzte sie.

Sie spürte die Blicke des Schrankes in ihrem Rücken, während sie zügig zurück über den Vorplatz lief und sich auf eine Bank neben einem spirrigen Bäumchen fallen ließ. Mit finster zusammengezogenen Augenbrauen starrte sie zu dem Türsteher hinüber. Er machte eine unmissverständliche Geste mit dem Zeigefinger, die sie unverzüglich adäquat beantwortete.

Und nun? Mit solchen Kindereien kam sie nicht weiter. Sie konnte warten, bis sich einer der Herren hier draußen blicken ließ. Aber das würde dauern, und wenn sie fertig waren, würden sie im Pulk hier aufkreuzen, und Idgie sah im Geiste schon eine Reihe von schicken schwarzen Limousinen mit Chauffeur vor den Stufen der Westlandhalle aufmarschieren, in denen die Würdenträger der Veranstaltung blitzschnell verschwunden waren. Außerdem hatte die Konferenz gerade eben erst begonnen. Vertane Zeit, entschied sie. Nach dem, was sie gestern Abend herausgefunden hatten, könnte sie genauso gut erst mal nach Duisburg fahren.

***

Münster, 8. April

Die Idee kam ihm, als er den Frühstückstisch abräumte. Er hatte das Geschirr in die Spülmaschine gestellt, Wurst und Käse in den Kühlschrank zurückbefördert und die Tageszeitung zusammengefaltet. Dabei fiel etwas zu Boden. Es war das Knöllchen, das er sich am Vortag in Nottuln eingefangen hatte.

Er riss das Plastiktütchen auf und holte das gefaltete Papier aus der Umhüllung. Mit gleichmäßigem Druck strich er die Verwarnung glatt, so, wie er als Kind immer die Alupapierchen der Pralinen geglättet hatte. Wenn die so eifrig waren wie die blauen Mädels in Münster, dann …

Eine knappe Stunde später betrat er die Wache in Nottuln.

»Tag, Kollegen«, sagte er. »Kamforski, Kripo Münster. Meinen Ausweis habe ich leider in meiner anderen Jacke zu Hause vergessen, zugegeben, da steckt er gut, aber im Internet auf unserer Homepage könnt ihr mich finden.«

Auf der Fahrt nach Nottuln hatte sich Kamforski überlegt, ob er lieber mit offenen Karten spielen und seinen gerade frisch gewonnenen Pensionärsstatus offen hinlegen oder zu jener Variante greifen sollte, die er da grade frech vorgetragen hatte. Er hatte sich für Plan B entschieden. Schließlich war er sich sicher, dass sein Foto noch nicht von der Website der Münsteraner Polizei verschwunden war. Bei einem Kollegen, der vor einem halben Jahr ausgeschieden war, hatte es ganze vier Monate gebraucht, bis die Seite endlich aktualisiert worden war.

Ein gelangweilt wirkender Streifenpolizist, dessen Uniform so aussah, als wäre sie mindestens eine Nummer zu klein, hackte auf der Tastatur seines PCs herum, nickte bestätigend, hievte sich aus seinem Bürostuhl und stellte sich neben seinen Kumpel hinter den halbhohen Tresen, der den Empfangsbereich der Wache präsentierte.

»Was können wir für dich tun, Kollege?«

Kamforski schob das Knöllchen über den Tisch. »Wie oft sind eure Mädels denn so im Einsatz?«, fragte er jovial.

»Warst du etwa im Dienst? Kein Problem.«

»Nein, nein, ich zahl das schon.« Eilig streckte Kamforski die Hand nach dem Strafzettel aus. »Ich möchte nur wissen, ob ihr hier genauso schräg drauf seid wie wir in Münster. Sind eure Blaustrümpfe täglich unterwegs?«

»Ich denke schon. Wenn wir das nicht machen würden, wäre die Altstadt bald nicht mehr so idyllisch.«

»Wem sagst du das?« Kamforski verdrehte die Augen. »In Münster haben wir das gleiche Theater. Mich würde konkret der 20. Februar interessieren, eine Mercedes E-Klasse mit Essener Kennzeichen. E-A, mehr weiß ich nicht. Wir haben einen Zeugen, der sie am fraglichen Tag in Nottuln gesehen hat, aber wir bräuchten das genaue Kennzeichen für eine Halterabfrage. Vielleicht haben wir ja Glück. Am frühen Nachmittag, die Limousine soll irgendwo am Ring geparkt haben.«

»Kein Problem. Worum geht es denn?«, fragte der Beamte mit der spack sitzenden Uniform.

»Um einen Mordfall hier in der Gegend.« Und das war ja nicht mal gelogen, dachte Kamforski.

Zwanzig Minuten später hatte er, was er brauchte.

***

Duisburg, 8. April

Das Firmengelände war nicht auf Anhieb zu finden. Nachdem sie die A 59 in Duisburg-Hochfeld verlassen und über die Rheinbrücke in Rheinhausen eingefallen war, führte das Navi sie ordentlich an der Nase herum und ließ sie mitten in einer Fußgängerzone stranden, deren Name auf einen der gestrengen Herrscher des Krupp-Imperiums verwies. Augenblicklich stellte sich ihr ein älteres Ehepaar in den Weg, das sie mit verkniffener Miene darauf hinwies, dass dies eine Fußgängerzone sei, auf der bestenfalls Fahrräder, keinesfalls jedoch Motorräder etwas zu suchen hätten.

Idgie betrachtete die trostlose Ansammlung von Fast-Food-Schuppen, Billigklamotten-Läden, Sonnenstudios und Internetcafés und fragte sich, was für ein seltsamer Stolz diese Herrschaften hier antrieb, sich so aufzublasen. Dennoch bemühte sie sich um eine höfliche Antwort und ließ sich einen alternativen Weg zurück Richtung Rhein erklären. Nach einigen Mühen fand sie schließlich das gesuchte Gewerbegebiet, in dem ein undurchschaubares Geflecht von Sackgassen und ringförmig angelegten Straßen, die von der nordsüdlich verlaufenden Hauptpiste abgingen, ihr Navi erneut zum Scheitern brachte.

Das Gewerbegebiet war groß und unübersichtlich und schien mehr zu bieten als die obligatorischen Autohäuser und Baumärkte. Hier befand sich offenbar noch richtiges Industriegewerbe, und an jeder Straßenkreuzung wiesen Tafeln aus gebürstetem Stahl darauf hin, welche Hausnummern in der jeweiligen Stichstraße zu finden waren.

Als Idgie zum dritten Mal den Helm ab- und die Lesebrille aufsetzen musste, wünschte sie dem Idioten, der auf die Idee gekommen war, die Ziffern in dezentem Dunkelgrau auf die Tafeln tätowieren zu lassen, eine gewaschene Hornhautverkrümmung samt Altersweitsichtigkeit an den Hals.

Endlich fand sie, wonach sie suchte: *PoIF GmbH, Preparing of Industriel Facilities*. Ihr Blick wanderte die matt schimmernde Tafel weiter nach oben und stolperte. Denn auch dieser Name war ihr nicht unbekannt. *Atomic Removal AG*.

Das Werksgelände, das sich hinter der schlichten Nummer 65 verbarg, schien groß zu sein und war von hohen, undurchsichtigen Metallzäunen umsäumt. Idgie fuhr näher an das Werkstor heran und stieg ab. Sie ging auf die Schranke zu, die die Einfahrt versperrte, und kniff die Augen zusammen, um besser sehen zu können. Viel konnte man nicht erkennen. Ein paar Leichtbau-Hallen, eine Straßenkreuzung, einige Lkws sowie etwas weiter hinten auf dem Gelände ein paar hohe, tankartige Gebilde.

Aus dem Augenwinkel nahm sie eine Bewegung wahr und wendete den Kopf. Ein livrierter Mann älteren Jahrgangs verließ die Pförtnerloge neben der Schranke und hastete auf sie zu.

»Hier können Sie nicht stehen bleiben«, sagte der Livrierte und deutete vorwurfsvoll auf die Ural, die mitten in der Einfahrt stand.

»Will ich ja auch gar nicht.« Idgie machte ein paar Schritte auf ihn zu. »Ich bin schon weg.« Dann entdeckte sie an dem knastgrünen Metallzaun neben der Schranke zwei ebenfalls dezente, diesmal in Weiß gehaltene Schilder, auf denen sich die Firmenlogos der Atomic Removal und der Preparing of Industrial Facilities befanden. AR und PoIF. Auch diese Schilder waren wie aus einem Guss. Und niemand schien ein Problem damit zu haben, dass hier jemand auf einen Blick erfassen konnte, was sich Idgie gerade spontan aufgedrängt hatte.

»Sagen Sie, gehören die beiden Unternehmen irgendwie zusammen?«

»Warum wollen Sie das denn wissen?« Der Pförtner musterte sie misstrauisch und presste den Mund zu einem Strich zusammen, einer verschlossenen Auster nicht unähnlich.

»Ach, nur so. Ich fahr dann mal die Karre weg.« Idgie schlenderte zur Ural, wendete die Maschine und fuhr den Zufahrtsweg zurück, den sie gekommen war. Als sie sich außer Sichtweite wähnte, stoppte sie erneut, quetschte die Ural an den Straßenrand und versuchte, das Werksgelände zu Fuß zu umrunden.

Überall derselbe abweisende Zaun. Sollte sie sich hochstemmen? Würde sie das überhaupt schaffen? Sie trat dicht an den Zaun heran, sah abschätzend nach oben und blickte genau in die glänzend schwarze Linse einer Videokamera. Ihr Blick schnellte den Zaun entlang. In regelmäßigen Abständen krönten kleine Überwachungsgeräte die metallenen Abzäunungen und verfolgten jede ihrer Bewegungen. Hier hatte sich aber jemand mächtig ins Zeug gelegt, um unbefugte Eindringlinge abzuschrecken.

Demonstrativ tippte sich Idgie an die Schläfe, nickte grüßend in die Kamera und drehte um. Tausend Augen schienen sich in ihr Kreuz zu bohren, und sie war froh, als sie die Ural wieder erreichte, ohne dass man ihr eine Horde geifernder Dobermänner hinterherhetzte.

Was nun? Ihr Jagdinstinkt meldete sich. Wenn sich jemand so nachdrücklich hinter hohen Zäunen verschanzte, hatte er eindeutig etwas zu verbergen. So schnell würde sie sich nicht ins Bockshorn jagen lassen.

Die Ural erwachte blubbernd zum Leben. Idgie folgte einer der anderen Stichstraßen, die an einem Seitenarm des Rheins endete. Ob er natürlichen oder künstlichen Ursprungs war, ließ sich schwer sagen, aber er wurde offensichtlich als Kanal genutzt und schien in einem Winkel von ungefähr fünfzehn Grad vom Fluss weg direkt zu dem Firmengelände zu führen, dem ihr Interesse galt. Aber der Weg dorthin war durch andere Gewerbe versperrt.

Auf der anderen Seite des Kanals trennten Wiesen den Wasserarm vom Rhein, und in Idgie reifte ein Plan.

Sie fuhr ans südliche Ende des Gewerbegebietes und suchte nach einem Einstieg, von dem aus sie auf die Wiesen gelangen konnte. Schließlich fand sie einen Fußweg zwischen zwei Gebäuden, ließ die Maschine auf einem der Parkplätze zurück und ging zu Fuß weiter.

Vor ihr lag ein breiter Streifen grasbewachsenen Geländes, das zum Rhein hin nicht abgezäunt war. Sie betrat die Rheinwiesen und wandte sich wieder nordwestwärts, wo sie ebenfalls Wasser schimmern sah. Der Kanal, mit ziemlicher Sicherheit. Nach kurzem Fußmarsch hatte sie ihn erreicht und wanderte ihn in Richtung der Mündung hinauf, bis sie das Werksgelände wieder im Blick hatte, dieses Mal von der gegenüberliegenden Wasserseite aus. Es war größer, als sie vermutet hatte. Da war sogar ein Schiffsanleger, von dem aus gerade ein Frachtschiff entladen wurde.

Idgie war zu weit entfernt, um zu erkennen, was dort abgeseilt wurde. Aber eine Sache war auffällig. Sie hatte schon häufiger das Löschen von Fracht beobachtet. Dieser Entladevorgang schien mit Samthandschuhen vonstattenzugehen, so, als würde eine millionenschwere Tauchkapsel von Bord gehievt. Oder eine Bombe.

***

Essen, 8. April

Manni hockte auf dem unbequemen Sitz in dem weißen Sprinter und starrte auf die Monitore vor sich, die in eine Mittelkonsole im Innenraum des Transporters eingelassen waren. Um die Sache zu beschleunigen und den Kollegen das Gefühl zu geben, dass er selbst mit anpackte, wenn Not am Mann war, hatte er sich eines der Fernseh-Überwachungsfahrzeuge und den jungen Kollegen geschnappt, der gerade erst frisch seine Ausbildung abgeschlossen hatte, und war selbst auf Tour gegangen. Das hier war die vierte Stelle, die er überprüfen wollte. Sechs weitere lagen noch vor ihm.

Manni war froh über diese Ablenkung. Wenn er den ganzen Tag im Krankenhaus rumsaß, wurde er nur verrückt. Sie war so bleich in ihrem Bett … und immer noch nicht ansprechbar … sie würden anrufen, hatten sie versprochen … Er starrte auf seine Hände hinunter und merkte, dass er sie zu Fäusten geballt hatte. Du kannst nichts für sie tun, Manni Neumann. Aber hier, hier wirst du gebraucht. Er blinzelte die Tränen weg und konzentrierte sich wieder auf die Monitore.

»Weiter vor«, instruierte er durch das Funkgerät. Sein Kollege, der über einen weiteren Computer in der Frontkabine des Transporters die Vorwärtsbewegung der Kamera über den Schwenkarm steuerte, reagierte, und die Kamera rollte weiter.

Die nächste Muffe rückte verschwommen ins Bild. Dahinter Schwärze. Die kleinen Scheinwerfer der Kamera reichten nicht weit.

Während Manni die Aufnahmen auf dem Monitor verfolgte, steuerte sein Kollege die Kamera weiter in den Kanal hinein auf das T-Stück 421 zu.

»Stopp«, kommandierte Manni. »Ich übernehme.« Das Bild blieb stehen, und Manni begann langsam, über den Joystick den beweglichen Kamerakopf zu drehen und die Wände vor sich abzuleuchten. Untersuchungen dieser Art wurden seit 1994 gemacht, und in seiner Außendienstzeit war Manni häufig mit den Kanalzustandsuntersuchungen per Fernsehkamera betraut gewesen. Die Steuerung des Kamerakopfes war ebenso tricky wie die Steuerung der Kamera selbst, die immerhin einen knappen Meter lang war und auf Rädern fuhr wie ein Spielzeugauto. Man brauchte eine ruhige Hand dazu. Aber wenn man einmal den Bogen raushatte, verlernte man es so schnell nicht mehr.

Manni schwenkte den Kopf weiter und stellte das Bild scharf. Da war das T-Stück, und es war bis zur Hälfte angefüllt mit kleinen Ästen und allerhand undefinierbarem Schmodder. Bei den Wasserfluten, die hier vor ein paar Tagen durchgerauscht waren, war es hier garantiert zu einem ordentlichen Rückstau gekommen.

»Rückzug.« Manni hatte genug gesehen. »Hier muss ein Spüli ran.« Damit meinte er eines der Hochdruck-, Spül- und Saugfahrzeuge, die zur Reinigung der Kanäle eingesetzt wurden.

»Verstanden«, tönte es aus dem Funk zurück.

»Ich sag in der Zentrale Bescheid«, informierte Manni den jungen Kollegen. »Hast deine Sache gut gemacht, wirklich. Und dann machen wir erst mal Pause.«

Er fuhr sich mit den beiden Händen durchs Gesicht und gähnte. Es würde ein langer Tag werden.

***

»Drei Fälle in sechsunddreißig Stunden. Der Verlauf der Erkrankung unterscheidet sich nur durch die Geschwindigkeit, in dem er vonstattengeht«, sagte Dr. Brahms. »Die Symptome sind immer gleich. Starke Übelkeit, Erbrechen, Kreislaufkollaps, hohes Fieber. Natürlich haben wir auf diverse Magen-Darm-Erkrankungen hin untersucht. Nichts. Kein Geschwür, kein Krebs. Nur diese Blutungen aus Mund und Nase. Bei einem von ihnen, es war der Erste, der bei mir eingeliefert wurde, gab es vor einer Stunde heftige Darmblutungen. Sämtliche Körperfunktionen sind zusammengebrochen, und er fiel ins Koma. Er ist eben gestorben. Diese starken Blutungen ... Nase, Mundhöhle, Magen, Darm ... genau die machen mich stutzig.« Er zögerte.

»Es erinnert Sie an etwas, das Sie kennen«, stellte Ruth fest.

Brahms nickte bedrückt. »Als ich jung war, direkt nach der Ausbildung, da habe ich zwei Jahre im Ausland verbracht. Anfang der Neunziger war das. Eine Organisation, vergleichbar mit den heutigen *Ärzte ohne Grenzen*.« Er sah aus dem Fenster. »Ein Jahr davon war ich in Namibia. Mitten in der Wüste befindet sich die Rössing-Mine, der bislang größte Uran-Tagebau der Welt. Zumindest war das damals so. Vielleicht gibt es ja heute noch größere.« Sein Gesicht verzog sich zu einer zornigen Grimasse.

Ruths Herzschlag geriet aus dem Tritt. »Bitte erzählen Sie«, drängte sie und bemühte sich um Ruhe.

»Ich hatte dort tatsächlich zwei Fälle, die mich schwer an diese hier erinnern. Ich meine, ich habe natürlich alle Arten von möglichen Spätfolgen zu sehen bekommen, die die harte Arbeit in den Minen mit sich bringt. Krebserkrankungen rauf und runter, Lungenkrebs, Knochenkrebs, Leukämie, die ganze Palette, mal ganz abgesehen von den rein toxischen Vergiftungen durch die Schwermetalle. Wussten Sie, dass ungefähr achtzig Prozent der Radioaktivität des abgebauten Urans im Abbaugebiet verbleiben? Nicht nur dort in Namibia natürlich. Das ist überall so, auch hier in Deutschland im ehemaligen Abbaugebiet Wismut. Seit der Wende versuchen sie, das Gebiet zu renaturieren. Die Radioaktivität ist im Staub, im Grundwasser, in der Luft, einfach überall. Aber entschuldigen Sie bitte, ich schweife ab.«

»Das ist echt zum Speien«, sagte Ruth leise. »Aber Sie sprechen nicht von den Spätfolgen beim Umgang mit Uran, nicht wahr?«

»Da haben Sie recht. Im Laufe dieses Jahres, das ich dort war, gab es zwei Fälle, die abgewichen sind. Einer davon war ein kleiner Junge, kein halbes Jahr alt. Der Kleine hat zusammen mit seiner Mutter auf den Vater gewartet, nahe den Minen. Als der Vater rauskam, hat er den Kleinen auf den Arm genommen und den ganzen Weg zurück nach Hause getragen. Er trug noch seinen Schutzoverall, den er während der Arbeit angehabt hatte. An diesem Tag war er mit der Verfüllung des Yellow Cake beschäftigt.«

»Der gelbe Kuchen. Die komprimierte Essenz des Uran.«

»Genau. Die Arbeiter waren damals nicht besonders aufgeklärt, was die Toxizität des Yellow Cake betrifft. Ich hoffe inständig, dass das heute anders ist.«

»Glauben Sie wirklich?« Ruth sah ihm direkt in die Augen.

Brahms schüttelte traurig den Kopf. »Hoffen, habe ich gesagt.« Dann seufzte er schwer. »Auf jeden Fall hat der Kleine den ganzen Weg an Papas Brust gelegen und an dem Stoff des Arbeitsanzugs genuckelt. Einen Tag später sind sie zu mir gekommen. Der Kleine ist ähnlich qualvoll gestorben wie der Patient heute.«

Ruth wartete. Die Angst krallte sich in ihr fest wie ein Fangeisen.

»Das sind Bilder, die sich einprägen«, fuhr Brahms fast flüsternd fort. »Die Augen dieses Kindes … und ich konnte nichts tun.«

Um Herrgottswillen, das ist doch nicht wahr, dachte Ruth. Bitte, lass es was anderes sein …

»Der andere Fall, das war ein Arbeiter. Er hatte einen schweren Unfall. Er lag dort erst mal längere Zeit mitten in dem Abraum-Dreck, bevor er weggebracht wurde. Der Staub hatte sich in den offenen Wunden festgesetzt, die zahlreich waren. Drei Tage später ging es los. Starke Übelkeit, Erbrechen, Durchfall, Blutungen aus Mund und Nase … Der Mann hat ganze sechs Wochen überlebt. Auch für ihn konnte ich letztlich nichts mehr tun, obwohl wir fast sein gesamtes Blut ausgetauscht haben. Er starb an Multiorganversagen.«

»Staub mit Uran angereichert – oder mit einem seiner Spaltprodukte.«

»Ja. Sie hatten die Strahlung direkt im Körper, verstehen Sie?«

Ruth schnaubte bestätigend durch die Nase. Sie nahm die Brille ab und begann sie zu putzen, eher um Zeit zu gewinnen, als dass sie unbedingt störende Schlieren tilgen wollte. Zeit gewinnen für was?, fragte sie sich unwillkürlich.

Dr. Brahms ließ sie nicht aus den Augen. »Verstehen Sie?«, wiederholte er eindringlich.

»Ja. Natürlich verstehe ich«, sagte sie bitter.

***

Mit zögernden Schritten näherte sich Peter Mooren dem Gelände am Rande des Gewerbegebietes Steele-Horst. Es war mit Holzbauelementen abgezäunt, diesen mannshohen Sichtschutzwänden, die man in jedem Baumarkt kaufen kann, und er erinnerte sich noch gut an das Getöse, das Potelske veranstaltet hatte, damit dieser Zaun schnell aufgebaut wurde. Die Polen hatten damals mal wieder rangemusst – wie immer, wenn es um irgendwelche Drecksarbeiten ging, um Schnellschnell und Eher-gestern-als-heute-fertig-Werden, und er, Peter Mooren, hatte den undankbaren Job gehabt, ihnen noch eine Rolle Draht hinterherzufahren.

Er hatte sich damals gefragt, warum Potelske da so hinterher gewesen war, ein Gelände gegen ungebetene Eindringlinge zu schützen, das er nicht quitt wurde und auf dem sich nichts anderes befand als eine Art großer Carport. Aber er hatte die Sache nicht weiterverfolgt.

An der rechten Seite, erinnerte sich Peter Mooren, war ein kleines Tor gewesen. Aber er musste feststellen, dass es mit einem Hängeschloss gesichert war. Also stapfte er weiter am Holzsichtschutz entlang, bemüht, auf dem matschigen Boden nicht auszurutschen. Dann erreichte er die südliche Ecke des Geländes und stutzte.

Das Grundstück lag oberhalb der Ruhr am Rande des Gewerbegebietes in einem dünnstämmigen Wäldchen, das nicht gerade nach Naturschutz und altem Baumbestand aussah und sich abwärts den Hang hinunter bis zu den Ruhrwiesen hin erstreckte. Das heißt, da war mal ein Wäldchen gewesen. Nun war da nur noch eine Abbruchkante, die eine breite, matschige Schneise bis zu den Wiesen hin bildete. Teile des Sichtschutzzaunes klebten im Matsch schräg am Hang und bildeten eine Art Rampe nach unten, und die wenigen Bäumchen, die dem Erdrutsch widerstanden hatten, steckten wie Zahnstocher im Erdreich. Hier hatte Cassandra ganze Arbeit geleistet, und der Regen hatte sein Übriges dazu beigetragen.

Vorsichtig, um nicht abzurutschen, schob Peter Mooren sich um die Kante des letzten Holzelementes herum und stand nun auf dem Grundstück. Das Gelände war ebenso matschig wie der abgerutschte Hang. Brackige Pfützen sammelten sich an einigen Stellen, und dort, wo sich der Carport befunden hatte, war ein mächtiger Baum von der anderen Seite auf das Gelände gekippt und hatte alles unter sich begraben, was dort gewesen war. Zwischen den Ästen schimmerte es gelb, und als Peter Mooren durch den glitschigen Schmodder hinüberwatete, stellte er fest, dass dort etliche Fässer unter dem Baum begraben waren.

Peter Mooren drehte sich um und entdeckte an der Abbruchkante rechts ebenfalls etwas Gelbes. Er watete hinüber, und bei jedem Schritt saugte der wassergeschwängerte Mutterboden an ihm wie ein Nikotinsüchtiger an seiner Zigarette. Schließlich hatte er die Ecke erreicht.

Dort lag ebenfalls ein Fass. Ein breites Stück Metall hatte sich durch seinen Leib gebohrt wie ein Schwert durch einen Körper. Es war regelrecht aufgeschlitzt worden. Teile der Plastikummantelung waren unter dem derben Streich weggebrochen, und heraus quoll ein dicker bräunlicher Brei, der sich mit dem dunkleren Graubraun der nassen Bodenschicht vermengte.

Großer Gott. Was auch immer dadrin gewesen war, hatte sich fast vollständig mit dem Erdreich vermischt. An der Seite des Fasses klebte etwas. Peter Mooren beugte sich weiter nach vorne, um besser sehen zu können, wollte noch einen Schritt tun, aber es ging nicht. Der Boden hatte sich an ihm festgesaugt, und er strampelte, um sich zu befreien. Für einen kurzen Moment ruderte er hilflos mit den Armen und schlug der Länge nach hin, kopfüber, das Gesicht vorweg, die Arme hoch erhoben, mitten hinein in die Pampe.

Immerhin hatte der Boden seine Füße wieder freigegeben. Peter Mooren rappelte sich hoch und spuckte angewidert den Matsch aus, den er in den Mund bekommen hatte. Pfui Deibel! Und die Handkante hatte er sich aufgeschlagen. Sie blutete, und ohne groß nachzudenken, rieb er sich die Hand an den Hosen ab, was keine gute Idee war, denn die Hosen waren total verschlammt.

Aufgeregt fummelte er sein Taschentuch aus der Hosentasche. Gut, dass er auch nach Irenes Tod die Sitte mit den Stofftaschentüchern beibehalten hatte, auch wenn sie nicht mehr so schön gebügelt waren wie früher, dachte er, während er sich den Stoff um die verletzte Hand wickelte und schließlich die Zähne zu Hilfe nahm, um den Knoten festzuziehen.

Dann suchte er nach seiner Schirmmütze, die ebenfalls im Dreck gelandet war. Missmutig hob er sie auf, klopfte sie ab und setzte sie sich auf den Kopf. Den blutenden Riss an der Stirn oberhalb des Haaransatzes bemerkte er nicht.

Eigentlich war ihm die Lust an dieser Erkundungstour vergangen. Trotzdem schritt er das Gelände weiter ab. Keine Fässer mehr zu sehen. Aber dort unter dem eingestürzten Carport stimmte was nicht. Zu viele Fässer, mehr auf jeden Fall, als in der vergangenen Woche weggebracht worden waren. Hieß das etwa, Potelske hatte bereits vorher die eine oder andere Fuhre hierher ausgelagert?

***

Ruth fühlte sich wie ausgewrungen. Im Laufe der letzten Stunden hatte sie starke Kopfschmerzen bekommen, und ihr war flau im Magen. Kam vermutlich von den Kopfschmerzen, dachte sie zornig und spülte eine Tablette mit einem Glas Mineralwasser hinunter.

Ungeduldig trommelte sie mit den Fingern auf die Schreibtischkante. Sie hatte die Abteilungssekretärin und zwei ihrer Leute darangesetzt, die Krankenhäuser abzutelefonieren und gezielt nach Fällen dieser Art zu fragen. Jetzt wartete sie auf die Ergebnisse. Und Warten, das lag ihr absolut nicht. Also befragte sie die medizinischen Datenbanken und vergewisserte sich über das, was sie zwar ahnte, aber eigentlich nicht wahrhaben wollte.

Die durchschnittliche radioaktive Strahlenbelastung eines Menschen in Deutschland lag derzeit zwischen eins und fünf Millisievert pro Jahr. Dieser Wert beinhaltete sowohl die Belastungen durch natürlich vorkommende Strahlung in Boden und Luft als auch die durch medizinische Untersuchungen und Flugreisen.

Ab einer akuten Belastung von mehr als tausend Millisievert, also einem Sievert, sprach man von der Strahlenkrankheit. Je länger und je höher die akute Strahlenbelastung, desto schwerwiegender waren die Erkrankungen. Denn die Strahlung führte zu einer Schädigung, im schlimmeren Fall zum Absterben von Zellen. Die DNA einer Zelle konnte so geschädigt werden, dass die Zelle zwar weiter lebensfähig war, aber letztendlich krank. In sich gestört, degeneriert und damit nur noch bedingt tauglich. Durch Zellteilung konnten solche Degenerationen an Tochterzellen weitergegeben werden, was langfristig zu Krebs führen konnte.

Bereits eine akute Dosis von unter null Komma fünf Sievert konnte zu einer solchen Veränderung des Erbguts führen, auch wenn der Bestrahlte kurzfristig keinerlei Symptome zeigte. Bei einer Dosis zwischen null Komma fünf und einem Sievert traten Kopfschmerzen, erhöhtes Infektionsrisiko und vorübergehende Sterilität bei Männern auf. In dieser Phase sprach man hübsch verniedlichend von einem Strahlenkater.

Eine akute Strahlendosis zwischen einem und zwei Sievert führte zu einer leichten Strahlenkrankheit. Zu den Symptomen kamen Übelkeit und Müdigkeit hinzu. Die Sterblichkeit bei der leichten Strahlenkrankheit lag immerhin schon bei zehn Prozent.

Die schwere Strahlenkrankheit trat zwischen zwei bis vier Sievert auf. Die Symptome erweiterten sich um Haarausfall am ganzen Körper, Erbrechen und Durchfall, Blutungen im Rachenraum, aber auch unter der Haut und in der Niere, sowie einen Verlust an weißen Blutkörperchen. Die Sterblichkeit lag zwischen dreißig und fünfzig Prozent.

Bei einer Dosis von über vier Sievert sprach man von der

akuten Strahlenkrankheit. Überlebende Frauen blieben dauerhaft unfruchtbar. Je nach Höhe der Dosis sowie Schnelligkeit und Qualität der medizinischen Versorgung starben über sechzig Prozent. Bei einer Dosis von mehr als sechs Sievert wurde das Knochenmark fast vollständig zerstört. Innere Blutungen und Infektionen führten meist innerhalb der ersten zwei Wochen zum Tod. Ab einer Dosis von zehn Sievert hatte der Patient keinerlei Überlebenschancen. Der Zelltod führte zu massiven inneren Blutungen, Organversagen und Koma.

***

Immer mehr Krankenakten liefen jetzt per Mail oder per Fax bei ihr ein, während Ruth an ihrem Schreibtisch die Ergebnisse zu einem übersichtlichen Diagramm zusammenfasste.

Bis jetzt hatten fünf Essener Krankenhäuser gemeldet, dass bei ihnen in den letzten sechsunddreißig Stunden Patienten mit vergleichbaren Krankheitsbildern eingegangen waren. Insgesamt waren es vierzehn Menschen, die die gleichen Symptome aufwiesen, und zwei davon waren unter ähnlich qualvollen Umständen gestorben wie der Patient aus dem Krupp-Krankenhaus. Ein weiterer Patient lag im Koma, zwei hatten so hohes Fieber, dass sie nur wirres Zeug vor sich hin faselten. Der Rest war vernehmungsfähig gewesen und hatte dazu beitragen können, das Diagramm zu präzisieren.

Zuletzt spuckte der Drucker ein Fax vom Klinikum Essen aus. Es war die Krankenakte von Nora. Ruth schluckte schwer. Aber sie hatte es ja ohnehin schon gewusst. Die Symptome, die Nora aufwies, passten voll ins Schema. Schweren Herzens nahm sie Nora mit in ihr Diagramm auf.

Am liebsten hätte sie sich ins Bett verkrochen und wie ein Fötus eingerollt. Aber sie zwang sich weiterzumachen.

Der ODL-Alarm. Radon-222, ein Gammastrahler und nicht sehr langlebig im Vergleich mit anderen Nukliden. Wo zum Teufel kamen diese hohen Konzentrationen von Radon her?

Das herauszufinden war die Aufgabe der mobilen Einsatzkräfte des Landesamtes. Die arbeiteten sich vom Schuir aus quer durch den Essener Süden. Drei Wagen waren unterwegs, jeder in eine andere Richtung. Es würde dauern, bis sie die ganze Stadt abgefahren hatten. Und Ruth war sich eigentlich sicher, dass die Quelle, die Ursache der Strahlung, nicht quer durch die ganze Stadt verteilt war. Wo also waren die Erkrankten gewesen, räumlich betrachtet? Und was genau hatten sie dort gemacht?

Ruth setzte ihre Leute an diese Aufgabe, das zu erfragen. Eine Stunde später hatte sie die Antworten und markierte die Unglücksorte im Essener Stadtplan.

Die Gemeinsamkeiten waren verblüffend. Die Erkrankten hatten alle etwas mit dem Stadtteil Steele zu tun gehabt. Steele, ratterte es in ihrem Kopf. Aber wo kam der Mist her? Durchfall, Erbrechen, Blutungen …

Drei Reinigungskräfte der Stadtwerke, zwei Feuerwehrmänner, drei Bürger, die selbst tatkräftig in ihren verdreckten Kellern mitangepackt hatten. Eine junge Mutter, die ihrem Kind hinterhergelaufen und dabei gestürzt war. Sie alle hatten sich verletzt. Wie Nora. Nicht schlimm, aber dennoch so, dass es ordentlich geblutet hatte. Die städtischen Bediensteten waren verunglückt, als sie mit Aufräumarbeiten der überquellenden Kanalisation beschäftigt gewesen waren.

Auch Nora hatte vom Matsch auf den Straßen gesprochen. Und wo war Noras Unfall passiert? Steeler Straße, Holbecks Hof. Zusammen ergaben die Fälle ein stimmiges Bild. Die Kanalisation. Das Abwasser. Es musste was mit dem Abwasser zu tun haben!

Ruth griff zum Telefon und gab ihre Vermutung an die Kollegen vom LANUV weiter. Sie empfahl, eine der Sondereinsatzwagen direkt zur Analyse nach Steele zu schicken. Dann setzte sie ein amtliches Schreiben auf und veranlasste eine Sonderuntersuchung bei den Erkrankten. *Verdacht auf radiotoxische Vergiftung, Inkorporation, Quelle unbekannt*, schrieb sie. *Die Zerfallskette des Uran. Bitte nehmen Sie dringend die entsprechenden Analysen vor und leiten sofort die erforderlichen Behandlungsschritte ein.*

***

Duisburg, 8. April

Idgie betrat das erste der Internetcafés in der Fußgängerzone von Rheinhausen. Von außen sah das Ding aus wie eine schmuddelige Spelunke, in der fünfzig Jahre Pils, fetttriefende Pommes und Myriaden von gerauchten Zigaretten deutliche Spuren hinterlassen hatten. Innen herrschte ein seltsames Gemisch aus Spielhalle, Telefonzellen und Nischen, in denen PCs auf ihren Einsatz warteten. Aber die weißen Bodenfliesen waren blitzblank und die Tische sauber, und der Duft frisch gebrühten türkischen Mokkas hing in der Luft.

Idgie bestellte sich Mokka und Mineralwasser und ließ sich in einer der Nischen nieder. Kurz darauf stand ein kleines Kupferkännchen mit dem sämigen Kaffee vor ihr auf dem Tisch, stark und belebend. Idgie ging ins Netz und wollte loslegen, aber ihr launiges Wortspiel *Atomic Rooster* saß in ihrem Gehirn fest wie eine lästige Melodie, die man nicht wieder loswird, und verweigerte den Zugriff auf den richtigen Namen des Unternehmens, mit dem sie sich beschäftigen wollte. Resigniert probierte sie es nur mit *Atomic R* und scrollte sich durch die Ergebnisse. Schließlich hatte sie es: Atomic Removal AG.

Sie holte Notizbuch und Stift aus ihrem Rucksack, klickte sich durch das Webinterface des Unternehmens und machte sich Notizen. Dann verschränkte sie die Hände in ihrem Nacken, machte die Beine unter dem Tisch lang und dachte nach.

August der Schäfer hat Wölfe gehört, Wölfe mitten im Mai, summte es in ihrem Kopf. Sie mochte Degenhardt, seine Musik, seine bissigen Texte. Aber speziell bei diesem Song hatte sie immer schon den Vergleich von Wölfen mit dem braunen Gesocks unpassend und gemein gefunden. Und trotzdem schwebte er jetzt in ihrem Kopf. *London Calling* von The Clash würde besser passen, dachte sie, oder *Hiroshima Mon Amour* von Ultravox.

»Brauchen Sie noch etwas?«, erkundigte sich der junge Mann höflich. Ein Glutauge wie Omar Sharif.

»Noch einen Mokka bitte.«

Sie trank den zweiten Mokka in kleinen Schlucken, während sie noch einmal ihre Notizen durchging.

Die Atomic Removal AG gab es seit annähernd fünfundzwanzig Jahren. Ihre sogenannten Kernkompetenzen bestanden erstens in der Entwicklung sicherer Transportbehälter für Brennelemente, zweitens in der Durchführung solcher Transporte zu Zwischen- oder Endlagern, drittens in der Demontage von Kernkraftwerken und viertens in der Reinigung von Atommüll zwecks Zuführung in preiswertere Lagerstätten als ausgerechnet die Hochsicherheitstrakte für atomaren Abfall.

»Hochsicherheitstrakte« … falscher Begriff, dachte sie grimmig. Wenn die mal so sicher wären. Immer noch wurde händeringend nach Endlagern gesucht, in denen der ganze Müll in den nächsten Millionen Jahren keinen Schaden anrichten konnte.

Idgie drehte wütend ihren Bleistift in den Fingern. Eine wirklich tolle Energie. Beherrschbar, solange es keine Zwischenfälle gab, und preiswert, wenn man von den immensen Kosten absah, die dieses Müllproblem mit sich brachte. War es nicht genial, dass die Müllentsorgung Sache des Staates, nicht der Energieriesen war und deshalb auch in keiner ihrer Gewinn-und-Verlust-Rechnungen auftauchte? Jedes verdammte Milchmädchen konnte besser rechnen!

Der Bleistift zerbrach mit einem splitternden Geräusch, und das Gefühl der Wut wich einem Gefühl der Resignation. Idgie seufzte und las weiter.

Atomic Removal machte nicht viel Aufhebens um sich, obwohl die AG über eine Vielzahl von Betriebsstätten verfügte, darunter die, die Idgie eine Stunde zuvor im Gewerbegebiet entdeckt hatte. Weitere Betriebsstätten lagen in Mülheim, bei Hannover, Ahaus und Gorleben sowie in Greifswald. Der Firmensitz war erstaunlicherweise in Essen, als gäbe es nicht genügend andere Großstädte in Deutschland, und die Adresse kam Idgie bekannt vor. Denn die Straße, die den Hauptsitz dieses Platzhirschs der Atomindustrie beherbergte, lag in diesem neu aus dem Boden gestampften Viertel der Stadt Essen, auf Boden, der nach jahrhundertealter Verseuchung durch die Krupp'sche Stahlindustrie gereinigt und dann einer neuen Bestimmung zugeführt worden war: der Essener Weststadt.

Nur ein Zufall?

Aufschlussreich war auf jeden Fall, dass die Aktionäre von Atomic Removal fast ausschließlich aus den großen Energiekonzernen Deutschlands bestanden, allen voran der Neuen Energie der Zukunft. Aufschlussreich, aber dennoch nicht weiter verwunderlich, hatten diese Giganten doch alle auch ihre Pfoten bei der Kernenergie mit im Spiel.

Was Idgie aber noch bedeutsamer fand, war die Tatsache, dass Atomic Removal seinerseits mit hohen Anteilen an einigen kleineren Unternehmen beteiligt war. Idgie fletschte böse die Zähne, als sie den Namen PoIF unter den Beteiligungen fand, gefolgt von einem Wirtschaftsberatungsunternehmen für biochemische Technik. Beratung? Biochemische Technik? Da stimmt was nicht … Alarm, schrillte es in ihr los.

Sie hangelte sich weiter im Netz durch. Und schließlich wurde sie fündig.

KAPITEL 12

Essen, 8. April

Manni steuerte den Transporter den Holbecks Hof hinauf. Noch diese Stelle hier, dann hatte er sein Soll für heute reichlich erfüllt. Mehr als reichlich.

Die Arbeit hätte er sich eigentlich schenken können. Überall, wo er bislang die Kamera in den Orkus geschickt hatte, sah es ähnlich aus. T-Stücke, halb mit Schmodder und Unrat gefüllt, vor irgendwelchen Kanälen mit kleineren Durchmessern. Nichts, was nicht ein Computer in sehr viel geringerer Zeit hätte ausspucken können. Und helfen tat das nichts. Das konnte eh nicht alles gleichzeitig gespült werden, so viele Saugis konnte er gar nicht abstellen. Egal. Er wollte sich von Meininger nicht vorwerfen lassen, dass er die Sache nicht ernst genug nahm.

Bei der Austrittstelle am Holbecks Hof ergab sich jedoch ein anderes Bild. Der Hauptkanal befand sich unterhalb der Steeler Straße; der Holbecks Hof war eine kleine Seitenstraße mit nur wenigen Häusern und ein paar Kleingärten. Dass die Kanalisation am Holbecks Hof dennoch üppig ausgestattet war, lag am Eickenscheidter Bach, der, aus Huttrop kommend, nach Steele in Richtung Ruhr der Kanalisation zugeführt und unter die Erde verlegt worden war.

»Hier«, entschied Manni und stellte den Motor ab. »Mach fertig, Marco, los geht's.«

Kurze Zeit später beobachtete er am Monitor die langsame Fahrt der Kamera durch das Dunkel des Kanals. Das Licht der Scheinwerfer erfasste etwas Pelziges. Eine Ratte, erkannte Manni. Doch anstatt schnell vor dem auftauchenden Licht davonzuhuschen, blieb das Tier reglos in der Mitte des Kanals liegen. »Eine tote Ratte«, informierte Manni seinen Kollegen. »Steuere mal nach rechts ein bisschen die Wand hoch, dann kommst du dran vorbei. Ja, so ist es gut. Und weiter.«

Noch drei Meter, und sie hätten das T-Stück erreicht. Die kleinen Scheinwerfer der Kamera erfassten erneut etwas Dunkles. »Stopp«, kommandierte Manni. Er starrte auf den Monitor vor sich. »Schon wieder eine tote Ratte«, sagte Manni verwundert. »Und etwas weiter hinten noch eine. Komisch. Links, noch weiter links, so ist es gut. Und noch ein bisschen … stopp. Was ist das denn?« Vorsichtig machte er einen Schwenk mit der Kamera. »Mein lieber Herr Gesangsverein!«

★★★

»Sie hatten recht. In Steele haben wir eine deutlich höhere Radioaktivität gemessen als in den übrigen Stadtteilen.«

»Wie hoch?«, fragte Ruth.

»Sehr hoch. Dreiundsechzig Becquerel. Wir wissen noch nicht genau, um was für eine Strahlung es sich handelt, aber in Frage kommen einige.« Der Chemiker des LANUV, mit dem Ruth in den letzten anderthalb Tagen in regelmäßigem Austausch gestanden hatte, klang ebenso müde, wie sie sich fühlte.

»Die Zerfallskette des Uran-238«, sagte Ruth düster. »Ich weiß. Wie lange wird die Analyse dauern?«

»Wir haben Radon als Ausgangspunkt und hangeln uns nach oben hin durch, sozusagen. Aber schon das Verfahren zum Nachweis von Radium ist aufwendig.«

»Wie aufwendig?«

»Sehr aufwendig. Gaschromatografen und Massenspektrometer … kein Kinderspiel, das zu bestimmen.«

»Wie lange?«, bohrte Ruth nach.

»Ich rechne frühestens übermorgen mit einem Ergebnis.«

»Es ist dringend. Je eher wir wissen, was genau es ist, desto bessere Chancen haben die Erkrankten.«

Ruth hörte das Seufzen am anderen Ende der Leitung. »Ich weiß. Aber ich kann es nun mal nicht beschleunigen. Wir haben bereits Amtshilfe beim ATF-NRW angefordert.«

»ATF?«

»Analytische Task Force. Es gibt zurzeit zwei Einheiten, eine in Dortmund, die andere in Köln. Sie gehören zum ABC-Schutzkonzept des Landes. Dortmund ist schon unterwegs, Köln haben wir soeben zur Unterstützung angefordert.«

Na Gott sei Dank, dachte Ruth. Wenigstens einer, der die

Tragweite richtig erkennt und sofort handelt, anstatt lang rumzudiskutieren.

***

»Teile der Kanalisation sind eingebrochen«, informierte Manni Meininger über das Telefon. »Der Eickenscheidter Bach bahnt sich den Weg Gott weiß wo, nur nicht durch den Kanal, durch den er soll. Kein Wunder, dass der bei dem Hochwasser über die Straße geschossen ist. Hier müssen wir schnell ran. Schon beim nächsten Regen weiß der wieder nicht, wohin.«

»Wo genau?«

»Na oben, wo der Bach aus den Kleingärten kommt. Da wird er unterirdisch weitergeleitet, oben am Holbecks Hof. Kurz hinter der Einleitung ist unten alles eingekracht. Und irgendwas liegt da auch noch drin. Sah aus wie ein Fass, das sich verkeilt hat.«

»Was schlägst du vor?«

»Von oben aufmachen, das ganze Zeug an der Einbruchstelle raus, etwas schmaleres Rohr rein und auffüllen«, sagte Manni pragmatisch. »Was anderes wird nicht gehen, so, wie das hier aussieht. Ärgerlich, steht nicht gerade auf Platz eins unseres Sanierungsprogramms. Aber nicht zu ändern. Leitest du das in die Wege? Ich will noch mal im Krankenhaus vorbei.«

***

Sie saßen am Küchentisch und löffelten still bereits den zweiten Teller des Eintopfs in sich hinein.

»Will noch jemand was?«, fragte Idgie schließlich. »Obwohl – den Rest sollten wir besser für Manni aufheben.«

Niemand antwortete, und Idgie musterte ihre schweigsamen Tischgenossen, die Ärztin und den jungen Schlaks, die beide ziemlich fertig aussahen.

»Wie geht es Nora?«

»Sie schläft die meiste Zeit oder dämmert vor sich hin.« Jans Stimme war heiser vor Erschöpfung. »Sie hängt am Tropf, und irgendwelche Analysen laufen. Ich war den ganzen Tag in der Klinik und habe alle genervt. Manni ist eben gerade noch mal gekommen. Er hat mich nach Hause geschickt.«

»Ich bin auch mit der Station in Kontakt. Sie melden sich, wenn es was Neues gibt.«

Idgie warf Ruth einen irritierten Blick zu. Da stimmte was nicht. Warum sollte die Stationsärztin einer Fremden wie Ruth so etwas versprechen? Wenn, dann doch nur in ihrer Funktion als Amtsärztin? Alles andere wäre unlogisch.

»Wie ist es bei dir gelaufen?«

Sie will ablenken, dachte Idgie. Aber das würde ihr nicht gelingen. Sie würde später nachbohren, wenn sie allein waren. »Ich bin aufgeflogen«, erzählte Idgie und schob Jan den Presseausweis zu. »Dein Presseausweis ist kein Sesam-öffne-dich mehr.«

Jan riss sich von Noras Bild los, dankbar für den Themenwechsel. »Da hast du's dir ja ganz schön verscherzt. Wie wäre es mit einem etwas weniger auffälligen Outfit morgen?«

»Pah. Ich habe meine Zeit auch so gut genutzt. Ich war in einer weiteren Löwenhöhle. Obwohl Schlangengrube vielleicht der bessere Ausdruck wäre. Giftschlangengrube. Ein interessantes Studium, es hat sich gelohnt. Ihr erinnert euch doch an die PoIF, diese Firma, die Rohre reinigt. Ich war da. Und jetzt rate mal, Jan, wer sich direkt auf dem gleichen Firmengelände dort in Duisburg befindet.«

»Keine Ahnung.« Jan zuckte mit den Schultern und gähnte herzerweichend.

»Die, deren Namen ich nicht behalten kann: Atomic Rooster«, sagte Idgie triumphierend.

»Ist das nicht der Laden, wo der Taeschel gearbeitet hat, bevor er sich selbstständig gemacht hat?«

»Von wegen selbstständig! Ich sag ja, ich habe heute eine Menge rausgefunden. Die Gutachterstube gehört sehr still und leise zu großen Teilen der Atomic Rooster.«

»Das ist ja praktisch!« Jan schnaubte durch die Nase.

»Ja«, bestätigte Idgie böse. »Atomic Rooster betreibt sogenannte Konditionierungsanlagen.«

»Was bedeutet das?«

»Dort wird radioaktiv verseuchtes Material gereinigt und für die Zwischenlager Ahaus und Gorleben aufbereitet. Das ist der eine Weg, den Material dieser Art nehmen kann.«

»In Duisburg?« Ruth fixierte sie grimmig über den Rand ihrer Brille hinweg.

»Und in Mülheim ebenfalls.«

»Ich glaub, ich spinn. Mitten in einem so dicht besiedelten Gebiet?«

Idgie gab einen knurrenden Laut von sich. »Es kommt noch doller. Andere radioaktive Materialien werden gereinigt und kommen nicht in irgendwelche Zwischen- oder Endlager, sondern werden wiederverwertet. Man nennt das Freimessen.«

»Freimessen?«, mischte Jan sich ein, plötzlich wieder vollkommen wach. »So hieß doch ein Ordner auf Vaters Festplatte. Der, der leer war.«

»Genau. Mittlerweile weiß ich auch, was das ist. Das ist nämlich ganz was Feines.«

»Da bin ich aber gespannt.« Ruth presste die Finger an die Schläfen. »Aber mach es einfach, ja? Mein Kopf ...«

»Okay. Dann eine Erklärung für Müde: Radioaktives Material wird gereinigt durch Firmen wie Atomic Rooster. Danach wird das gereinigte Material noch mal auf den Radioaktivitätsgehalt hin gemessen. Eventuell wird es noch mal gereinigt und wieder gemessen und so weiter. Und irgendwann wird es für so ›frei‹ befunden, frei von Radioaktivität, dass es als ungefährlich eingestuft wird und entweder wieder in die industrielle Verwertungskette gelangt, wie Metall beispielsweise, oder aber auf normalen Mülldeponien entsorgt werden darf, sehr viel preiswerter als auf Sondermülldeponien der Gefahrenklasse IV. Das ist auch gar nicht illegal. Maßgeblich für diese Einstufung war übrigens ein gewisses Gutachten eines gewissen Herrn.«

»Sag bloß, der Taeschel!«

»Genau. Ich hatte ja bereits erwähnt, dass er sich mit den sogenannten Schadensklassen von Mülldeponien befasst hat, ganz neutral natürlich.«

Jan starrte auf den Löffel in seiner Hand, mit dem er herumgespielt hatte. Angewidert verzog er den Mund und ließ ihn in den leeren Teller fallen. »Wie soll das denn überhaupt gehen, verseuchtes Material zu säubern?«

»Hochdruckstrahler? Denk an die Rohre. Man spült das Ganze ab. Einfach runter mit dem Zeug, den ganzen Partikeln, den verseuchten. So hat man die Menschen nach Fukushima doch auch gereinigt. Na ja, nicht mit richtigen Hochdruckstrahlern, aber abgespritzt wurden sie schon. Würde man hier in Deutschland übrigens genauso machen, wenn jemand kontaminiert ist. Es gibt aber noch andere Reinigungsverfahren. Kann man alles auf der Website von Atomic Rooster nachlesen.«

»Atomic Removal«, korrigierte Jan automatisch.

Idgie hob spöttisch eine Augenbraue. »Ganz clean kriegt man das natürlich nicht. Man reduziert die Strahlung lediglich, indem man das Material von lösbaren Partikeln befreit, und das so lange, bis der gesetzliche Grenzwert unterschritten ist. Der Clou dabei ist aber: Das Messen übernimmt die Betreiberfirma selbst. Versteht ihr? Frei-Messen!«

Jan sah Idgie mit offenem Mund an. »Wie jetzt? Das wird nicht mal irgendwie staatlich kontrolliert? Die dürfen selbst darüber entscheiden, ob das Material clean ist oder nicht?«

»Nicht ganz. Es gibt eine staatliche Freigabe solcher gereinigten Materialien. Die jedoch ist so eine Art Prüfzeugnis, so was wie eine ISO-Zertifizierung, dass das in Ordnung geht mit der Methode. Ich wage zu bezweifeln, dass bei jeder Fuhre gereinigten Atomschrotts irgendwelche staatlichen Prüfer nachmessen, ob die Firma sauber gearbeitet hat.«

»Aber damit ist die Strahlung doch nur woanders hingekommen, ins Wasser nämlich. Und wo bleibt dieses Wasser? Ab in den Rhein damit?«

***

Manni saß am Bett seiner Tochter und sah zu, wie sie schlief. Sie war schrecklich blass. Die Sommersprossen stachen als dunkle Sprenkel aus ihrem Gesicht hervor, und Manni erinnerte sich an das Schokoladenfondue, das sie als kleiner Stöpsel zu ihrem Geburtstag gehabt hatte. Alles, buchstäblich alles, Kleider, Tischdecke, Fußboden, aber ganz besonders Gesicht und Hände der Blagen hatten im Anschluss an die Schlacht nach einer Generalreinigung geschrien, und das Mehlschneiden hatte sein Übriges dazu beigetragen. Wie alt war sie damals gewesen? Vier? Oder fünf? Auf jeden Fall hatten sie noch zu dritt in dem kleinen Häuschen in Alt-Rellinghausen gewohnt …

Marion … die hatte sich immer noch nicht gemeldet. Typisch. Gondelte irgendwo zu Fuß mit einer Reisegruppe durch den Himalaja – da war offenbar nichts mit Handynetz. Mit welcher Agentur sie das gemacht hatte, wusste Manni nicht. Vermutlich hatte sie ihm das sogar erzählt. Aber er hatte nicht zugehört. *Wie immer*, hörte er sie sagen.

Wenigstens gab es die Telefonnummer eines Hotels in Katmandu. Nora hatte sie vor einigen Tagen auf den Block in der Küche gekritzelt. Dort hatte Manni erfahren, dass die Reisegruppe in wenigen Tagen im Hotel zurückerwartet wurde. Zumindest interpretierte er das seltsam abgehackt klingende Englisch des Gesprächsteilnehmers so.

»Please tell her she must speak with me. Manni. Her old husband«, radebrechte er. Mit Fremdsprachen hatte er es nicht so. »Telefon, you understand. This number please.« Aber sie hatte noch nicht angerufen. Und ihre Mailbox musste bis zum Anschlag voll sein mit seinen Nachrichten. Mehr konnte er doch nicht tun, oder?

Noras Augenlider zuckten ebenso wie die Hand, die er immer noch umklammert hielt. Sie murmelte etwas vor sich hin. Aber sie wachte nicht auf.

Das Fieber sei zurückgegangen, außerdem kein Durchfall und kein Erbrechen mehr, hatte die Ärztin gesagt.

Besser sieht anders aus, dachte Manni, und erneut schossen ihm die Tränen in die Augen.

***

»Oh, Full House.« Manni blinzelte gegen das helle Licht der Lampe über dem Küchentisch und ließ sich auf einen Stuhl fallen. Flüchtig überlegte er, ob er nicht langsam mal aufbegehren sollte gegen die Selbstverständlichkeit, mit der dieser Jan und diese weißhaarige Xanthippe mit den hellen Augen sich bei ihm eingenistet hatten. Aber er war zu müde dazu, und wenn er ehrlich war, hatte er sich sogar daran gewöhnt, und er wäre jetzt auch nicht gerne allein im Haus gewesen. Außerdem war Ruth da. Sie schien genauso erledigt zu sein wie er.

»Du siehst völlig fertig aus.« Die Xantippe stellte ihm einen Teller Eintopf vor die Nase und holte eine Flasche Bier aus dem Kühlschrank.

»Wie soll man schon aussehen, wenn man koordinieren muss, wie man in einer ganzen Stadt die Kloake wieder von der Straße kriegt, und gleichzeitig noch nach den Ursachen für den Dreck suchen?«, brummte Manni. »War'n echter Ätztag, und morgen geht's nahtlos so weiter. Fragt jetzt bloß nicht noch nach Nora. Etwas besser, sagt die Ärztin. Kann ich nicht beurteilen. Für mich sieht's genauso aus wie gestern. Mehr gibt es dazu nicht zu sagen. Ich häng mich jetzt vor die Kiste, ein bisschen abschalten. Wer mag … gerne.« Er machte eine vage Geste mit der Hand, nahm Suppenteller und Bierflasche und verschwand ins Wohnzimmer. »Nur nicht mehr reden bitte!«

Den verzweifelten Blick, den Ruth ihm zuwarf, bemerkte er nicht.

***

Eigentlich hatte Idgie einen bemerkenswert festen Schlaf. Selten quälte sie etwas so sehr, dass sie sich deswegen schlaflos hin- und herwälzte. Jetzt war an Schlaf nicht zu denken. Nicht, seit sie mit Ruth gesprochen hatte.

Den ganzen Abend hatte Ruth sich merkwürdig verhalten. Als würde ihr etwas massive Sorgen machen, und auch der Blick, den sie Manni zugeworfen hatte, war Idgie nicht entgangen. Also hatte sie Ruth kurzerhand nach Hause begleitet und sich mit einem »Nun mal Butter bei die Fische« vorgeknöpft. Ihr Riecher war da durchaus richtig gewesen, dachte Idgie grimmig. Die liebe Frau Doktor hatte mächtig hinterm Berg gehalten.

Und nun konnte sie nicht schlafen. Sie stand auf und beobachtete die Regentropfen, die im Licht der Straßenlaterne eine perlende Bahn über die Fensterscheibe zogen. Fast wäre es ihr lieber gewesen, sie hätte Ruth nicht zum Reden genötigt.

Wenn Ruth recht hatte …, dachte sie trostlos. Sie mussten es Manni sagen. Aber wie, verdammt noch mal?

Sie ließ sich die Sache noch mal durch den Kopf gehen. Und plötzlich musste sie an Hannes denken. Und an die Tupperdosen, die Stella ihr selbst schon ein paarmal auf die Bank vor die Tür gestellt hatte.

Es passte. Es passte nur zu gut!

***

Essen, 9. April

Ruth begann mit den aktuellen Zahlen.

Vierzehn Erkrankungen, davon drei Tote.

Das malte sie in schwungvollen Buchstaben auf das Flipchart. Sie hatte sich gut überlegt, wie sie vorgehen wollte. Denn erstens musste es überzeugend sein, und sie wusste aus Erfahrung, dass eine gewisse Vereinfachung einer komplexen Materie das A und O dabei war, und zweitens musste es schnell gehen.

Die Stimmung im kleinen Konferenzraum des Rathauses war angespannt. Kein Mucks war zu hören. Die Herren am Tisch folgten ihr aufmerksam, hoch konzentriert und mit ernster Miene.

Also weiter.

Ruth nahm eine andere Farbe und schrieb weiter.

Gemeinsamkeit: verunglückt in Essen Steele; Abwasserrückstände.

»Alle Erkrankten sind in direkten Kontakt mit den Schlämmen gelangt, die das Abwasser dort in den Kellern und auf der Straße zurückgelassen hat«, erläuterte sie. Dann schrieb sie das Wort *Inkorporation* auf das Flipchart.

Leise Unruhe machte sich breit.

»Ich erkläre es sofort«, beeilte sie sich zu sagen. »Die Erkrankten haben sich an dem Dreck infiziert, entweder durch Wunden, die sie sich durch einen Unfall zugezogen haben, oder auch durch direktes – natürlich ungewolltes – Verschlucken der Materie. Mit anderen Worten: Die Rückstände sind in den Körper gelangt.«

Ruth schlug die Seite des Flipcharts nach hinten und schrieb weiter.

Uran-238 → Radium-226 → Radon-222 → Polonium-210.

»Das ist natürlich eine sehr vereinfachte Darstellung. Aber sie stellt die natürliche Zerfallskette von Uran-238 dar.«

Alphastrahlung, schrieb sie darunter, machte einen Kringel um das Wort und verband Radium und Polonium durch einen Pfeil mit dem Wort. Das Wort *Gammastrahlung* verband sie mit Radon.

Für einen kurzen Moment hielt sie inne. Sie kannte die Zahlen mittlerweile auswendig. Polonium-210 mit einer spezifischen Aktivität von einhundertsiebenundsechzig Millionen Alpha-Zerfällen pro Sekunde entfaltete eine Zerfallsenergie von fünf MeV, was in etwa einhundertvierzig Kilowatt pro Stunde entsprach. Ein Mikrogramm, diese geradezu irrwitzig verschwindend geringe Menge, sie tötete zuverlässig, wenn sie jemand schluckte. Radium-226 hatte eine spezifische Aktivität von nur siebenunddreißig Millionen solcher Zerfälle pro Sekunde mit einer Zerfallsenergie von vier Komma acht sieben MeV, was bedeutete, dass es ungefähr die vierfache Menge brauchte, um zuverlässig zu töten. Aber dieses Wissen war zu speziell, um es in einer solchen Runde sinnvoll anbringen zu können. Sie setzte auf eine knappe Darstellung. Eine, die verständlich war.

»Sie erinnern sich an den Radon-Alarm.« Eine Feststellung, keine Frage. »Radon ist ein Gammastrahler. Und es entsteht, verkürzt gesagt, aus Radium-226. Seit heute früh analysieren Mitarbeiter des LANUV die Rückstände der Abwasserschlämme, die in einigen Stadtteilen die Straßen überflutet haben. Und soeben wurde mir bestätigt, was ich schon vermutet habe: Speziell in Steele sind extrem hohe Gamma-Strahlungsdosen gemessen worden, und zwar oberhalb der Steeler Straße nordwestlich der Fußgängerzone. Das ist unser erster Anhaltspunkt.«

Um sie herum setzte Gemurmel ein.

»Meine Herren, bitte«, rief sie. »Lassen Sie mich fortfahren. Sie haben gleich Gelegenheit, das alles zu besprechen.«

Ruth ignorierte die Kopfschmerzen, die sich erneut von den Schläfen auszubreiten begannen. Sie wies auf die Zeichnung am Flipchart.

»Radium-226 und Polonium-210. Als Alphastrahler haben sie eine nur geringe Reichweite. Schon ein Stück Papier kann sie aufhalten. Aber gelangt Alphastrahlung ins Körperinnere, richtet sie hohen Schaden an.«

Litwinenkow, schrieb sie als Nächstes und verband die Stichworte Polonium-210 und Inkorporation mit dem Namen, während sie weitersprach. »Der russische Ex-KGB-Agent wurde im Jahr 2006 mit Polonium-210 vergiftet. Es wurde ihm in Sushi oder in Tee verabreicht. Zunächst hat man nicht gewusst, was ihm überhaupt fehlt. Aber selbst wenn man es von Anfang an gewusst hätte, hätte man ihn nicht retten können. Hinterher wurde berechnet, dass ein Mikrogramm, also 0,000001 Gramm Polonium-210 reichen, um einen Menschen innerlich zu verstrahlen und in kürzester Zeit zu töten. Stellen Sie sich die Größe eines Staubkornes vor, mehr braucht es davon nicht. Todsicher, wenn man es über den Verdauungstrakt aufnimmt. Bei Radium-226 bräuchte es ungefähr die vierfache Menge.«

0,000001 Gramm.

»Die Symptome, die unsere Erkrankten aufweisen, gleichen den Symptomen der Strahlenkrankheit.«

Einer der Flipchartmarker rollte von der Tischkante. Der Aufschlag kam einer Detonation gleich.

***

Nora war tatsächlich wach, als Manni das Krankenzimmer betrat.

»Hi Paps«, sagte sie mit einer Stimme, die piepsig klang und seltsam eingerostet.

Wie lange nicht benutzt, dachte Manni und merkte, wie ihm das Wasser in die Augen trat.

»Nicht doch, Paps, bitte«, flüsterte Nora.

Manni schluckte und riss sich zusammen. Eine Weile saß er auf dem Rand ihres Bettes, hielt ihre Hand und sah ihr zu, wie sie in einen leichten, unruhigen Schlaf glitt.

Es geht ihr besser – an diesen Gedanken klammerte er sich und murmelte immer wieder in beschwörender Monotonie: »Nora, Süße, jetzt wird alles wieder gut.« Ob dieses Mantra sie erreichte, konnte er nicht mit Bestimmtheit sagen. Aber ihm selbst tat dieser Gedanke gut.

Das Handy in seiner Hosentasche vibrierte leise. Er hatte mal wieder vergessen, das Ding abzuschalten. Manni blinzelte sich die Tränen aus dem Augenwinkel und zog die Nase hoch. Dann las er den Text der SMS. Wenn irgend möglich, sollte er sich im Büro melden.

***

Schüchtern betrat Peter Mooren die Polizeiwache Steele-Ost und ging zum Empfangsschalter. Das grelle Neonlicht stach ihm schmerzhaft in die Augen, und augenblicklich begannen sie zu tränen.

Er nahm die Helmut-Schmidt-Mütze vom Kopf und glättete mit der Hand das Haar, das, von der Reibung durch die Kappe elektrisch aufgeladen, zauselig in die Höhe strebte. Dann räusperte er sich.

Der Polizist hinter dem Tresen sah ihn aufmunternd an. »Kann ich Ihnen helfen?«, fragte er freundlich.

»Ja, ich … ich wollte was melden«, begann Peter Mooren hilflos. Er war erschöpft. Absolut schwach. Wenn ihm bloß nicht so übel wäre … und dann dieser Durchfall. Vielleicht wäre er doch besser erst zu Dr. Schnabel gegangen, anstatt sich hier auf die Wache zu schleppen. Eins nach dem anderen, mahnte er sich.

Peter Mooren fühlte die Blicke des jungen Polizisten auf sich ruhen und begann zu schwitzen. Nun reiß dich mal zusammen, hörte er Irene mit leisem Schimpfen in der Stimme.

»Geht es Ihnen nicht gut? Wie heißen Sie denn?«

Die Stimme drang seltsam gedämpft zu ihm durch, wie durch Watte. In die Freundlichkeit des Beamten mischte sich eine Spur von Besorgnis.

»Peter Mooren mein Name«, quetschte er heraus. Er merkte, dass seine Hände zu zittern begonnen hatten. »Da sind diese Fässer auf dem Gelände am … o Gott …« Dann beugte er sich nach vorne und übergab sich auf die Fliesen vor dem Empfangstresen.

***

Strahlenkrankheit, schrieb Ruth als Nächstes auf das Flipchart.

Symptome:

Phase 1: Allgemeine Schwäche, Übelkeit, Erbrechen, Durchfall, Schleimhautauflösung, Blutungen aus Mund und Nase, hohes Fieber.

Phase 2 (Walking Ghost): symptomfrei, scheinbare Besserung, Stabilisierung.

Phase 3: Zelltod, Multiorganversagen, Delirium, Koma, Tod.

Sie ließ ihnen Zeit, das zu verdauen. »Der Krankheitsverlauf hängt natürlich von der Dosis der verinnerlichten Strahlung ab. Und vom Allgemeinzustand des Erkrankten.«

»Und diese Strahlung kann man bei den Erkrankten eindeutig messen?«

Der Krisenstableiter, Adlatus des Oberbürgermeisters, dieser Breuer. Den hatte sie wirklich gefressen. Sein Tonfall ließ höchste Zweifel erkennen. Und zugehört hatte er auch nicht richtig. Aber Ruth verschluckte den bösen Kommentar, der ihr auf der Zunge lag.

»Geringe Reichweite, wie ich eben bereits erläutert habe. Haut wird nicht durchdrungen, geschweige denn Muskeln oder Fett. Was für die Strahlung von außen nach innen gilt, gilt logischerweise ebenfalls für die Strahlung von innen nach außen. Ergo: Alphastrahlung im Körper eines Menschen ist von außen nicht direkt messbar.«

»Man kann es also nicht nachweisen?«

»Doch. Aber es ist sehr aufwendig. Man kann nur die Gammastrahlung als Bestandteil einer Zerfallskette ermitteln und daraus Rückschlüsse ziehen, aber solche Messzellen gibt es nur wenige in Deutschland.«

»Sie haben also keinen konkreten Beweis. Wie können Sie dann sicher sein, dass es Strahlung ist?« Der Adlatus ließ nicht locker.

»An einem Nachweis wird gerade gearbeitet. Urin- und Stuhlproben bei den Erkrankten. Das wird noch dauern, aber glauben Sie mir: Die Symptome passen leider nur zu deutlich ins Schema. Und ich erinnere noch einmal an die Messungen des Landesamtes in Steele. Radioaktivität, eindeutig.«

Schweigen breitete sich im Raum aus.

»Wo kommt das her?«, fragte der Leiter des Ordnungsamtes schließlich heiser.

»Das wissen wir noch nicht. Aber wir sind uns mittlerweile sicher, dass es aus der Kanalisation hochgekommen ist.«

»Was schlagen Sie vor?« Der Oberbürgermeister, Dr. Ludwig, ganz sachlich und nüchtern.

»Wir müssen die Bevölkerung warnen. Und wir sollten unbedingt den Katastrophenschutz einbeziehen. Das Land ist ja ohnehin schon mit von der Partie.«

»Meine liebe Frau Doktor. Ist das nicht ein wenig übertrieben? Sie haben doch selbst gerade ausgeführt, dass sich die Strahlenquelle irgendwo in Steele befinden muss, in irgendwelchen Fässern. Wir können deswegen doch nicht gleich die ganze Stadt in Aufruhr versetzen.«

Zustimmendes Gemurmel.

Damit hatte Ruth gerechnet. Sie klappte die Seite des Flipcharts um und blickte abwartend in die Runde. Als das nicht reichte, klatschte sie laut in die Hände. Drei Mal. Augenblicklich wurde es still.

Sie ordnete die Worte *Abwasser, Abwasseraufbereitung, Ruhr, Trinkwasseraufbereitung* und *Trinkwasser* in einem Fünfeck an. Dann verband sie die Worte miteinander.

»Das ist ein Kreislauf. Das Abwasser wird im Klärwerk aufbereitet und fließt südlich der Wasserscheide in die Ruhr, im Norden in die Emscher. Ruhrwasser wird zu Trinkwasser aufbereitet. Radium-226 ist hochgradig wasserlöslich und hochgradig radiotoxisch. Wollen Sie wirklich das Risiko auf sich nehmen, dass das Trinkwasser der Stadt radioaktiv verseucht wird?«

Für einen Moment herrschte wieder absolute Stille.

Dann räusperte sich der Oberbürgermeister. »Von welchen Mengen sprechen wir hier überhaupt?«

»Das kann ich Ihnen erst sagen, wenn wir die Strahlenquelle

eindeutig lokalisiert haben«, sagte Ruth erschöpft. Ihr war schon wieder übel, und hinter den Schläfen hämmerte es pausenlos. Sie spürte, wie ihr der Schweiß auf die Stirn trat.

»Kann man das Wasser nicht irgendwie entgiften?« Wieder der Adlatus.

Ruth kräuselte spöttisch ihre Lippen. »Ja klar. Es werden gerade Versuche mit Sonnenblumen gemacht.«

»Wollen Sie uns verarschen?«, donnerte der Polizeichef los.

»Nein, wirklich nicht.« Sie seufzte. »Es ist tatsächlich so. In den USA gibt es zwei Versuchsreihen, die sich mit dem Thema beschäftigen, Wasser zu dekontaminieren. Eine mit einer speziellen Algenart, eine weitere mit Sonnenblumen. Die mit den Sonnenblumen war sogar recht erfolgreich. Man hat die Blumen über einem Becken mit zweihunderttausend Litern radioaktiv verstrahlten Abwassers angepflanzt und ihre Wurzeln in das Becken wachsen lassen. Danach waren fünfundneunzig Prozent des Strontiums und des Cäsiums in den Pflanzen absorbiert und dem Wasser entzogen. Allerdings mussten die Pflanzen dann als hoch radioaktiver Sondermüll entsorgt werden. Eine Stadt voller Sonnenblumen. Das wäre doch wirklich hübsch, oder?« Sie sah über den Rand ihrer Brille hinweg in die Runde. Aber es gelang ihr nicht, Blickkontakt aufzunehmen.

Recht so. Zeit für den letzten Schachzug. Sie hatte es sich gut überlegt.

***

Idgie füllte sich den Kaffeebecher bereits zum dritten Mal und löffelte noch mehr Zucker hinein als in die beiden vorhergehenden.

Nachdenklich rührte sie in dem schwarzen Gebräu. Sie hatte die Verbindung zwischen der PoIF und Atomic Removal gefunden, ebenso die zwischen Atomic Removal und der Gutachterklitsche. Es gab sie, und es stank geradezu nach Mauschelei. Aber konnte sie etwas Konkretes beweisen? Nein. Konnte sie nicht, auch wenn der Geruch in der Luft hing wie Gülleschwaden überm Schweinestall. Es reichte noch nicht, und auch ein neuerliches Durchforsten von Hannes' gesammeltem Material eben hatte sie nicht weitergebracht. Verdammt noch mal.

Sie knurrte gereizt und klappte das Netbook zu. Dann zuckte eine Idee durch ihren Kopf. Sie und Jan hatten bisher immer nur gezielt Informationen zu einer der Personen gesucht. Wie wäre es denn …

Hastig fuhr sie den Rechner wieder hoch. Kurz darauf tippte Idgie alle Namen auf einmal in die Suchmaschine ein. Reiff, Kaiser, Haberle, Taeschel, eingeschlossen durch Hochkomma, um die Trefferzahl einzuschränken. Nur ein einziger Treffer. Sie klickte ihn an.

Es war ein Foto, eingebettet in einen Artikel. Idgie vergrößerte und sog scharf die Luft ein. Denn das Foto zeigte Haberle, Reiff, Taeschel, Kaiser sowie einen fünften, den sie nicht kannte. Sie trugen sportliche helle Kleidung und stützten sich locker auf lange Schläger, die silbrig in der Sonne glänzten. Kaiser und Haberle trugen diese karierten Schiebermützen, die bei dieser Sportart offenbar nicht totzukriegen waren. *Fünf alte Freunde entspannen sich beim gemeinsamen Golfen*, lautete die Überschrift zum Artikel, in den das Foto eingebettet war. Ein Käseblättchen, wie man so schön sagt – die Clubzeitschrift des Essener Golfclubs Oefte. Der Artikel verriet, dass die Herren ihre alte Freundschaft, die seit dem Militärdienst bestand, gerne bei einer entspannenden Runde Golf pflegten.

Idgie pfiff zufrieden durch die Zähne. »Und wer ist der Fünfte im Bunde?«, fragte sie sich dann leise. Ein gewisser Achim Reimers, entnahm sie dem Artikel.

Auch hier waren bald ein paar Informationen zusammengetragen. Und schließlich hatte sie die Verbindung. Sie stieß ein Wolfsgeheul aus, laut und kämpferisch. Niemand konnte behaupten, man würde belogen. Es stand alles da. Man musste nur vernünftig danach suchen.

***

Der Streifenwagen rollte auf den Parkplatz am Gewerbegebiet Steele-Horst. Hoppe riss die Tür auf und sprang federnd hinaus.

Hinter sich hörte er den Kollegen Hinrichs schnaufen, während der sich mühsam aus dem tiefen Sitz hievte.

»Da vorne, Richtung Ruhr runter, da muss es sein.« Hoppe wedelte mit der Hand in Richtung des spirrigen Wäldchens. »Siehst du die Holzpaneele da, davon hat der Alte gesprochen.«

»Ich glaub, der hat einfach zu viel gesoffen«, sagte Hinrichs. »Der hat ein trockenes Plätzchen für die Nacht gesucht und wollte sich wichtigmachen.«

»Was denn nun?«, fragte Hoppe gereizt. »Penner oder Wichtigtuer? Du und deine Vorurteile. Deine Theorie hinkt. Außerdem glaube ich schon, dass da was an dem dran ist, was der Alte erzählt hat. Jetzt lass uns halt nachschauen.«

Murrend folgte ihm sein Kollege an den Sichtschutzwänden entlang zum hinteren Teil des abgezäunten Geländes.

»Na siehste, der hat sich nichts ausgedacht. Der hat das hier genau so beschrieben, wie es ist.«

»Ist ja gut.« Hinrichs ließ den Lichtkegel der Taschenlampe über den Matsch wandern. »Ganz schöne Pampe hier. Warte mal, dahinten ... da ist was Gelbes ...«

»Und da ist dieser umgestürzte Baum, von dem er erzählt hat. Ich geh da jetzt rüber. Guck du dir die Ecke dahinten an, okay?«

Hoppe wartete das Einverständnis seines Kollegen gar nicht erst ab, sondern ging einfach los. Sollte der ruhig die längere Strecke gehen, der Fettwanst. Dann nahm der wenigstens mal was ab. Hoppe grinste fröhlich in sich hinein.

Es war gut gewesen, aus der Wache wegzukommen, denn die Luft dort stank immer noch nach dem Erbrochenen des Alten. Und dann war der zusammengeklappt und hatte sich auch noch in die Hosen geschissen. Die Windeln seiner Tochter Sally waren echte Wohlgerüche gegen diesen bestialischen Gestank, den der Alte in der Wache zurückgelassen hatte. Komischer Kauz. Geschwitzt hatte der wie ein Gewichtheber bei dreißig Grad im Schatten, und dann war er auch noch zusammengeklappt und in seine eigene Kotze gefallen. Aber wie ein Alk hatte der trotzdem nicht gewirkt, also – ein bisschen schon, weil er nach Alkohol gerochen hatte, bevor er ... Aber nicht richtig. Die richtigen

Alks, die sahen anders aus. Und letztendlich hatte der Notarzt das ebenso gesehen.

Hier lagen ja wirklich jede Menge Fässer unter dem Baum. Hoppe umrundete vorsichtig die Trümmer des Carports und die Spitze der Fichte, die hier niedergegangen war. Jetzt war er näher dran. Entschlossen hob er einen dicken Zweig an und leuchtete mit der Stablampe unter das Geäst. Zwei Fässer waren aufgerissen. Heraus quoll eine dicke, zäh wirkende Masse. Die verbliebenen Rückstände im Fass schienen eher trocken zu sein. Wie Pulver. Keine Ahnung, was das für ein Zeug war. Die Geschichte, die der Alte erzählt hatte, war ziemlich wirr gewesen. Er hatte geweint, während sie auf den Notarzt warteten, ob aus Scham oder weil es ihm so schlecht ging, konnte Hoppe nicht sagen. Beides war möglich. Auf jeden Fall hatte er davon gesprochen, dass die Fässer vom Gelände der AV&R GmbH hierher umgelagert worden waren, und zwar viel mehr, als er bislang angenommen hatte. Und dann, hatte der Alte keuchend erzählt, hätte er so ein Fass in der Ruhr treiben sehen. Und das wäre sicher nicht gut, wo doch diese Aufkleber dadrauf gewesen wären, die die »Polacken« dann wieder abmachen sollten. Dann hatte er wieder zu reihern begonnen, 'ne Menge Blut war dabei gewesen, und dann war auch schon der Notarzt gekommen. Gelogen hatte er jedenfalls nicht.

Es galt zu klären, ob man mit dem Besitzer des Geländes Kontakt aufnehmen musste oder ob man die Fässer mit einem richterlichen Beschluss zur Analyse wegschaffen lassen konnte.

»Hey Hinrichs, wie sieht's bei dir aus?«, rief Hoppe zu seinem Kollegen hinüber.

Der drehte sich zu ihm um. Aber anstatt zurückzukommen, wurde er plötzlich kleiner. Es sah aus, als würde er den Hang hinunterrutschen. Er schrie, während er stürzte.

So ein Tollpatsch, dachte Hoppe verächtlich und watete zu seinem Kollegen hinüber, um ihm zu helfen. Er musste lachen, als er zu Hinrichs hinunterblickte. Der war gut drei Meter nach unten geschliddert und klebte, einem dicken Maikäfer nicht unähnlich, schräg am Hang im Matsch auf dem Rücken. Oberhalb von ihm hing ein gelbes Fass. Fast sah es so aus, als würde er es umarmen.

Aber der Schein trog. Er lag halb unter dem Fass und hatte es kraft seiner Körperfülle aufgehalten. Zumindest konnte man es so interpretieren, um seinem Einsatz einen Anstrich von Würde zu verleihen. Eine bräunliche Masse quoll aus der aufgerissenen Flanke des Fasses hervor und ergoss sich über ihn.

»Bah, jetzt hab ich davon auch noch was verschluckt. Ist ja ekelhaft.« Hinrichs verzog sein Gesicht und spie eine bräunliche Suppe aus. Dann wälzte er sich auf die Seite. »Ich glaub, ich hab mir den Arm gebrochen«, jammerte er.

Hoppe seufzte. Das hier, das konnte er nicht allein stemmen. Nicht bei dem Gewicht seines Kollegen.

»Ich hole Hilfe«, rief er den Hang hinunter und stapfte zum Auto zurück.

***

»Zeit für eine kurze Kaffeepause.« Ruths Stimme war weich wie Samt. »Bitte, bedienen Sie sich.«

Niemand reagierte.

»Wie. Keine Lust auf Kaffee? Kommen Sie. Ich schenke ein.« Sie nahm die oberste der Tassen, die sich in einer anmutigen Pyramide mitten auf dem Konferenztisch erhoben, und füllte sie mit dampfendem Kaffee aus der Kanne.

»Wer möchte? Herr Oberbürgermeister: Milch und Zucker?«

Dr. Ludwig nahm die Tasse entgegen. »Danke – hm«, räusperte er sich, »aber eigentlich hatte ich eben gerade schon einen …« Er schob die Tasse seinem persönlichen Assistenten zu.

Ruth füllte derweil weitere Tassen und verteilte sie in der Runde. Die letzte stellte sie demonstrativ wieder vor dem Oberbürgermeister ab. »Ich bitte Sie, Dr. Ludwig. Ein Tässchen in Ehren …«

Im Raum verbreitete sich ein belebender Geruch. Es roch nach Röststoffen, nach frisch gemahlener Bohne, nicht säuerlich wie bei vielen Billigkaffeesorten, sondern köstlich aromatisch. Hier im Rathaus wurde Wert auf Qualität gelegt, so viel stand fest. Dennoch rührte niemand seinen Kaffee an.

»Mmm, der riecht aber gut. Warum trinkt denn niemand?«

Ruths Augen bohrten sich in die des Oberbürgermeisters. »Schade. Wo doch das Essener Wasser so hochgelobt ist. Dafür stehe unter anderem übrigens auch ich gerade. Sie haben mich dafür eingestellt.«

Dr. Ludwig starrte zurück. Sein Schnauzbart zitterte. Schließlich senkte er den Blick. »Das ist ja lächerlich«, murmelte er, griff nach einer Zuckertüte und ließ die weißen Körnchen in das schwarze Gebräu rinnen. Lautstark rührte er um und führte die Tasse dann zum Mund, wo er erneut zögerte.

Im Raum herrschte angespannte Stille. Jeder schien den Atem anzuhalten.

»Wirklich lächerlich!« Demonstrativ nahm Ludwig einen Schluck und gleich noch einen, wie zur Bekräftigung seiner Worte.

Um sie herum entspannte sich alles. Zustimmendes Gemurmel setzte ein, während Milchtöpfchen und Zuckertütchen aufgerissen wurden und Löffel gegen Porzellanwände schlugen.

Wenn nur ihr Kopf nicht so dröhnen würde. »Meine Herren, bitte …«

Keine Reaktion. Im Gegenteil. Das Gemurmel um sie herum verstärkte sich und schwoll zu einem gleichmäßigen Druck in ihrem Kopf heran. Sie musste … es musste doch … die sollten zuhören.

»Ruhe!«

Sie musste wohl lauter gewesen sein, als sie beabsichtigt hatte, denn die schlagartig eintretende Stille hatte etwas Überraschtes, als würden alle um sie herum die Luft anhalten, weil sie nicht mit einer solchen Attacke gerechnet hatten.

»Radioaktivität kann man weder riechen noch schmecken«, rief Ruth eindringlich. »Wir müssen die Bevölkerung warnen. Wir müssen Amtshilfe anfordern und den Katastrophenschutz einbinden.«

»Bevor ich einer so drastischen Maßnahme zustimme, will ich Fakten haben. Wo kommt das Zeug her? Wie viel ist es, und von welchem Ausmaß sprechen wir hier überhaupt«, sagte Dr. Ludwig streng.

»So viel Zeit haben wir nicht.« Angriffslustig beugte Ruth

sich vor und stützte die Arme auf den Tisch. Eine Geste, die sie bei den Herren der Schöpfung abgeguckt hatte. Oder waren es die Gorillamännchen?

Der Adlatus schien etwas sagen zu wollen. Sie sah, wie sich seine Lippen bewegten, aber es drang nicht zu ihr durch, und sie wollte ihm auch keine Gelegenheit geben, sie zu unterbrechen.

»Wenn Sie das nicht veranlassen, werde ich es tun«, tönte sie gegen das Dröhnen in ihrem Kopf an.

Fertig. Sie hatte gesagt, was sie sich vorgenommen hatte, und starrte auf den gelben Schlips des Oberbürgermeisters.

Ludwigs Zeigefinger schoss in die Höhe und gebot ihr Einhalt, Autorität und Warnung zugleich. »Meine liebe Frau Doktor. Sie überschreiten hier gerade deutlich Ihre Befugnis.« Vorsicht, bis hierhin und nicht weiter. Ein unmissverständliches Zeichen, dem prompt auch ein unmissverständlicher Satz folgte. »Das würde Sie Ihre Stelle kosten.«

Sollte sie jetzt etwa klein beigeben? Eine Welle von Wut rollte durch ihren Körper und setzte einen Schwall Adrenalin frei.

»Hier geht es nicht um mich. Ich werde jetzt die Notbremse ziehen. Wenn ich das nicht tue, ist es vielleicht zu spät. Und damit will ich gewiss nicht leben.« Die Übelkeit folgte der Wut und stieg gallig in ihr hoch. »Und jetzt entschuldigen Sie mich bitte.«

Sie schaffte es gerade noch bis zum Vorraum der Damentoilette. Was für ein Dreck, dachte sie wütend, während ihr Magen sein Innerstes nach außen krempelte, mitten hinein in das weiße Porzellan des Waschbeckens.

***

Eine knappe Stunde später war Manni im Büro und hörte sich zusammen mit seinem Chef Meininger den Bericht von zwei Reinigungskräften an. Sie hatten am Vortag bei den Aufräumarbeiten in Steele Bruchstücke gelben Plastiks gefunden, die der Form nach zu urteilen zu einem Fass gehörten. Sie hätten das Zeug auf den Recyclinghof nach Altenessen gebracht. Da sie eben von Kollegen gehört hätten, dass noch mehr lecke gelbe

Tonnen gefunden worden seien, wollten sie die Sache lieber mal melden.

Was hältst du davon?«, fragte Meininger.

Manni zuckte mit den Schultern. »Weiß nicht. Gefällt mir auf jeden Fall nicht, wenn da so ein unbekannter Müll auftaucht. Soll ich mir die Sache mal ansehen?«

»Ja. Tu das bitte.« Meininger räusperte sich. »Wie geht es denn deiner Tochter?«

»Etwas besser«, antwortete Manni mechanisch. Er fühlte sich seltsam leer, was davon zeugte, dass er wenig geschlafen hatte und vollkommen ausgelaugt war, nicht nur physisch, sondern vor allem auch psychisch.

»Ich rechne dir das wirklich hoch an, dass du uns in dieser Situation nicht im Stich lässt. Ich meine ... es ist wirklich großartig, dass du hier bist. Ich hoffe, du weißt, dass du jederzeit, also wirklich jederzeit, eine Auszeit ...«

»Ist schon okay.« Manni fuhr sich über die geröteten Augen. »In der Klinik kann ich wenig tun, und zu Hause werde ich bloß verrückt. Also, ich ess noch kurz was in der Kantine und fahr dann mal los.«

***

In gemäßigtem Tempo rollte Idgie die Altenberger Straße hinunter und suchte nach den Hausnummern. Am großen Möbelhaus mit dem Elchtest war nichts zu erkennen. Ein weiterer Möbelladen mit Sofas, die ein teures Kontrastprogramm zu dem schwedischen Möbeldiscounter zu bieten schienen, hatte ebenfalls keine sichtbare Kennzeichnung an der Fassade.

Hinter ihr hupte es ungeduldig. Ein Golf-Fahrer mit röhrendem Auspuff ließ die Reifen qualmen und überholte sie in einem waghalsigen Manöver. Idgie fluchte, stellte die Ural in einer Parklücke am Rand der Straße ab und ging zu Fuß weiter.

In einer Entfernung von maximal einem Kilometer zeichneten sich zwei gläserne Türme leuchtend vor der grauen Wolkendecke ab. Je näher sie den hohen, runden Glasgebäuden kam, die wie siamesische Zwillinge aneinandergewachsen zu sein schienen und das rote Neon-Logo der NEdZ auf dem Dach trugen, desto sicherer war sie sich, dass sich die gesuchte Aufräumfirma der ganzen verflixten Energiebranche in unmittelbarer Nähe zu ihrem größten Brotgeber, der Neuen Energie der Zukunft, befand.

Sie behielt recht. Zwar machte die Nummer 35 sich von der Höhe her geradezu bescheiden gegen die siamesischen Zwillinge aus. Trotzdem war das niegelnagelneue Gebäude von architektonischer Raffinesse. Dem Architekten war es gelungen, dem benachbarten Glasgiganten durch zwei schräg gegeneinander versetzte Rechtecke aus rotem Backstein, Stahl und Glas einen eleganten Kontrapunkt zu setzen. Die beiden rechteckigen Bürogebäude waren durch frei schwebende, ebenfalls asymmetrisch versetzte gläserne Gänge miteinander verbunden, wobei jedes der drei oberen Stockwerke einen eigenen Übergang hatte. Atomic Rooster hatte sich hier ein äußerst repräsentatives Verwaltungsnest gebaut.

***

Nachdem sie den kleinen Konferenzraum im Rathaus so überstürzt verlassen hatte, saß Ruth in ihrem Büro, massierte sich die klopfenden Schläfen und wartete darauf, dass die Tablette, die zweite an diesem Tag, endlich ihre Wirkung tat.

Trotz dieser hässlichen Migräne blieb sie nicht untätig. Sie telefonierte mit der Einsatzzentrale des LANUV und diskutierte die letzten Messergebnisse der mobilen Einsatzwagen. Sie erfragte die Windrichtung der vergangenen Tage beim Wetteramt und berechnete die Wahrscheinlichkeit, in der eine Radonwolke von Steele nach Bredeney getrieben worden sein konnte. Es passte.

Ruth seufzte, holte eine Tafel Notfall-Schokolade aus ihrer Schublade und brach sich ein Stück ab. Aber der Geruch löste erneut Übelkeit in ihr aus, und schnell schob sie die Schokolade wieder zurück in die Schublade.

Dann klingelte das Telefon, und die Zentrale meldete, dass ein Jan Schindler sie sprechen wollte. Nora … ihr Herz begann schmerzhaft zu galoppieren, während sie wartete, dass der Anruf zu ihr durchgestellt wurde.

»Gib mir mal deine E-Mail-Adresse«, verlangte Jan kurz danach mit einer Stimme, die an Hysterie grenzte. »Ich muss dir … es ist wichtig, wirklich.«

»Was ist los?«, drängte sie, während sie auf den Maileingang wartete.

»Richy, also der ist doch aus dem Urlaub zurück. Er hat mir noch so einen Stream geschickt. Daraufhin hab ich mir meinen Dreh noch mal angeschaut. Ist schon einige Wochen her, hatte ich ganz vergessen, weil Richy ja sofort in Urlaub war.«

»Wer ist Richy? Und was für ein Stream?«

»Der vom WDR, wo ich mein Praktikum … Also, ich weiß auch nicht, warum ich das nicht sofort gesehen habe beim Drehen, aber da ist jetzt das Atomwarnzeichen drauf auf den Fässern! Verstehst du. Beim ersten Dreh, diesem Film, den ich dir jetzt zuschicke, den hab ich nicht gemacht … aber da ist es noch nicht drauf.« Jans Stimme schraubte sich immer mehr in die Höhe, während er weiterhaspelte: »Als ich gedreht hab vor ein paar Wochen, da waren die Fässer gekennzeichnet. Und ich hab's nicht gesehen! Kann das was mit der Radioaktivität hier zu tun haben? Guck dir das sofort an, bitte!«

»Ist grade angekommen«, kämpfte Ruth mit betont ruhiger Stimme gegen die aufkeimende Panik in ihrem Inneren an. »Ich bin schon dabei.«

Sie hörte Jan keuchen, während sie den Stream startete.

»Warum hab ich bloß nicht …«, jammerte er.

»Ich melde mich später bei dir«, schnitt sie ihm das Wort ab und legte auf.

***

Idgie betrat ein großzügiges Foyer und ging forsch auf den schwarzgläsernen Empfangstresen zu. Die Frau dahinter hatte ihr kupferrotes Haar zu einer strengen Frisur à la Tippi Hedren aus Hitchcocks *Die Vögel* gesteckt und schenkte ihr ein professionelles Lächeln, ohne auch nur die Andeutungen von Verwunderung über die Motorradkluft zu zeigen. Vielleicht hielt die Empfangsdame sie für einen Kurier. Den Zahn würde Idgie ihr schleunigst ziehen.

»Zu Herrn Reimers bitte.«

Die sorgfältig gezupften Augenbrauen wanderten in die Höhe. »Haben Sie einen Termin?«

»Habe ich nicht. Ich will ihn aber trotzdem sprechen.«

»Ohne Termin kann ich da nichts für Sie tun, Frau …«

»Callahan. Idgie Callahan.« Sie ließ es klingen wie: Bond. James Bond. Nonchalant und leicht hochmütig. »Sagen Sie ihm bitte, dass ich stellvertretend für Herrn Hannes Schindler hier bin.«

Tippi Hedren hackte auf dem PC herum. »Hier ist kein Termin mit einem Hannes Schindler eingetragen.« Bedauernd hob sie die perfekt manikürten Hände. »Also, ohne Termin … Außerdem ist Herr Reimers gar nicht im Haus, sehe ich gerade.«

»Wie praktisch.« Idgie fing ihren Blick ein und hielt ihn fest. »Wenn Sie Herrn Reimers bitte etwas ausrichten könnten?« Sie wartete die Antwort gar nicht erst ab und wählte bewusst den gleichen Wortlaut, den sie bereits auf der Energiekonferenz benutzt hatte. »Sagen Sie ihm, dass wir da weitermachen, wo Hannes Schindler aufgehört hat.«

»Wie bitte?«

»Sie haben schon richtig verstanden. Hannes Schindler mag zwar tot sein, aber wir machen weiter. Und zwar genau da, wo er aufgehört hat. Können Sie ihm das bitte ausrichten?«

»Wie war doch gleich der Name?« Die strenge Schöne war wirklich ein Profi auf ihrem Gebiet.

»Idgie Callahan. Und sagen Sie ihm auch, ich komme wieder.«

***

Strahlende Hinterlassenschaft, lautete der Vorspann. Eine Reportage aus dem Jahr 2012.

Ruth atmete scharf ein.

Ein Betriebsgelände. Winter. Leichtes Schneetreiben. Schnee auf dem Hof. Ein Schwenk auf die Halle zu. Vor der Halle leuchtete es gelb.

Dann die Stimme des Sprechers. »Wir befinden uns hier auf dem Hof der Abfallverwertungs- und Recyclinggesellschaft

AV&R GmbH. Das Betriebsgelände liegt auf dem ehemaligen Gelände der Zeche Katharina nahe dem Stadtzentrum. Mittendrin. Mitten im Ruhrgebiet. Mitten in Essen.«

Die Kamera beschrieb einen weiten Kreis. Sie streifte die Eisenbahngleise und eine Autobahn. Im Hintergrund war deutlich das Essener Rathaus zu erkennen, ein hoher Klotz aus den Achtzigern. Das Bild wanderte weiter. Der RWE-Turm geriet in den Blick, dann wieder die A 40, schließlich Wohnhäuser.

Wieder ein Schnitt. Ein erneuter Schwenk über den Hof. Das Firmenschild über dem Verwaltungsgebäude wurde herangeholt.

»Die AV&R GmbH macht ihr Geschäft mit der Rückgewinnung wiederverwertbarer Rohstoffe aus Abfall. Quecksilber ist ein solcher Rohstoff.«

Neuer Schnitt. Das Filmteam war nun in einer großen Halle, die von einer monströsen Anlage beherrscht wurde. Die Kamera zoomte die Anlage heran. Dann folgte ein Schwenk hin zu einem Mann im grauen Anzug, der jovial ins Bild lächelte.

»Das hier ist Herr Rötting, der Pressesprecher der AV&R GmbH. Herr Rötting, können Sie uns erklären, um was für eine Anlage es sich hier handelt?«

Es sei ein sogenannter Drehrohr-Destillator, erläuterte Herr Rötting. Stolz schwang in seiner Stimme mit, als sei es sein persönlicher Verdienst.

»Und was genau wird mit diesem Drehrohr-Destillator erzeugt?«

Der Pressesprecher erklärte, dass eine solche Anlage Quecksilber aus Schlämmen destilliert, indem sie diese auf achthundert Grad erhitzt und ihnen damit das Wasser entzieht. Nach Entzug des Wassers und des Quecksilbers bleibe also Staub zurück.

»Und was passiert dann mit diesem Staub?«

»Er wird wieder in Fässern verfüllt«, berichtete der Pressesprecher. »In Kunststoff-Fässer.«

»Solche wie die dort draußen auf dem Hof?«

Wieder ein Schnitt. Das Bild schwenkte erneut über den Hof der AV&R GmbH. Es war die gleiche Einstellung wie vorher. Nur fuhr die Kamera nun dicht an die Halle heran. Vor der Halle waren Fässer gestapelt. Fässer aus gelbem Kunststoff.

»Sind das solche Fässer mit Rückständen aus der Destillation?«

Der Pressesprecher, der jetzt auf dem Hof ins Bild rückte, nickte bestätigend.

Ob er denn etwas über den Ursprung der Schlämme sagen könne, die hier verarbeitet wurden.

»Selbstverständlich kann ich das«, begann der Pressesprecher umständlich. »Das ist ja schließlich kein Geheimnis. Hier werden Schlämme verarbeitet, wie sie bei der Erdöl- und Erdgasindustrie entstehen.«

»Sind die Schlämme nur deutschen Ursprungs?«, bohrte der Sprecher nach.

»Nein. Sie kommen auch aus dem europäischen Ausland. Aus den Niederlanden beispielsweise, unter anderem.«

»Kennen Sie die Fachbezeichnung für diese Art von Schlämmen?«

Herr Röttgen hüstelte. »Nun, wie schon gesagt. Es sind eben Schlämme. Rückstände, die bei der Erdöl- und Erdgasförderung anfallen.«

»In den USA sind diese Schlämme unter dem Fachbegriff TENORM geführt«, erklärte der Sprecher. »In Europa bezeichnet man sie als NORM-Schlämme. Naturally Occurring Radioactive Materials.«

Ruth hielt die Luft an.

»Radioactive Materials.« Der Sprecher betonte das Wort »Radioactive«. »Mit anderen Worten: Diese Schlämme strahlen.«

***

Wenig zufrieden mit dem bisherigen Verlauf des Tages kurvte Idgie am Vorplatz der Westlandhalle vorüber und spähte zum Eingangsportal, an dem lange Banner zur Linken wie zur Rechten darauf hinwiesen, dass hier nach wie vor die Energiekonferenz tagte. Letzter Tag, soweit Idgie wusste. Reinkommen würde sie nicht, so viel war klar. Dennoch blieb sie stehen und taxierte angriffslustig das Gebäude.

Dort am Eingang tat sich was. Ein Schwall von Anzugträgern ergoss sich vor die Tür, die ersten Glimmstängel glühten auf,

Handys wurden gezückt, und kleine Grüppchen fanden sich angeregt plaudernd zusammen und inhalierten, was das Zeug hielt.

Idgie stellte den Motor ab und klappte das Visier ihres Helmes nach oben, um besser sehen zu können. Ein Nachzügler hastete die Treppen hinunter und begann über den Platz zu laufen. Er schien zu telefonieren, denn er redete und gestikulierte im Gehen mit den Händen.

Noch so ein kleiner Zombie mit einem Knopf im Ohr, dachte Idgie spöttisch. Einer von den wie ferngesteuert wirkenden Idioten, die meinten, jederzeit und überall allzeit bereit sein zu müssen.

Der Mann kam direkt auf sie zu, ohne sie dabei anzusehen. Er schien das Gespräch beendet zu haben, denn er blieb stehen und zündete sich eine Zigarette an.

Taeschel, der Gutachter.

***

Lautstark ließ Ruth die Luft entweichen, die sie die ganze Zeit angehalten hatte. Da hatte sie die Verbindung. NORM-Schlämme, in Essen aufbereitet!

»Irrelevant«, schnaubte sie. »Verscheißern können wir uns auch selbst!«

Sie suchte nach Informationen zum Thema NORM-Schlämme und sah ihre Befürchtungen bestätigt. Radium-226 und Polonium-210, das waren radiotoxische Bestandteile der Schlämme.

Darüber hinaus war offenbar erschreckend wenig bekannt, und die spärlichen Aussagen, die über Zusammensetzung und radioaktive Belastung der Schlämme gemacht wurden, enthielten widersprüchliche Informationen.

Falsch, dachte Ruth und kniff die Augen zu grimmigen Sehschlitzen zusammen. Bekannt war eine ganze Menge, und die widersprüchlichen Aussagen besagten nur eines: dass hier mächtig bagatellisiert, schöngeredet und ansonsten ziemlich der Deckel draufgehalten wurde.

Je nach Quelle – und darunter befanden sich Zahlen sowohl des Wirtschaftsverbandes für Erdöl- und Erdgasgewinnung als auch amerikanischer Erdölkonzerne – wurde von einer durchschnittlichen radioaktiven Belastung von zwanzig bis achtundachtzig Komma fünf Becquerel pro Gramm dieses Schlammes gesprochen, während die natürliche Bodenbelastung in Deutschland im Durchschnitt mit nur null Komma null drei Becquerel pro Gramm belastet war. Nicht gut. Gar nicht gut.

Wenn sich nun eine Firma daranmachte, solche Schlämme zu dehydrieren, sie also um Wasser und Quecksilber zu erleichtern, dann war von einer noch beträchtlich höheren Becquerelzahl pro Gramm beim Endprodukt auszugehen: Staub. Radium-226 und Polonium-210 in komprimierter Form mitten in einer Großstadt? Was für ein Wahnsinn!

In den Gelben Seiten fand sie den Namen der Firma unter dem Stichwort Recycling. AV&R GmbH. Sie suchte das Firmengelände über Google Earth. Die hatten ihre Produktionsstätte doch tatsächlich mitten im Stadtgebiet dicht oberhalb von Huttrop. Nicht direkt Steele, aber trotzdem nah dran. Ein Grünstreifen zog sich schräg oberhalb des Parkfriedhofs bis zum Holbecks Hof hin. Dort war Nora verunglückt.

Auf irgendeine Weise, da war sich Ruth sicher, waren diese verdammten Fässer in die Kanalisation gelangt und hatten dort ganze Arbeit geleistet. Fragte sich nur, um wie viele Fässer es dabei ging.

Allerhöchste Zeit, das LANUV in Kenntnis zu setzen und das Bundesamt für Strahlenschutz einzuschalten. Und noch etwas war zu tun. Etwas, was sie persönlich erledigen wollte. Der Oberbürgermeister konnte sie mal!

***

Der Verkehr war dicht, während Manni sich quer durch die Stadt nach Altenessen schob. Das Stück, das da gerade lief, kannte er. Nora hatte es eine Zeit lang dauernd gehört. Richtige Gute-Laune-Musik, irgendwas mit *Friends*. Manni drehte das Radio laut und begann zu pfeifen. Er sah sie vor sich. Nora. Sie war wach gewesen und hatte ihn erkannt.

Ich muss unbedingt Ruth anrufen, dachte Manni. Sie machte sich schreckliche Sorgen, das hatte er gestern Abend gespürt. Aber Nora war wirklich wach gewesen. Er musste es Ruth sagen, gleich, damit sie sich nicht mehr so grämte.

»Das war ›Friends‹ von Aura Dione«, tönte der Sprecher im Radio. Manni rollte in die Auffahrt zum Recyclinghof an der Lierfeldstraße und hielt an. Dann kramte er das Handy aus der Hosentasche.

»Gut zu hören«, sagte Ruth. Aber ihre Stimme klang merkwürdig belegt, als würde diese Nachricht ihre Angst nicht eindämmen, sondern eher noch schüren. Als hätte sie Zweifel an dem, was er sagte.

»Es geht ihr wirklich viel besser«, redete Manni gegen die aufkeimende Unruhe in seinem Inneren an.

»Bist du noch bei ihr?«

»Nein. Ich bin jetzt am Recyclinghof. Zwei meiner Jungs haben da heute früh Reste von Fässern hingebracht, die sie bei den Aufräumarbeiten in Steele gefunden haben. Ich kassier die jetzt ein und …«

»Gelb?«

»Was?«, fragte Manni, verwirrt über den schrillen Tonfall in ihrer Stimme. Dann kapierte er. »Du meinst die Fässer? Ja. Die sind gelb, glaub ich. Ist ein bisschen viel von dem Kram, der da in den letzten Tagen gefunden wurde.«

»Ihr habt noch mehr davon gefunden?«

»Ja. Und ich will wissen, was da drin ist.«

»Nein. Nicht.« Ruth schrie so laut in den Hörer, dass Manni zusammenzuckte. »Du gehst da nicht hin. Nicht ohne Schutzanzug.«

Erst jetzt schien sie zu bemerken, wie laut sie war. »Entschuldigung«, sagte sie, offenbar um Ruhe bemüht. »Aber bitte bleib da weg. Das ist was für Profis, also, ich meine, andere Profis als dich. Ich schicke jemanden vom Landesamt vorbei. Sag auf dem Recyclinghof Bescheid, dass niemand in die Nähe der Fässer gehen soll. Niemand, verstehst du?«

»Was zum Teufel ist denn los?«

»Tu einfach, was ich dir sage. Es ist wichtig. Ich muss jetzt … Wir reden später!«

***

Na sieh mal einer an! Idgie grinste bösartig und schwang sich von der Maschine. Sie nahm den Helm ab und legte ihn auf die Sitzbank, schüttelte die Haare auseinander und band sie locker am Hinterkopf zusammen. Lässig schlenderte sie auf Taeschel zu.

»Dr. Taeschel. Das ist ja ein Zufall!«

Taeschel wirbelte zu ihr herum und starrte sie an. »Kennen wir uns?«

Idgie registrierte den unsicheren Tonfall und schloss daraus, dass Taeschel ein schlechtes Gedächtnis für Gesichter hatte. Jetzt runzelte er die Stirn, als würde sie unangenehme Assoziationen in ihm wecken. Offensichtlich brachte er sie aber noch nicht mit der Person in Verbindung, die zwei Tage zuvor bei der Podiumsdiskussion für den Aufruhr gesorgt hatte.

»Ich hätte da ein paar Fragen an Sie. Sie machen Gutachten, habe ich gehört.«

»Das ist richtig. Aber …«

»Sie haben doch einige Gutachten erstellt, die sich mit der Einteilung von Sondermüll in sogenannte Schadensklassen beschäftigen. Diese Gutachten haben maßgeblich dazu beigetragen, dass freigemessener Atommüll auf Hausmülldeponien entsorgt werden kann.«

Er schwieg für einen kurzen Moment. »Ja und? Mal davon abgesehen, dass Ihre Darstellung etwas sehr – verkürzt ist: Worauf wollen Sie hinaus?«

»Wer war Ihr Auftraggeber?«

»Ich wüsste nicht, dass Sie das etwas angeht.«

»Die Neue Energie der Zukunft vielleicht?«

Taeschel räusperte sich. »Ich mache meine Gutachten nicht im Auftrag bestimmter Unternehmen.«

»Aber eventuell im Auftrag bestimmter Personen?«, fragte Idgie lauernd.

»Was wollen Sie damit andeuten?«

»›Neutral‹ ist so ein schönes Wort. Aber das hier sieht mir eher nach Seilschaft aus, nach einer Hand, die die andere wäscht. Fünf alte Freunde beim Golfspielen … Schön, wenn sich Freundschaften so lange halten, finden Sie nicht?« Idgie hielt ihm einen Ausdruck des Fotos unter die Nase.

Er warf einen Blick darauf. »Das ist ja wohl nicht verboten.« Sein Tonfall war eine Spur zu gleichgültig, als würde er sich mächtig zusammenreißen, um diesen Eindruck zu erwecken.

»Nein«, sagte Idgie böse. »Aber es ist nicht in Ordnung, einen Gutachter zu kaufen.«

»Das verbitte ich mir. Und jetzt lassen Sie mich in Ruhe.«

Es war nicht weiter schwer, sich ihm in den Weg zu stellen, denn wenn er auch zur Korpulenz neigte, war er doch eher ein kleiner Mann und mindestens einen Kopf kürzer als sie.

»Landurlaub in einem wunderschönen Landhaus bei Lucca, mit Pool und Limousine, versteht sich. Wirklich wunderschön, die Toskana, nicht wahr? Skilaufen in Davos, nettes Chalet dort, absolut bezaubernd im Winter. Aber auch zum Bergwandern ist die Gegend nicht zu verachten. Obwohl, wenn ich Sie mir so ansehe … doch wohl eher Après-Ski, oder? Wollen Sie mehr hören?«

»Machen Sie etwa keinen Urlaub?«

»Doch. Aber ganz so feudal geht es bei mir nicht zu.«

»Liebe gnädige Frau …«

»Callahan«, sagte sie. »Idgie Callahan.«

»Ich weiß wirklich nicht, wie ich Ihnen weiterhelfen kann.«

»Jachturlaub in der Karibik, auch nicht schlecht. Sie sind nicht verheiratet, oder? Zumindest sehe ich keinen Ring an Ihrem Finger. Na ja, dann gibt es wenigstens keine Ehefrau, die wegen dem netten jamaikanischen Naschwerk auf dem Boot Stress machen könnte. Doch doch, ich bin schon ein wenig neidisch auf Sie. So ein hübscher Chocolate-Boy ganz für mein persönliches – ähm – Wohlbefinden, das hätte schon was. Aber dafür fehlt es mir leider an Beziehungen.«

Taeschel starrte sie an wie eine giftige Schlange.

»Gute Beziehungen. Neue Energie der Zukunft, European

Oil and Gas, Atomic Rooster – pardon, ich kann mir den Namen einfach nicht merken, aber Sie wissen schon, Ihr ehemaliger Arbeitgeber … auch heute haben Sie ja noch eine Menge mit ihm zu tun, nicht wahr? Ist es nicht auch so, dass Achim Reimers stiller Teilhaber Ihrer Beratungsgesellschaft ist?«

Er wurde jetzt doch etwas blass um die Nasenspitze.

»Wollen Sie gar nicht wissen, woher ich das alles habe? Hannes Schindler. Sagt Ihnen der Name etwas? Sein Terminkalender ist in meinem Besitz.«

»Lassen Sie mich …« Taeschel versuchte, sich an ihr vorbeizudrängen. Idgie merkte, dass seine Fassade bröckelte, und legte noch eins drauf.

»Musste Hannes Schindler deswegen sterben? Weil er das herausbekommen hat? Wie wurde er getötet? Ein bisschen Polonium-210 vielleicht?« Sie fixierte ihn mit ihren hellen Augen. »Wie man an die Reinform davon kommt, wissen Sie doch bestimmt.«

»Sie sind ja vollkommen wahnsinnig«, sagte Taeschel unwirsch. »Wenn Sie mich nicht sofort vorbeilassen, werde ich Sie anzeigen.«

»Nur zu.« Idgie fletschte die Zähne. »Aber ich könnte meine Seele darauf verwetten, dass Sie genau das lieber nicht tun werden.«

***

Ruth lief zu Fuß hinüber zur Polizeiwache Hagen, die in einem schmuddelig verklinkerten Klotz aus den Siebzigern untergebracht war, und erstattete Anzeige gegen die Firma AV&R GmbH. Nachdem sie sich als Ärztin des Gesundheitsamtes ausgewiesen hatte, wurden die Beamten ausgesprochen mitteilsam. Die interne Buschtrommel hatte den Unfall des Steeler Kollegen Hinrichs bereits bis zu ihnen ins Amt getragen, und sie zählten eins und eins zusammen, denn von dem verunglückten Pechvogel wurde gemunkelt, dass er sich nicht nur den Arm gebrochen, sondern einen mächtigen Durchfall bekommen hatte, und auch der blutspeiende Alte war ihnen plastisch beschrieben worden.

Es überraschte Ruth nicht, als sie hörte, dass der Grundbucheintrag für das Gelände am Rande des Gewerbegebietes, um das es da ging, auf den Namen Hermann Potelske ausgestellt war, den Geschäftsführer der AV&R GmbH.

Mit dem Gefühl, endlich das Ende des Fadens erwischt zu haben, dessen Knoten es zu entwirren galt, verließ Ruth schwungvoll die Wache.

Dieses Mal erkannte sie den schrillen Klingelton ihres Diensthandys sofort.

KAPITEL 13

Essen, 9. April

Von Weitem konnte man sie glatt mit einer Gruppe von Trauergästen an einem Grab verwechseln. Schweigend, mit düsteren Mienen, standen sie auf dem Fußweg unterhalb der Kurt-Schumacher-Brücke und beobachteten das Geschehen. Manni erkannte einen der Ingenieure der Essener Wasser-Verwertungs-AG, mit dem er gelegentlich zu tun gehabt hatte. Karl-Heinz hieß der, sie hatten auch schon mal Doppelkopf miteinander gespielt, aber der Nachname wollte Manni nicht mehr einfallen. Meininger war ebenfalls anwesend. Und Ruth, klein und zierlich zwischen den Männern. Ihre braunen Haare flatterten im Wind. Sie sah zornig aus. Den Mund hatte sie so fest zusammengekniffen, dass er blutleer wirkte. Neben Ruth stand ein grauhaariger Mann, den Manni nicht kannte. Ruth stellte ihn als Dr. Grothe vor, Leiter des Gesundheitsamtes. Dann verschränkte sie die Arme vor der Brust und presste die Lippen erneut zu einer festen Linie zusammen.

Manni nickte den Herren zu und schob sich so dicht neben Ruth, dass er sie fast berührte. Auch er schwieg, während er in sich aufnahm, was dort unten vor sich ging.

Unwirklich. Das war es. Gespenstisch. Es sah nach Raumfahrt aus, nach Raumschiff Enterprise, nach Mondlandung und nach Krimi, alles in einem. Eine Gruppe von Menschen, mindestens zehn an der Zahl, bewegten sich langsam und seltsam gleichförmig über die Wiesen des Trinkwasser-Gewinnungsgebietes. Sie gingen gebückt und hielten kleine, kastenförmige Geräte vor sich, mit denen sie den Boden abzutasten schienen. Schutzanzüge mit Kopfhelmen, die schwer nach modernen Gasmasken aussahen, vollendeten das surreale Bild.

Am Rande des Areals war eine zweite Gruppe identisch gekleideter Menschen damit beschäftigt, ein Fass auf einen Einsatzwagen der Feuerwehr zu hieven. Es war ein gelbes Fass, und es schien unversehrt.

Manni legte Ruth die Hand auf den Arm. »Kannst du mir mal verraten, was das da unten soll?«

»Sechs solcher Fässer wurden bisher allein hier auf dem Gelände gefunden, vier davon stark beschädigt, zwei völlig zertrümmert. Sie hatten irgendetwas in sich, das radioaktiv hochgradig verseucht ist. Die Wiesen da unten strahlen. Wie stark und wie flächendeckend, wird gerade geprüft«, informierte sie ihn sachlich.

»Wie kommen die denn da hin? Da ist doch der Zaun davor.«

Der Mitarbeiter der Essener Wasser-Verwertungs-AG erwachte aus seiner Erstarrung und räusperte sich. »Tja, also, der Zaun, der wird bei Hochwasser umgeklappt.« Ihm war sichtlich unbehaglich zumute. »Damit da nicht alles drin hängen bleibt …« Seine Augen wanderten unruhig hin und her.

»Die liegen seit dem Hochwasser hier?«, fragte Manni in ungläubigem Ton.

»Davon ist auszugehen. Durch die Wucht des Wassers wurden sie hin und her geschleudert und sind zerschellt.« Ruths Stimme klang belegt. »Manni, oben in Steele sind auch Reste solcher Fässer gefunden worden. Und Nora …«

Manni brauchte einen Moment, um die losen Enden zusammenzubringen. »Aber es geht ihr besser«, stammelte er. Dann griff die Angst mit eisigen Zangen nach ihm.

»Das kann wieder kippen«, hörte er Ruth neben sich flüstern. »Sie hat die Strahlung im Körper.«

Manni starrte sie an. Er sah es in ihren Augen glitzern.

»Diese Phase der Erholung ist typisch. Man nennt sie auch Walking Ghost … sie ist meistens nicht von langer Dauer, Manni …« Eine Träne löste sich aus ihrem Augenwinkel und rann ihr übers Gesicht.

Sie weint ja, dachte Manni erstaunt. Er verstand das alles nicht. Nora ging es doch besser. Trotzdem schnürte es ihm das Herz ab. Warum zum Teufel weinte Ruth denn?

»Aber es geht ihr besser«, brüllte er los und packte sie an beiden Schultern. Er rüttelte sie, um seinen Worten Nachdruck zu verleihen. »Besser, verstehst du!«

»Wir wissen nicht, wie viel sie abbekommen hat. Es hängt von der Dosis ab. Sie hat vielleicht noch eine Chance.«

Manni starrte sie immer noch an. Dann schüttelte er den Kopf.

»Du spinnst ja … ich war bei ihr … es geht ihr besser«, stammelte er. Abrupt drehte er sich um und rannte los. Dass er Ruth dabei so heftig von sich stieß, dass sie stürzte, merkte er nicht.

***

Chefrunde. Grothe hatte die Eskalationsstufe eingeleitet. Wasserwirtschaft, Klärwerke, Teile des Krisenstabs, technische Ingenieure, Meininger als Bereichsleiter Wasser und Abwasser sowie Meiningers Chef, Richard Brommel. Und immer noch Grothe, der mit seinen mittlerweile völlig zerrupften Haaren und dem zerknitterten Sakko dem Bild eines zerstreuten Professors glich, schusselig, fahrig und wenig praktisch veranlagt. Dennoch war Ruth dankbar für die Anwesenheit ihres Chefs. Soeben hastete Breuer, der persönliche Referent des Oberbürgermeisters, in den Raum, den dieser so überraschend zum Leiter des Krisenstabes ernannt hatte.

»NORM-Schlämme! In meinem Trinkwassergewinnungsgebiet!«, rief Dr. Zohns nun zum wiederholten Male und wrang die Hände. Sein rundes Gesicht war rot angelaufen.

Ein Choleriker, dachte Ruth. Das machte die Sache nicht gerade leichter.

»Sagen Sie, dass das nicht wahr ist!«

»Leider …« Ruth führte die Hände in einer bedauernden Geste vom Körper nach oben. »Wir wissen nicht, wie viele Fässer, aber dass es sich um NORM-Schlämme handelt, daran gibt es keinen Zweifel.«

»Haben wir nicht frühzeitig gewarnt? Haben wir nicht eine offizielle Stellungnahme abgegeben zur Gefahr der Trinkwasserverseuchung, die das Fracking hier im Ruhrgebiet mit sich bringt? Und jetzt so was. Konrad, so sag doch auch mal was!«

Konrad Steiger schüttelte nur stumm den Kopf.

»Was soll man denn noch tun?«, empörte sich Zohns weiter. »Wir haben uns wirklich weit aus dem Fenster gelehnt damals mit unserer Stellungnahme im Jahr 2011. Aber niemand wollte auf uns hören. Wie um Himmels willen kommen Fässer mit Abfallschlämmen der Öl- und Gasindustrie hier in unser Trinkwassergewinnungsgebiet? Wie?« Anklagend richtete er seinen Zeigefinger auf Ruth.

Ruth räusperte sich. »Recycling«, sagte sie knapp. »Die Schlämme werden hier in Essen aufbereitet. Man entzieht ihnen das Quecksilber. Wussten Sie das nicht?«

Diese Auskunft verschlug Zohns die Sprache.

»Zurzeit vermuten wir, dass die Fässer von dieser Recyclingfirma stammen. Eine andere Erklärung gibt es nicht. Warum sie an unterschiedlichen Stellen der Stadt in Erscheinung getreten sind, wissen wir nicht. Außerdem handelt es sich hierbei nicht um Fässer mit Schlämmen, sondern um Fässer mit dehydrierten Schlämmen, was die Sache nicht gerade besser macht. Das bedeutet nämlich, dass wir es hier durch die Komprimierung mit einer noch viel höheren Radioaktivität zu tun haben als im Ausgangsmaterial. Der Verlauf der Erkrankungen und die eingetretenen Todesfälle weisen auf einen hohen Grad an Strahlung hin. Leider.« Erneut hob Ruth ihre Hände zu einer bedauernden Geste.

Zohns verdaute diese Information mit leicht geöffnetem Mund.

Wie ein Karpfen, fuhr es Ruth durch den Kopf. An anderen Tagen hätte sie diese ungewollte Assoziation belustigt. Heute schob sie das Bild so schnell wieder beiseite, wie es aufgekommen war.

»Also, meine Herren«, fuhr sie fort. »Ob und in welchem Ausmaß das Trinkwasser bereits in Mitleidenschaft gezogen wurde, können wir zurzeit noch nicht sagen. Erste Proben werden gerade von den Brunnen der Stadt genommen, das Landesamt für Umweltschutz ist bereits vor Ort. Unsere Aufgabe ist es nun, zu verhindern, dass kontaminiertes Wasser in den Trinkwasserkreislauf der Stadt gelangt. Wir müssen den Nachschub abklemmen, bis wir wissen, wovon wir genau reden. Weitere Wortmeldungen bitte kurz und knapp. Es gibt noch viel zu tun.«

»Sie wollen den Leuten das Wasser absperren?«, fragte Breuer entgeistert.

»Wo wohnen Sie?«, wandte sich Ruth mit eiskalter Stimme direkt an den Fragesteller. »Hier in Essen? Na, dann viel Spaß beim Zähneputzen.« Sie wandte sich den anderen zu. »Vor ein paar Tagen erst habe ich gelernt, dass das Trinkwassergewinnungsgebiet Essen-Süd weite Teile der Stadt mit Frischwasser versorgt. Was anderes als Absperren ist ja wohl kaum möglich. Allemal besser, als die Menschen mit kontaminiertem Wasser zu vergiften. Oder haben Sie eine andere Idee?«

Breuer kapitulierte und senkte den Blick.

»Ein Vorschlag zur Güte«, mischte sich einer der beiden Ingenieure ein, die Dr. Zohns mitgebracht hatte. »Wir haben doch sicher Internet hier?« Er stand auf und ging zu Ruth hinüber.

Ruth nickte und machte ihm Platz.

»Karl-Heinz Koberg mein Name. Wenn Sie erlauben«, er tippte einen Link im Browser ein, »hier ist eine schematische Skizze von der Wassergewinnung Essen. Vielleicht, wenn man den Beamer einschalten könnte …«

Kurz darauf wurde eine Querschnittzeichnung großformatig an die Wand geworfen.

»Das hier ist natürlich nur eine vereinfachte Form der Darstellung. Es gibt mehrere Möglichkeiten der Sperrung. Am Anfang der Wassergewinnungskette wird das Oberflächenwasser der Ruhr über eine Pumpstation in einen Bereich gepumpt, in dem das Ozon aus dem Wasser herausgeholt wird.« Der Ingenieur bewegte den Cursor zu der mit einem Dreieck gekennzeichneten Pumpstation in der Grafik. Dann führte er die Maus auf zwei Tanks, über denen der Begriff »Flockung« stand. »Das hier sind Vorratstanks, in denen das Wasser aufbereitet wird. Dort werden Kleinstpartikel und Schwebstoffe erst gebunden, dann abgesondert. Von hier wird das Wasser durch die Aktivkohlebecken geleitet. Es durchläuft eine Schicht von Filterkohle, Sand und Stützkies, bevor es als sogenanntes Reinwasser in einem Zwischenspeicherbecken landet. Dann kommt noch der Langsam-Sandfilterbereich, von wo aus das Wasser über eine Sammelleitung in den ersten Brunnen gepumpt wird. So weit klar?«

Ruth nickte.

»Mit Hilfe eines flexiblen Rohrsystems, das sich je nach Füllstand heben und senken kann, gelangt das Wasser unter der Ruhr hindurch zum zweiten Brunnen der Anlage. Von hier aus geht es ins Pumpwerk, wo das Wasser neutralisiert und desinfiziert wird. Im letzten Schritt läuft das Wasser in den Wasserbehälter und wird in das Trinkwassernetz der Stadt eingespeist. Unterbrechen können wir an fast jeder Stelle. Die Frage ist, wo genau die Verunreinigung entsteht, wo also genau die Radioaktivität freigesetzt wurde, und ob es noch mehr bislang unentdeckte Quellen geben kann. Es sollten Proben aus allen Zwischenstationen der Wasseraufbereitung genommen werden. Um ganz sicherzugehen, würde ich erst einmal jeden Riegel vorschieben, den wir nur vorschieben können, sonst haben wir unsere ganze schöne neue Anlage versaut.«

»Großer Gott«, murmelte Zohns. »Das wäre ja kaum auszudenken. Die Dükeranlage haben wir doch gerade erst neu gebaut! Eine riesige Investition, ich darf gar nicht darüber nachdenken …«

»Dann veranlassen Sie es bitte, Herr Dr. Zohns. Jetzt. Und Sie, Herr Breuer, informieren bitte den Krisenstab und leiten die notwendigen Schritte ein.«

»Die da wären?«, fragte Breuer.

Wie kann man diesen Schnösel bloß zum Leiter des Krisenstabs ernennen, dachte Ruth zum wiederholten Mal. Sie holte Luft, um zu antworten.

»Herrgott noch mal, Sie sind doch Leiter des Krisenstabs«, ging Grothe jedoch bereits dazwischen. »Arbeiten Sie nicht schon seit gestern an dem Notfallplan? Trommeln Sie Ihre Leute zusammen und gehen Sie die notwendigen Schritte durch. Das Technische Hilfswerk muss ran und die Feuerwehr. Die Bevölkerung muss mit Trinkwasser versorgt und so gewarnt werden, dass keine Panik entsteht. Um die Probeentnahmen im Trinkwassernetz kümmern wir uns. Vielleicht könnte Herr Koberg, der uns gerade freundlicherweise diesen Prozess erläutert hat, das LANUV bei dieser Aufgabe unterstützen. Wäre das möglich, Herr Dr. Zohns? Sie leihen uns doch Ihren Mitarbeiter. Und am besten noch zwei, drei weitere fähige Ingenieure dazu.«

Grothe wartete gar nicht erst Zohns Reaktion ab, sondern schoss weiter in Richtung von Breuer. »Außerdem brauchen Sie Suchtrupps, um das Gelände flussabwärts systematisch abzusuchen. Der ganze Baldeneysee bis hin zur Staumauer in Werden, beidseitig! Nehmen Sie Experten zu Hilfe, die Ihnen erklären, wo weitere Anlandungen am wahrscheinlichsten sind, auch unter Berücksichtigung des Hochwassers. Da müssen Sie mit der Suche beginnen. Weiter können die Dinger eigentlich nicht getrieben sein, es sei denn, das Hochwasser ist über die Mauern des Wehres hinausgeschossen. Auch das müssen Sie klären, Herr Breuer. Und jetzt dalli!« Grothe klatschte in die Hände. »Ich komme später nach. Den Oberbürgermeister informiere ich selbst.«

Ruth beobachtete mit Staunen die Wandlung ihres Chefs vom freundlichen, etwas schusselig wirkenden Professor zu einem dynamischen Energiebündel. Sie hatte ihn völlig unterschätzt. »Und was soll ich machen?«, fragte sie kleinlaut.

»Sie bleiben erst mal aus der Schusslinie raus«, kommandierte Grothe. »Das hier ist ab sofort Chefsache. Mit dem Krisenstab schlage ich mich rum, nicht weil Sie Ihre Arbeit nicht gut gemacht haben, sondern weil ich Sie woanders brauche. Sie halten im Amt die Stellung und koordinieren die Kommunikation mit dem LANUV. Die müssen heute noch die Wasserproben nehmen, damit wir morgen, spätestens übermorgen, die Ergebnisse auf dem Tisch haben. Außerdem will ich, dass Sie die Koordination mit den Krankenhäusern übernehmen. Je besser die Bescheid wissen, desto besser können die Erkrankten behandelt werden. Und dann sehen Sie zu, dass Sie heute Abend Land gewinnen. Sie brauchen Schlaf. Ich weiß, dass das schwer ist in einer solchen Situation, aber Sie sehen furchtbar aus. Ich will nicht, dass Sie mir zusammenklappen!«

Damit war sie entlassen.

***

Gerade wollte Idgie die Maschine starten, da entdeckte sie den Cateringwagen. Drei Männer mit weißen doppelknopfreihigen Jacken, die sie als Mitarbeiter der kochenden Zunft auszeichneten, entluden den Transporter und trugen allerhand Gerätschaft ins Gebäude hinein. Warmhalteplatten, registrierte Idgie, und rechteckige Nirosta-Schalen, wie sie auch in Kantinen zu finden waren. Hier wurde eindeutig ein Büfett angekarrt und eindeutig nicht durch den Haupteingang.

Idgie handelte schnell. Sie hängte sich ihren Rucksack über die Schulter, setzte den Motorradhelm auf und klappte das Visier nach oben, so, wie sie es vor einiger Zeit mal bei einem der vielen privaten Kuriere gesehen hatte, der wichtige Briefe transportierte. Dann stiefelte sie durch die Tür des Nebeneingangs hinein.

»Kurierdienst, ich hab hier was für Doktor …«, murmelte sie, sobald sie jemandem begegnete. Aber es nahm ohnehin niemand Notiz von ihr, denn alle rannten emsig hin und her, ganz damit beschäftigt, schnellstmöglich ihren Job zu verrichten. Kurze Zeit später stand sie etwas unschlüssig in einem Treppenhaus, das in die Vorhalle zu führen schien. Jetzt bloß keine Schnellschussaktion, sonst war sie ruckzuck wieder draußen.

Sie nahm den Helm ab, setzte sich auf die Stufen, stützte den Kopf in die Hände und überlegte, wie sie nun weiter vorgehen sollte. Instinktiv hatte sie die Chance genutzt, dort einzudringen, wo man ihr den Zutritt verweigerte. Wie eine Katze, die grundsätzlich gerade durch die Tür will, die verschlossen ist, so rein aus Prinzip. Aber was wollte sie hier überhaupt ausrichten? Was trieb sie jetzt an, und was bezweckte sie damit?

Ich bin wütend, dachte sie. Wütend über die Selbstverständlichkeit, mit der Verfahren eingesetzt werden, ohne ausschließen zu können, dass sie sicher sind. Über die Selbstverständlichkeit, mit der ganze Landstriche verwüstet werden, die Lebensgrundlage vieler Menschen zerstört, das Wasser versaut wird. Und hartnäckig werden die Folgeschäden geleugnet. Die Arschlöcher übernehmen einfach keine Verantwortung für das, was sie anrichten, so einfach ist das. Sie leugnen die Zusammenhänge und machen weiter, und Politiker nehmen die Folgen billigend in Kauf, solange nicht nachweislich ihre ganze Bevölkerung geschädigt oder ihr ganzes Land vergiftet wird.

Aber genau das war der Punkt, wo man eigentlich ansetzen musste. Deutschland war ein kleines Land mit einer hohen Bevölkerungsdichte. Wenn in den USA Landstriche industriell verseucht wurden, dann war das zwar auch nicht gerne gesehen, aber angesichts dieser riesigen geografischen Dimensionen war der Schaden letztendlich dann doch nicht so groß. Sollten die Menschen doch woanders hingehen. Natürlich, überlegte Idgie, war es auch in den USA nicht Zielsetzung, Landstriche unbewohnbar zu machen. Aber es war eben auch nicht ganz so schlimm. Ganz anders in einem kleinen Land, wo kaum Ausweichmöglichkeiten bestanden. Die Pläne des Abbaus von unkonventionellem Erdgas in Deutschland waren erschreckend flächendeckend. Zu verlockend war offensichtlich der Gedanke, im eigenen Land über diese Ressourcen verfügen zu können.

Hannes war hartnäckig am Ball geblieben. Er hatte sich schon lange mit den Folgen der Atomindustrie auseinandergesetzt, die Schädigungen der Umwelt durch sie nachgewiesen und angeprangert, und war schließlich auf ein nicht minder gefährliches Abfallprodukt der Erdöl- und Erdgasindustrie gestoßen, das sich, obwohl hochgradig gefährlich, in einer juristischen Grauzone bewegte. Hier hatte er angesetzt. Er hatte die bestehenden Gesetze hinterfragt, und er hatte den Lobbyismus in Frage gestellt, durch den ein so brisantes Thema einfach willentlich zurechtgebogen und bagatellisiert wurde, und zwar mit Hilfe von Gutachten, die ganz so neutral nicht waren, wie sie sein sollten.

Wenn das aufgeflogen wäre, hätte sich das Land NRW nicht so leicht damit tun können, die gewünschten Genehmigungen zu erteilen. Die Gutachten waren der zentrale Dreh- und Angelpunkt, denn sie bildeten die Grundlage für die politische Argumentation.

Hannes ist tot, schoss es ihr durch den Kopf. Tot! Sie würde ihn nie wiedersehen. Dieser Gedanke traf sie mit Wucht. Idgie verbarg ihr Gesicht in den Händen, weil ihr plötzlich das Wasser in den Augen schwamm.

Dann dachte sie an den Brief, den Hannes ihr geschrieben hatte. Er hatte gewollt, dass sie das weiterführte, was er da begonnen hatte. Er hatte es gewollt, und er hatte es ihr zugetraut. Und deshalb, sie schniefte die Rührung weg, die ihr in der Kehle saß, würde sie da jetzt reingehen und versuchen, die Bagage da drin kräftig aufzumischen.

Sie stand auf, setzte den Helm wieder auf und marschierte

mit hochgeklapptem Visier durch die Vorhalle auf die Tür zum Veranstaltungssaal zu. Dort stand ebenfalls ein Sicherheitsdienst.

»Kurierdienst, ich hab hier was für ...«, sagte sie ihr Sprüchlein auf und wollte sich an ihm vorbeiquetschen.

Aber er hielt auffordernd die Hand auf. »Geben Sie es bitte mir. Ich leite es sofort weiter.«

Idgie schüttelte den Kopf mit dem schweren Helm. »Tut mir leid, ich muss es persönlich abgeben.«

Der Ordner zuckte mit den Schultern. »Tut mir leid, aber auch ich habe strikte Anweisungen«, sagte er und baute sich fett im Türrahmen auf.

Aus den Augenwinkeln sah Idgie, wie sich Dr. Taeschel der Tür näherte. Er schien schon wieder zu telefonieren. Als er sie sah, blieb er abrupt stehen und starrte sie an.

Shit happens, dachte sie resigniert. Sorry, Hannes. Ich hab's vermasselt.

»Meine Empfehlung an die Herren Kaiser, Haberle, Reiff, Taeschel und Reimers.« Sie machte die Andeutung einer Verbeugung. »Ich wünsche weiterhin fröhliches Golfen. Danke, ich finde allein raus.«

Den Wagen, der ihr in einigem Abstand nach Alt-Rellinghausen zu Mannis Haus folgte, bemerkte sie nicht.

***

Ruth kam nicht mal ansatzweise dazu, sich etwas auszuruhen. Sie gab die Informationen an die mobilen Einsatzwagen des Landesamtes weiter und erläuterte den Vorschlag des Ingenieurs Koberg, Proben an den verschiedenen Stellen der Trinkwasseraufbereitung zur schnellstmöglichen Analyse zu entnehmen. Kaum hatte sie dieses Gespräch beendet, klingelte ihr Handy erneut. Die Polizei wollte das Gesundheitsamt offiziell von den Ergebnissen der Befragung von Hermann Potelske informieren.

»Also, das ist ja vielleicht ein Arschloch«, schimpfte der Beamte von der Dienststelle Stadtmitte. »Natürlich hat er geleugnet, dass er was mit den Fässern zu tun hat. Solche Fässer würden schließlich häufig benutzt, und sie hätten ihre Rückstände immer ordnungsgemäß gelagert. Die Fässer stünden wie immer in der Lagerhalle, und selbstverständlich wären sie gezählt. Es sei zu jeder Zeit klar ersichtlich, wie viele unaufbereitete Fässer mit Bohrschlämmen geliefert wurden und wie viele Fässer mit Mineralstaub nach der Destillation wieder gelagert seien.«

»Aha«, sagte Ruth. »Und weiter?«

»Außerdem seien die Fässer ordnungsgemäß mit dem Atomwarnzeichen gekennzeichnet, obwohl das eigentlich völlig übertrieben sei, denn es würde sich um natürliche radioaktive Substanzen handeln, wie sie überall in der Erde vorkommen, nicht um radioaktiven Müll. Die Gesetzeslage sei hier ganz eindeutig. Ob diese Fässer, um die es da ginge, ein solches Zeichen aufgewiesen hätten? Nein. Na also ...«

»Pfff«, schnaubte Ruth.

»In diesem Tenor ging es weiter. Und dann ist er mit uns zum Firmengelände gefahren, hat uns die Halle gezeigt und die Produktionsstätte und schließlich mit ein paar Papieren vor unserer Nase herumgewedelt. Da war die Rede von fünfundzwanzig Fässern, die in der Destille behandelt worden wären. Destille! Klingt schrecklich harmlos, als wäre es eine Schnapsbrennerei. Zwanzig Fässer ergeben nach dem Trockenprozess ungefähr acht Fässer mit Mineralstaub, hat er gesagt. Und die würden – zusammen mit den restlichen Leerfässern – von den Betreiberfirmen wieder abgeholt.«

»Das klingt nicht sehr ergiebig«, sagte Ruth müde.

»Es kommt noch doller. Potelske hat versucht, dem Pförtner alles in die Schuhe zu schieben. Dem, der die Sache gemeldet hat. Der sei dafür zuständig, zu kontrollieren, dass da auch wirklich immer alles abgeholt würde. Wenn der auf seine eigenmächtige Art was verbockt hätte, dann sei das ja schließlich nicht Potelskes Problem. Kackfrech ist der, wirklich. Aber dann ...«

Der Beamte machte eine Pause. Ein Schlürfen verriet, dass er etwas trank. Ruth trommelte ungeduldig mit den Fingern gegen die Kante des Schreibtischs.

»Also, während wir noch mit Potelske beschäftigt waren, haben sich zwei weitere Beamte unauffällig auf dem Gelände umgesehen. Hinter der Lagerhalle sah es so aus, als wäre dort frisch betoniert worden. Als wir Potelske danach befragt haben, wurde er ein bisschen nervös. Wir haben dann noch mal bei dem Kollegen in Steele nachgefragt, was dieser Pförtner, der Mooren, ihnen genau erzählt hat, und die haben uns das Protokoll geschickt. Es klang ziemlich wirr, was der Alte da von sich gegeben hat. Aber die Sache mit dem Gewerbegebiet war ja nun goldrichtig. Und weil dann da der Unfall passiert ist, ist ihnen die andere Sache irgendwie durch die Lappen gegangen.«

»Welche andere Sache?«, drängte Ruth.

»Der Alte hat was von einem Tagebruch auf dem Betriebsgelände erzählt. Und dass Potelske den einfach hat zuschütten lassen. Einer der Mitarbeiter ist dabei verunglückt. Ein Pole, vermutlich ein Schwarzarbeiter. Es heißt, der ist gestorben.«

»Tagebruch?«, wiederholte Ruth fragend.

»Sie kommen wohl nicht von hier?« Sie hörte ein leises Lachen. »So nennt man es, wenn ein alter Bergbaustollen einstürzt. Viele der Stollen sind nicht aufgeschüttet. Ist gar nicht so selten, dass so ein Ding zusammenkracht und einen Krater in den Boden reißt.«

Ruth spürte, wie sich ihr Puls beschleunigte. Sie dachte an den Stadtplan, den sie noch vor Kurzem studiert hatte, als sie nach dem Standort der AV&R GmbH gesucht hatte. *Zeche Katharina*, hatte da gestanden. Zeche … Tagebruch … Nicht weit davon war Nora verunglückt … »Das muss sofort aufgemacht werden«, murmelte sie. »Brauchen Sie dafür eine Genehmigung?«

»Gefahr in Verzug?«, fragte der Beamte zögernd.

»Das kann man wahrhaftig so sagen. Aber Sie brauchen eine Spezialeinheit mit ABC-Ausrüstung. Da unten ist mit hoher Wahrscheinlichkeit eine Strahlenquelle.«

***

Auf ihr Klingeln hin öffnete niemand. Idgie wartete und drückte erneut auf die Schelle. Dann holte sie den Schlüssel unter dem Stein im Kübel neben dem Garagentor hervor, ein Versteck, das Nora ihr gezeigt hatte, und schloss auf.

»Hallo?«, rief sie laut. »Keiner zu Hause?« Keine Reaktion. Bei

Manni war tatsächlich alles ausgeflogen. Aber vielleicht waren sie ja auch alle drüben bei Ruth. Idgie ging durch den Garten hinüber und klopfte an Ruths Küchentür. Aber auch dort rührte sich nichts. Schade. Sie hätte jetzt dringend jemanden zum Reden gebraucht.

Nervös tigerte sie auf und ab. Die Unruhe trieb sie vom Wohnzimmer in die Küche, von der Küche hinauf in Noras kleines Reich, wo Idgie auf der Koffermatratze in der kleinen Studierstube schlief, und wieder zurück in die Küche. Es half nichts. Die Gedanken verklumpten zu einem wirren, undurchdringlichen Gebilde, dem sie keine Struktur mehr abgewinnen konnte. Höchste Zeit, abzuschalten.

Kurze Zeit später spürte sie das beruhigende Vibrieren der Ural zwischen den Schenkeln. Sie warf einen bedauernden Blick zum Beiwagen hin. Überrascht stellte sie fest, dass sie an Filou denken musste. Er fehlt mir, gestand sie sich ein. Schön wär's, wenn er jetzt dort im Beiwagen sitzen würde, mit flatternden Ohren, die Schnauze leicht geöffnet in den Wind gereckt, sodass es aussah, als würde er lachen. Er fehlte ihr wirklich. Aber einen Vorteil hatte es doch, dass er nicht da war. Sie konnte mal wieder richtig aufdrehen, mehr, als sie dem Hund im Beiwagen zugemutet hätte. Idgie stieß ein kleines Wolfsgeheul aus und gab Gas.

Direkt am Baldeneysee nahe einer bei Bikern beliebten kurvenreichen Landstraße gab es einen Motorradtreff, von dem Manni ihr erzählt hatte. Man musste nur der Schnellstraße längs der Ruhr stadtauswärts in Richtung Wuppertal folgen und dann den Abzweig nach Werden nehmen. Um diese Uhrzeit wird dort nicht mehr viel los sein, dachte Idgie. Nicht an diesem trüben Tag, obwohl es warm gewesen war, viel zu warm für diese Jahreszeit. Es dämmerte bereits, als Idgie den Kreisverkehr verließ und in die Landstraße einbog, die laut Beschilderung nach Werden führte.

Felder und Wiesen säumten nun den Weg, nur vereinzelt waren ein paar Häuser zu sehen. Seltsamerweise schienen es Wohnhäuser zu sein, keine Bauernhäuser. Ziemlich schnell mündete die Straße im Wald und schlängelte sich in engen Serpentinen zum Flusstal hinunter.

Idgie fuhr jetzt langsam. Sie kannte die Strecke nicht, die

Kurven waren nicht ohne, und es war nun vollständig dunkel. Feiner Nieselregen setzte ein und perlte auf dem Sichtschutz ihres Helmes ab. Aus der Dunkelheit hinter ihr tauchten Lichter auf.

Ein hochgebauter Wagen schloss zügig auf. Seine Scheinwerfer lagen in Höhe ihrer Spiegel, und gleißende Blitze schossen ihr schmerzhaft in die Augen.

Mach dein Fernlicht aus, du Depp, dachte Idgie wütend. Ist der bescheuert, mir so auf die Pelle zu rücken? Sie widerstand dem Reflex, Gas zu geben.

Immer mit der Ruhe, mahnte sie sich, während sie die nächste Haarnadelkurve nahm. Bloß nicht schneller fahren. Vor ihr tat sich eine Gerade auf, und sie atmete erleichtert durch, während sie die Geschwindigkeit weiter drosselte, um den Wagen vorbeizulassen.

Aber er überholte nicht. Fiel stattdessen etwas zurück, stellte das Fernlicht ab und ging auf Abstand. Ein Geländewagen, erkannte Idgie. Aber kein alter, sondern einer dieser neumodischen Teile mit mächtig PS unter der Haube. Typische Angeberkarre, urteilte Idgie verächtlich. Einer von diesen hirnlosen Wichtigtuern, die meinten, sie hätten die Straßen für sich gepachtet, bloß weil sie ein teures Auto fuhren.

Der Wagen fiel noch weiter zurück. Kramte vermutlich nach seinem Handy, der Kerl. Erleichtert gab sie Gas und hängte ihn ab.

Die nächste Kurve tauchte vor ihr auf. Und hinter ihr preschte der Wagen wieder heran und blendete das Fernlicht hektisch auf und ab. Auf dem Dach des Wagens ging eine Reihe gleißend heller Lampen an. Idgies Puls beschleunigte sich. Was zum Teufel sollte das? Das schwere Geschoss schloss auf und schob sich dicht neben sie, um sofort wieder zurückzufallen. Verdammt. Wollte der sie etwa rammen oder von der Straße abdrängen?

Ihr Fluchtinstinkt setzte ein. Sie gab Gas, das gleißende Licht im Nacken, wollte dem bedrohlichen schwarzen Jeep davonziehen, und drosselte augenblicklich wieder das Tempo. Zu gefährlich bei diesen Kurven, die sie nicht kannte und an denen in regelmäßigen Abständen ein Tempo-dreißig-Schild prangte, was ihren Verfolger jedoch nicht weiter zu stören schien. Wieder schob er sich neben sie wie eine bösartige Hornisse. Der Kerl machte das absichtlich.

Angst kroch ihr kalt den Rücken hinauf. Keine Panik, befahl sie sich. Ruhig bleiben. Konzentrier dich. Lass dich nicht abdrängen. Adrenalin peitschte durch ihr Blut und trieb sie an.

Wieder eine Gerade. Dieses Mal länger. Sie hatte den Talboden endlich erreicht, und Idgie jagte die Ural bis zum Anschlag hoch. Der Geländewagen heulte laut auf und hielt sich hartnäckig in ihrem Rücken. Dann schob er sich wieder neben sie. Teufel auch, war der schnell!

Lichter kamen ihr entgegen. Drei Autos in Kolonne, das erste schien zu schleichen. Fahrschule? Der Geländewagen hinter ihr dimmte die Flutlichter und ließ sich zurückfallen, und Idgie nutzte ihre Chance. Immer noch keine Kurve vor ihr. Sie trieb die Ural unerbittlich an und raste die Hammerstraße entlang. Der schwarze Wagen verlor jetzt an Boden, blieb aber immer noch in Sichtweite. Zwei weitere lang gestreckte Kurven, dann tauchten ein paar Häuser vor ihr auf. Selten hatte sie sich so über eine menschliche Ansiedlung gefreut.

Sie erreichte eine dicht befahrene Straße und hängte den Verfolger an der zweiten Ampel endgültig ab. Mit zitternden Knien fuhr sie stadteinwärts den Berg hinauf. Erst als sie die belebten Wohngebiete von Rüttenscheid erreichte, lenkte sie an den Rand und stellte ihr Navi ein. Ihre Hände flatterten so stark, dass sie Mühe hatte, die Tastatur des Geräts zu bedienen.

***

Manni befand sich in einem Zustand, den er selbst *out of order* genannt hätte und aus dem er nun langsam, aber sicher wieder aufzutauchen begann.

Eigentlich hatte er vorgehabt, direkt zum Krankenhaus zurückzufahren. Stattdessen hatte er die Stadt Richtung Südosten verlassen. Ziellos war er einfach drauflosgefahren, immer der Nase nach, nur raus aus der Stadt, immer weiter, bis er sich zu seinem eigenen Erstaunen in dem kleinen Örtchen Blankenstein wiederfand, dessen Burg das Ruhrtal zu überwachen schien.

Ausgerechnet Blankenstein, dachte er verwundert. Hier hatte er Marion kennengelernt, auf einem Burgfest mit Gauklern und Feuerschluckern. Sie hatte klasse ausgesehen mit ihren dunklen Locken und den Sommersprossen auf Wangen und Nase, fast so viele wie bei Nora.

Manni stellte den Wagen auf dem Parkplatz am Fuße des Örtchens ab und lief den steilen Weg zur Burg hinauf, betrat den Innenhof und erstand ein Ticket, um den Turm zu besteigen. Lange lehnte er oben auf der Plattform an der steinernen Brüstung und blickte über die dichten Wälder, die das Ruhrtal hier an dieser Stelle umsäumten. Er beobachtete einen Habicht, der in der Luft seine Kreise zog, und dachte an nichts.

Natürlich stimmte das nicht. Er dachte darüber nach, wie schön ruhig es hier war und was für eine Beute der Habicht wohl im Blick hatte. Er dachte daran, dass der Wald gut roch, nach Feuchtigkeit und Erde, und dass es nicht mehr lang dauern würde, dann wäre es Sommer. Er dachte daran, dass er vergessen hatte, das eingefrorene Reisfleisch aus dem Gefrierfach zu nehmen, und dass er auf dem Rückweg unbedingt am Getränkemarkt halten und die leeren Wasser- und Bierkästen gegen volle tauschen musste.

Dieser letzte Gedanke machte ihm bewusst, dass seine Zunge wie ein pelzig dicker Lappen oben am Gaumen klebte. Er hatte Durst. Also stieg er die steilen Treppen wieder hinunter und suchte nach einer Kneipe oder einem Café, wo er etwas zu trinken bekommen könnte. Hier in Blankenstein an diesem normalen Werktag schien alles verschlafen, als würden nur die Wochenendtouristen es aus dem Dornröschenschlaf erwecken können. Also fuhr er nach Hattingen, ließ den Wagen am Rande der Altstadt stehen und steuerte ein Café in der Fußgängerzone an, das *Auflauf* hieß. Ein Blick auf die Speisekarte verriet, dass der Name Programm war. Manni bestellte einen Kartoffel-Spinat-Auflauf und eine große Flasche Mineralwasser, schaufelte das Gericht dann jedoch abwesend in sich hinein, ohne zu schmecken, was er da überhaupt aß.

Nun war der nagende Hunger in seinem Bauch verschwunden, und mit der Nahrung kam auch sein geistiges Getriebe wieder in Gang, das sich ein paar Stunden Auszeit genehmigt hatte.

Er war immer noch erschöpft. Aber immerhin war er wieder klar genug, darüber nachzudenken, was dort in den Ruhrwiesen vor sich gegangen war. Sie hatten nach Strahlung im Trinkwasserschutzgebiet gesucht. Und Ruth hatte von Nora gesprochen und davon, dass der Zustand der Besserung, den Manni an ihr beobachtet hatte, eventuell nicht anhalten würde.

An diesem Punkt streikte sein Gehirn. Es weigerte sich zu verstehen. Es konnte nicht sein. Nora ging es besser, der Arzt hatte es selbst gesagt. Ruth musste sich irren.

Er würde sein Kind jetzt noch mal besuchen und sich davon überzeugen.

***

Bei Manni war nach wie vor niemand da, und auch bei Ruth war kein Licht zu sehen. Als Idgie die Haustür aufschließen wollte, zitterten ihre Hände immer noch so stark, dass sie das Schlüsselloch nicht treffen konnte. Die Konturen verschwammen vor ihren Augen.

Erneut kroch die Wut in ihr hoch. Dieses gottverdammte Arschloch, das ihr da eben mit seiner ätzenden Bonzenkarre ans Leder gewollt hatte. Scheiße, scheiße, scheiße. Der hatte sie tatsächlich umbringen wollen, oder? Mit zusammengepressten Lippen suchte sie im Beiwagen nach der Lesebrille, die sie dort zwischen Sitz und Außenwand geklemmt hatte.

Endlich hatte sie es geschafft. Die Haustür war offen. In voller Montur stapfte sie ins Wohnzimmer und gönnte sich einen großzügigen Schluck Cognac aus Mannis kleiner Hausbar, den sie in einem Zug leerte. Und gleich noch einen.

Sie ließ sich aufs Sofa fallen und horchte in sich hinein. Während der Alkohol wohlig durch ihre Glieder flutete, perlte das Adrenalin langsam aus ihrem Körper. Den dritten Cognac trank sie in kleinen Schlucken. Nachschub kaufen, notierte sie im Hinterkopf. Morgen früh gleich. Dann schlief sie ein.

Wie lange sie geschlafen hatte, wusste sie nicht. Aber ein stechender Schmerz im Nacken verriet ihr, dass es nicht gerade bequem gewesen war, und Tausende von Ameisen prickelten mit schmerzhaft kleinen Stichen ihrem taub gewordenen rechten Arm wieder Leben ein.

Idgie entledigte sich der Motorradjacke und hängte sie an die Garderobe. Steifbeinig stakste sie die steile Stiege hinauf zu dem kleinen Zimmer mit den Dachschrägen, in dem sie die letzten Nächte geschlafen hatte. Noras Studierstübchen, bestehend aus einem Schreibtisch mit PC, einem Ikea-Sofa und den obligatorischen Billy-Regalen, angefüllt mit Büchern und allerhand Krimskrams. Sie tastete nach dem Lichtschalter, der sich irgendwo hinter den Streben des Regals befand. Irgendwo … ach egal. Das Licht der Straßenlaterne reichte auch.

Sie schälte sich aus ihrer Motorradkluft, löste das Haargummi aus ihren Locken und schüttelte sie aus. Dann trat sie ans Fenster und massierte sich den schmerzenden Nacken. Eine heiße Dusche würde jetzt guttun, dachte sie, um die steifen Gelenke wieder zu mobilisieren. Und ein Tee. Vielleicht konnte sie irgendwo auch eine Wärmflasche für den Nacken auftreiben. Mitten in der Bewegung erstarrte sie.

Ein schwerer Wagen rollte langsam die kleine Straße entlang. Schwarz. Hoch gebaut. Dunkel getönte Scheiben. *Ranger*, stand in fetten Lettern unterhalb des Kühlergrills. Direkt vor Mannis Haus blieb er stehen, und Idgie starrte auf die Reihe der Scheinwerfer auf dem Dach, die nun allerdings ausgeschaltet waren. Der Geländewagen!

Instinktiv trat Idgie einen Schritt vom Fenster zurück und hielt die Luft an. Der Wagen rollte langsam weiter, und sie traute sich wieder näher ans Fenster heran. Ein Anwohner, der zufälligerweise auch so eine Ätzkarre fuhr? Das Birnchen über dem Kennzeichen war aus. Absicht? Aber im Licht der nächsten Straßenlaterne erkannte sie dann doch die Buchstaben auf dem Nummernschild. *DU-PF* 7 … Mehr konnte sie nicht lesen. Nur, dass der Wagen hinten an der Biegung der Straße anhielt, das sah sie deutlich.

Das gibt's doch nicht. Ihr Herz raste einen holprigen Galopp, während Bilder im Schnelldurchlauf durch ihren Schädel spulten. Woher zum Teufel wusste der, wo sie sich aufhielt?

Die Angst schnürte sie ein wie ein Python sein Opfer. Sie begann, schnell und hektisch zu atmen.

Er war hier!

Wer denn eigentlich?

Keine Ahnung. Der Kerl halt. Der, der in ihrem Haus gewesen war. Der, der so nach Rauch gestunken hatte. Der, der Hannes auf dem Gewissen hatte. Der, der die Festplatte haben wollte. Aber wie hatte er sie hier gefunden?

Das war doch jetzt völlig egal. Denn dass er es ernst meinte, stand außer Frage. Das Wie, das brachte sie im Moment nun wirklich nicht weiter.

Was sollte sie jetzt tun?

Mit flatternden Händen stieg sie in ihre Jeans und zerrte am Reißverschluss. Dabei verklemmte sich der Zipfel des T-Shirts zwischen den Zähnen. »Reiß dich gefälligst zusammen, Callahan«, raunzte sie sich an und zerrte den Stoff aus der Verzahnung.

Kamforski, schoss es ihr durch den Kopf. Du musst Kamforski anrufen. Er wird wissen, was du jetzt tun musst.

Aber war das wirklich nötig? Sie warf einen letzten Blick aus dem Fenster. Der schwarze Wagen stand immer noch dort, kaum erkennbar im tiefen Dunkel des Waldrandes, hinten, an der Biegung der Straße.

Kamforski, entschied sie und schlich sich hinunter in den Flur, wo sie ihre Jacke mit dem Handy an die Garderobe gehängt hatte.

***

Zum dritten Mal an diesem Tag fuhr Ruth mit dem Aufzug in den zehnten Stock des Essener Rathauses hinauf. Oder war es heute erst das zweite Mal? Sie erinnerte sich nicht mehr. Zu viel war passiert in den letzten Tagen. Nur, dass ihr seit einigen Stunden nicht mehr übel war, das fiel ihr jetzt auf, als sie an der Tür der Damentoilette vorbeiging.

Der kleine Konferenzraum war dunkel. Die Lichter der Stadt spiegelten sich auf den hellen Flächen der Tische. Wo steckten die denn bloß alle? Ratlos stand Ruth in der Halle und überlegte, was sie nun tun könnte.

Der Adlatus des Oberbürgermeisters kam aus der Herrentoilette heraus. Er hastete an ihr vorbei, ohne sie zu bemerken, und verschwand am Ende des Flures in einer Doppeltür, die er wieder hinter sich schloss.

Ruth stürzte hinterher, riss die Tür auf und blieb erstaunt stehen.

Der Raum war groß, ungefähr dreimal so groß wie der Konferenzraum, den sie kannte, und er war ebenso vollgestopft mit Technik wie mit Menschen. Eine gewaltige Klangkulisse unterschiedlicher Stimmen brach über sie herein. Dazwischen das Rattern eines Druckers und das unverkennbare Zischen einer Espressomaschine. Erleuchtete Monitore, blinkende Rechner, Scanner, Drucker, Kopiergeräte und etliche Telefone warteten auf ihren Einsatz. In den letzten Stunden war hier die Kommandozentrale des Krisenstabs aus dem Boden gestampft worden.

Ruth kannte die grobe Struktur eines Krisenstabes zur Gefahrenabwehr. Früher hatte es Katastrophenschutz geheißen. Heute mochte man von Katastrophen allein nicht mehr so gerne sprechen. Stattdessen nannte man es Gefahrenabwehr. Egal. Die Grundstruktur eines solchen Krisenstabes war zweigeteilt. Der Verwaltungsstab war mit den organisatorisch-administrativen Aufgaben betraut, ein Führungsstab mit der Steuerung der technischen Einsätze, also des Personals, das in der Lage war, ein solches Großschadensereignis, wie es so hübsch neutral hieß, fachlich zu stemmen. Das waren Gruppierungen wie Feuerwehr, Polizei, Technisches Hilfswerk, Katastrophenschutz. Zu den Aufgaben des Verwaltungsstabes gehörten insbesondere die Gewährleistung und Koordinierung der Öffentlichkeitsarbeit.

»Tür zu«, hörte sie jemanden brüllen. Mehr Notiz nahm man nicht von ihr, zumal sie dem Kommando augenblicklich Folge leistete. Keine Frage: In diesem Raum hier wurde gerade heftig gestritten. Es ging um die Informationspflicht. Die Frage, wann und in welchem Umfang die Bevölkerung informiert werden musste.

»Wenn die Leute feststellen, dass in der gesamten Stadt kein Wasser mehr aus dem Hahn kommt und dann auch noch der Grund bekannt wird, dann ist mit Panik zu rechnen. Wir müssen noch warten. Natürlich nicht einfach abwarten, sondern uns vorbereiten.« Die Frau, die da ihre Stimme erhob, hatte graues kurz geschorenes Haar und machte einen kantigen Eindruck. Ihre Stimme klang unnachgiebig. Kampferprobt, dachte Ruth. Die hat schon eine Menge Schlachten geschlagen.

»Wir können doch nicht einfach weiter verseuchtes Wasser durch die Leitungen schicken. Wir müssen mobile Versorgungsstellen für Trinkwasser einrichten. Jetzt. Und zwar so lange, bis das Ausmaß des Schadens analysiert ist.«

»Diese Schritte sind schon längst eingeleitet. Aber wir brauchen noch Zeit.« Die Frau war unerschütterlich. »Kennen Sie die Folgen einer Massenpanik? Wir sind einfach noch nicht so weit, sie schnell in den Griff zu kriegen. Wir warten die Analysen ab und bereiten uns auf den Fall der Fälle vor, der hoffentlich nicht eintritt.«

»Kostbare Zeit verstreichen lassen, nur weil Sie nicht in die Gänge kommen? Das ist jetzt nicht Ihr Ernst ...«, brüllte jemand unbeherrscht.

»Wir sind bereits in den Gängen«, sagte die Frau kühl. »Aber noch mal: Wir müssen es gut vorbereiten, bevor wir die Bevölkerung damit konfrontieren. Es wird auch so schon schwer genug. Eine Großstadt mitten in einem Ballungszentrum! Wir brauchen noch Zeit.«

Wie lange wird das dauern?, fragte sich Ruth entsetzt. Zeit ist genau das, was sie nicht haben.

***

Kamforski drückte auf die Tube und fluchte, weil das Licht des Gegenverkehrs ihn blendete. Die spiegelnden nassen Straßenbeläge machten die Sache nicht gerade besser und der Alkohol in seinem Blut erst recht nicht. Er überlegte flüchtig, wie viel Bier er intus hatte. Zwei Nulldreier, mehr auf keinen Fall, da war er sich sicher. Und ordentlich gegessen hatte er auch. Himmel und Erde, worauf jetzt eigentlich ein ordentlicher Verdauungsschnaps gehören würde.

Hoffentlich reagierten die Essener Kollegen auch wirklich

schnell. Und wenn nicht? Dann … Er dachte an die Wanzen, die er gefunden hatte, und trat das Gaspedal noch weiter durch.

»Pass bloß auf, dass du dich nicht um den nächsten Baum wickelst, Kamforski«, knurrte er. »Dann kannst du erst recht nichts ausrichten …«

Das Bochumer Kreuz erreichte er in Rekordzeit.

***

Sie entdeckte Grothe auf der anderen Seite des Raumes und winkte ihm zu. Erleichtert registrierte sie, dass er sie gesehen hatte und sich unverzüglich in Bewegung setzte.

»Wer ist die eiserne Lady da drüben?«, flüsterte Ruth.

»Innenministerium«, flüsterte Grothe zurück. »Sie koordiniert die Einsatzkräfte. Und was führt Sie schon wieder hierher? Sie sollten sich doch aus der Schusslinie halten.«

»Dann gehen Sie gefälligst an Ihr Handy. Was meinen Sie wohl, wie oft ich versucht habe, Sie in der letzten Stunde zu erreichen.« Ruth war sauer.

»Oh!« Grothe sah schuldbewusst aus, während er seine Hosentaschen abklopfte. »Ich hatte … es ist … lautlos … muss wohl in meiner Anzugjacke sein … also, was gibt's?«

Fünf Minuten später hatte sie ihn über Potelske, den Tagebruch und ihren Verdacht in Kenntnis gesetzt, dass hier die Ursache für die radiotoxischen Stoffe in Abwasser und auch dem Trinkwasser zu suchen sei.

»Vielleicht hilft das ja, gewisse Entscheidungen zu beschleunigen«, sagte sie zynisch.

Sie überließ den Krisenstab seinem Schicksal und verließ das Rathaus.

***

Es war dunkel, als Manni die Krankenstadt in Holsterhausen erreichte, dieses gespenstische Monstrum, groß wie ein ganzes Stadtviertel. Er brauchte allein fünf Minuten, um vom Parkhaus aus zu dem Gebäude zu gelangen, und weitere zwei Minuten, bis der Aufzug kam und ihn hinauf zu der Station trug, auf der seine Tochter lag. Bangen Herzens öffnete er die Tür.

Er war auf vieles gefasst, aber darauf nicht. Gestützt von großen Kissen saß seine Tochter in fast aufrechter Position im Bett und versuchte hastig, etwas zu verstecken. Aber sie war nicht schnell genug, und dieses Etwas polterte krachend auf den Boden.

»Oh, Mist«, sagte Nora. Dann erkannte sie ihn, und obwohl sie zerbrechlich wie eine Porzellanpuppe wirkte und die vielen Sommersprossen immer noch wie die Sprenkel dunkler Schokolade aus der Kreide ihres Gesichtes herausstachen, obwohl ihre kurzen Haare vom langen Liegen flach an den Kopf gepappt waren und seltsam ausgedünnt wirkten, war ihr Blick klar und ihr Lächeln strahlend. »Paps, das ist aber schön! Könntest du bitte … mein Handy …«

Manni bückte sich und angelte nach dem pinkfarbenen Telefon, das unter das hohe Krankenbett gerutscht war. Er legte es auf den weiß emaillierten Nachttisch, setzte sich auf die Kante ihre Bettes und nahm Nora in die Arme. Sie roch seltsam, irgendwie nach einem Gemisch von Körpermuff, Desinfektionsmitteln und etwas, was er nicht einordnen konnte. Als sie ihre dünnen Arme um ihn schlang und ihn an sich drückte, wollte er sie gar nicht mehr freigeben.

Ruth liegt falsch, dachte Manni, sein Gesicht in die zarte Neigung zwischen Schlüsselbein und Hals versenkt. Sie hat sich geirrt. Felsbrocken purzelten ihm von der Seele, und sein Herz war plötzlich randvoll, so voll, dass er dachte, es müsse gleich platzen vor Glück.

KAPITEL 14

Essen, 9. April

Der Getränkehandel neben dem Supermarkt für Tierfutter war bereits geschlossen, und Ruth fluchte, weil sie nicht eher daran gedacht hatte. Aber Rewe schräg gegenüber dem Gewerbegebiet an der Rellinghauser hatte noch auf, ebenso wie andere große Lebensmittelketten.

Ruth lud sich den Einkaufswagen voll mit den in Plastik eingeschweißten Sixpacks der Anderthalb-Liter-Flaschen Wasser und zahlte. Dann fuhr sie weiter die Rellinghauser hinunter Richtung Ruhr und steuerte Aldi an. Und weiter ging es zu Lidl, Edeka und einem weiteren Aldi.

Den Kombi vollgepackt mit fünfzig dieser Sixpacks in softem Plastik, machte Ruth sich schließlich auf den Heimweg. Mehr wollte sie nicht schleppen. Sie würde Manni und Jan noch mal losschicken, beschloss sie. Aber das musste schnell gehen. Vierhundertfünfzig Liter für fünf Personen, damit kam man nicht weit.

***

Seit sie mit Kamforski telefoniert hatte, fühlte Idgie sich besser. Sie fragte sich sogar flüchtig, ob sie nicht doch überreagiert hatte. Vielleicht war das ja nur so ein blöder Spinner mit einer Wichtigtuerkarre gewesen. Und vielleicht war es nicht die gleiche Wichtigtuerkarre, die jetzt dort unten am Waldrand stand. Dann dachte sie an Hannes' Tod und den Einbruch in ihrem Haus. Nein. Sie hatte sich absolut nichts eingebildet.

Es war wohltuend gewesen, Kamforskis Stimme zu hören, und noch wohltuender war das Wissen, dass er unterwegs war. Jetzt saß sie im Dunkeln auf dem Sofa unten in Mannis Wohnzimmer und wartete. Flüchtig überlegte sie, ob sie sich noch einen weiteren Schwenker genehmigen sollte, gefüllt mit dieser wunderbar goldgelben Flüssigkeit. Sie entschied sich dagegen. Die von der Streife sollten sie nicht für eine Schnapsdrossel mit Aufmerksamkeitsdefizit halten.

Falls jemand sich zwischenzeitlich dem Haus näherte, solle sie die 110 anrufen, ohne zu zögern, hatte Kamforski ihr eingebläut. Und sie sollte ihm in jedem Fall die Ankunft der Kollegen melden. Er machte sich Sorgen um sie. Dieser Gedanke war so schön, dass Idgie sich an ihm festhielt, während sie sich bequem in die Sofaecke kuschelte, Kamforskis breites, ruhiges Gesicht vor ihrem inneren Auge. Dieser graue Zopf … ein bisschen albern bei einem Mann seines Alters, aber es hatte nichts mit Eitelkeit zu tun, sondern mit Understatement, da war sie sich sicher. Nicht Lagerfeld, sondern Altfreak … Plötzlich fühlte sie sich schläfrig. Nur für einen kurzen Moment die Augen schließen … nur für einen ganz kurzen Moment.

Ein Geräusch ließ sie hochschnellen. Es klang wie zerschellendes Glas. Ganz in der Nähe. In diesem Haus etwa? Dann spürte sie den Luftzug. Gefahr, signalisierten ihre Sinne. Das Handy. 110. Anrufen. Aber leise … er weiß nicht, wo ich stecke.

Schweiß brach ihr aus allen Poren, während sie nach dem Gerät tastete. Mist! Das war irgendwo auf dem Sofa verschüttgegangen. Hektisch begann sie zu suchen, schob die Hände in die Ritzen des Polsters, grub unter den Kissen. Das verdammte Ding blieb verschwunden.

Wo war dieser Dreckskerl? Sie war sich sicher, dass er im Haus war. Und wo blieben die Bullen? Kamforski hatte doch gesagt, dass er die Streife … Der war hier im Haus! Ich muss weg, raus, raus auf die Straße, um Hilfe rufen …

Leise stand sie auf und verfluchte das Rascheln, das sie dabei verursachte. Sie schlich zur Wohnzimmertür und spähte ins Dunkel des Flures. Hinter dem Milchglas der Eingangstür schimmerte es hell. Eine Straßenlaterne. Da musste sie hin. Sie schlich weiter.

Die Bewegung hinter sich spürte sie mehr, als dass sie sie hörte. Aber es war zu spät, um zu reagieren. Mit einem Ruck wurde sie nach vorne geschleudert, und mit leichter Verzögerung schnitt ein greller Schmerz quer durch ihren Kopf. Eins über den Schädel … konstatierte sie. Dann war sie weg.

***

Hätte man ihm jetzt die Frage gestellt, wie er sich gerade fühlte, man hätte nur ein hilfloses Schulterzucken geerntet. Denn Manni fühlte sich leer. Leerer als eine Flasche Bier nach dem letzten Zug. Leerer als die Geldbörse seiner Tochter zum Monatsende. Leerer noch als die Batterie eines VW Käfer, bei dem man vergessen hatte, die Scheinwerfer auszuschalten.

Ausgebrannt bis auf das letzte Volt, das war er. Kein Gedanke in seinem Kopf. Nur Watte, Müdigkeit und dieses Loch, in dem er lieber nicht rühren wollte. Was auch immer sich darin befinden mochte, er wollte es nicht haben. Nicht heute Abend. Nicht nach diesem Tag, der wie eine Krankenhaus-Soap begonnen und geendet hatte. Heute Abend galt es nur noch abzuschalten. Die Bilder zu vergessen. Die Ruhrwiesen. Die Menschen in weißen Anzügen. Nicht mehr an Noras Sommersprossen zu denken, die hart aus dem allzu bleichen Teint herausstachen, nicht an die seltsam ausgedünnten Haare und den merkwürdigen Geruch und schon gar nicht an Ruths Worte. Nur an das strahlende Lächeln seiner Tochter wollte er denken und daran, wie sie Paps gesagt hatte. Hübsch den Deckel draufhalten auf diesem Loch. Ein paar Bierchen zischen und dann eine ordentliche Mütze Schlaf nehmen.

Es ging ihr nämlich besser. Er hatte mit ihr geredet. Sie hatte Paps zu ihm gesagt und gelächelt. Unkraut vergeht nun mal nicht. Seine Tochter war zäh. Zäh wie er selbst. Zwei, drei Bierchen, vielleicht noch einen Film … bloß nichts Aktuelles … irgendwas vom Band, und dann schlafen. Mit diesem Gedanken fuhr er die Rübezahlstraße hinauf, bog über die Silberbank ins Schatzreich ein und knallte so hart auf die Bremse, dass der Wagen absoff.

Dort, wo sich sein Haus befand, zuckte es nervös. Licht. Blau. Rotierend. Ein Blaulicht. Vor seinem Haus. Das war zu viel. Das war einfach zu viel. Ich spinne, dachte er. Aber vielleicht träumte er ja auch nur.

Wie in Trance steuerte er den alten Volvo an dem Streifenwagen vorbei, dessen rotierendes Drehlicht auf dem Dach im Sekundentakt gespenstische blaue Blitze in die Dunkelheit schoss, rollte vor die Garage und stieg aus. Ging zur Haustür, wühlte im Schlüsselbund nach dem passenden Schlüssel und sah die zerschlagene Scheibe neben der Eingangstür ... das Fenster zur Abstellkammer ist eingeschlagen ... wollte die Tür aufschließen ... die Tür ist eingetreten ... hängte seine Lederjacke an die leere Garderobe ... da lag ja alles wirr auf dem Boden herum ... stieg über die Jacken und Mäntel hinweg, ging ins Wohnzimmer und setzte sich aufs Sofa.

Verwundert sah er sich um. Ein Traum, eindeutig. Das hier war nicht sein Wohnzimmer. Also irgendwie schon, aber ... das hier, das war Chaos. Leer gefegte Regale, Bücher in wildem Durcheinander auf den Holzdielen, dazwischen Schubladen, den Rücken der Spanplatte nach oben gereckt. Metallisch runde Scheiben glänzten an der einen oder anderen Stelle, CDs, erkannte Manni, und nacktes Plexiglas, Hüllen, aus denen die Booklets herausgerissen waren. Und außerdem roch es hier komisch ...

Neben dem Sofa auf dem Beistelltischchen standen eine Flasche bereits reichlich dezimierten Cognacs sowie ein Glas. War das nicht sein bester Tropfen, der teure für besondere Gelegenheiten? Manni schüttete sich kräftig ein und stürzte das Glas in einem Zug hinunter. Eine Stimme drang zu ihm durch, sehr fern und seltsam weit weg. Die Hand auf seiner Schulter jedoch war warm.

Er folgte der Linie des Armes. Hellbraun ... Breitcord ... wer trägt denn heute noch so was? Ein struppiger Dreitagebart, grau ... ebensolche Haare, im Nacken zu einem Pferdeschwanz zusammengebunden, na, wer's mag ... auf jeden Fall kannte er den nicht ... ganz schön groß, der Kerl, und massig, hatte was Teddymäßiges an sich ... der hatte die besten Jahre auch schon hinter sich gelassen.

Der Teddy bewegte die Lippen, als würde er sprechen, und Manni konzentrierte sich.

»Kamforski«, drang es jetzt zu ihm durch. »Lothar Kamforski ... Kripo Münster ...«

Er träumte, ganz klar!

Jemand zupfte an seiner Hose. Er erkannte Ruth, die vor ihm kniete. Wo kam sie denn plötzlich her?

»Hallo Ruth«, sagte er und hielt sich an ihrem Gesicht fest. »Schön, dass du da bist. Was ist denn hier passiert?«

Ruth schenkte noch einen Cognac ein und reichte ihm das Glas.

»Danke«, sagte Manni. »Kann mir mal einer erklären, was hier los ist?«

»Komm mit in die Küche. Da gibt's Pizza.«

»Oh. Das ist gut.« Ob er damit das zweite Glas Cognac meinte oder die Aussicht auf ein Essen, konnte Manni nicht sagen. Auf jeden Fall merkte er, wie entsetzlich hungrig er war. »Pizza klingt phantastisch.«

Er stemmte sich aus dem Sofa hoch und reichte Kamforski die Hand. »Übrigens, ich bin der Manni.« Dann steuerte er in Richtung Küche.

Am Küchentisch saß Jan. Und diese Frau, die seit ein paar Tagen sein Haus bewohnte. Wo kam die noch mal … ach ja, die Geliebte von Jans Vater, die mit dem seltsamen Namen. Ines? Iris? Egal, er würde schon gleich drauf kommen.

Auch hier roch es merkwürdig. Nach Gas? Der Geruch ging von dieser Frau aus, stellte Manni fest. Ingrid? Ingeborg? Nein, kürzer. Aber das war alles nicht wichtig. Denn auf dem Küchentisch, da lagen zwei aufgerissene Kartons, nicht die kleinen runden, sondern die großen eckigen für Feiern und Familienfeste und so. Pizza, zur Hälfte gegessen und säuberlich in Quadrate gerollert. Eine mit Spinat, Thunfisch und Zwiebeln, die andere mit Salami und Pilzen. Es würde sich gleich alles klären, da war sich Manni sicher. Jetzt jedoch zählte nur eines. Die Pizza. Er begann zu kauen.

»Ich hätte jetzt gerne ein Bier«, sagte er nach dem ersten Stück und leckte sich die Finger ab. »Wenn jemand so lieb sein würde …«

»Kein Alkohol mehr.«

Ruths Stimme? Da brat mir doch einer 'nen Storch. Und eben hatte sie ihn mit Cognac abgefüllt.

»Was soll das?« Manni angelte sich ein weiteres Stück Pizza aus dem Karton. »Ich will einfach nur ein Bier.«

»Nicht bei einem Schock.« Schon wieder Ruth.

»Was hast du denn plötzlich für 'nen Heiligenschein auf?«,

knurrte Manni säuerlich. »Der steht dir nicht. Und was heißt denn hier Schock. Bloß weil ein Fenster eingeschlagen und die Wohnung verwüstet ist und sich hier 'nen Haufen Leute in meinem Haus rumtreiben, die ich entweder gar nicht oder nicht besonders gut kenne, ist das doch noch lange kein Schock.«

Er biss eine große Ecke Teig aus dem Stück auf seiner Hand, kaute, schluckte und säuerte weiter. »Wirklich schön, dass ihr euch alle so wohl bei mir fühlt. Freut mich, ehrlich. Aber vielleicht kann mir jetzt endlich mal jemand erklären, was hier abgeht?«

Auffordernd fixierte er die Frau mit den hellen Haaren und den noch helleren Augen. Idgie, fiel ihm plötzlich ein. So hieß die. »Idgie, bitte … klar mich auf.«

»Gerne.« Idgie grinste beifällig. »Also, das hier ist ein Kriminalhauptkommissar aus Münster.«

»Exbulle«, korrigierte der Grauhaarige sie sanft. »Seit Anfang der Woche glücklicher Pensionär, wenn ich nicht gerade im Auftrag ihrer Majestät unterwegs bin. Kamforski. Lothar Kamforski.«

»Geschüttelt, nicht gerührt.« Idgie prustete los wie ein Schulmädchen, was Manni bei einer Frau in diesem fortgeschrittenen Alter äußerst befremdlich fand. »Aber wie dem auch sei«, fuhr Idgie fort, »den Rest der Bande hier solltest du eigentlich kennen.« Sie kicherte erneut.

Na, die war ja wohl nicht mehr ganz klar, was? Ziemlich benebelt, so viel stand fest.

»Ich glaub, ich koch mal einen starken Kaffee.« Ruth, die bisher schweigend an der Küchenzeile gelehnt hatte, nahm die Glaskanne von der Maschine und ging zur Spüle. Aber anstatt die Kanne unter den Hahn zu halten, zögerte sie und drehte das Wasser wieder ab, um stattdessen zum Mineralwasser zu greifen.

Gut sah sie nicht aus, fiel Manni auf. Sie war kreidebleich, und auf der Stirn schien ein feiner Schweißfilm zu liegen. Manni wunderte das nicht. Auch für sie mussten die letzten Tage mehr als anstrengend gewesen sein. Aber Mineralwasser zum Kaffeekochen? Warum das denn?

Bloß nicht zu tief ins Loch schauen …

Der Kaffee war schwarz wie Tinte und verbreitete einen köstlichen Duft.

Der Exbulle aus Münster blies in das dampfende Gebräu in seinem Becher und nahm vorsichtig einen Schluck. »Jemand hat versucht, Idgie umzubringen«, sagte er dann mit seinem tiefen Bass. »Erst wurde sie mit einem Geländewagen auf ihrem Motorrad bedrängt, dann, als das nicht gelang und sie entwischen konnte, ist jemand hier ins Haus eingedrungen und hat ihr eins über den Schädel gegeben.«

»Du hast mir das Leben gerettet.« Idgie legte die Hand auf Kamforskis Arm.

Was für ein umwerfendes Lächeln, dachte Manni.

»Quatsch. Als ich hier ankam, war schon alles passiert.«

Manni sah, wie Kamforski Idgies Lächeln erwiderte. Gleich darauf fühlte er sich mit seinem Blick konfrontiert. Klar, kühl, analytisch. Ein kluger Blick. Diesen Teddy hier sollte man besser nicht unterschätzen.

»Die Kollegen von der Streife haben das eingeschlagene Fenster bemerkt und sind sofort rein. Sie fanden Idgie bewusstlos im Heizungskeller. Die Gasleitung ist undicht, da tritt Gas aus. Die Kollegen haben erst mal den Haupthahn unten gesperrt. Leider konnte der Typ durch die Gärten abhauen.«

»Meine Gasleitung ist nicht undicht«, protestierte Manni. »Die lasse ich regelmäßig warten. Vor zwei Monaten erst war jemand hier.«

»Das sagt ja auch keiner. An der Anschluss-Stelle ist eindeutig manipuliert worden.«

Das wurde ja immer besser. Einbruch und Mordversuch? In seinem Haus? Bitte, so was nicht mehr heute Abend. Das war zu viel. Deckel auf, Information reingeschubst und Deckel wieder zu. Nicht mehr nachdenken. Heute nicht mehr. Es reichte. Er wollte sich nicht damit auseinandersetzen.

»Wer es zwei Mal versucht, wird es vielleicht auch ein drittes Mal versuchen«, sagte Kamforski düster. »Ich hatte gehofft, dass die Streife die Nacht über vor der Tür bleibt, aber die Kollegen haben kein grünes Licht dafür bekommen. Also werde ich hierbleiben.« Seine Stimme duldete keinen Widerspruch.

»Klar doch. Wir haben hier ja ohnehin seit Wochen Haus der offenen Tür. Fühl dich ganz wie zu Hause«, sagte Manni bissig. »Und jetzt will ich Bier.«

Er stand auf, öffnete die Kühlschranktür und nahm sich eine Pulle. Dann drehte er sich zur Spüle, um die Hände von dem Fettfilm zu befreien, den die Pizza hinterlassen hatte.

Über der Spüle hing ein Zettel. *Kein Leitungswasser!!!*, mit dickem Edding auf ein DIN-A4-Blatt gepinselt und dreimal unterstrichen. Unwirsch schüttelte er den Kopf, wischte die Hände an seinen Jeans ab und hebelte den Kronkorken an der Kante der Arbeitsplatte ab.

Das war der Moment, in dem Ruth an ihm vorbeistürzte. »Ich muss …«, stammelte sie.

Man hörte eine Tür knallen, gefolgt von den typischen Geräuschen, die jemand macht, wenn es ihm den Magen von innen nach außen krempelt. Deutlich. Quälend deutlich. Kein schönes Geräusch.

Genau dieses Würgen brachte das Fass zum Überlaufen. Der Deckel bebte unter dem Druck, gab nach und schoss in die Höhe, gefolgt von einer Flut sorgsam verschlossener Bilder. Männer in Schutzanzügen. Polizei und Einsatzkräfte. Abwasser, das in die Höhe schoss. Gelbe Fässer. Und Nora, immer wieder Nora mit ihren Sommersprossen, der wächsernen Blässe in ihrem Gesicht und den ausgefallenen Haaren. Diese kurzfristige Besserung – man nennt sie auch Walking-Ghost-Phase, hörte er Ruth flüstern. Sie hat die Strahlung im Körper. Er hörte es deutlich. Überdeutlich.

»Nein«, brüllte Manni. Es klang ähnlich qualvoll wie Ruths Würgen aus der Toilette nebenan. »Nein!« Ein verwundetes Tier. »Nein!«

Manni drehte sich um die eigene Achse und schleuderte die Flasche gegen die Wand. Sie zerschellte mit hässlichem Geräusch und ließ eine Fontäne der klebrigen braunen Flüssigkeit auf die Küche los.

»Neeeiiinnn!«

Er packte den Küchenstuhl, auf dem er gesessen hatte, und ließ ihn auf die Anrichte krachen. »Nicht auch noch Ruth …« Erneut schlug er zu, einmal, zweimal, bis das Holz splitternd nachgab. Dann sank er auf dem Fußboden in sich zusammen und fing an zu schluchzen.

Später, nachdem Ruth Manni eine Beruhigungsspitze verabreicht und Idgie und Kamforski ihn ins Bett verfrachtet hatten, später, nachdem Jan sich still und leise und ziemlich verstört nach oben in Noras Zimmer zurückgezogen hatte, später, nachdem sie schweigend die Küche von der klebrigen braunen Flüssigkeit befreit, den Boden gewischt, die Spülmaschine angeschaltet und die Bücher und CDs im Wohnzimmer wieder ins Regal hineingestopft hatten, sehr viel später also saßen Idgie, Kamforski und Ruth an Mannis Küchentisch und schwiegen sich an.

Ruth war immer noch blass um die Nasenspitze. Dumpf starrte sie auf ihre Hände, die merkwürdig brav nebeneinander auf dem Küchentisch lagen. Sie sah nicht hoch. Sie wusste auch so, dass Kamforski und Idgie sie beobachteten. Sie kam sich vor wie bei einem polizeilichen Verhör. Oder bei einem elterlichen.

»Seit wann ist das schon so?«, machte Idgie schließlich den Eröffnungszug. Sie war mittlerweile wieder stocknüchtern. Der starke Kaffee und das Adrenalin, das durch Mannis Zusammenbruch in ihr freigesetzt worden war, hatten den Cognac offensichtlich aus ihrem Blut vertrieben.

»Heute bereits das dritte Mal.«

»Sonst noch irgendwelche Symptome?«

Ruth überlegte. »Nur diese ätzenden Kopfschmerzen«, sagte sie schließlich leise. »Ein bisschen schwindelig ist mir auch und ködderig eben, und ich bin so schrecklich müde.« Sie lachte auf. »Aber das ist ja nun auch wirklich kein Wunder bei den letzten Tagen. Diese Übelkeit, sie kommt in Wellen …« Mitten im Satz brach sie ab.

Den ganzen Tag über hatte sie funktioniert wie eine Maschine. Sie hatte getan, gemacht, geschuftet: medizinische Handbücher gewälzt, Personal instruiert, Krankenakten gelesen, Ergebnisse zusammengefasst, analysiert, recherchiert, Vorträge gehalten, Formulare ausgefüllt, telefoniert, sich mit den Anzugträgern herumgeschlagen, Überzeugungsarbeit geleistet, Medikamente verabreicht …

Nur über sich selbst und diese Übelkeit hatte sie nicht nachgedacht. Gut gemacht, Frau Doktor, dachte sie spöttisch. Auf dich ist wirklich Verlass. Ein Markenzeichen, das Erich besonders an ihr geschätzt hatte, fiel ihr plötzlich ein. Dass auf sie immer Verlass war. Sie schnaubte durch die Nase. Ein gnädiger Akt der Verdrängung, das war's gewesen, was sie heute angetrieben hatte. Jetzt aber packte die Angst ihr mit unbarmherzigem Griff an der Kehle und drückte ihr die Luft weg.

Starke Kopfschmerzen, Durchfall, Erbrechen, hohes Fieber, Schleimhautblutungen, zählte sie sich vor. Zwei der Punkte trafen zu. Zwei. Mehr nicht. Und in Kontakt mit den Abwasserrückständen war sie auch nicht gekommen. Es konnte nicht sein. Oder doch? Vielleicht war es ja schon im Trinkwasser ... aber dann wären doch bereits viel mehr Menschen erkrankt, wenn es dort so hoch dosiert angekommen wäre. Im Trinkwasser musste es sich doch außerdem stärker verdünnen. Wäre das überhaupt möglich? So schnell schon, durchs Trinkwasser? Solche Folgen konnte das unmöglich haben. Sie starrte immer noch auf ihre Hände.

»Also, wenn du mich fragst ...«

»Was?«, fauchte Ruth, denn Idgies Stimme klang merkwürdig wissend. Wollte die sie verarschen?

»Ich meine, zwischen dir und Manni, da läuft doch was, oder täusche ich mich da?«

Ruth hob den Kopf. Ihr Blick verfing sich in Eiskristall, das überraschende Wärme ausstrahlte – und auch Zuversicht.

»Also, ich kenne mich damit ja nicht aus. Aber bei einer Sekretärin im Institut, da war das auch so. Eine einzige elende Kotzerei, von Anfang an. Bist du vielleicht schwanger?«

***

Essen, 10. April

Pünktlich um acht Uhr dreißig verließ Ruth ihren Dienstsitz. Mit schnellen Schritten überquerte sie die verkehrsreiche vierspurige Hindenburgstraße, flitzte um das Grillotheater herum und tauchte in die Fußgängerzone ein, wo sie die nächstbeste Apotheke ansteuerte. Die erste, die sie fand, war noch geschlossen. Also lief sie weiter die Kettwiger hinunter. Erst bei der dritten Apotheke waren die Türen bereits geöffnet. Sie kam sich bescheuert vor, als sie nach einem Schwangerschafts-Frühtest fragte.

Wenig später saß sie in einer Kabine der Damentoilette ihrer Behörde und tunkte den Teststreifen in den Plastikbecher mit Urin. Sie sah dem Zeiger auf der Uhr an ihrem Handgelenk zu, während sie die Minuten zählte.

Eins … zwei … drei … Endlich war die Zeit um.

Den Pappstreifen brauchte sie gar nicht erst aus der gelben Brühe zu holen, um die Farbe zu erkennen. Trotzdem zog sie ihn ans Licht und hielt ihn gegen die Vergleichsfarben auf dem Innendeckel der Packung.

»Treffer versenkt«, murmelte sie sarkastisch. Dann fing sie an zu lachen. Es klang ein wenig nach Hysterie.

Sie goss den Urin ins Klobecken, schob den Teststreifen in die Packung zurück und ließ sie in der Tasche ihrer Jacke verschwinden.

Während sie sich die Hände wusch, sah sie in den Spiegel. Das Neonlicht der Bedürfnisanstalt leuchtete ihr Gesicht gnadenlos aus, und sie musterte sich mit der klinischen Distanz ihres Berufs.

Die Frau im Spiegel war keine zwanzig mehr und auch keine dreißig. Sie hatte die vierzig überschritten, und sie sah nach zu wenig Schlaf und großer Anspannung aus. Die Falten um ihren vollen Mund herum waren tief, was dem Gesicht etwas leicht Verhärmtes gab. Mittelbraunes Haar fiel ihr in stufigen Kaskaden bis auf die Schulter, und ein paar asymmetrisch geschnittene Strähnen ragten frech in die Stirn. Ruth nahm die Brille von der Nase. Auch ihre Augen wirkten müde.

So was kann auch nur dir passieren. Schwanger kurz vor dem Verfallsdatum. Sie schnaubte durch die Nase.

Früher hatte sie sich immer ein Kind gewünscht. Aber nicht während der Ausbildung und auch nicht während der Zeit als Assistenzärztin. Erst als sie fest angestellt war, hatte sie nicht mehr verhütet, klammheimlich und mit einem schlechten Gewissen Erich gegenüber, weil sie es nicht mit ihm besprochen hatte. Da war sie dreiunddreißig gewesen. Sieben Jahre lang hatte sie nichts unternommen, um eine Schwangerschaft zu vermeiden. Sieben verdammte Jahre lang. Und nichts war passiert. Sie hatte gedacht, es läge an ihr.

Aber es musste wohl Erich sein, der steril war. Denn kaum, dass sie mit diesem hilfsbereiten Ruhrgebiets-Macker, diesem glatzköpfigen, tätowierten Kerl mit dem prolligen Charme und den amüsanten Sprüchen, in die Kiste stieg, wurde sie schwanger.

Er hat mir gutgetan, gestand sie sich ein. Aber deswegen … in fünf Monaten wurde sie einundvierzig! Das war jetzt echt zu blöd, um wahr zu sein.

Sie drehte den Hahn erneut auf, bildete mit den Händen eine Schale, ließ das Wasser hineinrinnen und wollte ihr Gesicht in die klare Flüssigkeit tauchen. Mitten in der Bewegung hielt sie inne und starrte auf das Nass in ihren Händen. Was machst du denn da, dachte sie erschrocken, ließ das Wasser ins Becken platschen und trocknete sich sorgfältig die Hände ab.

Die Übelkeit regte sich wieder und schlich auf leisen Pfoten durch ihren Magen. Ruth setzte die Brille zurück auf die Nase und lächelte sich an, während die Erleichterung sich wärmend in ihr ausbreitete wie heißer Kakao. Es war nicht das Wasser, weswegen ihr übel war, und es war auch nicht die Strahlenkrankheit. Sie war nur ein kleines bisschen schwanger, mehr nicht.

***

Zunächst fiel Manni nichts weiter auf. Dank der Spritze, die Ruth ihm verabreicht hatte, hatte er nicht nur lange, sondern sogar tief geschlafen und fühlte sich ausgeruht. Er fand eine Nachricht von Ruth vor, in der sie beteuerte, dass es ihr wieder gut gehe, nur eine kleine Magenverstimmung, mehr nicht, und war schnell bereit, das zu glauben. Nun war er unterwegs zum Klinikum, wo er noch mal nach Nora schauen wollte, bevor er sich wieder im Büro blicken ließ.

Schon als er Alt-Rellinghausen verließ und sich mit dem Auto langsam auf der Frankenstraße in Richtung Bredeney voranschob, begann er sich zu wundern. Ziemlich hohes Polizeiaufkommen. Grüne an jeder Straßenecke, und auf den Straßen war mächtig viel los, erstaunlicherweise in beide Richtungen, und noch erstaunlicher, weil der morgendliche Berufsverkehr doch eigentlich schon hätte vorbei sein müssen, denn es war bereits kurz nach zehn.

Auch auf den Bürgersteigen waren ungewöhnlich viele Menschen unterwegs, flossen hin und her, seltsam ziellos, um dann wieder in Grüppchen stehen zu bleiben und leise miteinander zu sprechen.

Eine Rastlosigkeit hing in der Luft, die fremd war. Im Süden hätte Manni das vielleicht normal gefunden, in Rom oder in Florenz an einem heißen Sommerabend. Aber es war weder heiß, noch war es Abend, und im Süden waren sie erst recht nicht. Außerdem hatte die Rastlosigkeit, die über der Stadt lag, nichts Heiteres an sich. Sie war gedämpft, und auch das passte nicht zum pulsierenden Leben auf einer italienischen Piazza.

Ein Streifenwagen bahnte sich den Weg, das Blaulicht angeschaltet, jedoch vollkommen tonlos, was bedrohlich wirkte, viel bedrohlicher als die Sirene eines Martinshorns. Die Autofahrer versuchten hektisch, zur Seite zu rangieren und eine Gasse für den blau-weißen Streifenwagen frei zu machen.

Dann hörte Manni den Lautsprecher.

***

Mit federnden Schritten und vielleicht ein kleines bisschen aufrechter als sonst ging Ruth den langen Flur zu ihrem Büro zurück und rollte sich schwungvoll an ihren Schreibtisch heran.

Dann tauchte Grothe in ihrem Büro auf. Mit knappen Worten teilte er ihr mit, dass es jetzt losgehen würde.

»Na endlich«, kommentierte Ruth trocken.

Grothe rollte mit den Augen und tippte sich an die Stirn. »Besser spät als zu spät.« Seine Stimme klang bitter. »Sie halten weiterhin den Kontakt zu Krankenhäusern und zum Landesamt für Umweltschutz. Sobald die Analysen fertig sind, sehen wir weiter. Ich bin im Rathaus erreichbar.«

Seine Miene verdüsterte sich, während er auf ihren Schreibtisch starrte.

Sie folgte seinem Blick. Oben auf einem Stapel Papier lag die Verfahrensanleitung des Katastrophenschutzes NRW.

»Machen Sie sich auf einiges gefasst«, sagte er bedrückt. »Draußen herrschen bald notstandsähnliche Verhältnisse.«

Ruth sah ihm nach, während Grothe den Raum verließ. Seine Schultern waren gebeugt, als würde ihn eine schwere Last niederdrücken.

Radioaktiv verseuchtes Grundwasser, dachte Ruth. Wie wollen die das hier bloß in den Griff bekommen? Sie musste aufpassen. Um nichts auf der Welt wollte sie dieses kleine Wesen in sich gefährden.

***

»Achtung, Achtung …«, schallte es blechern.

Manni kurbelte das Fenster herunter.

Achtung, Achtung, hier spricht die Polizei. Entnehmen Sie kein Wasser aus den Leitungen, auch nicht zum Waschen und Kochen. Im gesamten Essener Stadtgebiet ist ab sofort das Wasser abgestellt. Benutzen Sie kein Wasser mehr aus den Leitungen, auch wenn noch Wasser fließen sollte! Nehmen Sie kein Wasser mehr aus den Leitungen. Achtung, Achtung, hier spricht die Polizei … Zentrale Wasserversorgungsstellen sind eingerichtet. Bitte, bleiben Sie ruhig … Achtung, Achtung … Es besteht kein Grund zur Panik. Sobald das Ganze geklärt ist, werden wir Sie wieder informieren. Auch die Radiosender halten Sie auf dem Laufenden … Achtung, Achtung, hier spricht die …

Jetzt ist es also so weit, dachte Manni. Es hatte etwas mit den Ruhrwiesen zu tun und mit der unheimlichen Szene, der er am Vortag beigewohnt hatte.

Ein hässliches Geräusch schräg hinter ihm auf der Straße ließ ihn hart auf die Bremse treten. Gequältes Kreischen, Blech auf Blech. Dann für einen kurzen Moment Stille. Manni duckte sich und wartete auf den Einschlag in seinem eigenen Wagen. Aber nichts passierte, und er sah, dass sich zwei Pkws auf der gegenüberliegenden Spur ineinander verkeilt hatten, trotz des

Schneckentempos. Ein Unfall, der Hektik geschuldet und der Angst, die der Streifenwagen verbreitete, der sich so gespenstisch den Weg durch die schmale Gasse in der Mitte der Straße bahnte. Einer der Polizisten stieg aus und ging zurück zur Unfallstelle.

Eine junge Frau starrte ihm aus dem Fenster ihres Astra entgegen. Sie ließ das Fenster herunter, kreidebleich, und reichte ihm ihre Papiere, nur, um das Fenster augenblicklich wieder hochzufahren. Sie hatte Panik. Und sie erinnerte Manni an Nora.

Aber auch auf seiner Spur war an Vorankommen kaum zu denken. Vermutlich war das nicht der einzige Unfall dieser Art. Und während das Blaulicht sich weiter gespenstisch drehte und die Tonbandansage monoton ihr »Achtung, Achtung« runterleierte, rangierte Manni seinen Wagen kurz entschlossen auf den Bürgersteig und stieg aus.

»He, Sie können doch nicht …«

Oh doch, und wie er konnte. Ohne sich umzudrehen, winkte er einen Abschiedsgruß mit der Hand und lief zu Fuß weiter. Er wollte zu Nora. Jetzt.

***

Kamforski wanderte unruhig durchs Haus. Er wartete darauf, dass das Telefon endlich klingeln würde, und er wartete darauf, dass Idgie endlich aufwachte. Aber das Telefon schwieg beharrlich, und Idgie hatte offensichtlich den Schlaf einer Bärin im Winter. Jedes Mal, wenn er sich leise dem kleinen Zimmer näherte, in dem sie ihr Lager aufgeschlagen hatte, hörte er ihre gleichmäßigen, tiefen Atemzüge, zwischen die sich manchmal ein ordentlicher Schnarchlaut mischte. Dass sie schlief, war einerseits gut, denn sie hatte ordentlich eins über den Schädel bekommen. Andererseits wollte Kamforski sie nicht allein lassen. Auf keinen Fall. Der Täter konnte nicht davon ausgehen, dass sie tot war. Zu schnell war er durch die Essener Kollegen gestört worden. Trotzdem hatte er noch Zeit genug gehabt, das Haus zu durchsuchen und die externe Festplatte mitgehen zu lassen. Kein wirklicher Verlust, denn Kamforski hatte alle Dokumente längst auf seinen Stick gepackt.

Damit war Idgie aber noch lange nicht aus der Schusslinie. Kamforski war sich sicher, dass sie auf der Abschussliste stand und ein nächster Versuch, das umzusetzen, in nicht allzu ferner Zukunft lag. Die Idee, sie zurück zu ihrem Häuschen zu fahren, hatte er schnell wieder verworfen. Bei ihm zu Hause in Münster, da wäre sie sicher. Dort wollte er sie hinbringen, und deshalb wartete er ungeduldig darauf, dass sie endlich wach wurde. Den leisen Zweifel, ob sie sich darauf einlassen würde, ignorierte er geflissentlich. Es war die vernünftigste Lösung und damit basta. War sie erst einmal in Sicherheit, konnte er endlich in die Offensive gehen und den Stier bei den Hörnern packen.

Ungeduldig sah Kamforski auf die Uhr an seinem Handgelenk. Es war schon weit nach Mittag. Schwarzer Geländewagen, DU-PF 7 – daraus musste sich doch was machen lassen. Sein Exkollege ließ sich viel zu viel Zeit mit der Halterabfrage. So schwer konnte das doch wohl nicht sein.

Endlich vibrierte sein Mobiltelefon in der Hosentasche.

»Sag mal, was ist denn da los bei euch?« Rotermunds Stimme klang genervt. »Ich versuche es seit mehreren Stunden, bin überhaupt nicht durchgekommen.«

»Keine Ahnung. Vielleicht ist hier das Netz nicht so gut ausgebaut?« Eher unwahrscheinlich, dachte Kamforski gleichzeitig. Nicht in einer Großstadt wie Essen. »Hast du was für mich?«, drängte er ungeduldig.

»Ja klar. Soll ich dir die Liste irgendwohin faxen?«

»Besser per Mail. Wie viele sind es denn?«

»Nicht viele. Einige private, einige Firmenwagen. Geländewagen nur ganz wenige. Aber vielleicht kennt sich die Lady ja nicht so aus mit Autos.«

Kamforski ärgerte sich über das Feixen, das diesen Satz zu begleiten schien. »Quatsch«, sagte er nur. »Sag mal was zu den Firmenwagen.«

»Da ist so eine Reinigungsfirma für Rohre. Firmensitz Duisburg-Rheinhausen. Preparing of Industriel Facilities GmbH, so heißen die. Die haben einige Fahrzeuge mit dem Kennzeichen DU-PF laufen, etliche Lkws, aber auch Pkws, und sich sogar einige Kennzeichen in der Siebener-Serie reservieren lassen.«

Die PoIF? Kamforski pfiff leise durch die Zähne. »Ein Ranger ist zufälligerweise nicht darunter?«, fragte er heiser.

***

Manni drängte sich durch Trauben von Menschen hindurch, die schweigsam die Straßen bevölkerten. Aus der Ferne hörte er, wie sich ein weiterer Lautsprecherwagen langsam den Weg durch die Blechlawine bahnte, die die Straßen verstopfte.

»Achtung, Achtung, hier spricht die … bleiben Sie ruhig … kein Grund zur Panik …«

Eine Dreiviertelstunde später hatte Manni das Klinikum erreicht. Auch hier herrschte hektische und dennoch seltsam schweigsame Betriebsamkeit. Ängstliche Angespanntheit lag in der Luft, als würden die Menschen darauf warten, dass etwas Schlimmes passiert, ein Fliegerangriff beispielsweise oder eine Explosion. Es roch nach Ausnahmezustand, nach Krieg und Katastrophe. Endlich erreichte Manni die Station, auf der Nora lag.

»Schrecklich …«, sagte die Schwester, von der er noch vage im Kopf hatte, dass sie Dorothea hieß. Sie wirkte müde und sorgenvoll. »Das Grundwasser ist vielleicht verseucht. Bis die geklärt haben, ob das tatsächlich der Fall ist, gibt es kein Wasser mehr aus der Leitung. Schlimm. Wirklich schlimm ist das.«

»Eine Klinik ohne Wasser, das geht doch gar nicht«, sagte Manni. »Wasser braucht es doch überall. Für einfach alles. Wie soll das denn gehen mit den ganzen Kranken?«

»Wir bekommen Tanks vom Technischen Hilfswerk. Die richten überall Verteilungsstellen ein. Aber die Kliniken werden separat versorgt.«

»Wenn die mal durchkommen zu Ihnen. Da draußen ist der Teufel los.«

»Zwei Tanks sind bereits heute früh gebracht worden. Wir werden sehen, wie weit wir damit kommen. Dennoch«, Schwester Dorothea lächelte ihn an, »gibt es doch auch Erfreuliches zu berichten. Gehen Sie ruhig rein. Ihre Tochter hat gerade etwas gegessen. Sie werden sehen …«

Als Manni vom Klinikum aus zu seiner Arbeitsstelle lief, pfiff er laut vor sich hin und vermutlich auch falsch. Der seltsame Aufruhr um ihn herum perlte an ihm ab. Er konnte ihn nicht erreichen.

Er war so unsäglich erleichtert. Sein Kind hatte gegessen. Sie war ansprechbar, und sie hatte sich gefreut, dass er kam. Gut sah sie nicht aus, wie ein junger Vogel in der Mauser. Aber es ging ihr besser. Viel, viel besser.

***

»Großer Gott, was ist denn hier los?«, brummte Kamforski verwundert.

Idgie warf ihm einen skeptischen Blick von der Seite her zu. »Du glaubst an Gott?«

»Bei dem, was ich in meinen Berufsjahren so alles zu sehen bekommen habe? Eher nicht. Genauso gut hätte ich ›Was zum Teufel‹ sagen können.«

»Das ist die andere Seite derselben Medaille.«

»Trotzdem würde ich gerne wissen, was da unten los ist. Die ganze Straße ist verstopft.«

»Wahrscheinlich ein Unfall. Da tummelt sich auch eine stattliche Zahl an Fußvolk. Schaulustige.«

Dann hörten sie den Lautsprecher. *Achtung, Achtung, hier spricht die Polizei …*

Idgie fuhr das Fenster herunter. *… entnehmen Sie kein Wasser aus den Leitungen …*

»Großer Gott«, murmelte Kamforski erneut. »Sie machen es tatsächlich öffentlich. In der Haut meiner Essener Kollegen möchte ich jetzt nicht stecken.«

»Warum?«

»Weil hier bald eine handfeste Massenpanik im Gang sein wird. Und die ist alles andere als gut zu steuern.«

»Hast du so was schon mal erlebt?«

»Nicht selber. Aber denk an die Geschichte mit der Loveparade in Duisburg, an das Tote-Hosen-Konzert in Düsseldorf oder an die Massenpanik 2010 in Mekka, wo fast tausend Pilger zu Tode kamen. Menschen in Todesangst sind unberechenbar. Das letzte bisschen Vernunft geht flöten. Panik kehrt die Bestie in uns raus. Da will jeder nur noch seine eigene Haut retten, bestenfalls noch die seiner Liebsten.«

»Und bei dir?«

Kamforski warf ihr einen irritierten Blick zu. »Ich verstehe deine Frage nicht.«

»Na, du hast von ›uns‹ gesprochen. Panik kehrt die Bestie in uns raus. Welche Bestie steckt in dir?«

Kamforski zuckte mit den Schultern. »Ich weiß es nicht. Meine Bestie habe ich noch nicht kennenlernen müssen. Gott sei Dank.«

»Und du bist doch ein frommer Apostel«, sagte Idgie düster. »Wie geht es hier jetzt weiter in der Stadt? Was sagt die Bullenerfahrung?«

»Beschissen. Wenn das Stichwort Radioaktivität erst kursiert, dann wird's brutal, glaub mir, dann ist hier der Teufel los. Das wird noch ein ganz anderes Kaliber als damals die Loveparade. Loveparade hoch zehntausend, ungefähr so.«

Idgie sah aus dem Fenster. »Dann solltest du den Wagen jetzt an den Rand quetschen, und wir laufen zurück zu Manni. Aus der Stadt raus kommen wir so auf jeden Fall nicht.«

»Hast du Angst?«

»Ja«, sagte Idgie. »Ich habe das Gefühl, ich sitze in der Falle.«

»Wir könnten die Stadt zu Fuß Richtung Süden verlassen.«

»Und Ruth und Manni und Jan? Die lass ich doch jetzt nicht im Stich. Und die können nicht weg hier. Ihre Jobs … und Nora.«

***

Im Verborgenen der Nacht hatte die Bundeswehr von der Stadt Besitz ergriffen, und aus dem ganzen Bundesland waren Polizeieinheiten zusammengezogen worden.

Zunächst hielten sie sich dezent im Hintergrund. Die Bevölkerung bemerkte es erst gar nicht. Die Menschen standen brav Schlange an den großen Versorgungstanks und wanderten mit gefüllten Trinkwasserkanistern wieder nach Hause. Sie wunderten sich über die Zelte, die allenthalben auf den öffentlichen Plätzen aufgebaut wurden. Hilfsorganisationen und Katastrophenschutz waren dabei, möglichst diskret ihre mobilen Einsatzstationen aufzubauen und sich auf das vorzubereiten, was hoffentlich nicht eintreten würde.

Dann geisterte das erste leise Gerücht durch die Stadt. Wer auch immer nicht dichtgehalten hatte (und eigentlich war es erstaunlich, dass die Nachrichtensperre immerhin einen Tag lang eingehalten worden war): Nun lief es wie ein unsichtbarer Schwelbrand durch die Stadt, dass es sich bei der Verunreinigung des Trinkwassers um eine radioaktive Verseuchung handelte.

Die inoffizielle Nachricht breitete sich aus, nahm Besitz von Büros, von Lebensmittelläden, von Behörden, von Kindergärten und Schulen. Aus dem Schwelbrand wurde ein Lauffeuer, dann ein Flächenbrand, und plötzlich brannte die Stadt lichterloh. Wer hier nicht wohnte, wer andernorts eine Zuflucht besaß, stieg in sein Auto und versuchte, aus der Stadt herauszukommen. Die Menschen verließen ihre Arbeitsplätze mitten am Tag, hasteten kopflos umher, rafften ein paar Sachen zusammen und machten sich auf die Flucht.

Eine Flut von Telefonaten ergoss sich über die eingerichteten Hotlines der Stadt, so zeitgleich und gewaltig, dass das Telefonnetz in Windeseile zusammenbrach. Der Verkehr auf den Straßen kam vollständig zum Erliegen, und nachdem die Bürgersteige mit wild geparkten Fahrzeugen aller Art komplett zugepflastert waren, begannen die Ersten, ihre Fahrzeuge mitten auf der Fahrbahn zu verlassen, um der Gefahr zu Fuß zu entkommen.

Zu spät wurden die Lautsprecheransagen geändert und die Bevölkerung ermahnt, Ruhe zu bewahren, bis die Sachlage geklärt sei. Es half nichts mehr. Die Einsatzwagen, die diese Meldung verbreiten sollten, blieben selbst im Chaos stecken.

Über diesem Szenario schwebten die Hubschrauber diverser Fernsehsender, und die Aufnahmen aus der Luft, die Ketten von Menschen in ABC-Anzügen zeigten, die systematisch die Ufer der Ruhr absuchten, trugen nicht dazu bei, die Lage zu entschärfen.

Als die ersten Menschen anfingen, Supermärkte und Getränkegroßhandlungen zu stürmen und zu bunkern, was an Vorräten gerade eben zu bunkern war, begannen Polizeieinheiten vorzurücken. Die ersten Schlagstöcke wurden eingesetzt, und die

Menschen drängten hektisch hin und her, ohne zu wissen, wohin sie eigentlich sollten.

Dann machte der ODL-Alarm die Runde. Radioaktivität nicht nur im Wasser, sondern auch noch in der Luft? Die Panik war vollkommen. Menschen, die versuchten, zurück in ihre Häuser zu kommen, rissen sich gegenseitig zu Boden und trampelten über die am Boden Liegenden hinweg. Einige wurden zu Tode getreten, Herzkranke erlitten Infarkte und starben auf offener Straße, Frauen bekamen ihre Kinder ohne medizinische Versorgung, Asthmatiker erstickten, und Unfallopfer verbluteten. Die Rettungswagen hatten keine Chance, zu den Verletzten vorzudringen.

Erste Spekulationen über die Gründe für dieses Desaster flossen nun offiziell über den Äther.

Ein Atomunfall. In Essen!

***

»Die Frau da … warum hilft denn bloß keiner! Die trampeln einfach über sie drüber …«, stotterte Jan. »Die können doch nicht … warum hilft ihr denn keiner …« Tränen rannen aus seinen Augen, während er mit schreckgeweiteten Pupillen auf die aufwühlenden Bilder starrte, die die Kamera eingefangen hatte. Es waren unstete Bilder, die einem das Gefühl vermittelten, sich inmitten des Gedränges zu befinden, den Blick in kurzen Sequenzen auf Rücken, Ellenbogen, aufgerissene Münder, panische Augen, trampelnde Füße ausgerichtet, auf die Frau, die dort auf dem Boden lag und nicht mehr hochkam. Dann wurde die Kamera weitergetrieben, fing braune Stiefel ein, in Reihen formiert, glitt über spiegelndes Plexiglas und erhobene Schlagstöcke. Schließlich brach der Film ab.

»Da draußen ist Krieg«, schluchzte Jan. »Siehst du das nicht? Die gehen mit Schlagstöcken vor. Die … das können die doch nicht …«

»Hey Kleiner.« Richy legte den Arm um Jans Schultern und rüttelte ihn sanft. »Das ist wirklich furchtbar.« Daran, dass er auf den üblichen melodiösen Singsang in der Stimme verzichtete, merkte man, wie schockiert er selbst war. »Aber das Material ist gut. Wir werden hier überhaupt nichts schneiden. Davor noch ein paar Bilder aus dem Hubschrauber und dann diesen Film hier. Das ist wirklich gut.«

»Wie kannst du jetzt …«

»Glaubst du, irgendjemandem ist damit geholfen, wenn wir diese Bilder nicht senden? Die Öffentlichkeit hat ein Recht darauf, sie zu sehen.«

Jan sah ihn an, als wäre er von einem anderen Stern. »Du willst das wirklich senden?«

»Hör zu, Jan. Was ich da sehe, ist entsetzlich, und es geht mir absolut nicht am Arsch vorbei. Aber das ist nun mal mein Job. Ich bin Profi, und ich werde dafür bezahlt, Bericht zu erstatten. Und genau das tue ich. Dieser Film hier, so zynisch dir das vielleicht erscheinen mag, ist perfekt, denn er zeigt, was da draußen los ist. Wir müssen ihn mit den Luftaufnahmen zusammenschneiden. Dafür braucht es professionelle Distanz. Wenn du das nicht hinkriegst, bist du leider fehl am Platz in unserem Beruf. Und jetzt komm. Wir haben noch eine halbe Stunde, dann müssen wir fertig sein. Danach bringe ich dich mit dem Moped nach Hause. Mit dem Auto kommst du heute nirgendwo mehr durch.«

KAPITEL 15

Essen, 11. April

Ruth seufzte. Auch in der letzten Nacht hatte sie nicht viel geschlafen. Die wenigen Stunden, die sie im Bett gelegen hatte, waren mit völlig ineffektiven Grübeleien verbunden gewesen. Denn als sie gerade dabei gewesen war, einzuschlafen, war ein Gedanke durch ihren Kopf gehuscht. Einer, der eigentlich keinen Aufschub duldete. Sie hätte sich in den Arsch treten können.

Also war sie aufgestanden und hatte versucht, ihre Kontaktperson vom LANUV aus dem Bett zu klingeln. Es war ihr nicht gelungen, und das verstand sie sogar. Irgendwann musste auch er mal schlafen, denn die Jungs vom Landesamt waren seit Tagen im Dauereinsatz.

Dann hatte sie versucht, Manni zu erreichen und ihn zu warnen. Aber auch er ging nicht ans Telefon. Flüchtig überlegte Ruth, einfach durch den Garten zu gehen und durch die Küchentür, die vermutlich mal wieder nicht abgeschlossen war, zu ihm hineinzumarschieren. Aber sie entschied sich dagegen.

Am liebsten hätte sie augenblicklich die Stadt verlassen. Doch das gleiche Verantwortungsgefühl, das sie dazu trieb, nicht einfach durch die Hintertür ins gegenüberliegende Haus einzudringen, brachte sie dazu, hier noch etwas auszuharren. Nicht etwa von Berufs wegen, da war sie nur noch Statist, weil ihr das Thema mittlerweile komplett aus der Hand genommen worden war. Sie sorgte sich einfach um ihre neuen Freunde, die ihr in kürzester Zeit ans Herz gewachsen waren, als wären sie eine Familie. Trotzdem ging sie nicht hinüber. Nicht nach dieser Erkenntnis. Sie hatte Angst.

Stattdessen wälzte sie sich weiterhin schlaflos im Bett herum und ging in Gedanken Schritt für Schritt die beiden Abende durch, an denen sie Nora untersucht hatte. Ihre Haut hatte nach frischem Duschgel gerochen, erinnerte sich Ruth. Nora hatte in einem fort geplappert, und nur die blutigen Schrammen und Aufschürfungen hatten von dem Unfall gezeugt.

Und dann? Jan hatte sie direkt an ihrer Haustür abgefangen, und sie war sofort mit ihm mitgekommen, ihre Arzttasche noch in der Hand. Sie sah sich selbst, wie sie die Tasche öffnete und sich die dünnen Einweghandschuhe überzog. Jahrzehntelange Routine. Wie die, sich abends im Waschkeller zuallererst sämtlicher Klamotten zu entledigen, die sie im Berufsalltag getragen hatte, und zu duschen. Bloß keine Keime aus der Klinik in die Wohnung tragen, ins eigene Heim. Eine Marotte, die Erich fast zur Weißglut getrieben hatte. Zwanghaft ist das, hatte er gemeckert. Aber in diesem Punkt war sie unnachgiebig gewesen, und zähneknirschend hatte er sich angepasst.

Nora jedoch zählte nicht zu ihrem Berufsalltag. Hatte sie wie üblich die Schuhe ausgezogen und in das Schuhregal im kleinen Vorraum gestellt? War sie danach wie üblich auf nackten Sohlen als Erstes hinunter in die Waschküche gegangen? Hatte sie die Kleidung in den Wäschekorb gestopft und sich dann sofort unter den heißen Strahl der Dusche gestellt? Sie wusste es nicht mehr genau. Denn Nora, das war privat gewesen. Und wie war das am nächsten Abend abgelaufen, als sie Nora ins Krankenhaus gebracht hatte?

Sie war sich nicht sicher. Zu verschwommen die Tage, zu viele Fragen, die sie nicht beantworten konnte.

***

Manni hatte sich abends mit Bier abgeschossen und zu allem Überfluss eine Schlaftablette draufgepackt, was ihm zu einem bleiernen, traumlosen Schlaf verholfen hatte, aus dem es nun schwer war, sich zu lösen.

Es klingelte Sturm, und als er völlig verpennt zur Tür tappte und sie öffnete, standen da zwei Männer, die sich als Berufsfeuerwehr auswiesen und ihn höflich, aber unmissverständlich aufforderten, mit ihnen zu kommen.

Vor dem Haus parkte ein roter Rettungswagen. Von da an lief alles wie in einer filmischen Sequenz vor ihm ab, und Manni war sich selbst merkwürdig fremd, als würde das alles jemand ganz anderes erleben.

»Befinden sich noch weitere Personen im Haus?«, fragte der Kleinere der beiden.

»Ja …« Manni zögerte. »Aber …«, fügte er hinzu und überlegte gleichzeitig, ob Jan überhaupt nachts dagewesen war, denn er konnte sich nicht mehr erinnern, ihn am Abend zuvor gesehen zu haben. Er konnte sich überhaupt nur noch an wenig erinnern. Da war die Wölfin gewesen und hatte ihm irgendeine Suppe eingeflößt. Schien einen Suppentick zu haben. Dauernd gab es Eintopf, wenn sie die Sache in die Hand nahm. Dann war da auch noch der Bezopfte, dieser Exbulle. Manni meinte sich daran zu erinnern, dass er ihm das Bier weggenommen und ihn in sein Schlafzimmer verfrachtet hatte. Aber ganz sicher war er sich da nicht. Und Jan?

»Zwei bis drei, glaube ich«, sagte er vorsichtig und wies vage die steile Treppe hinauf. »Wenn sie nicht schon weg sind.«

Der kleinere der Feuerwehrmänner zog sich die Kapuze seines Anzugs über den Kopf, legte einen Mundschutz vor und machte sich auf den Weg nach oben. Er trug Überzieher aus Plastik und ebensolche Handschuhe.

»Würden Sie bitte schon mal einsteigen?«

»Nein«, sagte Manni. »Warum sollte ich?«

»Verdacht auf Kontamination. Würden Sie bitte einsteigen?«, forderte der Mann ihn erneut auf.

»Mir fehlt nichts«, sagte Manni stur und wollte ins Haus zurückgehen.

»Da können Sie jetzt nicht rein. Geben Sie uns bitte einen Schlüssel«, forderte der Mann ihn auf.

»Aber ich muss pissen …«, begehrte Manni auf. »Das ist mein Haus. Ich werde doch wohl …«

»Sie können da jetzt nicht wieder rein«, wiederholte der Mann in einem Tonfall, als spräche er mit einem störrischen Kleinkind. »Steigen Sie bitte ein.«

»Den Teufel werd ich.«

Der Mann seufzte. »Eine Spezialeinheit geht da gleich durch. Bitte, seien Sie doch vernünftig.«

Manni wollte gerade zu einer Antwort ansetzen, als Jan mit dem zweiten Feuerwehrmann in der Tür des Hauses auftauchte.

Er war ziemlich bleich um die Nasenspitze und kletterte wortlos in den Rettungswagen. Gleich darauf stiefelte Idgie die Treppen herunter. Sie wechselte ein paar Worte mit dem Uniformierten, der daraufhin noch mal im Haus verschwand. Als er zurückkehrte, schleppte er einen unförmigen Plastiksack, der schwer zu sein schien, und wuchtete ihn in den Rettungswagen.

»Vorsicht, da ist mein Netbook drin«, rief Idgie und kletterte ebenfalls ins Fahrzeug. »Kommst du, Manni?« Sie streckte ihm auffordernd ihre Hand entgegen. »Komm jetzt. Bitte!«

Zögernd stieg Manni ein.

***

Das Zelt auf dem Karree am Stadtwaldplatz, auf dem sonst der Wochenmarkt stattfand, war groß und grau und nahm fast die gesamte Fläche des Platzes ein. Der Feuerwehrmann murmelte etwas, das wie »Faudikon« klang, als er Manni ins Zelt schob. Unmittelbar hinter Manni drängelte Jan nach. Er schien es eilig zu haben. Idgie wurde angewiesen, draußen zu warten.

Manni sah sich um. Fünf Personen befanden sich im Zelt. Sie trugen gelbe, merkwürdig aufgeblasene Schutzanzüge, die selbst die Köpfe umhüllten. Das grelle Licht im Zelt reflektierte auf den großen Plexiglasscheiben vor den Gesichtern. Ihre Füße steckten in ebenfalls gelben Schuhen, die nach einem Mittelding zwischen Moonboots und Gummistiefeln aussahen.

Einer der Gelben, der Kleinste der ganzen Bagage, stapfte auf Manni zu, und als er direkt vor ihm stehen blieb, konnte Manni das Gesicht hinter der spiegelnden Scheibe erkennen.

»Ich bin's«, sagte Ruth und legte ihm eine schwarz behandschuhte Pranke auf den Arm.

»Kannst du mir mal erklären, was das soll?«, raunzte Manni sie an.

»Wir müssen prüfen, ob du kontaminiert bist«, erklärte Ruth leise. »Ich habe die Prozedur auch schon hinter mich gebracht. Ich bin clean.«

»Hä?« Manni fühlte sich immer noch mächtig bräsig im Kopf. Alkohol und Schlaftablette. Scheiß Kombination, dachte er sauer.

»Dein Haus wird gerade untersucht. Kleidung wirst du hier bekommen, falls du erst mal nicht zurückkannst.«

»Warum sollte ich das nicht können?«, fragte Manni verwundert.

»Nora ist nach ihrem Unfall direkt nach Hause, und sie ist in den Matsch auf der Straße geknallt. Als ich sie untersucht habe, hatte sie ihre dreckigen Klamotten überall im Haus verstreut. Manni …«

»Willst du mich verarschen? Du hast doch selbst gesagt, die Scheiße wär nur gefährlich, wenn man sie schluckt!«

»Stimmt. Aber Nora ist in Steele direkt in das verseuchte Abwasser gefallen, und …« Ruth stockte. Ihr Gesicht hinter dem Plexiglas wirkte bedrückt, so, als wüsste sie nicht recht, wie sie fortfahren sollte.

»Ja?« Manni suchte ihre Augen hinter dem Plexiglas, konnte aber lediglich die runde Hornbrille deutlich erkennen. Ruths Stimme verriet ihm jedoch auch so, wie ernst es stand.

»Sie hat die Strahlung vermutlich im ganzen Haus verteilt«, flüsterte Ruth. »Überall, wo du hinfasst, könnte es sein. Dann hast du es an deinen Händen, an deiner Haut, an den Lebensmitteln, die du anfasst, und schließlich auch im Mund. Da darfst du erst mal nicht mehr hin. Wir müssen dich reinigen. Du könntest sie weiterverteilen, die Strahlung, mit den Schuhen beispielsweise. Bei jedem der bisher Erkrankten werden die Wohnungen untersucht, Wohnungen, Autos, Arbeitsplätze und die Angehörigen selbst natürlich auch … einfach alles, was mit diesen Menschen in Kontakt war. Du musst dich jetzt ausziehen.«

»Ich soll was?«

»Ausziehen, hast du doch gehört«, ertönte Jans Stimme neben ihm so schroff, dass Manni zusammenzuckte. Er hatte ihn gar nicht mehr wahrgenommen. Jetzt jedoch sah er, wie Jan begann, sich aus seiner Kleidung zu schälen.

»Auch die Unterwäsche?«, fragte Jan.

»Alles«, sagte Ruth. »Ihr müsst da durch die Schleuse. Geht einfach durch. Dann werdet ihr gereinigt.«

Sie wies auf zwei nebeneinanderliegende Zeltkabinen, aus denen schmale, gesprosste Gestelle herausragten.

Manni beobachtete Jan, wie er nackt zu einer der beiden Schleusen tappte. Er hat Angst, registrierte Manni und horchte in sich hinein. Aber er selbst spürte nichts dergleichen. Nur grenzenlose Verwunderung.

»Beeil dich«, drängelte Ruth. »Was meinst du, wie viele hier noch durchmüssen.«

Manni seufzte, streifte seine Klamotten ab und ließ dann stumm die erschreckende Prozedur über sich ergehen, von zwei gesichtslosen, gelb aufgeblasenen Monstern geduscht zu werden, gründlicher als in einem türkischen Hamam.

Das hier, das war gar nicht er. Das hier war bloß ein Film.

***

Zum dritten Mal innerhalb von wenigen Tagen wählte Idgie die Nummer von Kamforski. Sie wusste nicht, wohin er am Morgen so früh verschwunden war. Aber klar war eines: Auch Kamforski hatte sich in diesem Haus aufgehalten, mehrere Tage lang. Folglich musste auch er sich dieser Reinigungsorgie unterziehen, die Idgie gerade hinter sich gebracht hatte. Und das möglichst, bevor er die strahlenden Partikel munter in ganz Münster herumtrug oder wo er sich sonst gerade befinden mochte. Also rief sie ihn an. Als sie ihn an der Strippe hatte, sagte er ihr nicht, wo er war. Aber dass er so schnell wie möglich kommen würde, das versprach er.

Man hatte sie in eine sogenannte Erstkleidung gesteckt, einen grauen Trainingsanzug, der ihr zu weit war, da man ihr wegen ihrer Länge eine Männergröße zuteilen musste. Nun saß sie im Weißbereich der Dekontaminationseinrichtung und unterhielt sich angeregt mit einem der Einsatzkräfte, die gerade Pause machten.

Die Dekontaminationsprozedur selbst hatte ihr keinen Schrecken eingeflößt. Sie kannte so was von früher. An Bord der Forschungsschiffe hatte es ebenfalls solche Schleusensysteme gegeben, die die ungeschützten Bereiche, die Reinigungskabinen und die geschützten Bereiche voneinander trennten. Sie hatten dieses Verfahren nutzen müssen, wenn sie in Gewässern getaucht waren, in denen radioaktive oder chemische Verseuchungen vermutet wurden.

Was sie hier beeindruckte, war die Geschwindigkeit, mit der diese Dekon-Plätze eingerichtet worden waren.

»Fünfzig Personen pro Stunde können wir hier durchschleusen«, erzählte der junge Feuerwehrmann stolz. »Allerdings nicht, wenn sie verletzt und nicht gehfähig sind. Wenn wir die ManV liegend auf einem Spineboard versorgen müssen, dauert es etwas länger.«

»ManV? Spineboard?«, fragte Idgie irritiert.

»Oh, sorry«, sagte der junge Feuerwehrmann. »ManV ist der Code für Verletzte, und Spineboards sind diese langen Liegen in den Schleusen, die wie Leitern aussehen. So kommt man auch von unten an die Verletzten ran.«

»Wie lange braucht ihr, um eine solche Einheit hier aufzubauen?«

»Kommt drauf an, aus wie vielen Elementen die Dekon besteht.« Er kratzte sich am Kopf. »Hier diese VDekon, die bauen wir innerhalb von fünfundvierzig Minuten auf.«

»Echt? Respekt! Wie muss ich mir das denn vorstellen?«

»Die Dekons liegen in Containern. Wir haben spezielle Einsatzwagen, die mit einem Kran versehen sind. Damit kann man die Container ruckzuck aufladen. Die Dekons sind in Einheiten unterteilt. Wir haben einen für Personal, einen für Geräte und einen für Verletzte. Dann gibt es noch speziell einen für Ölunglücke.«

»Und das übt ihr häufig?«

»Na ja, ›häufig‹ ist übertrieben. Aber es gibt spezielle Übungsschulungen, die wir in regelmäßigen Abständen besuchen müssen. So, ich muss mal wieder. Der große Ansturm wird noch kommen.«

»Weißt du, wie viele Dekons jetzt in Essen stationiert wurden?«, fragte Idgie, als er bereits aufstand.

»Soweit ich weiß, wurden mehrere angefordert. Düsseldorf hat eine Einheit geschickt, Dorsten ebenfalls und Bochum. Wir hier kommen aus Dortmund. Wenn überhaupt, dann gibt es pro Bezirk nur eine komplette Einheit, also V, P, G und Öl. Normalerweise reicht das ja auch aus.«

»Normal ist hier schon lange nichts mehr«, murmelte Idgie. »Danke für die Infos, und pass auf dich auf.«

Sie sah ihm hinterher. Der große Zeltraum füllte sich zunehmend mit Menschen, die alle darauf warteten, dass ihnen jemand erzählte, wie es weitergehen würde.

In einer Ecke entdeckte sie Manni und Jan. Idgie ging zu ihnen hinüber. Manni schien trotz diesem Tumult zu schlafen. Idgie lächelte. »Beneidenswert«, sagte sie zu Jan. »Wie lange sägt der denn hier schon so?«

Jan starrte sie mit angstgeweiteten Augen an.

»Was ist denn mit dir los? Geht es dir nicht gut?«

»Die haben uns nur gewaschen!« Jans Stimme klang ungläubig. »Was passiert denn jetzt weiter?«

»Wir warten, bis sie mit der Untersuchung der Häuser fertig sind. Wenn alles in Ordnung ist, können wir zurück.«

»Häuser?«, echote Jan.

»Nun, ich nehme an, Ruths Haus wird genauso unter die Lupe genommen. Schließlich hatte sie ebenfalls Kontakt mit Nora.«

»Und was passiert mit uns? Ich meine, ich hab doch in Noras Bett geschlafen, ich war dauernd in ihrem Zimmer! Ich …« Seine Stimme schraubte sich schrill in die Höhe. »Ist das alles, was die hier mit uns machen? Waschen? Man kann doch Radioaktivität nicht einfach abwaschen!«

»Doch, das kann man, Jan.«

»Willst du mich verarschen? Abwaschen? Dass ich nicht lache … wir werden alle sterben …«

Eine Panikattacke, registrierte Idgie und hatte plötzlich das Bild des jungen Tauchers vor Augen, der unter ihrer Obhut zu Tode gekommen war. Dieser Junge hier hatte ebensolche Angst. Sie stand auf und legte ihm die Hand auf die Schulter. »Warte einen Moment, ich bin gleich zurück.«

Suchend sah sie sich um. An der Seite des Zeltes entdeckte sie einen Tisch, auf dem mehrere große Thermoskannen und eine Riege Plastikbecher standen. Sie füllte einen Becher mit heißem Tee, den sie mit viel Zucker süßte.

»Hier, trink das.« Auffordernd hielt sie Jan den dampfenden Becher unter die Nase.

»Ich trinke doch hier kein Wasser!«, gellte er los und schlug hysterisch nach ihrer Hand.

»Jetzt hör mir mal genau zu«, herrschte sie ihn an. »Das hier ist ein Rettungszelt aus Dortmund. Glaubst du im Ernst, hier würde jemand Tee mit Essener Trinkwasser zubereiten? Trink das. Es wird dir guttun.«

Jan wich vor ihr zurück, als wäre sie eine giftige Schlange. »Da … ich … willst du mich umbringen?«

Idgie stellte den Becher auf dem Tisch ab und ging vor Jan in die Hocke. Sie fasste ihn an den Schultern. »Sieh mich an«, sagte sie, so freundlich sie konnte.

Er begann um sich zu schlagen und sie zu treten.

Jetzt reicht's, dachte Idgie und knallte ihm kurzerhand mit der flachen Hand ins Gesicht. Erleichtert registrierte sie, wie Ruth die Schleuse verließ und in den weißen Bereich trat.

***

Manni hockte reglos an Ruths Küchentisch, die Ellenbogen aufgestützt, das Gesicht in den Händen vergraben.

Ruth konnte seine Verzweiflung verstehen. Sein Haus, sein Nest, in dem er so lange gelebt hatte, er durfte es nicht betreten. Nora hatte die Strahlung dort tatsächlich ordentlich verteilt.

»Das heißt doch nicht, dass es grundsätzlich unbewohnbar geworden ist«, sagte Ruth zum wiederholten Mal.

»Toll.« Mannis Tonfall war düster. »Nur so'n paar harmlose Alphadingsda.«

»Man kann das alles reinigen.«

»Klar doch. Wie lange strahlt das, hast du gesagt? Einhundertsiebenundsechzig Millionen Jahre?«

»Tausend«, antwortete Ruth sanft. »Nur einhundertsiebenundsechzigtausend.«

»Na das ist ja geradezu ein Klacks.«

»Ihr habt natürlich erst mal Asyl bei mir«, sagte Ruth eine Spur zu gelassen für diesen Anlass und drückte den Kater an sich, den sie ziemlich verstört im Geräteschuppen gefunden hatte, was kein Wunder war, schließlich war ein ABC-Trupp durch sein Revier getrampelt. Gemessen hatten sie nichts. Nur in der Waschküche war eine geringfügige Strahlung messbar gewesen. Die sollte sie erst mal verschlossen halten, bis sie gereinigt werden konnte.

»Sorry«, entschuldigte sie sich. »Aber ich bin einfach so unglaublich froh, dass ich hier nichts reingeschleppt habe, also, von der Waschküche mal abgesehen, aber da geht Schimmi nicht rein, die Tür unten ist immer zu. Ich meine, irgendwie werden wir uns hier schon alle arrangieren ...«

»Ich fahre nach Münster zurück, sobald es geht«, sagte Kamforski. »Allerdings nur, wenn Idgie mich begleitet.« Er sah sie auffordernd an. »Allein lasse ich dich nicht hier.«

»Sie ist nicht allein«, muckte Manni auf.

Idgie grunzte. Dass sie ihre Motorradklamotten nicht mehr tragen würde, selbst wenn die gereinigt werden konnten, wie es so schön hieß, war ihr nicht so wichtig. An der Ural hing sie jedoch wirklich, mehr, als ihr bis dato bewusst gewesen war. Auf der Sitzbank hatten sich Spuren gefunden. Aber die könnte sie austauschen. Sie würde die Sitzbank austauschen und sicherheitshalber auch einen Satz neuer Räder dranmachen. »Nicht ohne meine Maschine«, sagte Idgie also. »Auf keinen Fall.«

Kamforski schien mit so etwas gerechnet zu haben. »Sei vernünftig. Willst du hier etwa auf dem Teppich schlafen? Denk an deine Knochen, die tun dir doch ohnehin schon weh genug. Oder willst du dir mit Jan oben die Gästematratze teilen? Die sah mir ein bisschen schmal aus.«

Idgie warf ihm einen bösen Blick zu. Sie hatte selbst mitgeholfen, den jungen Schlaks, der von Ruth ein starkes Beruhigungsmittel gespritzt bekommen hatte, die steile Treppe hinaufzubefördern. Jan schlief jetzt endlich, und das war auch gut so.

»Die Ural holen wir irgendwann mit einem Hänger ab. Ein Freund von mir hat so ein Teil, ich kann mir sein Auto leihen.«

»Ist dein Auto überhaupt clean?«, mischte Ruth sich ein.

Kamforski nickte. »Schwein gehabt. Es wurde vorhin durchgecheckt.«

»Schön, dass ihr alle so ein Schwein habt«, sagte Manni säuerlich.«

»Mensch, Manni, das ist doch nur vorübergehend«, wandte Ruth ein. »Und in den letzten Wochen hatte ich nicht den Eindruck, als wärest du ungern hier. Besser als im Hotel ist es hier allemal. Ihr beide könnt das Sofa hier nehmen. Das lässt sich ausklappen.«

»Du kannst auch gerne mit dem Zug fahren. Ich bringe dich zum Bahnhof«, führte Kamforski seine Unterhaltung mit Idgie fort. »Bis dahin kannst du dir ja überlegen, ob du es schaffst, dich gegen Tausende von Leuten durchzusetzen, die ebenfalls aus der Stadt rauswollen. Da herrscht bestimmt das blanke Chaos auf dem Bahnhof.«

»Ich bin noch nicht fertig hier.« Idgies Stimme war ebenso störrisch wie ihr Blick.

»Ich doch auch nicht«, bettelte Kamforski nun fast. »Aber das braucht nun mal alles seine Zeit. Der Antrag auf Exhumierung läuft, mein Expartner hat das in die Wege geleitet.«

»Wir könnten sie wenigstens schon mal wegen des Anschlags auf mich aufmischen.«

»Ja, das könnten wir, wenn wir mit dem Auto aus der Stadt rauskämen.« Kamforski strich sich durch die grauen Bartstoppeln, während er überlegte. »Vielleicht … ich hab da so eine Idee.«

»Kannst du fliegen? Wie soll es klappen, wenn die Straßen mit stehen gelassenen Autos vollgestopft sind?«

»Hast du dich nicht gefragt, wie ihr heute früh zum Zelt gekommen seid?«

»Jetzt, wo du's sagst … irgendwie sind wir durchgekommen.«

»Sie räumen Gassen auf den Hauptstraßen frei. Vorhin war ich zu Fuß unterwegs, als du angerufen hast. Ich wollte mir ein Bild von der Lage machen. Sie schleppen ab und bilden Gassen für die Einsatzkräfte. Die Zivilbevölkerung hat striktes Fahrverbot.«

»Wie lautet dann dein Plan?«

Kamforski lächelte stolz. »Das hier ist mein altes Dienstfahrzeug. Ich hab's zu einem guten Preis übernehmen können. Als ich meine Dienstmarke und das ganze Zeug abgegeben habe, habe ich nicht an das Blaulicht gedacht. Keiner hat daran gedacht. Das fliegt immer noch in einem Karton auf dem Rücksitz rum. Mit dem Blaulicht auf dem Dach hält uns keiner an, wetten?«

»Dann lass es uns versuchen. Ich will den Drecksäcken ins Gesicht sehen.«

***

»Wie dick, glaubst du, wird es noch kommen?«, fragte Manni.

»Ich weiß nicht«, sagte Ruth zaghaft. Sie zögerte, während sie sich über den Bauch strich. Noch hatte sie nicht den richtigen Zeitpunkt gefunden. Aber sie musste es ihm doch sagen. »Ich weiß nur, dass es besser ist, die Stadt zu verlassen. Weißt du …«, hob sie an. Ohne es zu bemerken, strich sie sich erneut über den Bauch.

»Ich geh hier nicht weg. Nicht, solange ich Nora nicht mitnehmen kann.«

Ruth zog die Hand vom Bauch zurück und legte sie neben die andere auf den Tisch. Keine gute Gelegenheit, das Thema anzusprechen, entschied sie, während sie auf ihre Finger starrte. »Wie geht es ihr?«, fragte sie schließlich.

»Besser. Sie ist schwach wie ein kleines Kätzchen, aber sie ist vergnügt. Ich hab den Eindruck … sie wird ein bisschen kahl.«

Ruth fing den unsicheren Blick auf, den er ihr zuwarf.

»Das ist die Strahlung«, sagte sie behutsam. »Manni … ich wünsch dir so sehr, dass das nicht passiert, aber …«, sie sah ihn bedrückt an, »es könnte auch wieder kippen, sehr schnell und sehr plötzlich. Man kann nicht sicher sein, das habe ich dir schon gesagt.«

»Ja. Hast du. Aber das ist Quatsch. Ich hab sie schließlich gesehen.«

Ruth seufzte resigniert. Wirklich kein guter Zeitpunkt. Aber wann sonst, wenn nicht jetzt? Sie konnte doch nicht einfach so abhauen. Sie musste ihm doch wenigstens begründen, warum sie hier weggehen würde. Sie räusperte sich. »Manni, ich muss hier weg, weil … ich … krieg doch was Kleines, verstehst du«, stammelte sie unentschlossen.

Das blecherne Krächzen eines Funkgerätes schnitt ihr das Wort ab.

Manni nestelte das Gerät aus seiner Jackentasche und hob es ans

Ohr. »Verstanden«, sagte er schließlich und schob das Funkgerät zurück in die Tasche.

Ruth sah ihn fragend an.

»Ich muss los«, sagte Manni knapp. In der Tür blieb er stehen und drehte sich noch mal zu ihr um. Er sah erstaunt aus.

Hatte er etwa verstanden, was sie ihm da gesagt hatte? Ruth schluckte verlegen. Aber sie hatte Mannis Gesichtsausdruck falsch gedeutet.

»Das grade war Meininger. Er sagt … die …« Manni stockte und räusperte sich. »Die tragen die Ruhrwiesen ab. In den frühen Morgenstunden haben sie damit begonnen. Und auch sonst mischen die jetzt überall mit. Die ganze Stadt ist voll von … sind wir hier eigentlich im Krieg oder was?«

***

Mit versteinerter Miene beobachtete Ruth die Abräumarbeiten. Sie stand an der gleichen Stelle wie ein paar Tage zuvor auf dem Weg unterhalb der Kurt-Schumacher-Brücke und blickte auf das, was von den Ruhrauen übrig geblieben war. Unter ihr hatten die Bagger bereits ganze Arbeit geleistet und die ehemals liebliche Landschaft in eine klaffend aufgerissene, martialisch anmutende Erdfläche verwandelt, die nach Verwundung aussah, nach gewaltsamem Übergriff, der trostlosen Wüstenei eines Tagebaus nicht unähnlich. Etliche Bäume waren gefällt worden und wurden an den Rand der riesigen Fläche geschafft, und es herrschte ein reges Kommen und Gehen von Lkws, die eindeutig nach Armeefahrzeugen aussahen und deren Aufgabe es offensichtlich war, die abgegrabenen Tonnen von Erde wegzuschaffen, wohin auch immer.

Ruth wandte sich an den Uniformierten neben sich und verschränkte die Hände schützend vor ihrem Bauch. Sie hatte keine Ahnung von militärischen Dienstgraden, erinnerte sich jedoch, dass der Mann neben ihr etwas von Oberfeldwebel geschnarrt hatte, bevor er sie zu diesem Platz führte. Erwünscht war ihr Auftauchen hier nicht gewesen. Aber ihr Ausweis vom Gesundheitsamt Essen hatte dann doch überzeugt.

»Sie haben gesagt, dass Sie auch an anderen Stellen der Ruhr den Boden abtragen«, fasste sie nochmals zusammen.

»Überall da, wo Fässer gestrandet sind«, bestätigte der Mann vom Militär. »Außerdem wird der See abgesucht.«

»Und Sie glauben, das reicht?«

»Glauben gehört nicht zu meinem Aufgabengebiet. Ich weiß, dass es auf jeden Fall sinnvoll ist, den verseuchten Boden abzutragen. Das ist unser Auftrag. Den Rest entscheiden andere.«

»Schon gut. Wissen Sie, wie ich jetzt von hier zum Gesundheitsamt in die City kommen kann?«, fragte Ruth. »Seit vorgestern blockieren zig stehen gelassene Autos die Hauptverkehrsstraßen.«

»Das sollte mittlerweile wieder gehen. Die Abschleppunternehmen sind im Dauereinsatz, und der Rest wird von uns geräumt. Die Bevölkerung ist allerdings dazu angehalten, die geräumten Gassen nicht zu befahren, damit die Einsatzkräfte freie Bahn haben. Halten Sie Ihren Dienstausweis bereit, dann wird man Sie durchlassen.«

Ruth fuhr los. Unterwegs überlegte sie es sich anders und schwenkte in Richtung Bredeney ab. Sie war sich nicht sicher, ob das Telefonnetz mittlerweile wieder zuverlässig funktionierte. Lieber wollte sie persönlich vorbeischauen.

***

Duisburg, 11. April

Sein Plan mit dem eingeschalteten Blaulicht auf dem Auto ging auf. Anderthalb Stunden später rumpelte Kamforski langsam durch das Ruhrorter Gewerbegebiet, während Idgie versuchte, sich zu orientieren.

»Verstehst du, was ich meine?«, grollte sie. »Egal wo du hinguckst: Man kann es einfach nicht lesen. Diskriminierung, so nenne ich das. Altersdiskriminierung. Irgendeine dieser Sackgassen in Richtung Rhein und dann rechts in eine Stichstraße. Irgendwo hier … halt mal an.«

»Ich schalte jetzt das Navi ein«, ignorierte Kamforski gelassen den Ausbruch.

»Glaub mir, mein Navi ist hier völlig ausgestiegen. Und dann noch diese Schilder … das war die Krönung.«

»Hör auf, dich aufzuregen. Bringt doch nichts.«

»Ist doch wahr. Die Stereoanlage bei Hannes, die hat schwarze Tasten auf schwarzem Grund. Wer zum Teufel denkt sich nur so einen Mist aus!«

»Mein Navi scheint zu wissen, wo es hinmuss.« Kamforski grinste zufrieden und bog in die nächste Stichstraße ein. »Wie wär's mal mit einem Update? Nur so ein kleiner Tipp am Rande …«

»Klugscheißer. Da vorne ist es. Ich erkenne das Tor wieder. Aber da wirst du nicht reinkommen. Der Pförtner ist so ein Übereifriger.«

Kamforski langte nach dem Blaulicht, das er wieder auf den Rücksitz geworfen hatte. Er fuhr das Fenster herunter und pflanzte das Blaulicht aufs Dach, ohne es jedoch einzuschalten. »Dann mal los«, murmelte er und bog in die Sackgasse ein, an deren Ende sich in stiller Eintracht die Betriebsgelände von PoIF und Atomic Removal befanden.

»Wir würden gerne einen Blick auf Ihren Fuhrpark werfen«, erklärte Kamforski freundlich, als sich der Pförtner dem Wagen näherte.

»Wieso?«

»Kamforski, Kripo Münster. Wir suchen nach einem bestimmten Fahrzeug. Die Dienstmarke habe ich leider nicht dabei. Aber Sie finden mich auf der Website. Ich warte gerne, bis Sie das überprüft haben.«

Der Pförtner musterte ihn so ausgiebig, als wollte er sich seine Gesichtszüge genau einprägen. Wenig später kam er wieder aus dem Pförtnerhaus heraus.

»Welchen Wagen suchen Sie denn?«, fragte er, nun recht diensteifrig.

»Ford Ranger, DU-PF 7745. Ist als Firmenwagen der Preparing of Industriel Facilities gemeldet, sagt unsere EDV. Wissen Sie, wer den Wagen fährt?«

»Der Ranger? Das ist dem Manuel seiner. Manuel Hoelscher, meine ich. Worum geht es denn?«

»Das möchte ich lieber mit Herrn Hoelscher selber klären«, sagte Kamforski streng.

»Ist er da?«, mischte Idgie sich ein.

»Fahren Sie durch. Der Wagen müsste links hinten bei der kleinen Werkshalle stehen.«

Die Schranke hob sich, und sie wurden durchgewinkt.

»Das ist die Karre«, sagte Idgie aufgeregt, als sie auf den kleinen Parkplatz neben der Werkshalle zuhielten. »Eindeutig. Diese Scheinwerferleiste auf dem Dach, verbieten sollte man so was. Und vorne unter dem Kühlergrill, da muss Ranger oder so stehen. Wirst du gleich sehen.«

»Da sitzt jemand im Auto«, stellte Kamforski fest, schaltete den Motor aus und rutschte vom Sitz.

Dröhnendes Bassgewummer drang aus dem Innern des Ranger.

»Macht ein gemütliches kleines Zigarettenpäuschen, wie's scheint.«

Idgie drängte sich kurzerhand an Kamforski vorbei und riss die Tür des Geländewagens auf.

Hoelscher hatte die Augen geschlossen und nickte im Takt zum wuchtigen Bassbeat von Rammstein. Die Boxen hämmerten ihm den Sound direkt in den Magen. Geil ey, yeah.

Er nahm einen letzten Zug und drückte die Kippe im Aschenbecher aus. Wurde langsam Zeit, wieder reinzugehen. Besser, er hielt den Ball flach. Die Kollegen waren eh schon auf hundertachtzig, weil er so lange krank gewesen war. Er wollte den Bogen nicht überspannen. Nur noch das Stück zu Ende hören. Geiler Sound, echt.

Dass die Tür aufgerissen wurde, hörte er nicht. Er spürte einfach nur den Luftzug, fühlte sich rüde am Kragen gepackt und lag plötzlich wie ein Käfer auf dem Rücken.

»Hey«, brüllte er und riss die Augen auf. »Ja spinnt …« Er verstummte. Was macht die denn hier?, schoss es ihm durch den Kopf. Ein greller Schmerz jagte ihm ins Gehirn. Für einen kurzen Moment sah er gar nichts mehr, nur Schwärze und kleine Lichtblitze. Dann spürte er etwas Schweres auf seiner Brust, und im nächsten Moment riss sie ihn am Kragen seiner Jacke in die Höhe und rüttelte ihn kräftig durch.

»Du wolltest mich umbringen, du Arschloch!«

Das war tatsächlich diese Schabracke. Sie kniete auf ihm wie eine Furie und schrie, während sie ihn schüttelte. So viel Kraft hätte er der alten Schachtel gar nicht zugetraut. Unterschätzen Sie bloß die Frauen nicht, hörte er die Stimme von Big Boss.

»Hör auf!« Eine andere Stimme. Tiefer Bass. Sonor. »Lass gut sein, Idgie.«

Für einen kurzen Moment fühlte Hoelscher sich schwerelos. Die Schabracke hatte losgelassen. Er knallte hart mit dem Hinterkopf auf den Boden. Zum zweiten Mal innerhalb kürzester Zeit sah er Lichtblitze vor seinen Augen flimmern. Das Nächste, was er wahrnahm, war der Stahl um seine Handgelenke, begleitet von einem dezenten Klacken.

***

Essen, 11. April

Beim Landesamt für Umwelt und Verbraucherschutz am Schuir herrschte rege Betriebsamkeit. Zwei der Messwagen, die in den letzten Tagen im Einsatz gewesen waren, standen auf dem Parkplatz, auf dem etliche weitere Fahrzeuge abgestellt waren, davon drei mit Berliner Kennzeichen. Die Prominenz aus der Hauptstadt war eingetroffen.

Ruth stellte sich vor und fragte nach Norbert Becker, dem Mitarbeiter vom Landesamt, mit dem sie in den vergangenen Tagen so häufig telefoniert hatte. Schließlich saß sie einem rundlichen Mann mit ebenso rundlicher Brille und Vollbart gegenüber, der ein bisschen nach Althippie aussah. Die Brillengläser, durch die er sie mit rot geränderten Augen anblinzelte, hätten dringend einer Reinigung bedurft.

»Auch einen Kaffee?«, fragte er.

»Wäre prima.«

Ruth sah ihm zu, wie er aufstand, zur Kaffeemaschine an der kleinen Küchenzeile am anderen Ende des Raumes ging und einen Becher füllte, auf dem *Lovely Rosi* stand. Auf der Rückseite des Bechers glotzte eine Cartoon-Kuh großäugig in ihre Richtung.

»Nicht gerade Topkaffee, und der Becher ist auch angeschlagen«, entschuldigte sich Becker.

»Macht nichts. Danke.« Ruth pustete in das dampfende Gebräu. »Können Sie mich bitte auf den neuesten Stand bringen? Die Ruhrwiesen werden abgetragen …«

Becker nickte. »Radium und Polonium im Trinkwassergewinnungsgebiet der Ruhr sind eindeutig nachweisbar. In den Brunnen und Wassertürmen der Stadt war das Zeug ebenfalls messbar, allerdings bereits deutlich niedriger als die Werte an vielen Stellen der Ruhrwiesen.«

»Das ist doch auch logisch, oder?«

»Logisch, ja. Das Zeug wird beim Durchlauf durch das Wasser mächtig verdünnt.«

»Und was nun?«

»Ganz einfach: Grenzwerte für diese Radionuklide im Trinkwasser gibt es nicht. Wie Sie vermutlich wissen, wurde erstmalig in der Trinkwasserverordnung 2011 ein Grenzwert von null Komma null eins null Gramm pro Liter für Uran festgelegt, nicht jedoch für andere Radionuklide. Also – so das Bundesamt für Strahlenschutz – ist es vertretbar, den Wasserkreislauf wieder zu aktivieren. Den Boden auf den Ruhrwiesen trägt man ab, neuen Mutterboden bringt man wieder auf, um den größten Verseuchungsherd zu beseitigen. Mehr kann man nicht tun – wie bei anderem radioaktivem Fallout auch. Der Trinkwasserkreislauf soll schnellstmöglich wieder in Betrieb genommen werden.«

Ruth sah ihn sprachlos an. »Das ist jetzt nicht Ihr Ernst!«

»Meiner?« Becker lachte auf. Es war ein freudloses Lachen. »Gewiss nicht. Ich bin nur der Bote und übermittele hier die offizielle Begründung. Wollen Sie sie hören?«

Ruth nickte.

»Letztendlich besteht laut Bundesamt kein weiterer Handlungsbedarf, denn erstens ist das Wasser aufgrund einer Verkettung menschlichen Versagens einmalig verunreinigt worden, zweitens ist es eine überschaubare Verunreinigung, der jetzt durch den Austausch des Bodens Genüge getan wird, und drittens werden sich die Reste der Verunreinigung im Laufe der Zeit immer mehr reduzieren.«

»Kann ich die Messergebnisse sehen?«, bat Ruth.

Becker hackte auf seinem Notebook herum und drehte ihr schließlich den Bildschirm zu. »Hier. Bitte. Stets zu Diensten.«

Schweigend studierte Ruth die Zahlen.

»Und?«, fragte sie schließlich mit zaghafter Stimme. »Was sagen Sie als Experte dazu? Unbedenklich oder nicht?«

»Dieses Wasser würde ich nicht trinken, so viel steht fest.«

»Ich auch nicht.« Ruth seufzte und stand auf. »Danke für den Kaffee.«

Kurze Zeit später saß sie im Zimmer ihres Vorgesetzten.

»Und wir können nichts weiter tun?«

Grothe zuckte mit den Schultern. »Ich will nicht zynisch sein, Frau van Haag. Letztendlich bin ich genauso entsetzt wie Sie. Aber eine rechtliche Grundlage gibt es nicht, diese Entscheidung anzufechten. Das ist keine Sache des Gesundheitsamtes mehr und auch nicht mehr die des Landesamtes. Wir wurden ausgehebelt, so einfach ist das. Allerdings bewegen sich die Entscheidungsträger auf dünnem Eis. Ich bin ehrlich gesagt froh, dass nicht ich das entscheiden musste. Das hier ist eine der zehn größten Städte Deutschlands, und das mitten in einem Ballungszentrum. Wie sollte man diese Stadt jetzt ad hoc über einen längeren Zeitraum mit anderem Wasser versorgen? Mit einem anderen Leitungssystem? Ob die Entscheidung richtig war, wird man vielleicht in zehn bis zwanzig Jahren wissen. Es gibt keine Erfahrungswerte, das ist das Problem.«

»In den USA schon«, sagte Ruth böse. »Dort gibt es reichlich Erfahrungswerte auf dem Gebiet. Knochen-, Brust-, Leberkrebs und Leukämie.«

»Liebe Frau van Haag. Ich kann beim besten Willen nichts tun.«

»Eine vernünftige Entscheidung sähe anders aus.« Ruth fixierte ihn kühl über den Rand ihrer Brille hinweg. »Und das wissen Sie auch ganz genau. Ich bin nicht bereit, mich mit dieser hier abzufinden. Ich kündige. Fristlos. Sie bekommen es noch schriftlich.«

»Das tut mir leid.« Grothe senkte den Blick.

***

Münster, 11. April

»Können wir nicht wenigstens zuhören?«, fragte Idgie, während sie die Treppen im Münsteraner Kommissariat hinunterpolterten.

»Nein«, sagte Kamforski knapp. Er wusste, dass er die Geduld seines Freundes Karl Rotermund nicht noch mehr strapazieren durfte. »Wir haben uns ohnehin schon verdammt weit aus dem Fenster gelehnt mit dieser Aktion. Mehr können wir jetzt nicht tun.«

Die letzte Stunde hatten sie bei Rotermund im Zimmer gesessen und ihn instruiert. Sie hatten Hoelscher. Aber hatten sie damit auch den tatsächlichen Verantwortlichen? Gewiss nicht.

»Meinst du, Hoelscher wird auspacken?«

»Lass Karl mal machen. Wenn der das nicht schafft, schafft es keiner. Er wird ihn schon knacken.«

»Meinst du, er denkt wirklich an alles? Der vergiftete Hund, der gestohlene Laptop, der Einbruch ... Er wirkte so seltsam abwesend.«

Kamforski grinste. »Das ist sein Trick. Glaub mir, der war eben voll da. Er hat uns genau zugehört, und er hat ein phänomenales Gedächtnis. Und was machen wir zwei Hübschen jetzt? Soll ich dir vielleicht mal meine Wohnung zeigen?«

Idgie boxte ihm gegen den Bizeps. »Nettes Angebot. Aber – sei mir nicht böse. Ich möchte lieber noch mal nach Essen zurück. Ich mag die anderen jetzt nicht im Stich lassen. Zumindest will ich nicht so sang- und klanglos verschwinden.«

Kamforski seufzte. »Das habe ich befürchtet«, sagte er mürrisch.

***

Hoelscher klopfte zittrig eine Zigarette aus der zerknitterten Packung.

»Rauchverbot«, kommentierte der Bulle gelangweilt, der in seiner gelbbraunen Uniform auf dem Stuhl neben der Tür saß. »Im ganzen Gebäude.«

Hoelscher sackte in sich zusammen und massierte seine Handgelenke. Wenigstens hatten sie ihm die Eisen abgenommen.

In seinem Kopf ratterte es unaufhörlich. Diese Schabracke … wie war die bloß auf ihn gekommen? Es war doch dunkel gewesen, als er hinter ihr her war, und Nummernschilder waren doch nur hinten beleuchtet. Aber sie hatte ihn gefunden. Er überflog flüchtig die möglichen Anklagepunkte. Irgendwie musste sie das Automodell erkannt haben, schloss er zu guter Letzt. Ford Ranger waren in dieser Gegend nicht gerade häufig vertreten. War vielleicht doch keine so gute Idee gewesen, das mit der Scheinwerferleiste auf dem Dach. Und dennoch: Wenn sie das Nummernschild nicht gesehen hatte, konnte man ihm nichts nachweisen.

Er versuchte sich zu entspannen. Dann fiel ihm die *CSI*-Folge ein, die er vor Kurzem im Fernsehen gesehen hatte. Da hatten sie anhand der Staub- und Erdpartikel, die sie im Profil eines Reifens gefunden hatten, den Täter überführen können, obwohl der danach mit der Karre in der Waschstraße gewesen war. Aber das war Waldboden gewesen. Er jedoch war nur Straße gefahren. Reichte das für so einen Beweis? War der Dreck auf den Essener Straßen ein anderer als der in Duisburg? Er konnte immer noch behaupten, er hätte dienstlich nach Essen gemusst, ein, zwei Tage vorher.

Hoelscher biss sich auf die Lippen, während die Gedanken weiter rotierten. War das überhaupt deren Zuständigkeitsbereich? Kripo Münster? Da hatten sie ihn hingekarrt. Durften die das überhaupt? Jemanden in Duisburg verhaften, ohne dass die Duisburger Behörde mit im Boot war? Musste man da nicht die örtliche Behörde …?

Aber selbst wenn: Was konnte man ihm im Zweifelsfall nachweisen? Dass er ein bisschen über die Stränge geschlagen hatte beim Autofahren, mehr ja wohl nicht. Schlimmstenfalls war er den Lappen für ein paar Monate los. Die Schabracke hatte keine Zeugen. Und als er sie niedergeschlagen hatte, war er von hinten gekommen. Sie konnte ihn einfach nicht gesehen haben. Unruhig rutschte er auf dem Stuhl hin und her. Verdammt unbequem war der. Wann kamen die denn endlich, um ihn zu verhören? Die konnten ihm gar nichts. Keine Beweise. Die gab es nicht.

Und wenn jemand sein Auto dort in der Siedlung erkannt hatte? Vielleicht hatte ja ein Anwohner aus dem Fenster geguckt, als er da am Waldrand gestanden und gewartet hatte, und sich das Nummernschild gemerkt. Ruhig Blut, Hoelscher. Es war dunkel und mucksmäuschenstill in der Siedlung gewesen. Niemand war auf der Straße gewesen, nicht mal'n Gassigänger mit Köter. Die hatten alle brav vor der Flimmerkiste gehockt. Keiner konnte ihm was anhaben. Keiner! Sobald er hier raus war, und lange konnten sie ihn hier nicht festhalten, würde er Big Boss bitten, ihm für den Abend ein Alibi zu geben. Genau das würde er tun. Schließlich hing der ebenso mit drin wie er.

Endlich bequemte sich mal jemand, reinzukommen. Nicht der von vorhin, der Bär mit dem Zopf, sondern ein schütterer Mann mit Hornbrille, ziemlich schmächtig. In der Hand trug er ein kleines Tablett mit zwei Plastikbechern.

»Rotermund, Kripo Münster«, sagte er mit leiser Stimme. Er schob ihm einen Becher Kaffee über den Tisch, öffnete eines der Milchdöschen und schüttete den Inhalt in seinen Becher. »Milch, Zucker … bitte, bedienen Sie sich.« Gemächlich riss er ein Tütchen auf, ließ die weißen Körnchen in das schwarze Gebräu rieseln und rührte mit dem Plastiklöffel um, der auf dem Tablett lag.

Na, der hatte ja wohl die Ruhe weg. Irgendwie wirkte der schusselig. So, als wäre er mit seinen Gedanken ganz woanders.

»Herr Hoelscher, Sie wissen, warum Sie hier sind?«

»Keinen Schimmer, ehrlich nicht. Ich hab nix getan«, beteuerte Hoelscher. »… alles ein großes Missverständnis. Ich weiß wirklich nicht … wo ist eigentlich der andere?«

»Kamforski meinen Sie? Der ist nicht mehr im Dienst.«

»Wie jetzt? Erst karrt er mich hier nach Münster, und dann macht er einfach Feierabend und geht nach Hause?«

Ein ironisches Lächeln traf ihn. »Er ist mein Expartner. Sie haben sich von einem Pensionär verhaften lassen, Herr Hoelscher.«

Hoelschers Kiefer klappte nach unten.

»Dann war das gar nicht …« Hoelscher suchte nach einem passenden Wort.

»Rechtskräftig, meinen Sie? Das war es schon. Ich war die ganze Zeit dabei.« Der Schmächtige seufzte. »Was glauben Sie, wie nervig das ist – immer in Kamforskis Schatten. Ich werde einfach nicht wahrgenommen, wenn er im Raum ist.«

Hoelscher starrte ihn an. Dass sein Mund immer noch leicht offen stand, merkte er nicht. »Hä? Aber Sie waren doch nicht …«

»Doch, ich war. Sie haben mich nur nicht gesehen. Herr Hoelscher.« Rotermund beugte sich vor, schaltete das kleine Mikrofon auf dem Tisch ein und diktierte Datum und Uhrzeit. »Sie stehen unter dringendem Tatverdacht wegen der folgenden Delikte: Einbruch, Diebstahl, gefährliche Körperverletzung, Mordversuch und Mord.«

»Mord?«, stammelte Hoelscher. »Aber … sie ist doch nicht …« Er verstummte.

»Frau Callahan meinen Sie? Die lebt noch. Das haben Sie vermasselt. Es geht aber auch um Hannes Schindler.«

Hoelscher starrte ihn an.

»Wir werden beweisen, dass Sie sein Haus schon seit geraumer Zeit beobachtet haben. Sie haben den Wald dort oben als Aschenbecher missbraucht. Gar nicht klug. Sind Sie mit einer Speichelprobe einverstanden?«

Hoelscher biss sich auf die Lippen und schüttelte abwehrend den Kopf. Jetzt haben sie mich am Arsch, dachte er.

»Dann warten wir eben, bis der richterliche Beschluss da ist.« Der Schmächtige zuckte gelangweilt mit den Schultern. »Das kann sich nur noch um Stunden handeln.« Er nahm einen Schluck Kaffee aus dem dampfenden Becher.

»Des Weiteren können wir beweisen, dass Sie zwei Mordanschläge auf Frau Callahan verübt haben. Ihr Auto wurde zum fraglichen Zeitpunkt am Haus von Manfred Neumann gesehen, kurz bevor der zweite Anschlag auf sie verübt wurde. Das Nummernschild, Sie verstehen?«

Hoelscher schluckte. Und wie die mich am Arsch haben! »Was heißt denn hier Mordversuch?« Seine Stimme klang schriller, als er wollte. »Ich wollt die doch nur'n bisschen aufmischen!«

»Weshalb, Herr Hoelscher? Sagen Sie es uns. Wenn Sie nicht kooperieren, machen Sie die Sache nur noch schlimmer.« Der Schmächtige nahm die Hornbrille ab und begann sie zu putzen.

Eine Fluppe. Ich brauch eine Fluppe, sonst dreh ich durch. Hoelscher fuhr mit der Hand in die Hosentasche und fühlte das Knistern der Packung. Ich werd verrückt, wenn ich jetzt keine rauchen kann. Schweiß trat auf seine Stirn.

»Rauchen Sie ruhig«, sagte sein Gegenüber mit gütiger Stimme. »Sonst gehen Sie mir hier ja noch die Wände hoch.«

Hoelschers Hand zitterte, als er sich die Zigarette ansteckte. Er inhalierte tief und blies den Rauch aus der Nase aus. Himmel, tat das gut. Er nahm noch einen langen Zug. Das Zittern in der Hand ließ langsam nach.

»Also weshalb, Herr Hoelscher? Weshalb haben Sie das Haus von Hannes Schindler verwanzt? Und weshalb haben Sie es weiterhin abgehört, als Hannes Schindler schon längst tot war?«

Noch ein tiefer Zug. Und noch einer. Einatmen. Das Nikotin spüren. Nachdenken. Sie hatten ihn verdammt noch mal am Arsch.

»Ich an Ihrer Stelle würde kooperieren, Hoelscher …«, drang es zu ihm durch.

Er drückte die Zigarette aus und zündete sich sofort eine neue an. Nur noch zwei in der Packung. Wie sollte er das hier bloß überstehen? Er inhalierte tief und hielt den Rauch in der Lunge fest.

»… wenn Sie uns helfen, die wahren Täter zu erwischen …«

Mit einem lauten Zischen stieß er den Rauch wieder aus. Was sollte er tun? Big Boss … der musste ihm ein Alibi geben. Instinktiv wusste Hoelscher jedoch, dass ihn das nicht mehr rausreißen würde. Sie hatten seine DNA.

»Und wir werden beweisen, dass Hannes Schindler keines natürlichen Todes gestorben ist. Die Exhumierung ist bereits beantragt.«

Hannes Schindler? Wieso …? Der war ermordet worden? Aber … das hatte er doch nicht …?

»Im Augenblick interessiert uns jetzt primär eine Sache.«

Hoelscher merkte, dass ihm feine Schweißperlen auf die Stirn traten.

»Na kommen Sie schon. Den Mord, den haben Sie doch nicht allein geplant.«

»Aber damit habe ich nichts zu tun«, stammelte er.

»Wer ist Ihr Auftraggeber?«

»Mord?«, gellte Hoelscher los. »Ich … das lass ich mir nicht anhängen …«

***

Essen, 11. April

Obwohl er in der letzten Stunde kaum etwas gesagt hatte, hatte Manni genau zugehört. Jetzt war er im Bilde, und selbst wenn er nichts von diesen Radiodingsda verstand: Er hatte begriffen, dass sie Nora in Lebensgefahr gebracht hatten. Er hatte begriffen, dass dieses Fracking-Gedöns die Region hier nachhaltig verändern konnte. Er hatte verstanden, dass wenigstens einer der Verantwortlichen wegen des tätlichen Angriffs auf Idgie verhaftet worden war, dass der vermutlich aber wieder rauskommen würde, weil die Beweislage zu dünn war. Er hatte mitbekommen, dass Potelske, der Geschäftsführer der AV&R GmbH, der das ganze Desaster mit ein paar horrenden Fehlentscheidungen losgetreten hatte, in U-Haft saß und mit einer Anklage wegen fahrlässiger Tötung und Körperverletzung rechnen musste sowie einer saftigen Geldstrafe wegen Sachbeschädigung. Und laut Kamforski war es mehr als wahrscheinlich, dass Potelske sich aus dieser Nummer nicht mehr würde rauswinden können. Manni hatte begriffen, dass das Trinkwasser der Stadt aus Ruths Sicht nachhaltig verseucht war und dass sie die Brocken hingeschmissen hatte und die Stadt verlassen würde. All das hatte er verstanden. Und er fand, dass das alles nicht in Ordnung war. Nichts war in Ordnung.

»Wir sollten sie zur Verantwortung ziehen«, sagte Manni. »Wir sollten die nicht einfach so davonkommen lassen.«

»Wen jetzt genau?«, fragte Idgie.

»Alle.« Anklagend wies Manni auf den Ausdruck mit dem Foto, der vor ihm auf dem Tisch lag. »Es reicht nicht, dass dieser Potelske sitzt. Es reicht auch nicht, dass der Kerl eingelocht wurde, der dich auf dem Moped drangsaliert und meine Gasleitung manipuliert hat. Meine Tochter ist schwer krank und mein Haus unbewohnbar. Das reicht einfach nicht!«

»Was schlägst du vor?«

»Fünf Freunde beim Golfen! Ich krieg das Kotzen, wenn ich diese Visagen sehe!« Krachend ließ Manni die Faust auf den Ausdruck knallen. »Wir sollten sie dazu zwingen, sich die Sache noch mal zu überlegen.«

»Und wie willst du das anstellen?« Kamforski beugte sich interessiert nach vorne und legte die Fingerspitzen gegeneinander.

»Drohbriefe«, sagte Manni schlicht. »Wir verschicken Röhrchen mit dem Sauzeug und drohen mit mehr, wenn sie nicht die Wahrheit sagen. Dieser Gutachter soll zugeben, dass er für die Gutachten bezahlt wurde, diese ganzen Mauschler bei den Firmen sollen zugeben, dass sie ein bisschen nachgeholfen haben, um Bewertungen in ihrem Sinne zu kriegen, die Erdgasfritzen sollen zugeben, dass sie genau wissen, was für eine Scheiße sie da täglich bei ihren Bohrungen hinterlassen, diese Neue-Energie-Fuzzies sollen zugeben, dass diese Schlämme hochgefährlich sind, und die feinen Herrn Politiker sollen ihre Beschlüsse wieder rückgängig machen und denen die Konzessionen wieder entziehen. Wir schicken denen so lange Röhrchen mit dem Zeug, bis sie es mit der Angst zu tun kriegen.« Die Faust landete erneut auf dem Ausdruck.

»Aber du kannst doch nicht …« Jan, der die ganze Zeit schweigsam und durch die Beruhigungsmittel immer noch seltsam apathisch mit am Tisch gesessen hatte, mischte sich ein.

»Wieso? Klingt doch ausgesprochen verlockend.« Idgies Augen funkelten vergnügt, und auch Kamforski grinste breit. »Aber wir wären so schnell eingebuchtet, dass wir nicht bis drei zählen könnten.«

»Nicht in Ordnung«, wiederholte Manni störrisch.

»Nein. In Ordnung ist es nicht. Aber daran änderst du auch nichts, wenn du selbst kriminell wirst«, sagte Kamforski bedächtig. »Leider.«

»Einfach nicht in Ordnung!«

Die Melodie von *Pink Panther* erhob sich im Raum. Kamforski kramte das Telefon aus seiner Jackentasche und warf einen Blick auf das Display. »Na, das Netz scheint ja wieder stabil zu sein«, brummte er. Dann hob er das Mobiltelefon ans Ohr und verließ die Küche.

Gespannt warteten die anderen, bis er wieder zurück am Tisch war.

»Hoelscher hat ausgepackt.«

»Und? Nun mach's mal nicht so spannend.«

Kamforski sah Idgie mit düsterer Miene an. »Hoelscher will als Kronzeuge gegen seinen Chef aussagen. Achim Reimers, einer der beiden Vorstände der Atomic Removal AG. Außerdem ist Achim Reimers nicht nur stiller Teilhaber bei dieser Gutachterbude, sondern auch bei der PoIF.«

»Dieser Rohrreinigungs-Firma?«

»Ja. Reimers hat ihn bezahlt. Für die Verwanzung von Schindlers Haus, für den Einbruch und den Diebstahl von Hannes' Laptop und später dann der Festplatte und für die Angriffe auf Idgie. Hoelscher hat auch zugegeben, dass er Schindlers Hund mit Rattengift vergiftet hat. Aber mit dem Mord an Schindler will er nichts zu tun gehabt haben.«

»Und warum das Ganze?« Ruth runzelte die Stirn. »Wozu die ganzen Risiken?«

»Es ging um die Entsorgung von Metallen, sagt Hoelscher. Die Atomic Removal hat die PoIF dazu benutzt, auf billigem Weg radioaktiv verstrahlte Rohre und Tanks aus den Demontagen von Atomkraftwerken zu entsorgen. Diese Metalle unterliegen einer ganz anderen gesetzlichen Auflage als die der Erdöl- und Erdgasindustrie, denn sie fallen unter das Atomgesetz. Sie haben dadurch Kosten gespart, und das in großem Stil.«

»Und das kann Hoelscher beweisen?«

»Er behauptet, dass es darum gegangen ist. Und Rotermund

glaubt ihm das. Die Frage ist, ob er es wirklich nachweisen kann.«

»Und ob das wirklich der Punkt war, wegen dem Hannes sterben musste«, sagte Idgie. »Aber es ist nicht unwahrscheinlich. Und warum machst du jetzt so ein bedröppeltes Gesicht?«

»Die Duisburger Kollegen haben eben Hoelschers Wohnung in Duisburg durchsucht«, sagte Kamforski düster. »Sie haben dort den Laptop, die externe Festplatte und einige Wanzen gefunden. Laptop und Festplatte sind völlig zerstört. Ob da noch was gerettet werden kann, ist fraglich.«

»Hannes' Laptop?«

»Genau.«

»Und was heißt das nun?«

»Dass wir zu spät sind. Und dass Achim Reimers alles tun wird, um sich aus der Affäre zu ziehen. Was ihm mit ein paar geschickten Anwälten sicherlich auch gelingen wird.«

KAPITEL 16

Essen, 12. April

Ruth saß still in der Küche und lauschte dem Ticken der Uhr an der Wand. Eigentlich hatte sie eine Menge Dinge zu erledigen: die Kündigung schreiben beispielsweise, und auch den Mietvertrag kündigen. Sich überlegen, wo sie hingehen, was sie überhaupt in Zukunft machen sollte. Vor allem aber musste sie Manni endlich sagen, dass er bald wieder Vater wurde. Das war das Schwierigste überhaupt. Wegen Nora.

Irgendwo klingelte ein Telefon. Sie konnte nicht orten, ob es aus dem Wohnzimmer kam, wo Idgie sich ihr Lager gemacht hatte, oder von oben, wo Manni in einen komatösen Schlaf gefallen war. Vielleicht kam es auch aus Jans Zimmer. Ihres war es auf jeden Fall nicht.

Kurz darauf hörte sie das laute Poltern von Schritten auf der Treppe, und Manni schoss an der offenen Küchentür vorbei.

Sie sprang auf und hastete hinterher.

»Wo willst du denn hin?«, rief sie.

Er drehte sich zu ihr herum, kreidebleich im Gesicht. »Das Krankenhaus«, stammelte er.

»Ich komm mit.« Sie griff nach einer Jacke.

»Nein«, sagte Manni schroff. »Das ist meine Sache.« Er warf ihr einen wilden Blick zu und rannte zum Auto.

***

Manni stand vor dem Bett mit den weißen Laken und versuchte, die Situation zu erfassen.

Dort, ebenso weiß wie die gesamte Umgebung, lag sein Kind, die Lippen trocken und blutleer. Selbst die Sommersprossen wirkten merkwürdig farblos in diesem Licht, als hätte sich das Leben bereits von ihnen verabschiedet. Ihr Gesicht wirkte kindlich und uralt zugleich, seltsam nackt unter dem mittlerweile kahlen Schädel. Manni dachte daran, wie sie einmal mit dieser absurden Frisur bei ihm aufgekreuzt war, die Haare ganz kurz, fast stoppelig, und in einem grauenhaft künstlichen Schwarzlila eingefärbt. Er konnte sich nicht mehr genau daran erinnern, wie er reagiert hatte. Aber dass er nicht nett gewesen war, das wusste er genau. Es war falsch gewesen. Und so verdammt unwichtig.

Noras Hände lagen auf der Bettdecke, unwirklich still, und die wimpernlosen Augenlider zuckten leise. Beep, beep, beep. Ein leises Zeichen von Leben. Wie lange würde das noch zu hören sein?

Aber das war jetzt auch nicht mehr wichtig. Sie liegt im Sterben. Das war die klare, prägnante Aussage des Oberarztes gewesen.

Er wusste nicht, was er tun sollte. Wie begleitet man sein Kind in den Tod. Wie nur? Wie sollte er das bloß machen, verdammt!

Beep, beep, beep.

Das war doch sein Kind. Sein Kind, das durfte doch nicht vor ihm sterben. Sie sollte leben!

Beep, beep, beep.

Aber sie stirbt. Wie, Manni, wie? Wie kann ich sie gehen lassen? Sie hatte immer solche Angst vor dem Dunkeln, als sie klein war. Wie kann ich sie denn so allein in die Dunkelheit gehen lassen? *Paps, sing mir was vor. Bitte Paps, nimm mich in die Arme und sing mir ein Lied.*

Und plötzlich wusste er es.

Vorsichtig, ganz vorsichtig schob er die Arme unter ihren Körper und hob sie ein Stückchen weiter an den Rand des Bettes. Er setzte sich neben sie und schwang seine Beine aufs Bett. Die Schuhe, dachte er flüchtig. Du musst die Schuhe ausziehen. Blödsinn. Das ist doch jetzt nicht wichtig.

Behutsam, um nicht vom Bett zu kippen, rollte er sich auf die Seite und zog sie an sich. Ganz dicht zog er sie an sich heran, ganz eng, damit sie ihn spüren konnte und er sie. Er hielt sie im Arm und spürte, wie sich ihre Rippen hoben und senkten. Dann begann er leise zu singen.

»Der Mond ist aufgegangen«, hob er an. Seine Stimme brach. Ich kann das nicht, dachte Manni verzweifelt.

Paps, bitte, lass mich nicht allein, sing mir was vor.

»Der Mond ist aufgegangen«, setzte er mit zitternder Stimme

wieder ein. Er schluchzte auf, ein trockenes Schluchzen ohne Tränen. Aber er zwang sich, weiterzusingen. »Die goldnen Sterne prangen am Himmel hell und klar …«

Nicht aufhören. Bloß nicht aufhören … singen.

Und er sang.

»Der Mond ist aufgegangen …«

Irgendwann drang es in sein Bewusstsein ein. Das Geräusch der Maschine hatte sich verändert. Nicht mehr die kurztaktigen Sequenzen, die ihn die ganze Zeit begleitet hatten, sondern nur noch ein einzelner, lang gestreckter Ton. Ein entsetzlicher Ton, noch viel schrecklicher als der gleichmäßige Rhythmus zuvor. Sie atmete nicht mehr. Es war vorbei.

Eine Weile noch blieb er so liegen, die Arme fest um ihren schmalen Körper geschlungen. Schließlich zog er behutsam den Arm unter ihr hervor und stand auf. Er warf noch einen letzten Blick auf die zierliche Gestalt mit dem absurd kahlen Schädel. Auf Nora, sein Kind. Dann drehte er sich um und ging.

Sie saßen in einer Besucherecke der belebten Vorhalle auf diesen unbequemen Hartschalensitzen, die durch Gestänge in festen Abständen aneinandergeschweißt waren. Trotz der unbequemen Sitze war Jan in einen unruhigen Schlaf gefallen, den Kopf an die Wand hinter sich gelehnt.

Idgie entdeckte Manni zuerst. Sie sah, wie er aus der gläsernen Tür des Treppenhauses trat. Er kam direkt auf sie zu mit seltsam mechanisch wirkenden Schritten, wie ferngesteuert, ohne dass sich auch nur ein Funken von Wiedererkennen in ihm regte. Sein Gesicht war verschlossen, der Blick starr und erschreckend emotionslos. Ein menschlicher Roboter, Yul Brynner, *Westworld* … schoss es Idgie durch den Kopf. Was für eine beschissene Assoziation!

Sie ist tot. Idgie fühlte eine überwältigende Traurigkeit in sich aufsteigen. *She's fresh, she's so fresh* … Warum Nora? Warum verdammt noch mal Nora? Sie ist doch noch so jung!

Nun hatte auch Ruth Manni entdeckt. Sie wollte aufspringen, aber Idgie hielt sie am Arm zurück. »Lass ihn«, sagte sie leise. »Da kannst du nicht helfen, nicht jetzt. Den musst du jetzt erst mal allein lassen. Aber der Kleine hier«, sie wies auf Jan, der mit leicht geöffnetem Mund leise vor sich hin schnorchelte, »der wird uns gleich brauchen.«

***

Manni wusste zunächst nicht, wo er sich befand. Er lag auf einer Bank, und es roch nach Bäumen und nach Nässe. Verwundert sah er sich um. Er war im Siepental, so viel konnte er erkennen. Aber warum lag er hier auf dieser Bank?

Mühsam rappelte er sich hoch. Seine Beine waren schwer, und die Füße taten weh, als wäre er lange gelaufen, etwas, was er gewöhnlich nicht tat. Er erinnerte sich vage daran, dass er durch Häuserschluchten gegangen war, endlose Häuserschluchten. An viele Menschen um sich herum, Tumult und Kolonnen von Autos, die alle nicht richtig vorankamen. Berufsverkehr? Und er, er war gelaufen wie in Trance. Da waren seine eigenen Schritte gewesen, etwas, das ihn antrieb, weiter, immer weiter. Er hatte nichts gefühlt, nicht die Nässe des Regens, der über den blanken Schädel in sein Gesicht lief, nicht die Füße, die immer schwerer wurden. Nur weiter, weiter … Dann hatten die Beine ihren Dienst versagt, und er hatte sich hingesetzt. Auf diese Bank.

Aber warum? Er tastete in sich hinein. Da war etwas tief in ihm, dumpf und schmerzend. Etwas, an dem er lieber nicht rühren wollte, tief eingekapselt in seiner Seele, fest verschlossen, abgeschottet, vakuumverpackt. Er wollte nicht daran rühren. Dann sah er das gläserne Portal des Krankenhauses vor sich. *Der Mond ist aufgegangen* …, klang es grausam schmerzhaft in ihm. Und plötzlich war alles wieder da. Das Zimmer im Krankenhaus und Nora, die in seinen Armen lag und starb. Sein Kind war tot, das war die furchtbare Wahrheit. Unbegreiflich und unfassbar. Sein Kind war tot. Seine Nora. Tot!

Manni schloss die Augen. Eine Flut von Erinnerungen stürmte auf ihn ein. Nora mit ihren Zahnlücken und diesen absurden Rattenschwänzen, die sie eine Zeit lang gehabt hatte. Die riesige Schultüte. Ihre Tränen, als das Kaninchen gestorben war. Sie auf seinen Knien, dicht an ihn geschmiegt, wie sie ihm tuschelnd eine

Geschichte erzählte, ein Geheimnis, pst, Paps, nicht weitersagen. Ihre strahlenden Augen, voll von Erwartung, als er die Tür zum Wohnzimmer öffnete und den Blick auf den Weihnachtsbaum freigab, leuchtend und geschmückt. Da war der Schmerz, als Marion ihn verlassen hatte, und die Freude, wenn er Nora am Wochenende zu sich holte. Wie unglaublich stolz war er auf sie gewesen, als sie im Kindertheater aufgetreten war, irgendeine Hauptrolle, ach ja, das Sams, das hatte sie gespielt. Wenn sie fröhlich war, hatte sie vor sich hin gesummt. Er sah sie vor sich, wie sie zusammen an der Ostsee waren, das war noch gar nicht so lange her, zweieinhalb Jahre erst. Lachend, mit windzerzausten Haaren, die Drachenschnur in der Hand. *Paps, ich hebe gleich ab, Hiiiiiilfe, Paps, rette mich.* Sie hatten so viel gelacht in diesem Urlaub. Dann sah er sie vor sich auf dem Wickeltisch. Sein Baby. Ein kleines Wunder. Winzige Fingerchen. Klitzekleine Zehen. Wie konnte daraus ein Mensch werden? Er war so unglaublich glücklich gewesen, als er diesen Wurm zum ersten Mal in seinen Armen gehalten hatte. Und er hatte sich geschworen, alles dafür zu tun, dass diesem Wesen nie etwas Böses widerfahren würde.

Sie war tot! Ein unmenschlicher Laut quälte sich aus ihm heraus. Nicht sie. Nicht sein Kind. Er schlug die Hände vor dem Gesicht zusammen und weinte.

Nur langsam ebbte das Schluchzen ab. Zurück blieb Leere. Er schnäuzte sich umständlich. Atmete tief durch und schnäuzte sich noch mal.

Tief aus seinem Innern stieg etwas hoch, bahnte sich den Weg durch die wattige Stumpfheit in seiner Seele. Wut. Langsam, aber unaufhaltsam gewann sie an Raum und vertrieb die Leere. Wut! Schwoll in ihm an, nahm Besitz von ihm. Wut. Merkwürdig belebend.

Sein Kind war tot. Gestorben, weil selbst aus radioaktiv verseuchtem Schlamm, aus jedem letzten Stäubchen noch so verseuchter Erde noch ein letztes Quantum an Profit herausgeschunden wurde. Nora tot, weil dieses verkommene Gesocks von Politikern so einen Dreck zuließ. Weil es ums Geld ging, immer nur ums beschissene Geld. Erdgas, Fracking, Radioaktivität, Fukushima, Atomstrom und der ganze verdammte Müll, dem man ausgesetzt war, ohne auch nur eine Chance zu haben, sich dagegen zu wehren. Die Stadt verseucht und niemand, der dafür zur Rechenschaft gezogen wurde. Sein Kind war tot, und die Verantwortlichen lebten und machten unbehelligt weiter. Immer weiter und weiter.

Wut. Unbändige Wut! Das war verdammt noch mal alles andere als in Ordnung. Das war so was von beschissen nicht in Ordnung, dass er reinhauen wollte. Schlagen, zerstören, prügeln, kaputt machen. Wuuuuuut …

Manni sprang auf, reckte seine Faust in die Höhe und brüllte: »Alles im grünen Bereich? Wirklich? Das werden wir ja sehen, ob wirklich alles im grünen Bereich ist, ihr Arschlöcher!«

Er wusste jetzt sehr genau, was er zu tun hatte.

***

Es war viel einfacher, als er gedacht hatte. So einfach, dass er beinahe gelacht hätte. Aber nur beinahe. Denn nach Lachen war ihm ganz und gar nicht zumute. Er war erfüllt von einer eiskalten Ruhe, die ihn mit schlafwandlerischer Sicherheit die nächsten Schritte ausführen ließ.

Die Lage auf den Straßen hatte sich entspannt, seit die Kunde von der »Reinigung« der Ruhrwiesen die Runde gemacht hatte, und Manni kam schnell voran. Das Bürogebäude, in dem er nun schon so lange arbeitete, lag in nächtlichem Tiefschlaf. In aller Seelenruhe fuhr Manni seinen PC hoch und prüfte ein paar Dinge. Die Adresse, die er suchte, fand er schnell.

Der Betriebshof an der Twentmannstraße in Altenessen lag ebenfalls in tiefem Schlaf. Manni öffnete das Tor mit dem elektronischen Pieper und machte sich auf die Suche.

Das Fahrzeug stand nicht in der großen Halle, in der die übrigen Kolosse der Stadtwerke die Nacht verbrachten, sondern separiert in einer kleinen Leichtbauhalle, die normalerweise der Lagerung von Streusalz vorbehalten war. An der Tür prangte ein *Betreten verboten*-Schild sowie das neue Warnzeichen in Rot, das mit einem umfallenden Männchen und wellenförmigen Linien vor atomarer Strahlung warnen sollte.

Manni kräuselte die Lippen zu einem spöttischen Lächeln, als er das Gefährt dort stehen sah. Offensichtlich war noch nicht klar, wohin mit der unangenehmen Fracht, die man in Steele aufgesaugt hatte, oben am Holbecks Hof.

Gemächlich holte Manni den Fahrzeugschlüssel aus dem kleinen Verwaltungsgebäude. Er hatte damit gerechnet, irgendeinen Schreibtisch aufknacken zu müssen, aber nichts dergleichen. Der Schlüssel hing brav an der Wand neben den anderen, direkt unter dem Einsatzplan. Der war ja nicht mal weggeschlossen, der Schlüssel. Manni schüttelte den Kopf. Was für eine Schlamperei!

Er stieg in einen der orangeroten Anzüge, die im Mannschaftsraum hingen, und ging zum Fahrzeug zurück. Flüchtig überlegte er, ob es wohl mittlerweile von außen gereinigt worden war, schüttelte den Gedanken jedoch augenblicklich wieder ab. Egal. Alles egal. Sein Kind war tot. Nur eines, das musste er noch erledigen.

Er schob sich auf den Bock und drehte den Zündschlüssel. Dann rumpelte er los, quer durch die Essener City hindurch die Alfredstraße und den Werdener Berg hinunter. Er folgte der Laupendahler Landstraße durch die Wälder von Werden, bis er die ersten Häuser von Kettwig erreichte. Schnell waren diese Karren nicht. Aber auch das interessierte ihn nicht. Er hatte alle Zeit der Welt.

Stadtauswärts tauchte er wieder in Wälder, rumpelte mit dem Wagen aus dem Ruhrtal die steilen Kurven der Landstraße nach Hösel hinauf und erreichte die Hochebene, die sich in Richtung Düsseldorf erstreckte. Er bog in einen schmalen Weg, der ihn zu einer Stichstraße gen Süden führte. Hier, in den Ausläufern von Hösel, lagen ein paar wirklich noble Villen. Die Stadtgrenze Essen hatte er da bereits deutlich hinter sich gelassen und damit natürlich auch sein Hoheitsgebiet. Aber auch das tangierte ihn nicht. Das, was er vorhatte, würde ihm ohnehin das Genick brechen.

Die Villa lag in den Ausläufern des Breitscheider Forsts. Alleinstellungsmerkmal, dachte Manni verächtlich. Kein Nachbar weit und breit. Er warf einen Blick auf die Hausnummer über der Sprechanlage und nickte. Hier war er richtig. Die Höhle des Löwen. Der Wohnsitz des Dr. Reiff.

Die Flügel des hohen schmiedeeisernen Tores waren einladend weit geöffnet, und Manni rollte die Einfahrt hinauf. Der Kies unter den Reifen des schweren Wagens knirschte laut. Ein paar teure Karossen parkten am Rande der Auffahrt. Manni schrappte dicht an ihnen vorbei. Ein hässlich kreischendes Geräusch von Metall auf Metall, gefolgt vom Aufschrei einer Alarmanlage. Gut so.

Manni verließ jetzt die Auffahrt und hielt quer über den englischen Rasen auf einen erleuchteten Wintergarten von bestimmt sechs Metern Tiefe zu, der die gesamte Flanke der Villa einnahm und sich spitzwinklig bis zum Dach des Hauses emporschwang. Die Blumenrabatten, die vor ihm im Scheinwerferlicht auftauchten, überrollte er einfach. Aus der Haustür schoss ein Mann in dunklem Anzug heraus und eilte auf die Autos am Rande der Auffahrt zu. Aufgeschreckt durch die Alarmanlage?

Der Mann hielt inne und starrte mit offenem Mund auf das schwere Fahrzeug, mit dem Manni über den englischen Rasen pflügte. Manni grinste, winkte hinüber und hielt weiter auf den hell erleuchteten Glaspalast an der Flanke der Villa zu. Für einen kurzen Moment hielt er inne und studierte von der Höhe seines Sitzes das Bild vor sich.

Der Raum vor ihm wirkte gigantisch. Nur eine Front aus Glasfenstern in schmalen Rahmen, die teilweise zur Seite geschoben waren, trennte den Wintergarten vom Wohnraum im Haus, sodass sich optisch eine riesige Wohnfläche ergab, die ungefähr so groß war wie Mannis gesamtes Haus. Ecksofas und glänzendes Parkett im Wohnraum, bunte Gemälde über den Sofas. Im Wintergarten mannsgroße Zitrusbäume und hohe Palmen unterschiedlicher Gattung, dazwischen mehrere dick gepolsterte Sitzgruppen aus Rattan, raffiniert ausgeleuchtet durch geschickt platzierte Lichtquellen.

Eine stattliche Runde war dort versammelt. Dunkle Anzughosen, viele Nadelstreifen. Aber man war bereits zum legeren Teil des Abends übergegangen. Die Jacketts waren gefallen, die Krawatten über den hellen Hemdbrüsten gelockert. Manni erkannte Dr. Reiff und dann Landrat Haberle. Und weiter hinten im Raum, das war doch der Taeschel, oder nicht? Eine illustre Herrenrunde, die Cognacschwenker in der Hand. Hier wurde eindeutig gefeiert. Hier war er richtig.

Jetzt kam Bewegung in die honorige Gesellschaft. Jemand deutete aufgeregt in seine Richtung. Er war entdeckt. Aber auch das war ihm egal. Zeit, zu handeln.

Da standen sie, die hohen Herren, und starrten mit der Faszination hypnotisierter Karnickel auf den schweren Wagen der Essener Stadtwerke, erst ungläubig, dann zunehmend verstört. Denn Manni hielt nun genau auf den gigantischen Wintergarten zu. Mit einem Krachen, das wie ein Special Effect in einem Actionfilm klang, durchbrach er die gläserne Front. Eine Alarmanlage schrillte los, lauter als die der gerammten Karossen in der Einfahrt.

Für einen flüchtigen Moment war Manni überrascht, dass das Glashaus nicht völlig in sich zusammenstürzte. Die Stahlkonstruktion trug weiterhin das gläserne Dach, und auch die Seitenfronten hielten stand. Sicherheitsglas, zuckte es durch seinen Kopf. Und während er den Koloss unerbittlich weiter in den Raum trieb und die Palmen unter dem Gewicht des Wagens wegknickten wie Streichhölzer, geriet die Runde vor ihm in Bewegung. Fluchtinstinkt trieb sie aus dem Raum in die Halle hinaus. Nur der Hausherr rannte brüllend auf Manni in seinem dröhnenden Gefährt zu und fuchtelte abwehrend mit den Armen. Es sah lächerlich aus.

Ohne ihn weiter zu beachten, setzte Manni den schweren Koloss zurück, wendete das Fahrzeug und rangierte rückwärts in die Trümmer hinein, einen Meter, zwei Meter, drei, vier, fünf, sechs … Ein erneutes Splittern hinter ihm signalisierte, dass er die gläserne Front zum Wohnsalon erreicht hatte. Das reichte.

In aller Seelenruhe verriegelte Manni das Führerhaus von innen, betätigte die Hydraulik des riesigen Tanks und fuhr ihn in die Fünfundvierzig-Grad-Position, dem immer noch intakten Dach des Wintergartens entgegen, bis auch dieses Glas splitternd zerbarst. Dann öffnete er das hydraulische Heckventil des Tanks und begann mit dem Entladen seiner Fracht, mitten hinauf auf das glänzende Parkett des Salons.

Das würde dauern. Manni setzte den Gehörschutz auf, rutschte auf dem Sitz in eine halbwegs bequeme Position, lehnte den Kopf an die lederne Lehne und schloss die Augen. Er ignorierte das wütende Klopfen gegen seine Tür. Hier kam niemand rein. Nicht, bevor er die Türen wieder entriegelte.

Und während der Koloss unter ihm vibrierte und jemand von außen gegen die Tür der Fahrerkabine schlug, breitete sich Musik in ihm aus. *When I close my eyes, I can see your face* … Nora … *like a time machine in space* … Ruth … schön war das gewesen … *back to you* … Nora … *Clouds in the sky* … seine Nora war tot …

Irgendwann drängten sich nahende Martinshörner in die leisen Klänge in seinem Kopf ein.

Manni öffnete die Augen. Sah Blaulicht in der Ferne. Wischte mit beiden Handrücken die Tränen von den Wangen und zog die Nase hoch. Die Martinshörner waren jetzt deutlich zu hören.

Clouds in the …

Das Blaulicht kam näher. Ein schneller Blick auf das Armaturenbrett. *Entladevorgang abgeschlossen*, blinkte das entsprechende Symbol. Manni stellte den Motor ab. Ruhe. Kein Dröhnen mehr. Nur noch die Martinshörner. Sie würden gleich da sein. Aber er war noch nicht fertig. Er musste noch was zu Ende bringen.

Manni öffnete die Tür und kletterte vom Bock hinunter. Infernalischer Gestank schlug ihm entgegen und entlockte ihm ein böses Grinsen. Er ging an der Flanke des Kolosses entlang in die Tiefe des Raumes hinein. Das Knirschen des Glases unter seinen Füßen spürte er mehr, als dass er es hörte. Etwas Hartes knallte ihm vors Schienenbein und bremste ihn aus, und beinah wäre er lang hingeschlagen. Der Stamm einer Palme, erkannte er, während er taumelte und sich wieder fing.

Er erreichte das Heck des Wagens. Bremsen quietschten. Martinshörner heulten. Dann plötzlich Stille. Endlich.

Manni sah sich um. Eine breiige Schicht breitete sich vor ihm aus, beleuchtet vom kristallinen Glitzern eines pompösen Deckengehänges. Es stank bestialisch. Blaues Licht zuckte durch den Raum. Und während der Hausherr mit bleichem Gesicht aus der Deckung eines Sofas auftauchte und die ersten Gäste ihre ebenso bleichen Gesichter vorsichtig durch die doppelflügelige Tür aus der Halle in den Salon schoben, überflutete Manni ein unglaubliches Gefühl der Befriedigung.

»Guten Abend, die Herren«, sagte er in die Stille hinein und machte die Andeutung einer Verbeugung. »Ich hab hier nur etwas zurückgebracht, das Ihnen gehört. Nicht gefährlich, da sind Sie sich ja alle einig. Nur ein kleines bisschen Restrisiko, mehr nicht. Weiterhin noch einen schönen Abend.«

Dann spürte er, wie ihm die Hände auf den Rücken gezerrt wurden.

GESCHICHTE DER ZIVILEN ATOMUNFÄLLE

Deutschland, Essen, April 2013

Die letzte Geschichte ist ebenso wahr wie die, die in den vorangehenden Kapiteln behandelt werden. Und obwohl sie erst vor Kurzem passiert ist und sie thematisch gut in die Geschichte der zivilen Atomunfälle hineinpasst, hat sie zwei Besonderheiten, die sie von den übrigen unterscheidet.

Von Rechts wegen darf ich das, was sich April 2013 in der Stadt Essen abgespielt hat, nicht als Atomunfall bezeichnen. Denn es geht um natürlich vorkommende Radionuklide, die in der Rechtsprechung anders behandelt werden als Radionuklide, die vom Menschen erzeugt wurden, also künstlichen Ursprungs sind. Aus diesem Grund fallen diese Radionuklide nicht unter das Atomgesetz, und deshalb gibt es auch andere Richtlinien für Grenzwerte. Auch wenn es seltsam erscheinen mag: Die Grenzwerte für natürliche Radionuklide sind um ein Hundertfaches höher als die der künstlichen, obwohl sie von der toxischen Wirkung her ebenso gefährlich sind.

Das ist die erste Besonderheit. Dennoch werde ich dieses Unglück – den juristischen Definitionen zum Trotz – als das benennen, was es tatsächlich war: einen Atomunfall.

Und damit bin ich bei der zweiten Besonderheit: Ich war dabei. Als damals verantwortliche Umweltmedizinerin der Stadt Essen habe ich das Unglück von Anfang an sehr hautnah mitbekommen. Darüber hinaus bin ich auch noch persönlich betroffen. Denn am 11. April 2013 starb eine junge Frau. Sie hatte ihr Leben noch vor sich, sie war lustig, engagiert, warmherzig, wissbegierig und so – voller Leben. Klug und überraschend scharfsinnig und dann plötzlich wieder ganz kindlich. Eine junge Erwachsene, die ich gekannt und die ich sehr gemocht habe. Sie war die Tochter eines Freundes, sie lag mir am Herzen, und ich denke, dass sie – wenn ich aufmerksamer gewesen wäre, wenn ich die richtigen Schlüsse früher gezogen hätte – vielleicht doch hätte gerettet werden können. Und selbst wenn mein Verstand mir sagt, dass das nicht richtig ist: Ich fühle mich schuldig.

…

Die ernüchternde Bilanz dieses Atomunglücks von Essen:

– Akut erkrankten einundzwanzig Menschen an der Strahlenkrankheit, und sechs Menschen starben kurzfristig an den Folgen der inneren Verstrahlung.

– Die Menschen, die mit den kontaminierten Schlämmen in Berührung gekommen waren, schleppten die verstrahlten Partikel in ihre Häuser und Wohnungen. Sie hinterließen die Alphastrahlung in Autos, öffentlichen Verkehrsmitteln, in Läden, in einem Kindergarten und an ihren Arbeitsplätzen.

– Einige Häuser waren für längere Zeit nicht bewohnbar.

– Die Stadt Essen musste Teile ihres Abwasser-Kanalnetzes einreißen und neu bauen lassen.

– Im Trinkwasser-Schutzgebiet der Stadt wurde auf einer Fläche von dreiundfünfzig Hektar die Erde abgetragen und als Sondermüll entsorgt.

– Die Wasser-Verwertungs-AG Essen musste Teile ihrer Wassergewinnungsanlage erneuern.

Ob mit all diesen Maßnahmen wirklich jegliche Strahlung aus dem Abwasser- und Trinkwassernetz der Stadt vernichtet werden konnte, ob sich nicht doch in irgendwelchen Privatwohnungen, Büros, Geschäften, Kneipen, öffentlichen Verkehrsmitteln et cetera Restbestände der strahlenden Schlämme befinden, weiß kein Mensch.

Bis heute wird ein Rechtsstreit mit der AV&R GmbH ausgefochten. Kläger sind die Stadt Essen sowie die Wasser-Verwertungs-AG. Zumindest, was die immensen Kosten betrifft, die die Kläger bei der Schadensbegrenzung auf sich nehmen mussten, hat die Klage wenig Aussicht auf Erfolg, denn die AV&R GmbH hat inzwischen Konkurs angemeldet.

Welche Auswirkungen das Atomunglück von Essen in Form von Spätschäden bei den Menschen haben wird, die in dieser Stadt leben, kann niemand vorhersehen. Das Essener Wasser wird jetzt regelmäßig auf Radium-226 und Polonium-210 hin kontrolliert. Die Kontrollen erfolgen freiwillig.

Bisher wurden die Grenzwerte nicht überschritten. Das ist jedoch nicht weiter verwunderlich, denn drei Monate nach dem »Unglück von Essen«, wie es von den Medien tituliert wurde, erhöhte das BfS die Grenzwerte für Radium-226 und Polonium-210 im Trinkwasser.

Nach wie vor ist es nicht Pflicht, Trinkwasser in Deutschland auf seinen Radium- und Poloniumgehalt hin zu analysieren, es sei denn, es gibt – wie in der Stadt Essen – einen konkreten Anlass, das zu tun.

Die Jagd nach den begehrten Rohstoffen geht weiter, und weiterhin werden die toxischen NORM-Schlämme dehydriert, um an das Quecksilber zu gelangen. Allein in Deutschland sind es mittlerweile knapp dreitausend Tonnen pro Jahr.

...

Der Prozess gegen Manfred »Manni« Neumann geriet zum Medienereignis. Kein Wunder, denn der Fall hatte Furore gemacht. Er brachte es nicht nur in die Aktuelle Stunde des WDR, sondern bis in Panorama, Focus, stern TV, Frontal und einige andere Politmagazine. Nicht zuletzt war das dem unermüdlichen Einsatz von Idgie Callahan, Jan Schindler und Lothar Kamforski zu verdanken. Der Fall hatte zumindest dazu beigetragen, dass das Thema eine breite Öffentlichkeit erreicht hatte.

Manfred Neumann wurde wegen gefährlicher Körperverletzung und Sachbeschädigung zu drei Jahren Gefängnis und einer Geldstrafe von einhundertfünfzigtausend Euro verurteilt. Das halbe Jahr, das er in Untersuchungshaft gesessen hat, wurde angerechnet. Die Strafe wurde als milde bezeichnet. Ihm wurde zugutegehalten, dass er sich wegen des Todes seiner Tochter in einem Zustand der Unzurechnungsfähigkeit befunden habe.

Idgie Callahan lebt nun ständig in Schapdetten. Sie ist aktiv bei der Bewegung »Münsterländer gegen das Fracking« und trifft sich sehr oft mit Lothar Kamforski. Jan Schindler erlitt nach Noras Tod einen Nervenzusammenbruch, von dem er sich nur langsam erholt hat. Jetzt ist er dabei, seinen Magisterabschluss in Journalistik zu machen. Als Abschlussarbeit schreibt er eine kritische wissenschaftliche Abhandlung zum Thema Radioaktivität bei den Abfallprodukten der Erdöl- und Erdgasindustrie. Idgie Callahan besucht er ebenso regelmäßig wie Manni Neumann im Knast.

Ich selbst bin nach Münster gezogen und ebenfalls häufig bei Idgie Callahan anzutreffen. Ich habe ein gesundes Mädchen zur Welt gebracht und mich an der Uni Münster auf eine Dozentenstelle im Bereich Umweltmedizin beworben. Ich habe tatsächlich den Zuschlag erhalten und suche nun nach einer Tagesmutter oder einem Kitaplatz für die Kleine. Manni besuche ich, so oft ich kann. Als ich ihn zum ersten Mal mit unserer Tochter Pauline besuchte, hat er geweint. Er ist nun mal ein Gefühlsmensch.

...

Vier Wochen nach der Energiekonferenz erteilte die Abteilung Bergbau und Energie des Landes NRW der European Oil and Gas GmbH sowie den anderen bergbauberechtigten Unternehmen die Betriebsplanzulassung für dreißig weitere Bohrungen. Sechs Auffindungsbohrungen im Ruhrgebiet, die übrigen vierundzwanzig Bohrungen zum Abbau bereits aufgefundener unkonventioneller Gasfelder im Münsterland. Damit wurde die Zahl der betrieblichen Genehmigungen von ehemals dreiundzwanzig auf siebenundvierzig Konzessionen erweitert. Zehn weitere Anträge liegen vor.

Fracking kann dabei in Maßen und nur, wenn unbedingt erforderlich, eingesetzt werden. Was unter »in Maßen« zu verstehen ist, wurde in der Gesetzesgrundlage nicht näher definiert. Berufen wurde sich bei dieser Entscheidung auf die Verantwortlichkeit der Betreiberfirmen sowie auf das Gutachten, an dem Dr. Taeschel maßgeblich beteiligt war.

Eine Änderung der gesetzlichen Regelungen für das Verbringen von Lagerstättenwasser und NORM-Schlämmen ist nicht in Sicht. Nach wie vor gelten diese Abfallprodukte der Erdöl- und Erdgasindustrie nicht als atomarer Abfall und fallen somit nicht unter die Regelwerke der Strahlenschutzverordnung. Und nach wie vor ist es gängige Praxis, Prozesswasser und Schlämme in Disposalbohrlöchern oder auch im Meer zu versenken.

Ruth van Haag

Nachwort

Die für diesen Roman erforderlichen Recherchearbeiten waren sehr umfangreich. Insgesamt habe ich mich ein Dreivierteljahr intensiv in die fachliche Thematik eingearbeitet, bevor ich angefangen habe zu schreiben, und während der Arbeit am Manuskript sind immer wieder neue Themen und Detailfragen aufgetaucht, die zusätzlich recherchiert werden mussten. In dieser Phase bin ich auf eine Fülle von Material gestoßen, das zum Teil in Form von kleinen Geschichten am Rande in diesen Roman eingeflossen ist.

Alle der hier im Buch erzählten Randgeschichten sowie die fachlichen Hintergründe sind wahr und – wenn man unter den richtigen Stichworten sucht – durch viele Fachartikel, Reportagen und Filme renommierter Zeitungen und Sender belegt, ebenso durch eine Fülle von Informationsmaterial von Umweltorganisationen, aber auch von Land und Bund.

Der Dramaturgie willen habe ich lediglich die Zeit »gerafft«, in der die Strahlenkrankheit bei der hier thematisierten Ingestion, dem »Verinnerlichen« einer hohen Dosis von Alphastrahlung, zum Tod führt. Es dauert deutlich länger, nämlich zehn bis vierzehn Tage, bis die sogenannte akute Phase mit den von mir beschriebenen Symptomen eintritt. Die akute Phase dauert zwei bis drei Wochen, bis dann nach kurzzeitiger Besserung der Symptome (Walking Ghost) und einer anschließenden komatösen Phase ein Multiorganversagen zum Tod führt.

Mein Dank gilt den Menschen, die mich in diesem Projekt unterstützt haben:

Christa Nietsch für ihre Vermittlung an Dr. Hischam Baschour sowie Dr. Matthias Bühler;

dem Radiologen Dr. Hischam Baschour für die fachliche Überprüfung meiner Darstellung der Todesszene von Hannes Schindler sowie der Beschreibung des Verlaufs der Strahlenkrankheit bei Ingestion von Alphastrahlung;

der Ärztin Heike Wentland für die Informationsmaterialien

zum Thema Fracking in Nordrhein-Westfalen, die sie mir zur Verfügung gestellt hat; über einen ihrer Artikel im Internet bin ich überhaupt erst auf die Problematik von Radium-226 im Trinkwasser aufmerksam geworden;

dem Chemiker Dr. Bernd Pieper für die sehr anschauliche Hilfestellung bei der Berechnung von Halbwertzeiten und Becquerel;

Dr. Matthias Bühler für die »Übersetzungen« ins Schwäbische, auch wenn ich dann zuletzt doch weitestgehend darauf verzichten musste, weil es den Lesefluss zu sehr ausgebremst hätte.

Erwähnt werden muss an dieser Stelle auch das hervorragende Informationsmaterial der Stadt Essen sowie anderer Kommunen zum Thema Abwasser und Trinkwasserversorgung. Im Laufe meiner Recherchen habe ich einen großen Respekt vor der Arbeit in diesem Bereich entwickelt. Ich hatte bis dahin nur vage Vorstellungen darüber, wie eine Kommune diese für die Bevölkerung so selbstverständlichen Netzwerke funktionsfähig hält – die Arbeit ist enorm.

Sollten dennoch inhaltliche Fehler in diesem Buch vorhanden sein, so liegt das einzig und allein an mir.

Ganz herzlich bedanke ich mich bei meinen Probelesern: der Autorenkollegin Mischa Bach, dem Autorenkollegen Wolfgang Polifka, der sich zudem und für mich völlig überraschend als Kenner von Radiodiagnostika geoutet hat (berufsbedingt und a. D.), sowie Susanne Dank.

Ebenso herzlichen Dank auch an meinen Lektor Lothar Strüh.

Ihr alle habt mir mit guten Ideen, kritischen Anmerkungen und sprachlicher Finesse sehr konstruktiv über viele Hürden und Schwierigkeiten hinweggeholfen.

Zuletzt danke ich meinem Mann Schammy für das Verständnis, die zuverlässige, permanente Unterstützung, mit der er mir in vielen Dingen des praktischen Lebens den Rücken freigehalten hat, sowie die Geduld, die er während der Arbeit an diesem

Buch für mich aufgebracht hat. Ich war sicher nicht immer gut zu haben, geistig abwesend und nur zu häufig in eine andere Welt abgetaucht.

Ursula Sternberg

Ursula Sternberg
NACHTEXPRESS
Broschur, 208 Seiten
ISBN 978-3-89705-738-8

»Spannend und lokal koloriert.« WAZ

»Ein interessanter und gut erzählter Krimi.« ekz

Ursula Sternberg
INNENHAFEN
Broschur, 288 Seiten
ISBN 978-3-89705-865-1

»Eine kraftvolle, lebensnahe Geschichte aus dem Leben mitten im Ruhrgebiet. Toni Blauvogel ist eine wunderbar geerdete Figur – die inzwischen im vierten Roman jetzt zusammen mit ihrem Lebensgefährten und ihrer Katze lebt – irgendwo in Essen-Holsterhausen. Rundum gelungen, eine menschlich sympathische Heldin und eine story-mäßig gut ausgedachte Kriminalgeschichte mitten aus dem Leben und dem Ruhrgebiet.« WDR 5

»Spannende Story aus dem Kohlenpott, der auch im echten Leben so gerne sauber wäre.« Radio-Berlin 88,8

www.emons-verlag.de